U0008384

ERKENNE DIE WELT

Eine Geschichte der Philosophie I

認識世界

西洋哲學史卷一

從古代到中世紀

Richard David Precht

理察・大衛・普列希特

劉恙冷——譯

組成宇宙的是故事，而非原子。——穆里爾・魯基瑟

The Universe is made of stories, not of atoms. —*Muriel Rukeyser*

謹以此書獻給科隆那些精於世故又飽含學養的伊朗裔計程車司機

組成宇宙的是故事，而非原子。

——穆里爾．魯基瑟（Muriel Rukeyser）

目錄

古代哲學

中世紀哲學

附錄

作者簡介

理察・大衛・普列希特（Richard David Precht）

哲學家、政論家、作家、媒體出版人。一九六四年出生於德國索林根市。一九九四年於科隆大學取得博士學位，其後幾乎任職過德國各大報與電台，並曾獲美國芝加哥論壇報（*Chicago Tribune*）記者獎學金。目前身兼呂訥堡大學（Leuphana Universität Lüneburg）的哲學名譽教授，以及柏林漢斯艾斯勒音樂學院（Hochschule für Musik Hanns Eisler Berlin）之哲學與美學名譽教授。

二〇〇〇年榮獲生物醫學大獎。童年回憶《列寧只來到盧登夏德》（*Lenin kam nur bis Lüdenscheid*）已拍成電影。哲普著作《我是誰？》一鳴驚人，榮登《明鏡週刊》非文學類排行榜冠軍，長踞德國亞馬遜排行榜不分類冠軍。

著作如《我是誰》（啟示，二〇一〇）、《無私的藝術》（啟示，二〇一二）以及《愛情的哲學》（商周，二〇一五）皆為國際暢銷書，共被翻譯超過四十種語言。自二〇一二年起，他在德國電視二台主持自己的哲學節目《普列希特》（*Precht*）。

譯者簡介

劉恙冷

台灣彰化人，德國格萊夫斯瓦爾德大學哲學系及斯堪地那維亞語言文化學系，曾至挪威卑爾根大學交換主修挪威語，也曾到法羅群島大學暑期進修法羅語。

【編輯人語】

如果哲學史是一部連載小說

中文出版當中可見而可觀的哲學史著作，大抵列舉以下：一、黑格爾《哲學史講演錄》（G. W. F. Hegel, *Vorlesungen über die Philosophie der Weltgeschichte*, 1831）：在黑格爾的歷史辯證法裡，哲學史也成了精神回到自我的發展過程，於是既預設了唯一的真理，又說明了各式各樣哲學系統的雜多性，汪洋宏肆又理路分明，其中對於亞里斯多德和斯賓諾沙頗多推崇。至於他對於印度和中國哲學的誤解，就揭過不提了。二、文德爾班《西洋哲學史》（Wilhelm Windelband, *Lehrbuch der Geschichte der Philosophie*, 1893）：同樣是講演課的教材，旨在概括闡述歐洲哲學觀念的演進，因而著重於哲學觀點的鋪陳，於是各個哲學理論潮流宛若萬花筒一般層層疊疊，捲起千堆雪。文德爾班把它叫作「問題和概念的歷史」，意欲全面性而沒有成見地探究思想的事實，至於哲學家生平及各家學說，則是略而不談。三、梯利《西方哲學史》（Frank Thilly, *A History of Philosophy*, 1914）：是一部「老實商量」的哲學史水準之作，作為哲學史家，梯利盡可能讓哲學家自己說話，謹守史家的客觀性，雖然他也自承先入為主的成見是不可避免的。他認為哲學史是個有機的整體，更強調每個哲學體系在文化、道德、政治、社會和宗教方面的形成背景。四、羅素《西洋哲學史》（Bertrand Russell, *A History of Philosophy*, 1945）：這部著作出版後在學界引起許多批評，卻使他成為暢銷作家，更讓他獲得諾貝爾文學獎。羅素認為哲學是社會生活和政治生活的一部分，因此著墨於哲學思想和政治、社會的關聯性。不過，羅素也任意以自己的概念分析指摘歷史上的哲學理論正確與否，嚴重傷害了哲學史著作的歷史性。五、柯普斯登《西洋哲學史》（Frederick Charles Copleston, *A History of Philosophy*, 1946-1975）：是至今哲學界公認哲學史的經典作品，以其客觀翔實著稱。原本計畫寫作三冊，分別是古代、中世和近代哲學，三十年間卻擴充為九大冊。柯氏於一九九四年過世，出版社於二〇〇三年把他的《俄羅斯哲學》（*Philosophy in Russia*, 1986）以及《當代哲學》（*Contemporary Philosophy*, 1956）增補為第十、十一冊。關於哲學史的中文著作方面值得閱讀者，則有：洪耀勳《西洋哲學史》（1957）；傅偉勳《西洋哲學史》（1965）；鄔昆如《西洋哲學史》（1971）。

理察・大衛・普列希特（Richard David Precht, 1964- ），科隆大學哲學博士，有「哲學家當中的流行明星」的綽號，他的大眾哲學作品《我是誰》（*Wer bin ich - und wenn ja, wie viele?*）於二〇〇七年出版，造成出版市場的大地震，盤踞《明鏡週刊》暢銷排行榜第一名十六週。短短一年間被翻譯為三十二國語言，全球銷售數百萬冊。此後更筆耕不輟，陸續寫就了：《愛情的哲學》（*Liebe: Ein unordentliches Gefühl*, 2010）、《無私的藝術》（*Die Kunst, kein Egoist zu sein. Warum wir gerne gut sein wollen und was uns davon abhält*, 2010）、《奧斯卡與我》（*Warum gibt es alles und nicht nichts? Ein Ausflug in die Philosophie*, 2011）等作品。

普列希特在大眾哲學作品的寫作成就使人聯想到喬斯坦・賈德（Jostein Gaarder, 1952-）及其《蘇菲的世界》（*Sofies verden*, 1991），自從《我是誰》一時洛陽紙貴，全世界更掀起大眾哲學的閱讀風潮而至今不衰。喜愛其作品者大抵上著迷於他的文筆流暢、趣味和幽默。批評者則不外酸言酸語，譏誚其著作內容了無新意。二〇一五年，普列希特的哲學史作品第一冊《認識世界》（*Erkenne die Welt*）問世。儘管懷疑、嘲諷、不屑的聲音不斷，普列希特仍舊以其對於哲學的誠實、說故事的人的看家本領，讓閱聽大眾徜徉於哲學橫無際涯的時間流裡。隨著第二冊《認識自己》（*Erkenne dich selbst*, 2017）、第三冊《做你自己》（*Sei du selbst*, 2019）陸續出版，讀者也漸漸明白了普列希特在其哲學風情畫裡所要勾勒的無限風光。至於第四冊《人造世界》（*Mache die Welt*）則預計於二〇二二年出版。

為了研究哲學，或者從事哲學思考，或者說用哲學開拓視野，究竟有沒有必要讀哲學史？畢竟不是每個地方的大學都像台灣一樣把哲學史列為必修課。我在思考人權、正義、道德的問題，探究什麼是真理、知識或理性，或者問人從何處來要往哪裡去，「存在」究竟是什麼東西，為什麼要讀哲學史？這個問題其實和為什麼要讀歷史沒多大差別。如果說歷史裡的文明興衰更迭有如湯恩比（Arnold Joseph Toynbee, 1889-1975）所說的「挑戰和回應」模式，那麼，我們在思考的種種哲學問題也不是憑空想像出來的，而是在回答歷史裡的文化、社會、政治、宗教的問題；另一方面，每個個人，包括哲學家，他們的身心特質、家庭、學習過程、生涯際遇，也會影響其哲學思考的方向。所以，普列希特說他想寫的是一部「進行哲學反思的哲學史」，也就是說，從歷史和個人生命軌跡下去理解哲學思考是怎麼一回事。

也因為如此，讀者究竟該期待在哲學史讀到或學習到什麼？同樣地，一部哲學史不應該是哲學家思想資料彙編，或者說各種哲學體系、理論、學派、主義的大雜燴。那不但不必要，而且也做不到；就連柯普斯登十一巨冊的哲學史，在他寫到叔本華、尼采、齊克果的地方，讀者應該也會覺得不過癮。或者說我們應該在裡頭探索歷史的規律性、理性的發展，或者真理是什麼嗎？這種歷史定論主義的說法，大部分的史家應該會持保留態度。於是，普列希特則說，如果讀者在讀這本書的時候忘記那是一門學科、不再只是追問真理或理性是什麼，那麼他的寫作目的就達成了。因為他心中的哲學思考，「是要擴大我們思考及生活的框架。哲學思考是把我們思想工具刮垢磨光，讓我們更有意識地去體會我們存在的有限時間，哪怕只是為了理解我們不了解的事情」。

所以，在這部哲學史裡，讀者不會看到柏拉圖、亞里斯多德、康德或黑格爾的理論的條列介紹，因為即便是梗概，也足以讓人暈頭轉向。再者，所有哲學思考不僅要放在時代背景底下加以咀嚼，更要從哲學家的人生際遇和心境再三玩味。因此，我們不僅會看到古代貨幣經濟的崛起和抽象思考的關係，明白教會和國家的權力對抗在「共相之爭」裡扮演的影武者角色；不同於上述哲學史著作，普列希特更加細膩地描寫哲學家的個人故事。我們也因此會讀到大亞伯拉和哀綠綺思纏綿悱惻的愛情故事，明白了齊克果和彌爾他們的父親在其生命中投下的陰影，也可以看到尼采到處領到好人卡的引人發噱的插曲。

如果說哲學史是一部連載小說，讓人在夜裡枕邊愛不釋卷，那麼普列希特應該是做到了這點。

商周出版編輯顧問　林宏濤

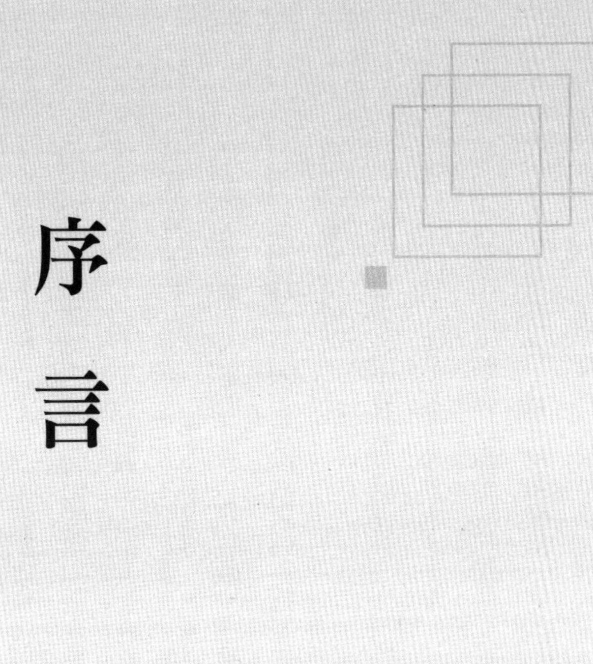

序言

很高興您選讀了這本書。或許您還不清楚，自己即將進入一段什麼樣漫長且充滿冒險的哲學之旅。若您繼續往這條方才開始的道路走下去，您將會途經許多變化多端的思想景色：從位於小亞細亞美麗沿岸的西方哲學發源地出發，一直到中世紀晚期的修道院與神職人員書房、教堂與大學之內；然後，接下來的兩冊續集將會帶領您行遍整個歐洲，直到今日您所生活的那個世界為止。

在這個過程中，我將範圍限於西方哲學，雖然我清楚知道如波斯、中國、印度以及其他文化都各自擁有意義重大的哲學史，但是要描寫它們，不僅必須透徹認識這些文化，還得精通它們的語言。這樣的工程很容易顯得漫無邊際，就算只將焦點放在西方世界，光是要讓讀者概觀全局的視線在豐沛的史料之中不致迷失，就已經是個無比艱鉅的挑戰了。

我不會為您的許多疑問提供任何僵化和確定的答案——所有重要的哲學問題都沒有標準答案，每提供一種答案，便馬上會有新的問題如雨後春筍般冒出來。因此在埋首研究哲學史上各式方法、思想、解釋和推論的人身上，仍舊適用法國大懷疑論者兼人文主義者蒙田（Michel de Montaigne）的那句名言：「使我們快樂的是享受，而非擁有。」研究聰慧的思想並且重新建構、了解、再更進一步地發展它們，是一個令人感到滿足療癒的心靈活動。閱讀就像藉由一個陌生的腦袋來思考，而消化閱讀內容的過程卻是一段我們與自己永不停歇的對話。獲得比以往更有智慧地針對世界進行反思的能力，正是使人對閱讀趨之若鶩的展望。

這部哲學史並不是辭典或百科全書，也不是偉大哲人們的人生傳記。哲學辭典和百科全書多得是唾手可得，而且許多參考書籍皆十分優秀，外加上數也數不清的哲學史完整概述，其中不乏在自我風格上極為出色的作品。然而，無論這些作品呈現得再怎麼跳脫時間，它們全都無可避免地總會從自己時代的視角來考慮哲學史。就好比黑格爾（Georg Wilhelm Friedrich Hegel）在十九世紀初還認為哲學是一條以他自己著作為巔峰的上升直線；不過比他年輕的死對頭叔本華（Arthur Schopenhauer）便憤恨地拒絕如此一部從頭到尾被解讀過的哲學史——研讀一部被完全評論過的歷史就像是「打算由別人來替自己咀嚼自己要吃的食物」。

後來的哲史學家都比黑格爾來得謹慎，他們摒棄這種任憑自我喜好來縝密構思歷史的作法，不過「哲學史等於不斷往真理邁進的歷程」的想法卻依舊充斥在他們多數人的歷史學之中。一直到二十世紀，這種樂觀主義在我們看來才越來越少見。哲學思維的進步並不必然代表真理的揭露和發掘，在今天的我們眼中，光是真理這個概念就已經在許多方面可疑又可議。這麼說的話，在某些方面我們是學聰明了些，但離智慧卻還還差得遠了；或者套句羅伯特．穆齊爾❶所言：「我們不斷踏著錯誤的步履蹣跚前行哪！」

一個編寫哲學史的特別困難的點在於，現今我們對於究竟何謂哲學常有漫漫爭論：對某些人來說，它是**精準的科學**（也就是語言邏輯的科學）；對其他人而言，它比較像是某種**思想藝術**，亦即如何想出漂亮又有智慧之語句的技藝。兩方看法之間存在著不小的差距，因為在這兩種相互衝突的觀點背後所隱藏的是，針對「哲學蘊含著或者應當蘊含多少份量的科學或自由風格」的懸殊意見。哲學論證的說服力是像自然科學的說服力那樣合乎邏輯，還是比較像藝術的說服力那般富有美感呢？

兩者都可以找到各自的支持論述和傳統。對於其創始之父柏拉圖（Platon）與亞里斯多德（Aristoteles）而言，哲學是關於正確人生的問題：為了活出正確的人生，我必須要有廣博的知識，而安全無虞的知識只能透過具有良好論述基礎並且因而「真實」的意見來獲取。所以說，哲學在古代的傳

❶ 譯注：Robert Musil，1880-1942：奧地利作家，其未完成的小說《沒有個性的人》（*Der Mann ohne Eigenschaften*）常被認為是最重要的現代主義小說之一。

統中可以算得上是知識的科學，亞里斯多德將邏輯推理引進哲學裡，並藉此開創了科學思考的先決條件。在這兩位偉大的希臘人之後，一直到進入十九世紀，幾乎所有的哲學家都將自己的專業理解為科學，或者根本就是一門凌駕在所有其他學科之上的泛科學，意即它是所有其餘專門學科皆歸附於其下，而且旨在幫助這些學科先獲得正確理解的那一片屋頂。

這當中還包括了，幾乎所有直至黑格爾時代的哲學家都假定哲學這一**門科學**存在的想法，就像數學這一**門科學**和物理這一**門科學**理所當然存在一樣。就這方面來說，黑格爾得以下筆將他自己的哲學史——最早出現的哲學史之一——編寫得像是這棟思想的建築物客觀存在於世界上似的。整座建築的黏合劑是名為理性的建材，而該建材被康德（Immanuel Kant）以及黑格爾這等偉大哲學家認為既跳脫時間又客觀。所以說，那時哲學家的所有工作便是理性地深入研究世界，好讓永恆的真理能夠一覽無遺地攤在陽光底下。

這種對於哲學這一**門學問**及理性這一**物**的信念，在今天的我們眼裡已經變得陌生。最晚在二十世紀初期，我們便體認到理性這一**物**並不存在，康德所談及的「普遍理性來源」已經蒸發成許許多多個別的汲水處。任何理性深入研究某件事物的人都運用字詞和語句這麼做，他們不僅遵循一套邏輯，還遵照一種文法，而且他們使用的是一種並非恆久不變、而是受到文化背景限制並充滿文化色彩的語言。如果願意，「哲學是一門科學」的主張在這些已經被改變的跡象底下仍然可以堅守住，只不過它現在再也不是知識的科學了，而是被人類用來建立關於世界命題的合邏輯或無邏輯語句的科學。然而這樣的科學也已經不再具備**解釋**的功能，取而代之的是**描述**一途，隨著弗雷格（Gottlob Frege）與維根斯坦（Ludwig Wittgenstein）而起的、影響力十分深遠的分析哲學便是走上這條道路。

與前述相對的立場則是將哲學視為思想藝術的想法，這樣的想法在針對黑格爾的批判當中突飛猛進；從叔本華到尼采（Friedrich Nietzsche）皆義憤填膺地粉碎對理性這一**物**的信念，連同全數建立在那之上的哲學都破壞殆盡。十九世紀間，**世界建築架構**（Weltgebäude）已經不是討論的焦點，取而代之的是人們與**世界觀**（Weltanschauungen）日益密切的關聯。哲學家不再試著認識世界的原貌，而是將特殊的主觀光芒投射在它之上。他們衡量評估、進行論戰並使之劇烈化，接著大力倡導某種面對世界與人生的獨到道德或美學態度。同一時間在藝術領域內所發生的變化也無二致：就連藝術的目的也不再是客觀重現可見的事物，而是用主觀的手法將某件事物表現出來。

[15]

叔本華與尼采的哲學皆在文學上縝密構思，並且嘗試以美學的方式使讀者為之著迷；相似的風格我們已經在十八世紀富涵散文主義而非學術性的法國哲學裡見過：盧梭（Jean-Jacques Rousseau）、狄德羅（Denis Diderot）或者伏爾泰（Voltaire）都不在體系的框架內進行思考，他們創造出思維的雕塑品、思想形象或是取代哲學思想體系的「哲學命題」。就如藝術轉變為各類的風格路線和主義，世界觀性質的哲學亦然，人們不再於哲學的大房子上加以建造了，而是鑄造自己的思維**風格**，世界觀則成了自己的商標。這個傳統仍然存續至今，尤其是在法國——它從前的發源地。

無論哲學是被當成科學或思想藝術來理解，針對「研讀它的歷史有多大意義」這個問題，兩種情況下都可能存在大相逕庭的見解。從眾多分析哲學家的角度出發，研究哲學史顯得相當多餘。如同剛才所提到的，分析哲學家將自己的專業當成一門能與各項精準科學相提並論的科學，而這些精準科學眾所周知地大抵上都專注於現代的問題與認知狀態。準醫生學習大量關於醫學史的知識要做什麼？另外，撇開那個自牛頓（Isaac Newton）以來還未失去效力的萬有引力定律不談，物理學家到底有必要知悉多少文藝復興或巴洛克時期的物理學謬誤與臆測呢？

以這樣的眼光來看，連哲學史也顯得像是由理論與假說堆積起來的集合體，已經不再那麼符合大幅

[16]

偏重語言分析的哲學現狀。連我自己在大學期間對哲學史也沒有特別感興趣——我又不想成為歷史學家，而是想「知道什麼是對的」。與其從哲學檔案庫找出豐富的史料，我更想尋找的是永恆不變的真理：歷史是一個辯證的過程嗎？能不能用邏輯的方法為人權提出根據？真理或正義之類的東西存在嗎？有可能將它們在世上施行貫徹嗎？可惜的是，即便我的教授們真的曾在課堂上探討過這些大問題好了，大多也只是稍微碰到邊、點到為止罷了。德國大學的選課目錄當中有的是五花八門的講座和研討課，關於柏拉圖和亞里斯多德、笛卡兒（René Descartes）、康德、黑格爾、尼采……等等。這顯示出一幅迴異的景象：在這裡，歷史似乎明確支配著現在。由此我們可以得到這樣的結論：很多教授顯然不認為，隨著新的思想家出現在哲學史上，前人的哲學就會失去它們的重要性。「哲學」更像是永恆價值的文化儲備，哲學系學生應當先對此下一番功夫，才能夠獲得任何哲學性的理解能力。

我的作法是兼顧雙方的要求。這本書既不是哲學，也不單純是其歷史；如果用康德的表達方式來形容，它是一部「進行哲學反思的哲學史」，同時盡可能通俗易懂，並且被包裹在一則長篇故事的外衣裡。要探討的哲學家與他們的思想會在他們的時代脈絡之前詳加介紹與討論，因為少了關於政治、社會史與經濟史的說明，許多想法與概念便深奧難解。哲學家的生平不是在書的封面與封底之間上演的故事，哲學思想也並非在後輩與前輩交流討論、與現實脫節之空間或領域內蹦出來的。舉例來說，古代的希臘並不是先由柏拉圖和亞里斯多德的哲學所組成，社會及經濟生活才附加上去；正確來說，應該是人民的生活與思想深受社會與經濟條件所影響，然後哲學才是其次存在的東西。

然而，若只是單純轉述歷史情境與時代色彩，是沒辦法令讀者滿意的。幾乎所有古代世界的問題仍舊是我們今日要面對的難題：怎麼樣才是好的人生？何謂真理？正義存在嗎？如果存在的話，怎麼樣才有彰顯它的可能？生命有意義嗎？人類在自然與萬物中的定位為何？有沒有神的存在？……等等；這些問題就如核心主軸，貫穿起人類歷史上的種種反思。倘若我們有意好好解決這些問題，那麼就不得不從現今的角度來統整早期哲學家的觀點、給予評價並辨別其優缺點；這正是為什麼在發展線的各交接點之處，過去的理論總會一再地被拿出來與今日的思維做連結。

在這個過程中我們也冒著一個風險：即古代、中世紀、文藝復興時期、巴洛克時期還有啟蒙時代的各哲學家，很容易被當作某一哲學路線或思想學派的代表。不過如同上述所言，在這些人的自我認知裡，他們從來就不是被誤解的那樣；他們並沒有像後來的哲學家那般竭力爭取自己的註冊商標和歷史定位，反倒是為了獲得世界的完整性而搏鬥。柏拉圖並非任何一派的柏拉圖主義者❷；笛卡兒也沒有打造笛卡兒主義，而是在他認為無可取代的、對世界的思想性深究之上默默耕耘。這對編寫哲學史的作者代表的是，面對標籤與分類必須格外謹慎，因為系統建立者的編目眼光往往容易掩蓋他本來想要揭示的內容。

描寫歷史會遇到的最棘手的問題，可能莫過於史料的挑選和比重的衡量了。在面對這整個計劃受限於三冊的總篇幅時，確實是如此。這樣一部哲學史並不完整，也不講求完整！相反地，我會一再採用某些特定的觀點。書寫歷史也意味著選擇與產生共鳴，因此這些評比衡量理所當然高度主觀，即便它們本無意如此。以偏概全或一概而論的作法對真實事態的個別獨特性有失公允，對各思想或觀念的獨特性亦然。所以說，當前這部哲學史不過是一**部**哲學史而已，就跟所有其他哲史無異，粗略化及省略在這裡皆為必要之惡。

這部哲學史最重要的認知興趣，也並非旨在盡可能完整說明所有重要哲學家的闡述，因為問題在於

❷ 譯注：原文提到了「Platoniker」與「Platonist」兩種意思皆為「柏拉圖主義者」；經推敲，後者所指的應為十七世紀英國興起的劍橋柏拉圖學派（Cambridge Platonists）。

沒有人知道到底哪些才是最重要的哲學家。例如有些哲學家，光是在時至今日的哲學史上**始終保持著舉足輕重的地位**，便因此顯得重要；另外還有些哲學家，他們對哲學一度非常**重要**，但今天卻已不再獲得關注；再者，有些哲學家及論述在古代哲學史中**僅**獲得**少量的關注**，可是以今日的目光來審視，他們卻顯得無比令人振奮和引人入勝。我們也應該特別想到那些**在他們所屬時代全然無足輕重**的哲學家，譬如叔本華，當然還有尼采，後者在今天被視為他所屬時代最重要的哲學家，然而他的盛名卻在他死後才崛起。與此恰好相反的則是另外一些哲學家的命運，**時代精神**曾經賦予他們如此顯著的重要性，但如今卻竟是魅力盡失。再者，在接下來這群自認**根本不是哲學家**的人的情況下，我們又該如何處置馬克思（Karl Marx）、弗雷格或者盧曼（Niklas Luhmann）這樣極具影響力的哲學思想家呢？

在這樣的狀況之下，不要單純按照所選出的哲學家年代順序來講述哲學史，似乎才是正確的作法。因為不時會有個別的問題被賦予更大的比重與更詳細的說明，所以這整部著作應該被理解為某種連載小說，內容是那些各自披上其嶄新時代外衣的相同大問題。

不管如何，這樣的「歷史」永遠都是一個棘手的大膽行徑。眨眼間，一不小心便很容易變得像是遊客，他們在多明尼加共和國海岸邊的豪華度假勝地圍欄內度假，卻口口聲聲稱自己已經對這國家有所認識。因此，哲史記錄者最後應當滿足於自己並不是在寫哲學史，而僅是在傳承傳統的羊腸小徑上多留下一道足跡；因為正是這些流傳下來的遺產，塑造了我們至今對這些時代所擁有的印象。

所以，當您在閱讀這部作品時——親愛的讀者，要是您感覺到哲學不僅像是一門知識領域，或甚至根本不像一門「學科」的話，那麼這部哲學史的任務就算是圓滿達成了。因為，所有哲學終究並不僅只是專業知識的獲取，而且一九〇〇年以前的絕大多數大思想家都不是專科出身，也不是什麼哲學教授。「哲學，」維根斯坦表示，「並非一套理論，而是一種活動。」這個活動是要讓我們對自己生活、共存中時常令人存疑的假定和命題更加敏銳。它的目標不再如同以往為真理這一**物**——熱愛真理的人，是不會自以為是地妄想自己擁有它的！它的目標是要擴大我們思考及生活的框架。哲學思考是銳化我們思想的工具，以期我們能夠更有意識地經驗我們存在的有限時間，哪怕只是為了理解我們不了解的事情。

理察・大衛・普列希特

科隆，二〇一五年七月

[20]

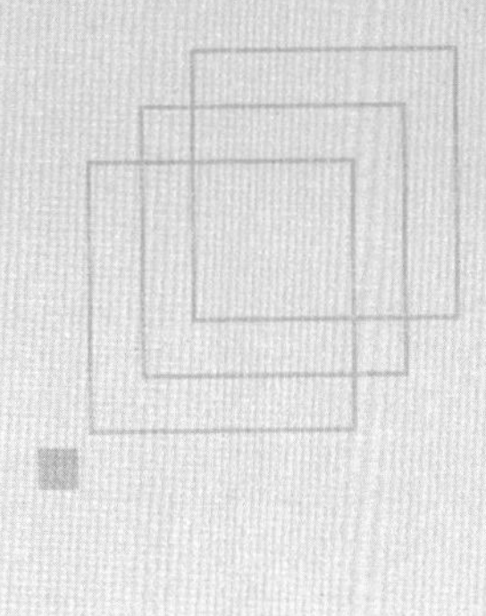

雅典學院

哲學的虛幻魔法

一個雅典的美好夏日，萬里無雲的天空如地中海般湛藍。光線灑進宏偉的大廳，裡頭有四座鑲滿凹陷方格形的拱頂；在這棟石造教學建築的矮階梯上，有五十八名希臘男子或站、或蹲、或坐、或躺，他們正在從事的是最美妙的職業——哲學思考！

這群人比手畫腳地討論著、沉思著、振筆疾書或計算推演，時而建構、時而爭辯得口沫橫飛；在他們的臉上可以看見讚嘆、驚訝、好奇、懷疑、難以置信與深思熟慮等種種情緒。假使有一幅描繪「哲學是什麼和哲學家在幹什麼」的畫作絕無僅有地烙印在我們的文化記憶之中的話，那麼必定就是它了。

這是一幅沒有名字的畫作，一幅位在教宗儒略二世（Papst Julius II.）於梵蒂岡的私人房間——**拉斐爾房間**裡的壁畫。不過我們大家都自以為曉得這幅畫所描繪的主題以及它的名字：《雅典學院》（*Die Schule von Athen*）。它的創作者拉斐爾（Raffael）在一五〇九與一五一一年之間創造了這幅巨作，卻沒有為它命名，直到百餘年後，和他同行的義大利畫家加斯帕里・塞利奧（Gaspare Celio）才為這幅畫起了這個響亮的名字。

拉斐爾那時二十七歲，當年他以閃亮的新星之姿從藝術重鎮佛羅倫斯來到羅馬，為新住宅二樓的房間牆壁作畫就是他在教宗底下的第一份工作——一個由至高無上的在位者所下達的任務，有著極高的標準。依照馬丁・路德（Martin Luther）的說法，儒略二世將會以「嗜血者」（Blutsäufer）之名留名歷史，這名冷酷又好戰的教宗正逐漸擴張教宗職位的權柄。究竟這名宗座之上的暴君為什麼想在自己的私人房間內擁有一幅哲人畫作呢？

畫作工程的進行相當棘手，因為拉斐爾對哲學懂得不多。他是一名畫家，而繪畫是一項精細的手工藝；想學畫的人就拜師學藝，不會有人會到專科院校去研讀如何作畫。他要作畫的空間計劃為儒略二世內容豐富的私人藏書所用，直到後來，此房才被改名為**簽字廳**，而儒略二世的繼位者們會在此開庭審判。其他被拉斐爾繪畫在牆面上的題材為神學、司法正義、美德以及美術；為了教宗自命不凡及教會宣稱團結一心的信念，世界上所有的知識和詩歌都在這個空間裡匯聚在一起。

然而哲學適合出現在這裡嗎？那些被集結在此的希臘哲學家當中，沒有一個信仰任何猶太基督教的神；但是對於教宗的神學家們來說，古代哲學與基督教並不衝突，尤其是柏拉圖的哲學。讓柏拉圖主義得以登上大雅之堂，甚至是在梵蒂岡注視之下這麼做的，是來自佛羅倫斯的費奇諾（Marsilio Ficino）以及米蘭多拉（Giovanni Pico della Mirandola）。就這樣，柏拉圖被恣意且不計哲學損失地供為基督教的先驅，巧妙地被分類在亞里斯多德及普羅丁（Plotin）之列，並且與摩西（Moses）和耶穌（Jesus）共處於一個祭祀畫廊內。

拉斐爾在他的壁畫裡描繪的事物除此之外便沒有別的了。在畫作的中間，柏拉圖與亞里斯多德顯得好似兩個超人般的身形，舉手投足流露出聖賢的風範。在一幅後來出現的荷蘭版畫中，他們甚至被賦予聖人的光環，被轉化成彼得（Petrus）與保羅（Paulus）。他們兩人被其他希臘哲學和科學界裡的優秀人才團團圍繞：畢達哥拉斯（Pythagoras）跪坐在左前方寫書；狄奧根尼（Diogenes）倚靠著臺階；歐幾里得（Euklid）（還是阿基米德〔Archimedes〕？）正在右前方展示圓規的應用；而那身著橄欖綠衣、有著朝天鼻的蘇格拉底（Sokrates）則正在與一名長髮披肩的戰士比手劃腳。

特別是十九世紀的藝術史學家們卯足了全力，設法辨識出全部五十八人的身份，然而他們的推測卻始終是臆測。事實上，我們僅能夠再認出另外三個人，可是他們絕對不是希臘哲學家！那個位於前方的深膚色人形通常被認為是赫拉克利特（Heraklit），但他同時也帶有拉斐爾的勁敵米開朗基羅

（Michelangelo）的臉部特徵；另外，就連拉斐爾自己也出現在畫面的右前排，頭戴深色帽飾並一臉白皙天使面孔的他，站在自己身穿白衣的助手索多瑪（Sodoma）身旁。

在描繪歷史題材的畫作當中偷渡同時代的人，在文藝復興時期是司空見慣的作法，於那先前的中世紀也屢見不鮮。甚至連柏拉圖也不是單純依照他著名的古代半身像繪製而成——當時的人很容易在他的面貌特徵裡認出達文西（Leonardo da Vinci）的神韻，這對他們來說並非難事，因為隨著年紀增長，達文西本人的自我風格就漸趨希臘哲人。不過他也只有在視覺上近似柏拉圖，哲學思想上他所推崇的偶像其實是亞里斯多德。

拉斐爾描繪出哲學家熙來攘往的日常，彷彿心不在焉的訪客單純恰好站在一旁都必定能察覺，這件事在十六世紀初非常新穎。如果哲學在任何圖畫上永久保存的話，那麼十之八九都是藉由女性象徵人物的形態刻畫而成；與之相對地，拉斐爾想的卻似乎是收錄在柏拉圖對話錄《普羅塔哥拉篇》（*Protagoras*）裡的生動片段：「我們進到裡頭，看見普羅泰戈拉在門廊裡散步，一長串人跟著他。一邊是希波尼庫之子卡里亞、伯里克利之子帕拉盧思，也就是卡里亞斯的同父異母兄弟、格老孔之子卡爾米德；另一邊是伯里克利的另一個兒子克珊西普、菲羅美魯之子菲力皮德斯，還有門德的安提謨魯……。那些緊隨其後，聽他們交談的人好像大部分是外邦人，也有一些是雅典人。普羅泰戈拉吸引了他所經過的各個城邦的人，用奧菲斯[1]一樣美妙的聲音迷惑他們，而人們也像是被符咒鎮住了似的跟著來到這裡。我很高興地望著這群人，發現他們小心謹慎地留意不讓自己的腳步來到普羅泰戈斯的前面。當普羅泰戈拉和那些在他左右的人轉身的時候，後邊的聽眾馬上分開，讓出路來，秩序井然，每一次都

[1] 譯注：奧菲斯（Orpheus）乃希臘神話中的一位音樂家、詩人兼預言家，謠傳為色雷斯人。古希臘曾出現一門以他為名的祕密宗教，即奧菲斯教，對此後文將有詳述。

像是畫一個圓圈，重新在後面佔據他們各自的位置。真是美極了」[1] ❷

關於普羅塔哥拉芸芸聽眾的敘述接下來幾乎是沒完沒了，一幕有著富麗堂皇大廳的雄偉場景便由此產生——該哲學家就佇立在大廳正中央。這一幕有種絕對諷刺的意味，因為柏拉圖並不喜歡普羅塔哥拉。之所以會引起這場關於該「偉大哲學家」的騷動，完全只是為了展現出名人的愛慕虛榮，而他根本是被其聽眾過度吹捧了。

這裡的所有跡象都顯示，拉斐爾使用了柏拉圖的對話錄當作設計範本，並且出於其他意圖對其進行改作。這不太可能是他自己的主意，因為這名年輕畫家既不諳希臘文，拉丁文也懂沒多少。藝術史學家因此推斷了好一陣子，壁畫工程背後的精神領導可能是維泰博的艾吉德烏斯（Aegidius von Viterbo）——梵蒂岡最具影響力的神學家之一。艾吉德烏斯是當時最頂尖的柏拉圖專家之一，而且他在自己著作中的多處引用了《普羅塔哥拉篇》；唯有透過他或者類似的幫助，拉斐爾才有辦法如此全面地掠奪古代的形式與人物寶藏，並在梵蒂岡的牆面上投射出一幅想像中的雅典。

如今，正是這個哲學的真空地帶獨特地塑造了我們普遍對於哲學懷有的想像。就如拉斐爾畫筆下所刻劃的畫面，那種想像總是顯得像是一處永恆的樂土，幾百年、甚至是幾千年來，尋找真理的各種想法不斷嗡嗡作響地相會在那個理想之地，彷彿蜻蜓交配一般。這樣看來，《雅典學院》的哲學家和科學家之間相隔著數百年的時代差距似乎不會讓人感到絲毫困擾。實際上，要在同一時間身處同一空間的哲人和科學家說不定連一打的數量都湊不齊呢。同樣無傷大雅的是，觀看者似乎見證了一樁重大事件，儘管現實中什麼事都沒有發生。

或許正是這股神聖的虛幻感，至今仍賦予這幅畫獨特的魅力；它是一幅獨樹一格地剔除歷史的歷史

❷ 編按：引文中譯見：《柏拉圖全集第一卷》，王曉朝譯，人民出版社，二〇〇二年，頁435-436。

畫面，裡頭的人物與思想皆褪去了其歷史脈絡的外衣，就這樣在寓意與偽裝的現實之間來回閃爍。而且，如果不是再次發生如一五二七年的羅馬之劫後所發生的事件，打劫的傭兵刮毀該幅壁畫，那它們直到到今天仍會浸淫於哲學沉思之中……

只不過遠離畫中天馬行空的幻想來看，古代的哲學通常對我們而言卻比乍看之下還要難以理解。一方面，它離我們不可思議地近又很現代，許多演講者喜歡援引的「民主的搖籃」就在此。哲學關鍵概念中的很大一部分諸如：心靈（psyché）、觀念（idea）、行動（pragma）、國家（politeia）還有更多其他的概念——皆可以在心理學（Psychologie）、主意（Idee）、實用主義（Pragmatismus）與政治（Politik）等字彙中再度被發現。如此看來，我們現今的文化無異於連續不斷的、甚或是合乎邏輯的希臘古代之延伸，並且附加上透過基督教中世紀在此期間的更新。

另一方面，我們必須問自己，這種觀點會不會阻擋我們看待古代哲學的視線。從今天的角度來考慮，古代哲學是西方思維的起源，而我們都認識這個起源衍伸出來的千變萬化的後續；相較之下，對愛奧尼亞、南義大利和雅典的哲學家而言，他們的哲思活動卻不是一個二千五百年之久的成功歷史與問題歷史之起源。他們當中沒有一個人覺得自己是先驅或前輩，也沒有決定過自己思想中的什麼東西有朝一日該被看作「永恆的」哲學思想——無論貌似多麼有理或搖擺不定——而什麼又不該。赫拉克利特真的以那短短一句，據說後來被某些人當作他思想精髓的一句「萬物流轉！」來為他自己的哲學作總結嗎？由於我們不曉得兩者之間的關聯為何，恩培多克勒（Empedokles）是否如精神分裂般分解為兩種分開獨立的意識狀態，一是「物理學家」，而另一為「預言家」？「理型論」實際上真的是柏拉圖思想的中心基石，還是只是「柏拉圖主義」的中心基石呢？

經常令人讚嘆的是，我們竟然擁有如此多樣來自古希臘的文獻，即便它們並非原稿，而是中世紀的謄寫手稿。這些文獻經過的路途經常既黑暗又混亂：這些手稿是歷經過多少次被謄寫在莎草紙或羊皮紙

[26]

上、在旅途中被隨身攜帶著奔波，還有藏在異端那裡，我們才得以在今天認識它們？而另一方面，又有 [27] 多少古代文獻成為祝融、劫掠以及基督教審查員蓄意銷毀下所葬送的犧牲品？

我們今天所擁有的是有著超過兩千年的公認重要性，**並且**有幸挺過一切的文獻。經常是偶然的無形之手將某些部分流傳下來，其他部分則不然。西元五〇〇年以前的古代藏書遺產裡，我們所知道的有大約三千位希臘與羅馬世界之古代作家的名字！然而，卻只有四百位的文獻被流傳至今。據說在西元前四七年，光是在亞歷山大圖書館就有五十萬至七十萬卷的館藏，如今絕大多數都已永久佚失。

可以推估的是，古代的非基督教文學裡，每一千本當中只有一本被流傳下來，也就是僅約三千冊。約莫一百五十位出現在圖書館目錄中的古希臘悲劇詩人當中，如今只保有三位的若干作品。在柏拉圖與亞里斯多德之前撰文的古希臘哲學家，我們所認識的他們的著作都只剩下斷簡殘篇。即便普羅塔哥拉在西元前五世紀的雅典有著馳名遠近的影響力，我們卻仍欠缺他那些顯然為數不少的作品，而他最終便以唯一一句由柏拉圖流傳下來的句子走入哲學歷史裡。認真想想看，要是我們對斯賓諾莎（Baruch de Spinoza）、盧梭、康德、黑格爾、沙特（Jean-Paul Sartre）或者維根斯坦的認識都只限縮成一句話的話，我們對他們的評斷會有多荒誕？

柏拉圖的對話錄看似近乎完整地保留下來了，可是如今各派思想卻仍為了「它們的原意為何」而爭論不休。「真正的」柏拉圖到頭來是不是根本不在他自己的教學對話錄中，反而是在某個「未成文的學說」裡呢？與之相對地，亞里斯多德遺留下來的正是這類不打算出版的文章，亦即他自己的課堂筆記， [28] 而他曾經出版過的內容反而幾乎蕩然無存。就連許多希臘化時期的哲學家著作，我們所擁有的也僅是殘缺不全的片段與後世所作的總結，除了極少數如普羅丁的特例之外，這幾個世紀的哲學家幾乎沒有一位的作品能至少完整地重現。中世紀的情況基本上也無二致：充沛或至少完備的流傳作品比貧乏與不齊的來得更為稀少。

更主觀的是，一部哲學史的作者選定誰和什麼來書寫，還有把誰和什麼描述得引人入勝。這本第一冊的重點大多放在刺激好玩的政治經濟和自然哲學問題，其他如邏輯方面的則無可奈何地略過，畢竟那對許多讀者來說並不是那麼好理解。舉例來說，我把在柏拉圖部分的焦點放在知識論（Erkenntnistheorie）與倫理學（Ethik）上面，而某些其他有趣的東西只是稍微帶過；關於亞里斯多德的《形上學》（Metaphysik）只會有粗淺的討論，他的《詩學》（*Poetik*）則是出於情節編排原因於第二冊補上；普羅克洛斯（Proklos）和辛普利丘斯（Simplikios）等後期的新柏拉圖主義者將被省略，連俄利根（Origenes）與亞歷山大城的克勉（Clemens von Alexandria）這些教父也不會有太過詳細的介紹。中世紀的部分，在篇幅考量下難以倖免被忽略的有拉巴努斯．莫魯斯（Hrabanus Maurus）、聖維克托的雨果（Hugo von Sankt Viktor）、彼得．約翰．奧利維（Petrus Johannes Olivi）和托馬斯．布拉德華（Thomas Bradwardine）這等思想家，就連拉蒙．柳利（Ramon Llull）登場的篇幅也必定過於簡短；除此之外我也刪去了很多神學的討論，像是關於三一論（Trinitätslehre）或是彼得．倫巴都（Petrus Lombardus）之《四部語錄註疏》（*Sentenzenkommentar*）的討論，對於不同知識份子的複雜哲學以及一些亞里斯多德形上學的後續問題也是一樣的作法。

然而問題不全然在於史料的挑選。在描寫古代與中世紀哲學的時候，沒有人能綜觀自己所描寫的時期。那種《雅典學院》誘導我們相信的清透明確性，是我們在實際處理古代與中世紀哲學時不會有的；就連當我們從遠處把眼光投向哲學起源時將我們目光染色的激情，在悲哀的時代裡也找不到支座。就這樣，讓我們開始我們的旅程，朝著西方哲學那些不如想像、而是非常人性的源頭前進；同時也朝著那些不幸被後世統稱為「先蘇哲學家」的人們，這樣的統稱彷彿他們的思想是一個大大的「尚未」，儘管對他們自己而言當然從來就不是如此……

[29]

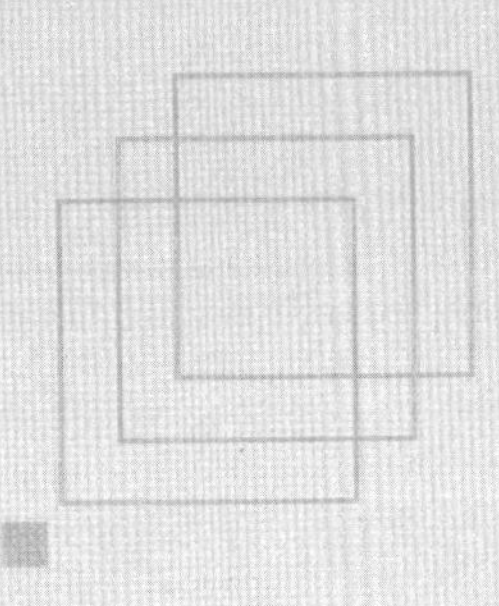

古代哲學

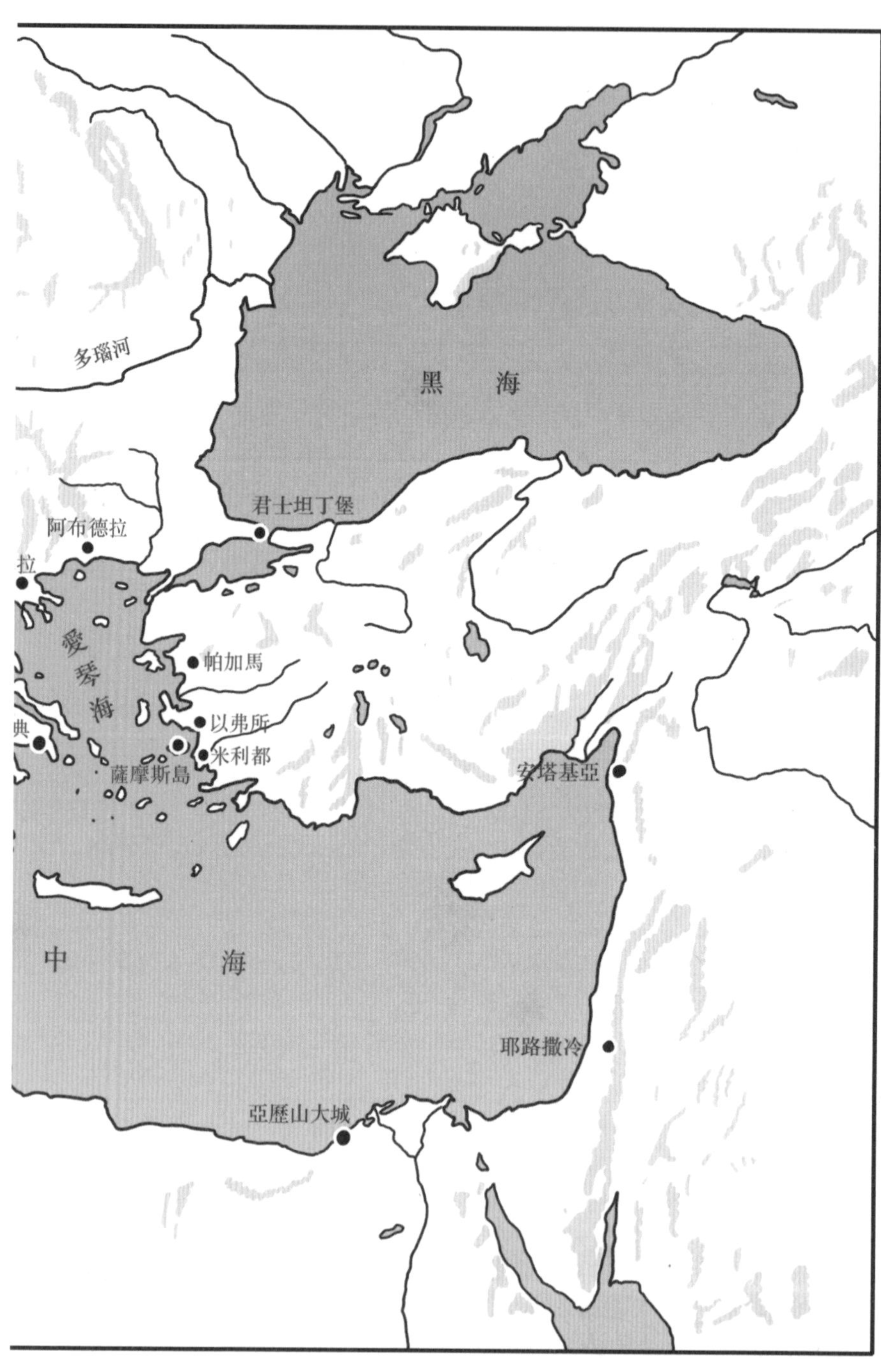
多瑙河
黑　海
君士坦丁堡
阿布德拉
拉
愛琴海
帕加馬
以弗所
典
米利都
薩摩斯島
安塔基亞
中　　海
耶路撒冷
亞歷山大城

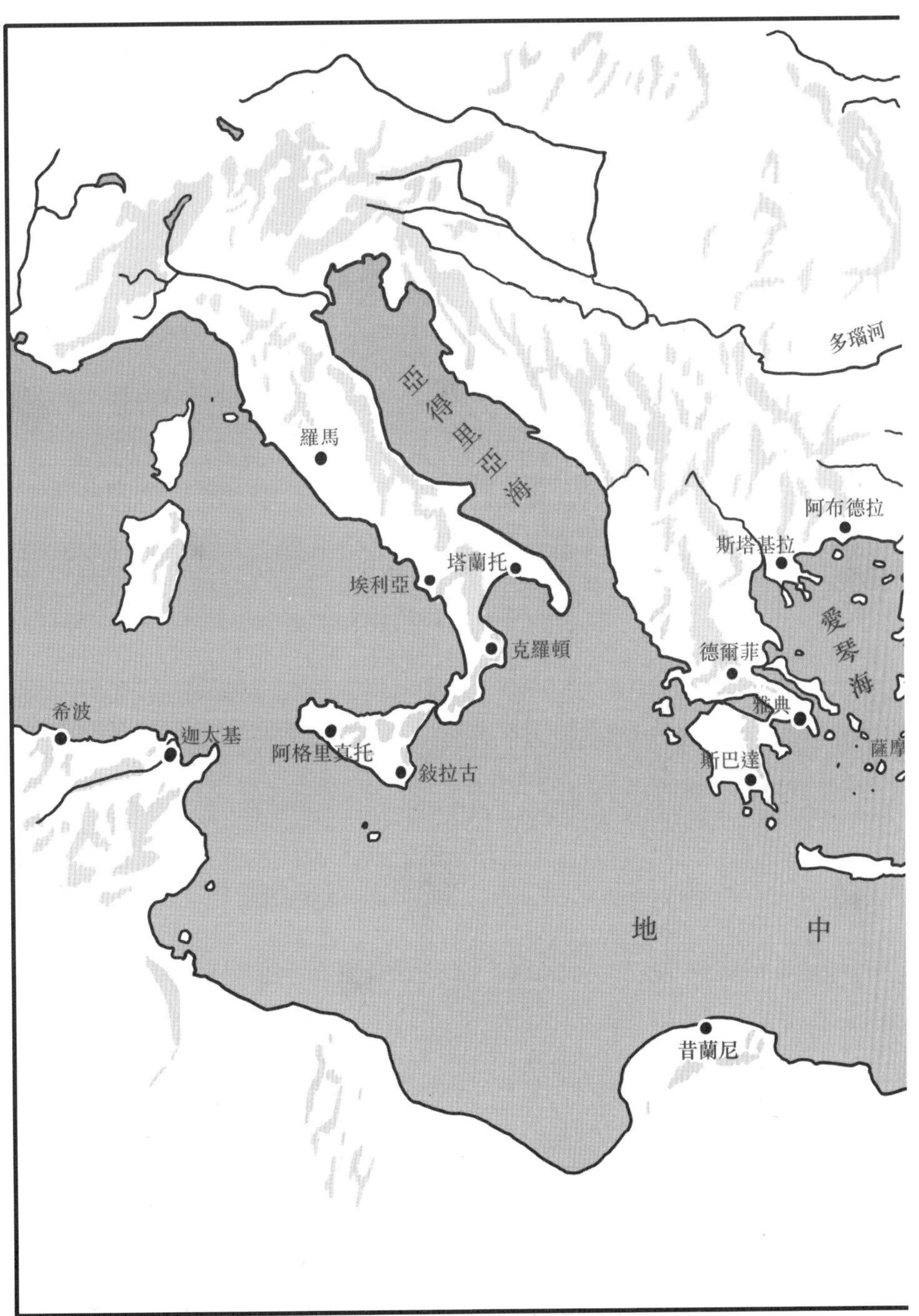

多瑙河
亞得里亞海
羅馬
阿布德拉
斯塔基拉
塔蘭托
埃利亞
愛琴海
克羅頓
德爾菲
雅典
希波
迦太基
阿格里真托
敘拉古
斯巴達
地
中
昔蘭尼

古典時期哲學家年表

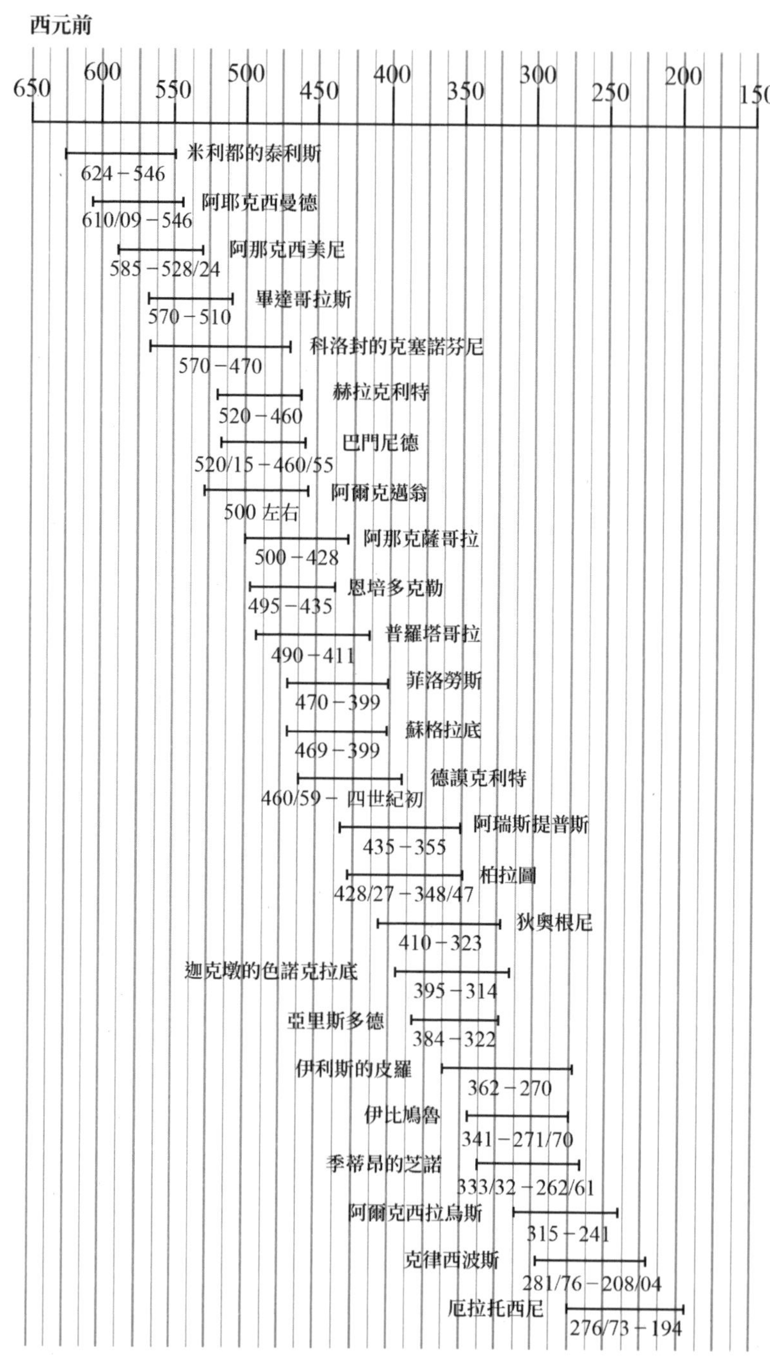
西元前
650
600
550
500
450
400
350
300
250
200
150
米利都的泰利斯
624－546
阿耶克西曼德
610/09－546
阿那克西美尼
585－528/24
畢達哥拉斯
570－510
科洛封的克塞諾芬尼
570－470
赫拉克利特
520－460
巴門尼德
520/15－460/55
阿爾克邁翁
500 左右
阿那克薩哥拉
500－428
恩培多克勒
495－435
普羅塔哥拉
490－411
菲洛勞斯
470－399
蘇格拉底
469－399
德謨克利特
460/59－ 四世紀初
阿瑞斯提普斯
435－355
柏拉圖
428/27－348/47
狄奧根尼
410－323
迦克墩的色諾克拉底
395－314
亞里斯多德
384－322
伊利斯的皮羅
362－270
伊比鳩魯
341－271/70
季蒂昂的芝諾
333/32－262/61
阿爾克西拉烏斯
315－241
克律西波斯
281/76－208/04
厄拉托西尼
276/73－194

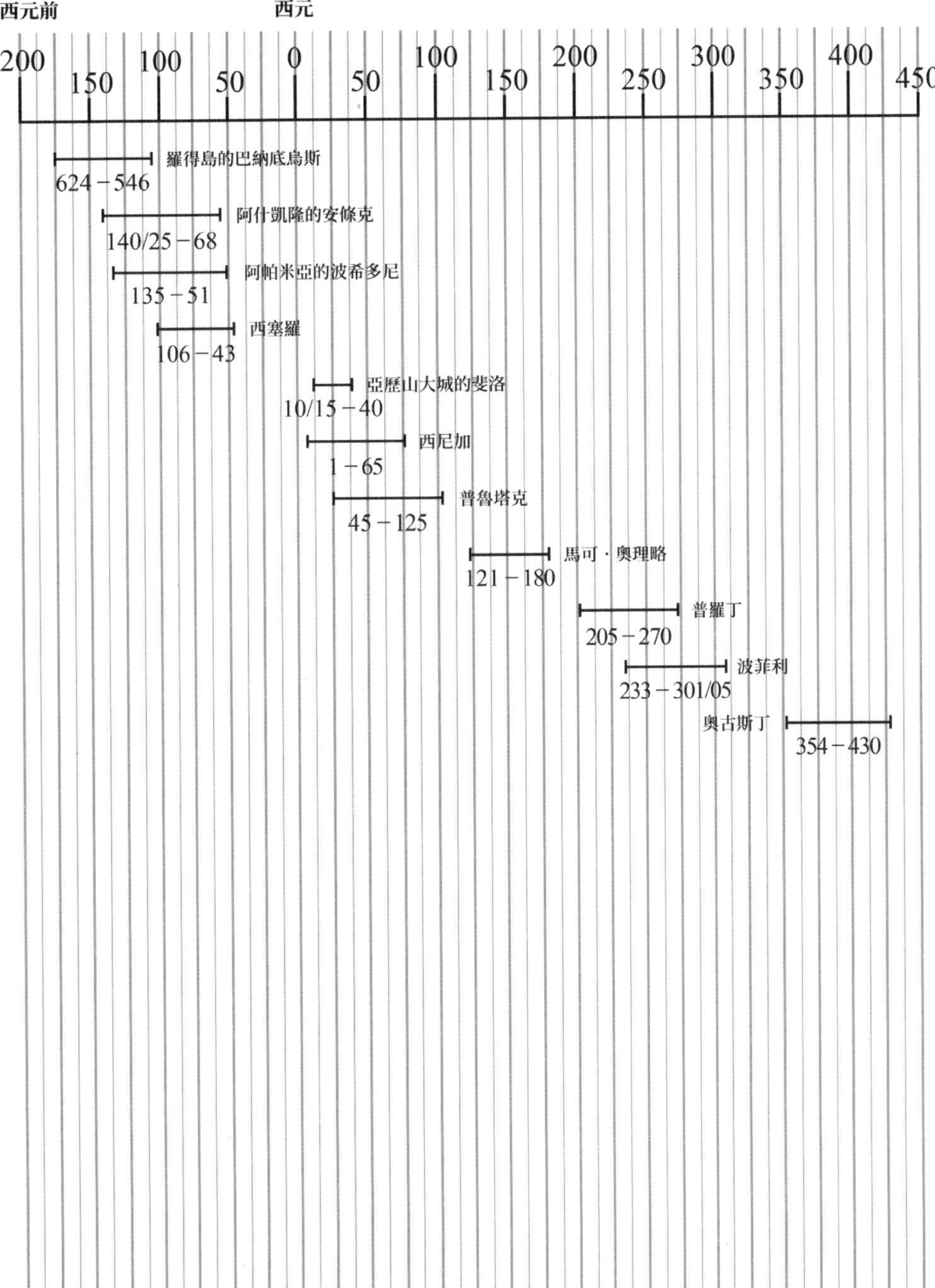

西元前
西元
200
150
100
50
0
50
100
150
200
250
300
350
400
450
羅得島的巴納底烏斯
624－546
阿什凱隆的安條克
140/25－68
阿帕米亞的波希多尼
135－51
西塞羅
106－43
亞歷山大城的斐洛
10/15－40
西尼加
1－65
普魯塔克
45－125
馬可．奧理略
121－180
普羅丁
205－270
波菲利
233－301/05
奧古斯丁
354－430

從前從前，在愛奧尼亞……

- 西方的日蝕
- 第一位哲學家？
- 古老歷史
- 望向宇宙
- 自助式的信仰
- 神話的力量

西方的日蝕

西方哲學始於一個現今土耳其的美麗五月向晚嗎？更精確地說，是始於西元前五八五年五月二十八日，米利都這座城市內的柏樹、橄欖樹與葡萄藤下的某處？在地中海夏日前夕如乾燒般空氣中的乾渴枯樹之下？這天傍晚，大西洋上方的日全蝕出現在小亞細亞的上空。六分鐘過去後，鬼魅般的景象消失了，但是它帶來的後果卻相當可觀。據說因著對諸神顯靈的敬畏與驚愕，相互敵對的兩個王國米底和利底亞的軍隊皆在戰鬥中放下武器，就此為這場延續了五年的戰爭畫下休止符。相傳唯有一人沒有被這一切震撼，這位智者就是**米利都的泰利斯**（Thales von Milet），據傳是因為他精準地估算出並預言了此次日蝕的發生。

將此記錄下來的編年史作者活在另一個世紀，這起事件大約在百年之後，才由被譽為古代歷史編纂之父的**希羅多德**（Herodot von Halikarnassos）記下；他也沒有提到泰利斯確切算出日蝕發生在哪一天，只記錄下年份而已。[2]另一個關於泰利斯預言的出處更是令人起疑，該出處源自西元三世紀，亦即事件發生超過八百年後；這人是古代哲史學家第歐根尼·拉爾修（Diogenes Laertios），專門收集他所能蒐羅到的歷史與奇聞軼事。他寫道：「有些作者」描述泰利斯是「第一個研究星象學的人，並且預言了日蝕和冬至夏至……他第一個測定了太陽從冬至到夏至的運行，並且指出了月亮只有太陽的七百二十分之一大。規定一個月為三十天的也是他，他是第一個寫論文的人。」❶[3]

這個被後來的編年史作者深信具有如此驚人開創性天文成就的泰利斯究竟是何方神聖？幾乎所有我

❶編按：中譯引文見：《古希臘羅馬哲學資料選輯》，仰哲出版社，一九八七年，頁2。

們所知的泰利斯生平，都得歸功於因為不可靠而聲名狼藉的拉爾修。據說泰利斯出生於西元前六二四年，很有可能出身於米利都的上流世家，不過也不排除他是遷徙至米利都的腓尼基人。該座位於愛琴海岬角上的城市擁有四座港口，而且早在西元前六世紀就有一段極為多變的歷史：來自克里特島的米諾斯人成功定居在此；西臺人佔領了這座城市；利底亞人出手攻佔之——這座城市一次又一次地遭到摧殘。不過在泰利斯的一生裡，米利都一直都處於全盛時期：載著油、羊毛與布料的商船從小亞細亞破碎崎嶇的海岸駛向位在今天義大利的伊特魯里亞、敘利亞和埃及；超過七十個殖民地使米利都成為地中海東部一個重要的權力中心。

我們並不清楚泰利斯在這個商業都會裡扮演的確切角色為何，關於泰利斯的真相就是我們並沒有任何關於他的真相——出自他手的文稿沒有一篇被流傳下來，我們所擁有關於他思想的文獻不外乎是亞里斯多德的一小段摘要。據說他曾以工程師的身份改變了河流的流向，也許他實際上曾透過自然法則來解釋尼羅河的水患，並計算出金字塔的高度。此外根據希羅多德提供的資訊，他還干預了政治。據說他曾建議愛奧尼亞人在愛奧尼亞中部的特奧斯建立一個跨城市的政府基地，以賦予各區域一個共同的權力中心。

根據拉爾修的記載，泰利斯所站的位置乃希臘哲學、數學與天文學的起點；他無師自通，曾到埃及留學做研究，據說他就是從那裡帶回了幾何學和幾項重要的天文學說。無論如何，和他同時代的人似乎對他關於自然的知識印象深刻。就他的日蝕預言而論，他所擁有的埃及天文知識應該不足以作出預測，即便謠傳他學習過巴比倫人的觀星術——西元前六世紀沒有人有能力預測日蝕發生的時間，更不要說是地點了，就連太陽年的確切長度也都還未知。

不管如何，今天依然有歷史學家認為，泰利斯所謂的預言是他漫無邊際高談闊論時歪打正著的，就是瞎貓碰上死耗子；他們並不想接受，後人顯然想用一起天文奇景為泰利斯的形象增添額外的光芒。類似的自然科學奇觀也被依樣畫葫蘆地加諸在他的繼承者身上，以作為他們的事蹟來傳頌，這我們可以從地震和隕石撞地球的預言讀到——有些預言甚至在二十一世紀都不可能準確計算出來。

為什麼泰利斯未卜先知的傳說，會對自古代以來的哲學史而言這麼重要呢？嗯，也許單純只是因為它如此適合，因為它勾勒出這樣一幅畫面：一個人與一個時代正準備拋開信仰與迷信，進而認識真實的自然法則。倘若泰利斯預測了日蝕，那麼這就表示日蝕乃自然現象，而且就如同所有的自然事件都可以被有智慧的自然科學家認知與計算。術士與先知被不再搞占卜通靈的自主學者所取代——清醒、實事求是又理性地看穿自然及其法則之把戲的學者：第一位理性主義者。事實上，這是哲史學家為泰利斯與愛奧尼亞哲學所描繪的形象，代表泰利斯的預言所要傳達的訊息並不在於它是真是假；而是在於，它表達出我們喜歡與愛奧尼亞自然哲學作連結的、對自然的態度與對世界的立場：自然科學的、甚或是科學思維的開端，以及西方世界與誕生的時刻。

第一位哲學家？

在進一步探究「西方世界是不是源於日蝕」這個問題之前，我們應該先稍微審視像泰利斯這樣的希臘人所屬的生活世界。光是「希臘人」這個概念就已經有些誤導，因為它是羅馬人的說法，因此是來自一個晚了許多的時代；因此不太能證明，現今希臘在西元前七世紀與六世紀時的居民將自己理解為一個文化統一體。取而代之的是有許多小規模、甚少相互依賴的城邦，其中就屬米利都最著名。絕大多數的人民不是生活在城市裡，而是在鄉間田野種植葡萄和栽培橄欖樹及無花果自給自足，他們剷除灌木叢並抽乾沼澤的水，然後在貧瘠的不毛之地上獲取新的農耕地；此外他們也飼養綿羊與山羊，所有寵物之中就屬牠們最不用費心照料了，而且牠們能登高至險峻陡峭的山地。只有貴族養得起牛隻，並用自己的牧場來豢養馬匹；他們的地產會在接下來的幾個世紀內持續擴張，而小農的土地只得面對縮減的慘澹。不管如何，沒有坐擁相應統治領土的強大君王存在，那些鋸齒狀崎嶇不平的山、海洋與不計其數的島嶼是建立單一大帝國的絆腳石；取而代之地，它們創造出眾多有著一個個分散社會的小空間。

然而，泰利斯的時代同時也是這些社會內部產生巨大變革的時代：地中海東部蓬勃發展的貿易亟需米利都這樣的城鎮來建造商船，農民就此經過產業轉型成為一個海上強國。為了保護海上艦隊和殖民地，越來越巨大的軍艦、配備三排划船凳的高甲板船隻陸續被建造。鐘聲噹噹響起，新職業**物理學家**如泰利斯這樣的技師與工程師的時刻來臨了，他們身負擴建道路上的基礎建設以及港口的防禦設施的任務。人口隨著景氣繁榮而增長並且需要餬口，必須確保供水。許多地區的君主統治權力都被推翻，貴族正一步步地擴展他們的勢力；就連在米利都位於統治地位的也都是上流家族，他們激烈地抵禦獨裁暴君、平民百姓或者利底亞人與波斯人，以捍衛自己的財富。面對他們的是一群人數不斷增長的沒有土地的人民，這些人以工作遊民的身份流浪於各城邦與港口之間；他們是沒有公民權的外邦人，苦工的重擔就落在這群人、女人以及奴隸的身上。

這些確切的社會、經濟與軍事的問題見證著一個動盪不安的時代；西元前六世紀的小亞細亞沿岸並非無憂無慮的阿卡迪亞❷（雖然那裡也沒有無憂無慮），那些由**亞里斯多德**與**柏拉圖**這兩位古代最重要哲學家所敘述的泰利斯著名軼事，都是在這種背景下上演的。而兩個版本的故事皆揭露了一些關於那個時代的「哲學家」社會地位。

❷ 譯注：阿卡迪亞（Arkadien）為位於希臘伯羅奔尼撒半島的一州，因地形多山而人跡罕至，後來獲得「世外桃源」的引申義。

亞里斯多德版本的故事極為奉承，它被作為例證來說明哲學理解力的全方位才智與實際可用性：當泰利斯「因貧窮而備受指責，人認為這說明了哲學毫無用處。據說，還在冬季他就運用天象學知識，了解到來年橄欖將大穫豐收，所以他只用很少的押金，就租用了開俄斯和米利都的全部橄欖油榨房，由於無人和他競爭，所以他只用了極低的代價就租到了全部榨房。當收穫季節來臨時，一下子人們需要很多榨房，這就使得他可以用他所高興的價錢將榨房租出去，他因此賺了一大筆錢。他曉諭世人，只要哲學家願意，他們要致富輕而易舉，但他們的理想並不在此。」[4]❸

比起歷史上的智者泰利斯，這則軼事說明更多的是亞里斯多德對於這位哲學家的看法：一位謙遜的萬事通。儘管如此，該則軼聞至今仍耐人尋味，因為和直接發大財相比，對哲學才能的輕視並沒有失去它在我們世界裡的意義。顯然古代的哲學家必須為自己看似無用的行為辯解，但這種情況與古希臘世界中經常被盛讚的思想生活的俗氣形象不太吻合。

這個關於泰利斯經濟專長的故事，讓我聯想到那位花了整整七年時間翻譯詹姆斯．喬伊斯❹之巨作《尤利西斯》❺的作家——漢斯．沃爾施雷格❻。他曾在自己感受不到社會對他完成這份高難度工作的足夠賞識時，直白地表示：「相信我：能夠使美術作品問世的人，同樣有經營布丁工廠的能耐。」[5]他想說的是，像他這樣擁有這麼多創造力與思維能力的人，同樣也能夠在可鄙的經商天地裡頭成功——只要他願意。我曾有次當面向心思細膩又有些害羞的沃爾施雷格問道，他是否真的相信自己能夠以企業家或老闆的身份飛黃騰達，只見他幾些遲疑後回答：「老實說，大概是不信的……！」

❸ 編按：引文中譯見：《亞里士多德全集》，中國人民大學出版社，一九九三年，頁24-25。

❹ 譯注：James Joyce，1882-1941，愛爾蘭現代主義作家兼詩人，二十世紀最重要的作家之一。

❺ 譯注：《尤利西斯》（*Ulysses*）乃喬伊斯於一九二二年出版的長篇小說，被認為是現代主義文學中最重要的作品之一。

❻ 譯注：Hans Wollschläger，1935-2007，德國作家、翻譯及文學評論家，尤其以《尤利西斯》德語譯者身份而為人所知。

相對地，柏拉圖關於智者泰利斯行為的故事版本就顯得毫不留情：「相傳泰利斯在仰望星辰時不慎落入井中，受到一位機智伶利的色雷斯女僕的嘲笑，說他可望到天上的事，但卻看不到腳下的東西。」[6]❼縱使柏拉圖版本的軼聞聽起來再簡單不過，卻為哲學史帶來不少令人頭疼的麻煩；因為與亞里斯多德將泰利斯歌頌為萬事通的英雄故事版本相反，這位哲學家在這裡變得糟糕透頂，說白了就是蠢蛋。該如何理解那名色雷斯女人的嘲笑呢？那擺明了就是對與現實生活脫節、連掌控日常生活都做不到的理論家的揶揄。當然了，後來的哲學家又發現了一兩個花招來減輕這件事令人反感的程度，大概是這樣：唯有透過仰望天空，人類才會意識到自己在宇宙中的真實位置，並因而也認識那些有助於建造水井這等有用之物的自然法則；照這麼說來，那名色雷斯女人的嘲諷便是愚蠢的。不過，這則故事必須被巧妙地扭轉，才不會從其中讀出給哲學家的警告，要他們別在擁有所有宇宙宏觀思想時，不再腳踏實地。

我們可以假定，就算是在古希臘同樣也只有極少數人會忙於解密自然法則或研究宇宙推論。人生不是（像喜劇詩人**亞里斯多芬**諷刺描述的）雲煙密布的布穀鳥樂園❽，審視世界的哲學性向來是那些或多或少傑出的我行我素者的事情。

泰利斯的理論對他所屬時代的思想而言究竟有沒有代表性？這些理論當中最著名的，莫過於泰利斯對水的見解：所有生命的起源。對此，亞里斯多德寫道：「泰利斯說是水（因此他認為大地浮在水上），他之所以做出這樣的論斷，也許是是由於看到萬物都由潮濕的東西來滋養，就是熱本身也由此生成，並以它來維持其生存（事物所由此生成的東西，就是萬物的本源）。這樣的推斷還由此形成，由於

❼ 編按：引文中譯見：《柏拉圖全集第二卷》，王曉朝譯，人民出版社，二〇〇二年，頁697。

❽ 譯注：「雲煙密布的布穀鳥樂園」（Νεφελοκοκκυγία / Wolkenkuckucksheim）為古希臘喜劇詩人亞里斯多芬（Aristophanes，ca. 450 B.C.-ca. A.D. 380）在西元前四一四年所作的諷刺喜劇《鳥》（*Die Vögel*）當中，用來描繪劇中理想烏托邦的創作詞語；後多用於形容不切實際、虛無縹緲的人生。

一切的事物的種子本性上都有水分，而水是那些潮濕東西的本性的本源。」[7]❾

在亞里斯多德精明地根據自身需求而組織起的祖先祠堂裡，泰利斯乃世界史上的第一位哲學家，據說他是追溯所有自然現象個別起因的第一人。然而，「水為所有生命及存在之根源」這個想法卻比泰利斯還要古老，這一點連亞里斯多德都曉得。他知曉「遠古時代」的看法，亦即海洋、河流與所有泉源之父**歐開諾斯**（Okeanos）以及其妻**特提斯**（Thetis）作為「世界誕生之創造者」的種種神話。詩人**荷馬**（Homer）與**阿爾克曼**（Alkman）皆對它們有所敘述。而今天，歷史學家指向更加古老的資料來源：巴比倫的創世神話中存在著比世界更為古老的原始水域，分別為淡水**阿普蘇**與海洋**提阿瑪特**；相似的事物可以在埃及人的世界誕生故事裡發現，就連在巴比倫被擄期裡以自己主人的神話為導向的希伯來人，也讓上帝的靈在創世之前飄浮「在水面之上」。

泰利斯將水視為眾生之起源的見解並沒有引起**轟動**，不過亞里斯多德卻為這項看法添加了一種全新特質的轉變，據此，泰利斯不只表示一切皆由水而**產生**，還表示一切也由水**組成**；倘若這真的是泰利斯的意思，那就比較有原創性了。

但不確定的是，亞里斯多德在此是否真的反映了泰利斯的觀點，而不是**雷焦的希波**（Hippon von Rhegion）的觀點；後者活在距泰利斯大約一百五十年之後，並早在亞里斯多德之前便宣稱，泰利斯已經確認了水為基本原理和**基質**（arché，始基）。

水是不是基質呢？是否為那組成一切萬物如空氣、土壤、動植物與人類的不變本質？按照我們現今的知識，生物是有生命的，空氣、土壤還有水本身都沒有！這怎麼會相符呢？泰利斯可能賦予了作為所

❾ 編按：引文中譯見：《亞里士多德全集》，中國人民大學出版社，一九九三年，頁34-35

有物質之原料的水哪些特性？如果水本身不具有生命，那麼是什麼使之運動呢？該如何理解產生和形成？為什麼水不單純保持水的樣貌，而是將自己形塑成整個宇宙呢？

這些問題欠缺好的答案，就連亞里斯多德也無言以對。儘管他向我們報告「泰利斯認為宇宙萬物都充滿了神」[8]，但是這些神靈的含義為何，是實際的神祇形體或者只是某種類似萬物泛靈的東西，亞里斯多德並沒有透露。第二種的可能性看似較大。根據亞里斯多德，泰利斯認為磁鐵「有靈魂」，它們能使鐵移動鐵；[9]那既然磁鐵都有靈了，為什麼形塑大自然的水不會也有呢？也許水本身就是存在於形成與移動的萬物之中的靈魂物質？泰利斯信奉神話中的諸神嗎？他是不是一位認為萬物皆有靈的泛神論者？還是他是歷史上第一位相傳至今的唯物主義者，任何除了自然力量以外的超自然事物一概不予承認？

古老歷史

為了解答這些疑問，我們必須先問：泰利斯時代的希臘人普遍信仰以及相信什麼？他們信任哪些文化遺產與傳統？又是為什麼？

事實上，曾經有些文本在西元前八至六世紀協助希臘居民在天地間找到方向，即便只有非常少數的人擁有閱讀能力；不管怎麼樣，文本的內容仍然靠著口耳相傳而廣為人知。當中最重要的文本為**荷馬**的《伊利亞德》（*Ilias*）——特洛伊戰爭的故事。這部荷馬以韻文寫成的史詩，是古代直到羅馬時代最有成就的著作。縱使今天無人能肯定地說荷馬究竟是何許人也，以及是否所有歸功於他的文本都實際出自他之手，但那些史詩對古代的希臘人而言有著極為重大的意義。雖然他們在《伊利亞德》還有受歡迎程度稍低的《奧德賽》（*Odyssee*）當中，對自己的真實歷史了解甚少，那是為了爭奪特洛伊這座小亞細亞城市，發生在許久之前的過去的戰爭；但是這些文學作品早就向人們說明了世界。

整個神話與英雄故事的宇宙就此有了開端，富有、高貴又強大的男子為何謂禮節、習俗與道德樹立[47]了典範。這些史詩講述的是一段希臘比起人們在西元前八世紀時所見聞的、更加璀璨和繁榮的時期，君王和英雄主導著這個與友誼、忠誠和榮譽相連結的古老世界；同時他們也常常驕矜自大、毫無節制又桀驁不馴，他們是一個盛氣凌人的貴族世家，明顯好戰，還有通姦和遭遇船難的傾向。和他們有關的是眾神雲集的奧林帕斯山，這些神祇的行為舉止與荷馬筆下的地上英雄幾乎沒什麼兩樣，所有人性對它們來說再熟悉不過，在宙斯（Zeus）的天堂裡與阿加曼農（Agamemnon）的地面上所發生的事情可說是幾乎一樣。

自西元前八世紀以來，幫助希臘人建構漸趨複雜的世界觀的還有另外一個源頭，那就是**赫西奧德**（Hesiod）的文學作品；從他的主要作品《工作與時日》（*Werke und Tage*）這首教諭詩以及《神譜》（*Theogonie*）當中，希臘的居民獲得了關於世界與他們人生的各種解釋。《神譜》毫無保留地告知人們他們所必須知道的一切，以了解天堂與時間、土地與水、戰爭與和平、愛與死亡以及最終自己從何而來。赫西奧德瀏覽了詳列諸神起源與作用的整個諸神人物目錄，從原神**卡俄斯**（Chaos）、**蓋婭**（Gaia）、**塔爾塔羅斯**（Tartaros）、**厄洛斯**（Eros）、**厄瑞玻斯**（Erebos）和**倪克斯**（Nyx），一直到當前的神祇世代；那些早在赫西奧德很久以前便已在許多含糊不清的故事中被講述過的內容，如今取得了獨特的樣式和固定的系統。

《工作與時日》相對顯得不那麼戲劇性。普羅米修斯（Prometheus）作為人類的朋友與喚醒者的傳說於《神譜》中再度被提起，也在那裡被提及的**潘朵拉**同樣再次出現，並在此打開它那使所有人性之惡與劣根性自其中傾巢而出的聞名盒子。然而，《工作與時日》講述的卻不是世界形成過程的性與罪的趣[48]聞，而是一首十分傷感的世界時代終曲——從金碧輝煌歷經了白銀、青銅與英雄豪傑，一直到西元前八世紀的當前破鐵時代。就連世界被劃分為公平正義與**驕矜自傲**的領域這點，希臘人也是從赫西奧德那裡認識的。更重要的應該是那些給農民的為數眾多的建議了，對於要怎麼豢養牲畜、播種以及為隆冬日子作萬全準備，都有實用的指示。如果說今天的歷史學家腦海中有個畫面，能夠想像那個時代許多小農民的艱辛生活是如何進行的，那麼這個畫面又特別是透過赫西奧德而建立。相較於《伊利亞德》與《奧德賽》是為了了解閒散又好鬥的貴族之倫理必不可少的資料來源，赫西奧德在《工作與時日》裡所傳達的則可以算得上是艱苦勞碌小人物的倫理。

對西元前八到六世紀的希臘居民來講，神話是他們人生中天經地義的一環，不只是有荷馬與赫西奧德那些系統性精雕細琢的神話，而是整個生活都摻雜了宗教性故事、敘述和解釋；日子和一天所要幹的活都透過儀式和祭拜、神諭、典禮和宗教節慶來安排。人們在神話中發現自己在生活中的日常支持，這些必要的世界知識幫助他們了解自己在宇宙中的位置。而詩人看來是他們最重要的權威，他們向人們解釋他們自身存在的意義與重要性，並告訴他們該依照哪些規矩過活。

不過接著——在這一點上所有的歷史學家皆口徑一致——卻發生了某件獨特的、高度離奇的事：在這個被神話鞏固得好好的橄欖樹林、葡萄園坡、山羊峭壁及繁榮商埠的世界之中的某時某地，竟然產生出了思維的另外一種軌跡——所謂的邏各斯（Logos）。依照其字義，邏各斯所代表的意思是「說話」、「口頭傳達」、「字詞」或者「語句」，以及一些完全不同的事情，諸如：「事物」、「定義」、「計算」或「重視」。然而，當人們今天在談論希臘語的邏各斯時，倒是不費吹灰之力就能在一字多義的情況下說出所論及的是什麼：試圖**「理性地」洞察世界**的作法。

究竟這個思考的第二種軌跡確切來說是從何時開始，又是出於什麼原因，這些我們都不清楚。泰利斯的例子顯示出，要找出對世界的新「邏輯性」理解的開端並不容易，我們幾乎沒有來自這個時期的文本，不得不仰賴後人的評論。無論如何，西元前六世紀產生了某些概念，它們不使用或者僅次要地使用神話的說法來解釋自然現象，反而多用「自然主義」或「理性」的方式；這裡所指的是，一種至少針對自然的某些部分，不會參考怪力亂神、過度渲染的故事或無可檢驗的傳統來為之作說明的思維。

有關這個不同於神話的思維形式的誕生，流傳下來的故事與試圖為此解釋的說法本身卻經常帶著神話色彩——想一想泰利斯預言的傳說，或者那個自十九世紀末以來便被廣泛談論的「希臘奇蹟」。為了要翻譯少數留存下來的早期受自然主義激發的思想家之著作，我們便已經遇到龐大的困難。他們的概念並非我們的概念，光是出於以下原因就不是了：他們的想像世界與我們今天的並不相等。我們與其說知道，倒不如說是猜想，猜想一種被我們稱為「理性」或「邏輯」的思維，在西元前六世紀的地中海東北一帶於文本裡頭留下痕跡。這種思維——至少在前幾個手段裡——努力不靠先入為主的偏見，僅只是運用理解的力量來深入研究自然。古老的神靈被抽象的、可謂神聖的**原理**取代，這個思維將會激發那後來名為「科學」的東西；然而要走到那一步，從西元前六世紀起卻還有一段漫漫長路……

望向宇宙

有沒有一種宇宙間的「公平正義」，即某種宇宙的**權力平衡**存在？這個觀點至少可以在自米利都學派以來，留存至今最古老的哲學字句中被發現；據稱，世間萬物誕生與消逝的發生皆「是命運規定了的。因為萬物在時間的秩序中不公正，所以受到逞罰，並且彼此互相補足。」[10]

這幾行字的作者是**米利都的阿那克西曼德**（Anaximander von Milet），一名謠傳與泰利斯走得很近的男人。對某些人而言，他才是第一位「哲學家」；因為和我們所知的泰利斯相比，更能確定他以抽象的原理作為出發點來為自然作解釋。據推測，他出於西元前六一〇年或六〇九年左右，據說他也和泰利斯一樣在約西元前五四六年去世。就連阿那克西曼德也是一樣，關於他的多數事蹟我們都是從亞里斯多德那裡知道的。阿那克西曼德扮演了劇情編排的角色：他是一個小繪本故事中的一部分，故事裡的人物根據各自挑選出的不同物質或基質來解釋自然，直到亞里斯多德最終登場來闡述真正的相互關係。

在泰利斯的論述中應該是水的東西，到了阿那克西曼德的版本裡卻不是具體的實體，而是一種全然非物質性的物質——**無限者**（apeiron）；這個字的意思差不多就是「無邊無盡者」。無可想像地廣泛、永垂不朽又堅不可摧，無限者的反物質則是存在的一切事物，但是這個永恆的基質並不處於靜止狀態。相反地，在它之中相互衝突的力量來回起伏，並各自試圖取得優勢：火、水、風和氣——或者更抽象地說：熱、濕、冷與乾——在宇宙中相互角力，就如地球上的四季更迭一般。然而，自然法則宛如一名無形的大法官，總會一再形成平衡——火焰燃燒過後灰燼殘留，水乾涸，寒冷再次升溫……依此類推。因為只要有一方氣焰過於高漲，就會受到另一方的制衡作為「懲罰」，唯有恆久不變的變化能使宇宙保持穩定。

引人注意的是，導致自然力量平衡的中心概念並非來自技術或對自然本身的觀察，而是源自於司法！**狄刻**（Dike），希臘居民從赫西奧德之《工作與時日》所認識的宙斯的童貞女兒及正義的化身，在此作為世界和諧的抽象宇宙正義。她是平衡的絕對原則，而這個原則被阿那克西曼德從社會的領域拓展至宇宙的領域。

從人類世界轉移到宇宙的正義非常驚人，因為世界的平衡不需要任何個人的神就行得通了；更值得注意的是，「理性的」、不帶偏見的「正義」概念在西元前六世紀仍處於尚未成熟的初期發展階段，實際的司法更不用講了。不過，阿那克西曼德心中似乎有一套涵蓋全體存在的普遍正義學說，所有的物理事件依此皆由一種內在意義所決定，並從屬於一套嚴格的規範；宇宙的物理定律和道德法則為一樣的事物，這是一個我們將在往後的哲學史中會再度遇見的概念，萊布尼茲（Gottfried Wilhelm Leibniz）在十八世紀初稱之為**神義論**（Theodizee）（辯神論）。

阿那克西曼德是假定只有一個世界，還是他僅是將我們的世界視為無限者眾多世界之中的其中一個呢？對此我們並不清楚，無論如何，他為我們的世界設計了一套詳盡的宇宙發生論（Kosmogonie）。依此，濕冷在世界誕生時聚集成一團，而乾熱被向外推出，並宛如火圈般環繞在濕冷的外層——這是物理學慣性定律的初步觀念；火焰像是樹皮圍繞著樹般圍繞著濕冷，被火困住的濕冷開始變乾並蒸發，霧與 [52] 氣團向外擴張並使火圈分裂。於是三個相互環繞的火輪成形，裹上了幽暗的氣，那氣就好似腳踏車輪框外圍的內胎；與此同時，輪框內側形成得以讓火焰竄出的微小開口，我們透過這些洞口所瞥見的點點火光在最近的內圈上看起來是星星，第二圈上是月亮，而最外圈上為太陽；若是第二與第三圈的孔洞被堵住，這情況會使我我們看見日蝕或月蝕。

地球是從原先的濕冷殘留下來的物體，它不受約束地飄浮在三個圈的中間，始終保持著同等的距離；它的形狀近似圓柱，寬度是高度的三倍。海洋是尚未被火圈吸乾的濕潤殘餘，當陽光使地球的水分蒸發，濕氣又會以雨水的形式返回地面；就連風也來自於正在蒸發的濕氣，而太陽和月亮的交替也是一樣。

生物學家讚賞阿那克西曼德，因為他將可謂「進化性」的思想融入他的宇宙發生論中，因為他藉由物種起源理論來解釋「動物和人類從何而來」這個問題：所有生命最初都源自於由濕氣產生的海洋，就連早期的人類也來自水裡，起初他們是帶有多刺外殼的類魚生物，直到成年後才從殼裡鑽出並上岸至乾燥的陸地上。不同於今天的進化論，阿那克西曼德並不相信人類是一步一步從魚類發展而成的，他認為 [53] 每個人都是在早期從魚的階段破殼蛻變成人——這個過程顯然之後不再必要，因為在阿那克西曼德的時代，人類明顯不再以魚的形態出生在海中了。無論如何，他認知到海洋是所有生命的起源，並認定了物種天生並非無法改變。

第三位愛奧尼亞自然哲學家聯盟中的哲學家為阿那克西美尼（Anaximenes）。他出生於距阿那克西曼德大約二十五年後的西元前五八五年左右，據推測他死於西元前五二八年至五二四年之間；後來的編年史家將他描述為阿那克西曼德較為年輕的「同伴」。關於阿那克西美尼的原始資料狀況，糟糕程度與他的前人旗鼓相當；據傳他寫過一本書，但也只有其中一句格言被流傳了下來。

如果遵照亞里斯多德的說法，那麼三位偉大米利都人之中的這最後一位確信，阿那克西曼德所說的**無限者**不可能由非物質所組成，因為非物質的東西不會發展成物質，根據阿那克西美尼自己的說法，**無限者**的基質為**空氣**。當空氣受到壓縮而變得濃稠時，會變成水；在更強烈的壓縮下會變成泥土和石頭；相對地，當空氣變得稀薄時，會化成火焰：「阿那克西美尼說使物質集合和凝聚的是冷，使他稀薄和鬆弛的則是熱。」希臘作家兼哲學家普魯塔克（Plutarch）如此記載道。[11] 阿那克西美尼認定該基質有變化的能力，而且並非一成不變。就連神聖領域的存在也不超出該基質的範圍，而且同樣由空氣所組成；反過來說，這意味著空氣本身就是神聖的。這正是為什麼它擁有將自身轉化為其他東西的力量，比方說火或水。就連人類的靈魂也是由自我形塑的空氣所組成，而這早已被阿那克西曼德推斷過了。「正如我們的靈魂是空氣，」阿那克西美尼表示，「噓氣和空氣也包圍著整個宇宙。」[12]

對阿那克西曼德而言狀似短圓柱的地球，到阿那克西美尼這裡又變成了一個地平盤，與同樣扁平的各種天體一同在空中飄蕩。在地球上方的天空拱起成一個半球形，與巴比倫人的古老宇宙發生論觀點不謀而合；在它之上盤旋著星星、月亮和太陽，後者於夜晚消失在地平盤邊緣的北部高山背後，地球也因此變得黑暗。

[54]

隨著阿那克西美尼的辭世，米利都早期的自然哲學傳承也就應聲結束了。沒有人知道除了所提及的這三位**自然哲學家**（physikoi）以外，是否還存在過更多推敲世界的誕生、原理和性質的人。無論如何，我們所知的米利都哲學推論終結所發生的時間點，與該座城市的逐漸沒落相吻合；如果米利都有出現在西元前六世紀偉大的地理學家**赫卡塔埃烏斯**（Hekataios）的地圖上，並且被視為已知世界之中心的話，那麼災難就發生在西元前四九四年。西元前五四一年，波斯人征服了小亞細亞，不過米利都得以倖免於難；西元前四九九年，米利都貿然發動「愛奧尼亞起義」，以抵抗當時之前十分友善的佔領勢力，於是波斯國王大流士一世（Dareios I.）攻下了米利都、摧毀並流放其眾多居民。來自雅典的悲劇詩人普律尼科司（Phrynichos）以這段歷史創作了他的劇作《攻佔米利都》（*Die Einnahme von Milet*），並因為斗膽將此不幸事件搬上舞臺而被罰款一千德拉克馬[10]。儘管重建得很快，米利都卻永遠無法再次延續其昔日的偉大時代，戰爭是捱過去了，但那漸漸使港口堵塞的淤泥卻是沒有停止堆積的一天。這座城市就像被各方勢力玩弄於股掌之上的皮球，先成為雅典人的、然後是斯巴達人的聯盟成員，再來又一次落入波斯人的手裡，被亞歷山大大帝（Alexander der Große）征服並在後來成為羅馬行省亞細亞的一部分。

自助式的信仰

對世界的科學探索是始於愛奧尼亞的自然哲學家嗎？許多歷史學家在過去都如此聲稱。他們在流傳下來有關泰利斯、阿那克西曼德和阿那克西美尼的陳述中，看見了邏各斯——對世界的合理「理性」深

[55]

⑩ 譯注：德拉克馬（Drachme）乃流通於古希臘以及自一八三二年至二〇〇一年之現代希臘的貨幣單位。

究——的序幕被揭開；相傳它從米利都為起點開始了勢如破竹的進擊，並且進一步發展至我們今日受到理性深遠影響的西方文化。

然而這個宣稱卻不是肯定的，因為我們並不清楚米利都學派所持的觀點具有多少原創性。作為繁忙的商業都市，米利都與腓尼基人、利底亞人、波斯人、埃及人和巴比倫人都保持著密切的聯繫；像是亞里斯多德就毫不拐彎抹角地承認，「數學的技藝（科學）最初是在埃及」發展成形的，「在那裡祭司等經常被允許有閒暇」。[13]在埃及以及尤其在巴比倫，他們所進行的天文學研究是西元前六世紀的希臘人所望塵莫及的。所以，幾乎每位介於十五和十七世紀之間、受過教育的歐洲思想家都認為，哲學並非起源於希臘的城市，而是在近東的沙漠中與北歐的森林內產生的——始於金字塔的祭司以及德魯伊⓫。

所以從現今的角度來看，米利都學派自然推論中的「自然科學」似乎不是全新的。不過，在希臘卻另外有一件事，以成果豐碩的方式促進了對世界基質和原理的搜索：那裡缺少一個對所有人皆具有約束力的宗教！儘管在希臘世界的全數地區，荷馬和赫西奧德的文學作品無人不知、無人不曉，人們也因而認識一系列固定的神祇班底。但是如何崇拜祂們、該施行哪些儀式與祭禮卻可能因地區不同而天差地遠，每一位神祇皆擁有自己特定的祭祀地點，而且有些神祇在某個區域有著比在另一區域更大的重要性：在阿卡迪亞、色薩利或是克里特島上富有宗教方面的意義，在米利都就不見得。就連在地區本身內部，人們也隨心所欲地選出他們自己最鍾愛的神明、任命農神和家神。希臘人的信仰是自助式的，而他們的創意幾乎不設限，像在埃及或巴比倫的那種堅不可摧的祭司特權階級並不存在，沒有人跨區域地監視民眾以何種方式敬仰眾神，在宗教方面又是如何看待世界。如此一來，這也解釋了是否以及如何將諸

⓫譯注：德魯伊（Druide）是古代凱爾特文化與神話中的菁英職業兼宗教領袖階級，位階僅次於諸王或部族首領，身兼僧侶、醫生、教師、先知與法官等多職，在神話中具有在各個神域之間來去自如的能力。

神安插進他們的宇宙發生論，顯然任憑愛奧尼亞的自然哲學家自行決定，這是在其自然哲學創意方面的自由優勢。

亞里斯多德由此得出的結論是，身為所有研究學者與世界說明者之先驅，希臘人在乎的重點是「僅為了自然本身」而獲得有關自然的知識；不過他卻忘了補充說明自己怎麼知道得這麼清楚，因為我們對泰利斯、阿那克西曼德和阿那克西美尼提出關於世界見解的背景脈絡一無所知。在嘗試透過基質與宇宙發生論來解釋世界的作法背後，也可能藏著一種與無目的性的知識迥異的意圖，例如：使無法解釋的變得可以解釋，好讓人們爾後在宇宙裡更有安全感；這樣一來，自然哲學便具有一種與以前的宗教類似的功用，畢竟我們無法真的聲稱，泰利斯、阿那克西曼德或阿那克西美尼試圖提供的解釋都足夠嚴謹且合乎邏輯；相反地，我們面對的是貌似可信的推測。

值得注意的是，至少阿那克西曼德和阿那克西美尼都曾將自己的思想以文字記錄於著作當中，即便我們從他們那裡只認識了若干句子。通曉書面語言的希臘人在西元前六世紀非常稀少，而且字母並非希臘人的發明，而是源自於腓尼基人，他們特別為了貿易而發展出字母。據推測在西元前八世紀，與腓尼基人進行活躍的經濟與文化交流的希臘人採用了他們的字母，並進一步發展之。

這套新的希臘文字帶來一連串的優點：它比腓尼基文字還要容易學習，更不用提比埃及人的象形文字容易了；此外，抽象事物用希臘單詞與音節能夠比較容易表達出來，形容詞和動詞也都可以輕鬆地轉化成名詞。即使不是事情的原意，但回顧起來，這套文字裡頭也存有哲學和科學產生的良好先決條件。無論如何，古希臘詞彙一路延及歐洲現代的漫長歷程令人嘆為觀止，從「模控學」（Kybernetik）到「網路空間」（Cyberspace）再到「心智界」（Noosphäre）等數位時代概念都仍穿著希臘語的外衣。

米利都學派的哲學家並沒有當今意義上的自然科學世界觀，幾乎所有阿那克西曼德與阿那克西美尼發表的關於世界、行星及恆星之誕生與性質的說法都不是觀察和測量的結果，而且從今天的角度來看全都是胡說八道。新穎的並非他們的認知，而是他們看事情的眼光，他們的眼光顯然著重事物本身而非純粹聚焦在美好、精彩的故事。**始基**和**宇宙**等概念在此登場，並在接下來變得不可或缺。宇宙似乎不是靜止的，而是不斷運動的，龐大的力量在其中產生作用，並同時遵循著超脫時間侷限的法則。這些深刻見解是不是神話終結的開端呢？是不是理性大軍壓制神話思維的序曲？

神話的力量

請您想像一下：您的一個好朋友遭遇一場死亡車禍，他的車輪在高速公路上爆胎，造成車身打滑、翻覆，您的朋友當場命喪黃泉。當這個噩耗傳到您的耳裡時，您感到不知所措、驚恐且深感錯愕——怎麼會發生這種事？在這個情況下，一位熟人為您解析了一番，他解釋輪胎會爆胎是相當「正常」的，可能是因為輪胎內壓過低，或者有玻璃碎片或釘子之類的不明物體刺穿了輪胎。他解說得頭頭是道，也許連輪胎鋼圈也都故障了，那麼爆胎很「合理」；此外這位熟人也向您陳述，統計上看起來，每二十萬公里的里程數便會有一個輪胎爆胎。這些大概都是您在該情況下根本沒有興趣聽的解釋，在這樣的情況下，您反而會覺得這些「理性的」論述與說明冷血無情。在您腦中縈繞且揮之不去的是這樣的問題：「為什麼這起悲慘的意外會剛好發生在我朋友身上？」、「為什麼他不像往常一樣搭火車？」、「為什麼命運如此晴天霹靂給予殘酷的打擊？」

在這個情況下，那位熟人的邏輯技術性解說對您一點幫助也沒有，它們甚至聽來令人不快；因為「某件事情是**怎麼**發生的」的答案，與「某件事情**為什麼**發生」的答案並不相符。而且世界合乎邏輯的觀察並不代表世界，就只是是對世界合乎邏輯的觀察。任何心理健康的人都不可能認真地把邏各斯的世界當作世界；相反地，想要貫徹邏輯和理性來解釋世界的人，很快就會走火入魔。似乎人生的所有領域無法全然以邏輯深究：愛情、友情、藝術、夢境世界與宗教。然而，人們通常正是在這些領域當中找到為自己生命賦予意義及重要性的事物，使我們的人生保有價值又珍貴的，並非我們所知或自以為知道的知識，而是我們所感受、預料、希望與相信的事。我們都知道在愛情裡沒有邏輯可言，從「我愛你！」這句話得不出「那麼你也愛我！」的結論；相反的是，我們透過眼神與信號、暗示與猜測、假定與揣度來回游移，任何意圖將這團糾結情感拆解成邏輯規則（或是前陣子的生物化學分析）的理論都令人錯亂。

[59]

信仰和知識一樣，同屬人之所以為人的一部分。在我們的日常生活中，兩者經常相互建立起極不尋常的關聯；舉例來說，我們可以相信某件事，儘管我們其實知道事情不是這樣。「我當然不相信有鬼，」有次一位要好的女性友人這樣對我解釋，「可是我怕鬼！」同樣的道理，許多人都曉得星座事實上是沒有根據的一派胡言，卻仍然相信「冥冥之中真有那麼一回事」。

反過來說，人類也有能力不真的相信自己所知道的事情。幾乎每一個歐洲人都知悉人類現代與未來所面臨的浩劫：資源被工業化國家毫不留情地開發剝削，開發中國家面對人口過剩的問題及連帶產生的經濟與社會災害。然而，縱使我們都心知肚明，卻仍無動於衷地繼續過著大致上一如既往的生活，儘管我們其實必須急遽改變我們的生活以及消費需求。對，這些我們都知道——可是不知怎麼地我們仍舊不相信，我們寧可指望著那句科隆方言裡的至理名言：「至今都沒塌下來的天，明天也不會說垮就垮。[12]」

[60]

在我們的生命當中，知識和信仰、理性和神話思維、解釋與賦予意義，這些全都緊密相連，原則上沒有哪一方比另一方來得「更好」，它們純粹就是滿足不一樣的需求，自然科學的解釋有著和道德價值

⓬ 譯注：原句科隆方言轉成標準德語後，直譯為「一直以來都還好好的平安無事」，隱含一種「從來就都是一切太平，之後八成也不會有事」的安逸心態。

或政治理念相異的功用。而經由密集的理性與邏輯思考，人們或許能夠釐清許多事物，卻永遠不會變得有智慧；要達到這個目標，還缺少了另一半我們可稱為**情操教育**（éducation sentimentale）的部分，亦即一種心靈的智慧，或者可以用一個美麗的復古經典詞彙來表示：「心靈教育」（Herzensbildung）。

這些考量有助於我們理解早期希臘哲學對西方歷史的重要性，因為從所有跡象看來，我們在愛奧尼亞自然哲學家這裡面對的也是一種神話思維和邏輯思維不可分割的融合。也正是在這種融合之中，在古希臘衍生出所謂的「哲學」——「愛智」（Liebe zur Weisheit）。因此，哲學的興起並非人們長期以來理解的神話思維的逐步消解，不如說，是試圖將神話與邏各斯相互調和的嘗試——尋找一種說明自然以及自然內種種過程的解釋，這種解釋「理性」且不含宗教成見，同時又能滿足對意義與重要性的渴求。

在這個意義上，整部哲學史是心靈的詩歌與情境散文之間的平衡；因為在西方哲學的悠久歷史中，幾乎每位哲學家都各自用不同的方式、以不同的重點嘗試合理地解釋世界，卻也沒有因此捨棄創造意義與重要性的權利。直到二十世紀，才因分析哲學確立了一個新的方向，這個方向十分明確地放棄給予意義，而且意圖將哲學至今所關心的事務轉變為科學。不過，就連科學——甚至自然科學——也不是完全合乎邏輯又理性的，只要它們是由人類而不是由電腦進行操作的話，便會受到人類意圖的控制，並且也取決於偶然、虛榮、研究補助以及其他非理性因素。

從泰利斯、阿那克西曼德和阿那克西美尼開始的並不是神話被邏各斯取代，反倒是邏各斯逐漸作為第二種思維形式加入神話思維之中——而且尤其是加入在如此不同的思維顯得格外合適的地方。「理性的」解說顯然要填補一個巨大的缺口，即荷馬和赫西奧德無法再為西元前六世紀人們思考的種種問題提供令人滿意的答案：何謂在市場上熟悉『商品』並同時區分需求和需要的疑問，或者該如何對待流動勞工並應支付他們何等工資；人們同樣也不知道怎麼排乾沼澤的水、建造引水渠道，學不到如何應對其他文化，如何建立殖民地、組織並依法保障貿易或是如何抑制城市內的貧窮。自西元前六世紀起，正是在這些技術、自然科學、貿易、法律和政治的新領域中逐漸跑進了邏各斯——那試圖給予特定事物一種有邏輯又合理之解釋或理由的嘗試。

就私人生活而論，幾乎沒有邏各斯進入的跡象可言，正當**城邦**裡的共同生活越來越頻繁地被放在理性規範的觀點下審視的同時，私人**家庭**（家政、經濟）基本上未受影響。兩個領域之間的劃分於西元前六世紀時便已經歷史悠久：私人家庭的世界主要保留給婦女、奴隸和兒童；城邦的公共世界則相對地是男人的事務。經濟、私人方面與理想、政治方面劃分得如此壁壘分明，以至於被認為是女性本質的領域與另一個男性特質的領域。而邏各斯進入城邦的世界越多，就越加強所謂男人和女人天性之間的差異：這裡的抽象、理想又理性；那裡的具體、物質又非理性。這樣分門別類帶來巨大的社會影響，將使我們往後對此更全神貫注地思索。

然而就算是在男人之下，古希臘世界也沒有轉變成邏輯學家的圈子。獻祭、禮拜和宗教節慶的活動在城邦內仍維持了幾個世紀之久，人們在面臨重大決定時也會向德爾菲神諭[13]求神問卜。就連對日蝕及月蝕的恐懼也沒有隨著所謂的泰利斯神算而從世界上絕跡：歷史學家修昔底德（Thukydides）記載道，在西元前四一三年的伯羅奔尼撒戰爭期間，雅典的軍隊儘管在敘拉古當前面臨滑鐵盧的威脅，卻仍然堅持奮戰到底，就因為許多士兵皆對月蝕心生畏懼；這個阻礙他們打道回府的假想「諸神之兆」，最後大敗尼西阿斯（Nikias）的軍隊。

除了神話和迷信數個世紀以來繼續存在，另外還有一個新興商業城鎮與窮鄉僻壤之間的巨大落差：

[13] 譯注：德爾菲（Delphi）是所有古希臘城邦的共同聖地，那裡的神廟供奉著光明與文藝之神阿波羅，而「德爾菲神諭」便是阿波羅透過神廟女祭司皮媞亞所下達的神諭。

鄉村地區幾乎沒有我們所知道的哲學文本，也沒有任何突破性的發明或發現。很明顯地，希臘許多地區的農民沒有面臨那些在小亞細亞和南義大利的貿易樞紐、在雅典或在科林斯導致的與舊思維形式並列之新思維形式的種種問題；如此一來，「希臘奇蹟」並非遍地開花，而是只發生在少數地方，而使之得以實現的、不怎麼令人意外的便是一連串特定的經濟與社會發展，而導致社會和思想內部發生巨變的最重要原因之一就是——金錢！

萬物的尺度

・罪與債
・金錢的本質
・畢達哥拉斯
・權力圈
・赫拉克利特
・巴門尼德

罪與債

西元前六世紀希臘人生活世界發生的最大變革是什麼？肯定不是某種新科學思維的最初發跡，恐怕也不是希臘字母，而是被我們稱作「金錢」的隱晦欲望客體！金錢改變了一切：社會關係和個人舉止、法律和地位、道德、權力關係、理解力和思維，就連哲學史也和貨幣經濟的歷史息息相關。

然而金屬貨幣卻根本不是希臘人的發明，發明者據傳為腓尼基人，而且就像詩人約翰・內斯特羅伊[1]所表示的，可惜他們發明得太少了。事實上，鑄造最早一批硬幣的功勞應該歸於利底亞人——正是那個在西元前六世紀中葉也降服過米利都的小亞細亞強權。

早在那之前的幾十年前，即西元前六五〇年到六〇〇年之間，利底亞便開始使用金屬貨幣。這一切都始於某種天然的金銀合金，即所謂的**琥珀金**所製成的略為奇形怪狀小碎塊。儘管其前任在位者**阿呂亞泰斯二世**（Alyattes II.）就已經開始鑄造硬幣了，不過國際貨幣經濟的開端仍經常與利底亞的國王**克羅伊斯**（Kroisos, ca. 595-546 B.C.）作連結；他腰纏萬貫的財富程度為眾人津津樂道，而且位於阿塔內斯和帕加馬之間的礦山所供應的黃金似乎是源源不絕。在極短的時間內，利底亞的**克羅伊斯斯塔特**（Kroiseios）便成為當時地中海東部地區的標準貨幣。大約在同一時間，米利都內也開始鑄造最早的琥珀金幣，愛琴海周遭的許多其他城市也隨即仿效：愛琴娜島在西元前五五〇年左右鑄造了第一批銀幣，不久後連科林斯和雅典也開始進行。

在古希臘透過金屬貨幣所造成的生活劇變幾乎沒有上限，在短短幾十年內，貨幣經濟改變了交易、

[1] 譯注：Johann Nestroy，1801-1862；奧地利歌唱家、劇作家與演員。

社會階級、戰爭的進行以及傳統的道德觀念。簡要地瀏覽一下《伊利亞德》和《奧德賽》的世界，就可以明確了解，荷馬筆下的各路英雄好漢皆並非為了在他們那個時代當然還不存在的金錢而汲汲營營，而是為了**尊嚴**、為了威望和榮譽。當時被認作是值得追求的人生目標的事物，包含了整體上的志得意滿、英勇的形象、大量的追隨者和家用禽畜，以及一些可以拿來炫耀的稀世珍寶。在這個世界裡沒有組織性的貿易，只有人與人之間的以物易物，作為支付媒介而出現在大約西元前七〇〇年的第一批碎銀塊（奧波勒斯❷）似乎沒有為此帶來多大的改變，因為人們還是繼續用贈禮來作為報酬，尤其是贈送家禽家畜，而當中就屬牛隻最為珍貴。當貴族在西元前七世紀擴張他們的顯赫地位，並把越來越多的土地收歸為自己的財產時，愛琴海周邊的眾小農民日益陷入無可脫身的債奴窘境之中。

人們簡直無法想像債務人的狀況究竟有多惡劣。西元前七世紀的債務法根本是冷酷暴戾，欠他人債意味著犯下等同經濟罪行的道德罪行，「罪行」與「債務」這兩個概念當時也尚未被分開。當時財產通常是如何易主的呢？答案是經由搶奪、交換或贈與。

最後那兩種所有權轉移的情況尤其值得玩味：假設一名農夫因為另一名農夫的牲畜死於疫病而將幾頭母牛出借給他，約定成俗的作法是，求借的農夫後來得拿比應急時借用數量還要多的母牛來歸還給德高望重的出借人。原因是，該項借貸是出於自願和慷慨解囊，歸還卻是天經地義的義務，為了在道德上平衡這種失衡狀態，赫西奧德便建議再另外附加上某些東西以示感謝。如果出借人**基本上**期望得到比自己所給予或借出的更多回饋，那麼這種善意的作法就會落入一種險惡的結構，把本為善意的舉動變成一樁對出借人來說有賺無賠的好生意，他成為債權人而求借方則變成債務人。要是債務人償還不了自己所

[65]

❷ 譯注：古希臘的一種小銀幣。

欠下的包含額外贈品在內的負債，他就會陷入萬劫不復、惡性循環的債務泥沼。為了防止債務人做出不當行為，法律保障了債主的一切權利：債務人不得不把自身連同自己的財產都抵押給債權人，他的親屬會受到連坐波及而一同被貶為債務奴隸，而債權人得以奴役使喚債務人和其家人。

這種遠古的「罪咎」觀念特別糟糕的是，它並不被視為主觀的事務，因為任何讓自己欠下債務的人會整個人遭到唾棄，他的錯誤行為在同胞眼裡被視為世人與眾神之前的客觀罪行，也連帶是整個人的汙點。既然如此，那份罪責也可以從受污染的人身上轉移到他的家屬，並且作為原罪和遺留債務傳承下去。

約西元前七世紀末至六世紀初，小農民面對貴族大地主的債務危機想必到了無所不在的地步，最著名又最具突破性的例子為雅典及周遭地區的情況。與米利都相比，西元前六世紀初期的雅典還算不上是強權，但是這座新興城市正在面臨一場蠢蠢欲動的內戰，社會的對立尤其透過債務奴役制度日漸加劇，數以千計的小農民都成了下屬侍從並淪為不法之徒，他們的困境與精神上的窘迫都為該城邦造成了壓迫和危險。

局勢肯定已經是燃眉之急，以至於被委任為居中調解人的**梭倫**（Solon, ca. 640-560 B.C.）廢除了所有現存的債務義務。據說他曾如此抱怨：「數不盡的債權碑為地球母親的深色大地上了枷鎖。」（即便在阿提卡並沒有發現源自西元前六世紀的債權碑。）根據他自己的陳述，他下達了將田野、農地和葡萄園上的債權碑給一一拔除的指令。梭倫猛烈抨擊貴族的貪婪和漫無節制，並把所有的債務一筆勾銷，被奴役的債務人都被解放，並重新取回自己先前的所有物。從現在開始，不再有任何債務人需要擔憂要用自己或家人的生命來承擔債務責任了；作為相應的對策，梭倫拒絕了小農提出重新公平分土地的要求，財產狀況維持一如既往，只是債權的遊戲現在會按照更友好的規則進行。

[66]

雅典城市內的政治秩序也是一樣的情形。梭倫改革後，雅典公民的影響力便取決於各自的社會地位，亦即經濟成就。於西元前六世紀初——改革的確切時間點有所爭議——在雅典尚不存在金屬貨幣，於是判定的標準便是糧食作物、橄欖油和葡萄酒的庫存，以及為了打仗而擁有的馬匹與重裝步兵裝備——全部都是傳統的貴族富裕標準。這種新秩序有代表性地以**勛閥政治**（Timokratie）的概念被記入史書裡：極尊貴者的統治！榮耀與財產被畫上等號，尊嚴這個古老的高貴詞彙改變了自己原本的意義；擁有財產的人是光榮尊貴的，只要是擁有財產的人就光耀門楣了。梭倫的改革工作中正式鞏固了此一方程式。擁有更多的人就有更多「尊貴的」政治影響力，擁有較少的人影響力也就成正比減少；這是一個從未在世上任何一個國家徹底改變過的社會狀態……

[67]

金錢的本質

當金屬貨幣在梭倫改革半個世紀後出現時，有些人通過借貸獲利，而另一些人卻陷入債務地獄，這並不是什麼新鮮事。乍看之下，金屬貨幣不過就是個實用的發明。新的貨幣把貿易中的支付交易變得更為簡便，現在人們可以更容易地計算罰款和費用、繳納稅金與進貢，並給付軍餉給使成為傭兵和士兵的作戰之士。與其掠奪被征服的地區並摧殘它們，不如要求這些地區以金錢的形式持續納稅。銀行家的應運而生、貨幣兌換處林立、投資和投入金錢、用貨幣來支付商品、核發信用貸款，於是為了爭奪金礦和銀礦的戰爭號角已然響起。

然而，這些表面上的變化卻都未能解釋貨幣經濟是怎麼在短時間內從根本改變人們的意識，為此必須用哲學的角度來探討金錢的本質：用一只彩繪的花瓶兌換一個金色的動物雕塑，這就表示兩者都認真被當作物品看待，如此一來它們固然可以被當成付款的媒介使用，但那只不過是它們附帶的功能；另一

[68]

方面，將硬幣視為「金錢」意味著從現在開始只將它的支付功能視為其價值，它本身不再有任何作為有價值物品的意義，僅是是達成某個目的的媒介。金錢作為抽象的事物，本身就是一種自相矛盾，因為抽象的事物在自然界中並不存在，罕見程度就跟氣態的脊椎動物一樣。

如果有兩個孩子如貨幣問世之前的人們那般互相交換自己的玩具，那麼他們的消防車和足球帶有的便不只是物質上的價值，它們的價值在於對這兩個互相交換的孩子而言，擁有這輛車或這顆足球的意義為何。對此，珍惜的回憶或「汽車或球是父母送的禮物」等諸如此類的個人緣由皆扮演著重要角色，有些財產單純就是出於這類原因而恕不交換。相對地，在商店裡購買玩具車或球就不受這種個人動機牽制，在金錢和金錢價值起扮演決定性角色的情況下，其他的因素都不會納入考量，字面上的意思就是與那些因素劃清界線。金錢在這個交易的過程中並非以某種有價值的商品之姿登場，反而只不過是一種抽象的象徵罷了，而一個文明若是越常運用抽象的象徵符號，所需要的理性也就越高。價值觀系這時就必須依照其**比例**來評估，價值發展亦必須精確計算：明年什麼東西的價格會變高，葡萄酒還是糧作？什麼樣的生意在哪些徵兆底下擁有更大的前景、哪種投資越有賺錢的潛力？

從本質上來講，金錢缺乏特性，它不涉及風俗習慣、傳統與價值觀。一切能夠被視為「商品」的東西皆可以與其他商品作比較，並且藉由第三方——金錢而被定價。只要是金錢盛行的地方，一切事物就是客觀的，而金錢唯一認可的價值就是價格，換句話說：多一分或少一分的錢！就如馬克思和齊美爾（Georg Simmel）於十九世紀所提出的，金錢是世上絕無僅有只靠數量來評定自身品質的東西，因為金錢的道德邏輯——好與壞的區別——簡單得令人瞠目結舌：錢多就是讚，錢少就是爛。這是一種只有極少數人才會嚴正質疑的道德觀，該見解顯得如此有說服力而沒有討論的餘地。

自西元前六世紀晚期開始，這種新的無情的金錢客觀性便在各希臘城邦引發革命，而該革命一步步建立起一個全新的世界觀：多一分的土地、牲畜和財寶當然一直以來都值得追求，但是與地產和家庭動產不同的是，金錢的擴展簡直就是**強制性的**。一旦停滯不動，它就會失去價值，而這並不是直到我們的時代才有的事情，而是早在古代便已經發生過的先例。更重要的是，人們從這時開始可以並且必須精確**計算**自己的事務，以往超出個人支配範圍的大部分生活全都變得可以有所打算了。另外，有技巧的理財並不是以智慧為門檻，必要的反而是諸如詭計多端、身段柔軟和厚顏無恥之類的新技能——也就是說並非機智，而是狡詐。

整個社會都處於動盪之中，而希臘的每一座城邦都面臨著一連串的新問題和挑戰。舉例來說，相傳西元前六世紀充滿傳奇色彩的斯巴達立法者**呂庫古**（Lykurg）曾下令禁止所有金幣和銀幣的流通。這麼做卻好比徒勞無功地試圖用打氣筒來改變風的吹向，因為從西元前五世紀開始，幾乎所有的商務都使用錢幣進行。況且，進行公眾辯論和舉辦公民集會的地點同時也是市集廣場**阿哥拉**，城邦的城市、政治空間與遵循算計和複雜性的新思維在此合而為一，兩個界域逐漸融合，並從此時開始在有關「合理」憲法以及司法審判之公正尺度的問題上相互鼓舞。這些問題的關鍵始終在於將事物抽象化、客觀化、對其進行測量、找到並計算出正確的尺度標準，但是任何打算測量並接著評定某樣東西的人，卻都會需要大量的抽象知識——關於數字和計算的知識。

畢達哥拉斯

當第一批數學家看到如何利用數字來計算自然的時候，湧上他們心頭的絕對是崇高的感動。能夠體驗到某個算式或方程式成立，意味著何等的樂趣和滿足感呀！突然間世界披風的皺褶被打開來，揭示了自然界中的神祕邏輯、法則和規律。這樣的感覺和伴隨而來的非凡自豪感，必定曾襲捲過那名在史書裡

[70]

被記載成數學及哲學最重要啟發者之一的男人：**畢達哥拉斯**——所有學童都因為一則數學定理而熟知他，然而這則定理就像許多攀附著他而蔓生的其他事蹟一樣，並非出自於他；儘管如此，他依然是一名重要的人物，即便所有關於他的傳聞裡只有一小部分是真實的。

畢達哥拉斯約在西元前五七〇年出生於薩摩斯島，差不多是泰利斯和阿那克西曼德在米利都正值他們活動巔峰期的時候。四十歲左右時，他意識到自己不得不離開這座小亞細亞沿岸的島嶼，為此他的確有個絕佳的理由：如果問到古希臘的哪位統治者是最惡名昭彰的流氓，潛力十足的候選人固然不勝枚舉，但是實至名歸的人無疑是薩摩斯島的**波利克拉特斯**（Polykrates）。他是一個崇尚投機主義的暴君，在埃及和波斯這兩大國之間的爾虞我詐中尋求並獲取自己的利益，謀害手足、海上劫掠、背信忘義、陰險狡詐、貪得無厭和嗜財如命是他留名歷史上的特質。波利克拉特斯尤其是因為弗里德里希・席勒（Friedrich Schiller）的民謠《波利克拉特斯之環》（*Der Ring des Polykrates*），以及與身材遠比他高大的畢達哥拉斯爭論而為後世所知。

當波利克拉特斯在西元前五三八年掌權時，有著天壤之別的兩人一定曾經發生過衝突。畢達哥拉斯於西元前五三〇年左右離開該島，並前往義大利南部的繁榮城市克羅頓。義大利南方的各城跟小亞細亞的貿易都會相似，座落在破碎崎嶇的沿岸，和地中海的東部及西部進行貿易。畢達哥拉斯在希臘人早已許久的卡拉布里亞建立起一個類兄弟會團體形式的哲學學派，他很快便成為一個富有影響力的人，他帶頭介入城市的政治，周圍聚集了日益增多的追隨者。

然而他的教導是什麼呢？對某些人來說，他是一位上師、一位薩滿巫師❸，以及潛心自創祕教哲學

❸ 譯注：薩滿信仰（Schamanismus）乃一種遍佈北亞、中亞、西藏、北歐以及北美的巫教；信仰中的「薩滿巫師」（Schamane）集合江湖術士、驅魔師、占卜師、亡靈巫師和靈魂行者的本領為一身，據說他們掌握神祕知識，能夠進入半人半神的狀態，也擁有預言、治療、通靈以及旅行至靈界的能力。

的教派領袖；對其他人而言，畢達哥拉斯是一個頭腦清晰的天才，推動了數學、自然科學、音樂理論以及邏輯思維。雖然有些人完全不認為那些被歸功於他的數學及自然科學知識是他貢獻出來的成果，但是另外一些人則將他視為理性思維的先驅。此後，畢達哥拉斯主義者不只是從經驗上、還借助理論概念來解釋現實的第一群人。

畢達哥拉斯在自己的追隨者們眼裡是什麼樣子的呢？他們是欽佩他，還是根本就把他當作超人來敬仰？關於此事的所有記載證據都源自於很久之後的時代，絕大多數是直到古羅馬才出現。針對上述的問題，沒有任何一個字可以肯定確實源自於這位名家本人、而不是來自他的學生和後來的擁護者。就此而言，歷史學家們大多擅自拼湊出他們自己的畢達哥拉斯，完全取決他們**想要**怎麼看待他。他肯定研究過算術和幾何學，只不過是用一個從今天的角度看起來十足不科學的方式。對畢達哥拉斯而言，數學定律都是根據神祕邏輯和象徵關係編排而成的不可思議宇宙的一部分。對那些打算把他視為見解清晰的自然科學家的畢達哥拉斯粉絲而言，這可不是一個小問題；反過來說，那些將畢達哥拉斯視為上師的人非常努力想將他對數學的所有研究都貼上「祕教」的標籤。

在西元前六世紀，思想家在像克羅頓這樣的經商之地從事數字和數學的研究並不是什麼奇怪的事。有些東西或許顯得像是祕教，但這對數字的哲學研究具有相當緊密的實用關聯；畢達哥拉斯的數字哲學——**塔蘭托的亞里士多塞諾斯**（Aristoxenos von Tarent）於西元前四世紀寫道——是「源自於商人的實踐」，此外他還改良了測量尺度和量重秤砣。畢達哥拉斯和自己的追隨者以極為世俗地方式插手了城邦的日常事務，當時政治家、商人、數學家和哲學家的界域尚未被分開來。

毫無疑問地，畢達哥拉斯和他學派的數學獲得了重要的推動力。跟金錢一樣，數字也是一種高度抽

[72] [73]

象的東西，就連在此的唯一品質也是數量：四個季節不同於四位福音書作者❹和四個火槍手❺，可是數字四卻將它們互相串連在一起——一切都可以用數字來表示數量，而且完全不受其品質影響。數字與貨幣經濟平行並與之緊緊相連，對數字的研究把焦點集中在生活的數量層面上：對數字的學究變成算術，時間可以用數學的方法劃分，就如同空間能夠被幾何化。雖然被認為源自畢達哥拉斯的這句「萬物皆數字」一直到較晚的時代才出現，但是畢達哥拉斯主義者至少是如此使眼光變得更加敏銳。

他們特別注意十進位制。十進位制具有可以輕易用手指進行計算的實用優點，早在古埃及就已經被使用了，畢達哥拉斯或者更可能是他的學生使之變成一種不可思議的科學：如果將數字一、二、三和四相加，則總和為十；據說這對畢達哥拉斯主義者來說是近乎神聖的，對他們而言，十這個數字無所不在地充斥在整個宇宙，並根據數學規律予以安排。在數量裡，畢達哥拉斯學派同時也看見品質的體現：偶數應為陰柔又無限，奇數則為雄剛且有限。

畢達哥拉斯主義者是不是把數學變成了宗教，並把宗教變成了數學？考慮到兩者的界線在畢達哥拉斯的時代根本還沒有被清楚劃分開來的話，一部分的謎題便有解了。把像是數學規律的清晰認知置於更上一層的宇宙脈絡之中，絕對符合該時代的思想精神，像我們今天通常會把兩者分開不混為一談，對西元前六世紀的希臘人來說是相當奇怪的事。照這樣說，天文學似乎與占星術有著密不可分的關聯，就連化學也長時間與煉金術有所連結，它們在兩千年來保有的是神祕技藝而非自然科學的的地位。

據推測，畢達哥拉斯是自拜訪埃及和巴比倫的研究之旅帶回了自己的知識；在這兩種高度文明中，

❹ 譯注：《新約聖經》之頭四卷為所謂的介紹耶穌生平事跡的福音書，四位作者皆為耶穌的門徒，分別為馬太、馬可、路加及約翰。

❺ 譯注：指法國作家亞歷山大·仲馬（Alexandre Dumas）於一八四四年出版之小說《三劍客》（*Die drei Musketiere*）的主人公與三位火槍手好友。

數學和天文學主要是由祭司研究，於是它們便以此與宗教和神祕主義產生了緊密的關聯。巴比倫人和埃及人早已認識那個以畢達哥拉斯命名的直角三角形定理了，而「畢氏為該發現加上一種類似數學論證的補充」的說法很有可能是猜測的。畢達哥拉斯對天文學的貢獻也同樣不清楚，雖然那在細節上可能也不重要。特別強調思想的原創是一個非常後來才出現的特點，專利和著作權要一直到先進的工業和服務業社會中才具有重要的意義。

我們對於畢達哥拉斯天文學的大部分了解都來自於**菲洛勞斯**（Philolaos）。他在畢達哥拉斯逝世後好一段時間才出生，據推測是在西元前四七〇年左右。菲洛勞斯所寫下的內容，在今天被認定是未經證實的畢達哥拉斯思想。據他所書，世界由兩個原則組成，即「未定」和「限定」或「有限」和「無限」。兩者根本上是不同的，透過「和諧」相連並保持平衡，而和諧是將世界由內部團結在一起的要素。

這種和諧可以透過數值關係被辨識，意思是可以對其進行數學性的識別和計算。數字在此具有無可比擬的重要性，「因為沒有了它，任何東西就都不可能在思想中被掌握或認知」。[14]顯然，菲洛勞斯不僅認為宇宙可以藉由數字計算，還認為它正是由數字所**組成**。對他來說（若亞里斯多德的記載可信的話），數字是一種客觀的物理現實，因此全然不僅只是一種對人類心靈的幫助。

在這些先決條件下，菲洛勞斯發展了他的宇宙發生論：宇宙中央存在著一團中心火焰，而圍繞著它旋轉的地球——是一個球體！破天荒地，地球被描述為球形；同樣極度值得注意的是，據菲洛勞斯所稱，它不再位於世界的中心。就連哥白尼（Nikolaus Kopernikus）都在將近兩千年以後才再度採用此一說法。太陽、月亮、水星、金星、火星、木星和土星全都圍繞著中心火焰轉動，就跟地球一樣。

這部宇宙發生論的其餘部分就比較不那麼引領潮流了，而且臆測成分居高。雖然菲洛勞斯正確地認知到地球自轉，但他卻利用這一事實解釋看不到中心火焰的原因——它總是在地球的另外一面閃耀著。菲洛勞斯顯然認為地球只有一側有人居住，另一方面他卻假定月球上可能有居民。

正如方才所講的，無法確定這部宇宙發生論裡有多少成分能夠追溯到畢達哥拉斯。相較之下，我們似乎更可以確定畢達哥拉斯主義者的另一個主張正是源於這位大師本人：天體和諧的主張。天空的結構是和諧與數字的合成物；菲洛勞斯的出發點也相同，宇宙是透過和諧而團結在一起的。在畢達哥拉斯的想像裡，這種和諧顯然不僅是物理性、還是聽覺上的和諧。依照此想法，行星在繞行時發出聲音，並共同產生一種宇宙的交響。由於這個宇宙交響樂永不間斷，於是人類無法察覺，我們的耳朵沒有能夠偵測宇宙聲音的感官，就如燈火通明的大城市裡夜空中不見星光熠熠。就像當今存在著的光害，宇宙的聲響也會造成一種聲害。

畢達哥拉斯主義者將他們的數學知識轉移到所有其他的生活和知識領域。菲洛勞斯寫道：「數字的本質和力量不僅可以在眾神的世界中被視為有效力，而且它的效力無所不在地存在所有人類作品和言論中，以及所有技術工作領域和音樂裡。」[15] 數字式的思維尤其為音樂帶來極為可觀的碩果；畢達哥拉斯主義者意識到，和諧的音程（兩樂音之間相隔的距離）能夠以數值比例表達。如果將樂器的弦縮短至一半的長度，會聽到一個高八度音；若是縮短至三分之二的比例就會產生一個五度音，而四分之三的比例則是一個四度音。音調的高低是取決於顫動的弦的長度，而且是以精確的數學比例關係呈現。正如天體數學為宇宙中的行星訂定它們的各個音調，樂器也是一樣的道理。但是當畢達哥拉斯談論音調時，他的重點並不在於聲學本身；他認為神與人、天與地之間存在著一種共同的情誼，並以一種普遍的秩序連接在一起——那就是宇宙！

[76]

權力圈

畢達哥拉斯主義是西方第一個真正的思想學派，而且如我們接下來會看到的，它具有龐大的影響力。他們汲取了很多他們發現的事物，只要想一想埃及和巴比倫的數學和天文學知識，由這一切為起點衍生出一門帶有許多獨立型態的精神兼數學學派。由此看來，每位畢達哥拉斯主義者都從這些原料之中混合調配自己的靈丹妙藥。

對畢達哥拉斯主義的社群而言，友誼的崇高地位可說是相當地非數學，卻極富傳奇色彩。這也由一首席勒的民謠的浪漫悲愴娓娓道來：《擔保》（*Die Bürgschaft*）。達蒙（Damon）因為暗殺敘拉古獨裁暴君狄奧尼西奧斯一世（Dionysios I.）失敗，被判處死刑；但因為他必須盡快履行與自己妹妹的婚約，便請求他的朋友作為擔保人留在國王身邊。最後，達蒙排除萬難解救了他的朋友，就連陰惡的統治者也深受他對朋友的忠誠所打動。這個故事幾乎全是虛構的，但是它奠基在畢達哥拉斯主義者傳奇般的友情典範之上。在這種友誼背後也蘊藏著一層哲學概念，正如宇宙和諧有序，人類也應該盡力與他人和諧地相處。這種友情明顯涵蓋了一切：人與自我，以及與他們的婚姻伴侶、子女、朋友和世人之間的關係。放諸四海，對立與衝突都應該經由友誼的和諧來調解。

然而，畢達哥拉斯主義者卻經常與人爆發激烈衝突。在南義大利的眾城裡，畢達哥拉斯與其追隨者們的生活完全稱不上離群索居；正好相反，他們干預政治的活躍程度之大，使得爭論再再上演。這一切歸因於畢達哥拉斯主義者所抱持的貴族政治姿態，他們舉著節儉生活的典範大旗，卻多與有錢人家而非平民百姓為伍。他們引起妒忌，使畢達哥拉斯主義者身上使某些人為之著迷的菁英和神祕色彩更啟人疑竇。畢達哥拉斯的學派在克羅頓以及後來的其他地方形成了一個權力圈，據說這位名家就曾在克羅頓與

[77]

敵對鄰國錫巴里斯的戰爭中扮演了領導的角色。儘管克羅頓取得了勝利，畢達哥拉斯仍然失寵，並與眾多追隨者逃往梅塔蓬托，一個位於義大利靴型半島的凹陷處、介於赫拉克利亞和塔蘭托之間的希臘殖民地，他在這個地方繼續召集追隨者並延續他的影響。在他死後的幾十年，即西元前六世紀的最後幾年或五世紀的前幾年，義大利南部的畢達哥拉斯主義者遭到嚴重的迫害和驅逐，唯有在塔蘭托還能堅守至西元前四世紀。據稱菲洛勞斯也在這裡生活過，直到他明顯被迫移民到希臘為止。

[78]

我們既不應該將畢達哥拉斯的角色簡化為上師，他也不該只是冷靜的數學家；試著回憶一下亞里士多塞諾斯（Aristoxenus）的「數字哲學來自『商人實踐』」說法。亞里士多塞諾斯來自塔蘭托一個受畢達哥拉斯主義影響的氏族，並師從一位畢達哥拉斯主義者。數字哲學、比例學、數學和經濟學應該是緊密相連的，其中一項都會對另外一項產生影響，並且藉此改變理性和邏輯思維的地位，連帶也改變了希臘文化。有趣的是，畢達哥拉斯是唯一曾經獲得肖像被刻在古代硬幣上之殊榮的哲學家——甚至兩次！大約在西元前四三〇到四二〇年之間，這位數字哲學家的臉孔出現在城市阿布德拉的硬幣上；幾個世紀後，薩摩斯島為它這個失散的兒子洗刷罪名，並將他描繪為帶著權杖的統領姿態。

創新的金屬貨幣經濟與嶄新的算術、比例和度量知識相結合，對邏各斯重要地位的急速成長有所貢獻；但是測量、比例以及邏輯的世界秩序還具有另一個非常現實的面向——即**測定**、**相稱性**還有**公正的**世界秩序。將宇宙以合理的方式聚集在一起的因素，也應當決定人類之間的合理秩序，而衡量人類所有行為和不當行為的尺度正是——法律。

[79]

赫拉克利特

被波斯人攻佔的城市以弗所距離薩摩斯島和米利都不遠；它也是一個商業之都，同時也是畢達哥拉斯最重要的哲學對手**赫拉克利特**的故鄉。赫拉克利特出生在西元前五二〇年左右，亦即距離克羅頓的偉大上師大約五十年之後，他從未真正與畢達哥拉斯正面交鋒，然而畢達哥拉斯從義大利南部傳至以弗所的名聲有多大，赫拉克利特就有多蔑視他。一輩子都沒有測量過任何東西、不作計算、不研究自然也沒有發明任何東西的赫拉克利特，對畢達哥拉斯提出了最尖銳的批評，雖然他承認畢達哥拉斯「比其他任何一個人作了更多研究」，但是畢氏所教授的多數內容，都不是從他的滿口廢話發展而成的。對赫拉克利特來說，這個廣受頌揚的智者是一個不折不扣的「高等騙子」，其「博學多才」的表象僅是用來掩蓋即便他理解自己所談論的東西，也完全只是不求甚解。

一如往常，對競爭對手如此猛烈的痛斥透露出關於赫拉克利特的訊息就跟畢達哥拉斯一樣多，顯然這裡有個吃了酸葡萄嫉羨著他人名聲的人。我們認為對赫拉克利特的所知聽起來全都不怎麼討喜。他出身於貴族家庭，據說他曾斷然拒絕擔任城裡國王祭司的重要角色。他對其他人民的態度在以下這句話裡表露無遺：「以弗所的全體成年人最好一個接一個吊死自己，然後把城邦留給尚未成年的孩子們。這些該死的傢伙竟敢用這樣的話趕走了他們最為出色的人才赫爾莫多羅斯（Hermodoros）：『我們當中誰都不該鶴立雞群；如果非要如此的話，那就另覓它處滾到別人那裡去！』」[16]據說赫爾莫多羅斯是地方著名的政治人物；與他並駕齊驅，並且獲得性格乖戾的赫拉克利特讚賞的只有與泰利斯同時代、傳奇重重的政治家——**普林納的畢阿斯**（Bias von Priene）。赫拉克利特認為其他名聲響亮的泰斗既愚蠢又無知：荷馬應該被拒於比賽之外，並且用棍棒鞭笞教訓一頓；詩人赫西奧德簡直日夜不分；哲學家克塞諾芬尼（Xenophanes）和地理學家赫卡塔埃烏斯雖然學富五車，但根本只是囫圇吞棗。

赫拉克利特將爭辯和厭世帶進了哲學中，但邏各斯也隨之顯著地擴展和增加；當某位領銜的代表人物貶低駁斥了以前被認為是崇高傳統的一切時，人們也對哲學的巨大自我意識感到驚愕。面對赫拉克利特的典型困難是，我們常常無法確切地說出他的本意為何，因為他的話語只有一部分被流傳下來；它們被後來的作者——如柏拉圖、亞里斯多德、亞歷山大城的克勉、羅馬的希坡律圖（Hippolyt von Rom）以及拉爾修——引用並集結。這些句子時常令人感到困惑及模稜兩可，它們極其簡潔並大多自相矛盾，也難怪赫拉克利特自古以來就被稱為「黑暗者（或晦澀者）」（Dunkeln）。他經常玩文字遊戲和使用雙關語，文句在語言上要求甚高，同時又像算命師的預言一樣晦澀難解。在我們看來，赫拉克利特同時是占卜術士，也是語義學家——既是先知，又是概念特技表演者。

在他僅存的隻字片語中，「公正」的概念扮演著特殊的角色，這是首次有西方哲學家在「法律」的意義上談論**秩序**。如同前述，阿那克西曼德已經連結了宇宙和公正的領域，就連畢達哥拉斯主義者也都在他們的友誼觀裡佈道，任何想要與自己的同胞們共同生活在友善情誼中的人，都必須忠誠遵守城邦的律法。但是一直到赫拉克利特，法律與正義才於天地之間取得牢固位置，在地面與宇宙的理性裡應外合。

對赫拉克利特而言，邏各斯並非來自這個世界；邏輯和理性屬於神聖的領域，是一個絕對的世界。但遺憾的是，似乎只有少數人能辨識和理解邏各斯。赫拉克利特雖然假定「所有人……都有能力認識自己並進行理性思考」，但他也證明了大多數的人都不知道要使用它。[17] 所有人都被允許思考，但許多人卻徒將大腦晾在一旁；於是大多數人都置身於透過私人見解與個人觀點所窺的朦朧世界裡，他們對所有事情都持有自己的意見，卻對世上偉大而清晰的真理毫不了解。與此相對地，拋開自己私人意見的觀點並遵照對全體人來說共同的客觀性，是首要之事：「正因為如此，人們必須遵循共同的原則。儘管世界的律法（邏各斯）適用於所有人，但仍然有許多人彷彿擁有自己的思維力量並得過且過。」[18]

邏各斯是超個體的，研究邏各斯就等同於探究現實的完整性（宇宙）；而探索宇宙的人，都可以如赫拉克利特自發性地表示：「我研究了自己。」對希臘人而言，對「世界」的想法總是與人形影不離，而且對世界的認知與自我認知不謀而合。邏各斯在人類生活中藉由正義和法律得到了實質的體現，它是超乎一切的理智，是人們無論出於何種個人觀點都必須服從的普世原則。儘管幾個世紀以來，正義取決於貴族大地主隨心所欲的統治，但在赫拉克利特在世時的以弗所以及其他地方，似乎存在著一種普遍的、對所有公民皆同並且具有約束力的司法審判，即便不同於今天意義上真正獨立的法院。在他其中一篇最著名的作品片段當中，他要求「百姓必須為自己的法律而奮鬥，就像為了他們的城牆而戰一樣。」[19]希臘的城鎮其實是有一堵城牆圍繞時，才就此晉級為城邦；就像城牆抵禦外敵以保障城邦的永存，根據赫拉克利特的說法，法律應該確保城邦內部的凝聚力與民防能力。這句話所瞄準的是相同的方向：「人們必須以全體共通的準則為根基，就好比一座城市以其律法為根基，甚至還得更加牢固。」[20]

然而，赫拉克利特為神聖的邏各斯和人類法律所作的類比卻一點也不和平，也並非愉悅的和諧。畢達哥拉斯主義者教導之下的人與人之間的和諧、調解與友情，到赫拉克利特這裡就落入了濫好人的嫌疑，他的邏各斯、他的世界律法還有他對正義和法律的想像都是好鬥的。邏各斯，沒錯，就是整個世界，是由相互爭鬥的對立面所組成：「我們必須知道的是，戰爭就是共同的原則，而法律就是鬥爭；萬物的發生都是藉由鬥爭與其必要性而發生。」[21]——「鬥爭，」赫拉克利特如是說，「為萬物之父。」[22]

對赫拉克利特來說，世界的統一是經由對立的相互衝突所創造的。「冷變熱、熱變冷；濕變乾、乾變濕。」[23]他教導道：「相互牴觸的統一在對立的（音色）中誕生了最美妙的和諧，這一切都發生在鬥爭的過程中。」[24]「同一件事物在生與死、清醒與成眠、年老與年幼之間揭露自我，因為它在轉變之後就成了那一個，而那一個再次轉變之後又成了這一個。」[25]新的貨幣經濟也同樣在思考當中留下了痕跡；商品被轉變為金錢，而金錢被轉換成商品。赫拉克利特宣稱，所有同時受其對立面所制約的事物都

[82]

[83] 包含在自身之中；這是一個重大的思想，（用柏拉圖的話來說）將以**辯證**思維之名進入哲學史，並在那裡踏上偉大的發展之路。特別是**伊利亞的芝諾**（Zenon von Elea, ca. 490-430 B.C.）將成為偉大的辯證學家，並且提出好幾個著名的悖論。

如果說世界在本質上是辯證的，那麼赫拉克利特如此晦澀的言語風格就不足為奇了。他的許多言論不僅在內容上主張這種辯證法，而且還用語言來表達它。或許赫拉克利特感覺到自己與絕對的邏各斯頻率一致，並且相信他所寫的正是世界的樣貌。對當今任何一位哲學家來說，這都只是口出狂言。不過，對自己的認知能力進行批判性反思，在西元前五〇〇年左右顯然為之過早。赫拉克利特經常訴諸隱喻；羅馬的希坡律圖於西元三世紀初流傳下了這麼一段雋永語句，據此赫拉克利特說：「對世界及其中萬物的審判將透過火來進行……，因為一切皆會被逼近的火焰審判並席捲而上。」[26]火焰對赫拉克利特來說，是毀滅與重生、形成與消逝的象徵。縱使如此，火為萬物之本質的主張，據推測大概是亞里斯多德恣意妄為的詮釋；被柏拉圖認為是赫拉克利特思想精髓的名言「萬物流轉」也相差無幾。

倘若萬物是在相互衝突之中誕生與消逝，那麼在法律裡也就不可能存在能仔細分別的勢力，以及明確的善與惡。赫拉克利特心目中的神聖律法，是透過火來判決。人們在個別的訴訟以及城邦法律建立的時刻，好戰地透過言語和反駁來一決勝負。利益衝突與經常發生的暴力鬥使一個嶄新的法律秩序應運而[84] 生。赫拉克利特的法律主張與民主的法律相差甚遠，因為法律的來源並非多數人的意願，而是「那**唯一**神聖的」。[27]而這個神聖的唯一並不像許多後來的哲學家所宣稱的良善和有道德，而是**善與惡之間無盡的對立**——這個思想將在十九世紀末使赫拉克利特的景仰者尼采深深為之著迷。

赫拉克利特對深信邏各斯在這世界上客觀存在，他似乎也相信正義和法律是客觀的，即便它們是由人類所制定。這種對客觀司法審判的信念在今日是陌生的；相反地，不管情不情願，我們只能接受社會的法律。總而言之，我們不將它視為神聖的——人類的判決並不是神的宣判。

赫拉克利特做了什麼了不起的事？作為辯證論者，對於人類在和諧宇宙中的歧異來自何方，他解釋得比畢達哥拉斯更好。赫西奧德筆下禍害四溢的潘朵拉盒子，早已失去了它的可信度；而畢達哥拉斯的友誼樂觀主義也言過其實。相較之下，「所有的對立面都合為一體，世上的矛盾都理所當然」的主張似乎更有指向性。

結果的另一側站著一個惡魔，赫拉克利特與它永久蠱惑著哲學的未來。他所有的著作片段都充斥著教條主義的氣息，在它們之中絲毫不存在疑問，以及為何邏各斯只向赫拉克利特展示而不向其他人顯露的思索；沒有對於「超越日常經驗的絕對世界應該如何不受干繞地進入自己的大腦」這個問題的反思，也不需要考慮如何充分實證這些主張。

如果表達得正面一點，赫拉克利特是有自我意識的、厭世全知者的典型，一個在哲學中經常被模仿的角色模式；從這個角度看來，他也許是首位典型的哲學家。負面地說，哲學裡不可一世的風潮便是他引起的。在愛奧尼亞的哲學家，也許還有畢達哥拉斯主義者，正為宇宙及其中發生的事情找尋合理的解釋時，赫拉克利特以劈柴般的果斷對世界拍板定斷，他的詞句縱使寫在莎草紙上，卻彷彿銘刻在岩石裡。而且就如同其他早期的邏各斯倡導者、數學家、或許還有成功的商人，赫拉克利特似乎自我感覺如高等優越的人種，這種驕矜自負的人往往會鄙視群眾。藉著對邏各斯的所有推崇，赫拉克利特的哲學同時也帶著強烈的反啟蒙特性；如果周遭的社會環境無論如何就是愚蠢至極（正如他在自己的著作片段中第十三篇所聲稱的），那麼也不必一定要費力去啟蒙它了。這位哲學家成為一個自豪卻格格不入的局外人，因為社會和政治對他而言都太愚昧了……

巴門尼德

畢達哥拉斯學派的哲學講述了尺度、數字和比例在西元前五世紀的希臘文化中吸收了什麼樣的新含義，另一方面，我們在赫拉克利特這裡看到法律的概念在這段時間裡歷經了哪些意義上的變遷。取代父權制度的專斷獨裁，法律正義儼然成為嶄新的秩序，它是世界律法（邏各斯）在人類法律（秩序）中的相對應。這部法律自稱對每個人都通用與客觀的，連太陽也不例外，萬一它超出了自己該有的分寸，「狄刻的助手」——亦即三位復仇女神厄里倪厄斯（Erinnyen）就會逮住它。[28]

畢達哥拉斯當然不僅是貨幣經濟的哲學家，赫拉克利特的哲學也同樣不單只繞著法律打轉。在赫拉克利特的思想裡一樣也出現了類似用貨幣交換商品的情況，他是這麼說的：「萬物都是火的替代，而火為萬物的替代，就好比黃金兌商品以及商品兌黃金的交易一樣。」[29]兩位哲學家都想在宇宙以及人類的共生中探究世界的尺度和規則。

當以弗所的赫拉克利特正為了形成和消逝的辯證法，以及宇宙邏各斯和人類法律的類比而深思熟慮時，在義大利南部一個離畢達哥拉斯主義者活動場所相隔不遠的地方，出現了一個全新的思想層面。在今天薩勒諾以南的城市伊利亞是一個希臘在坎帕尼亞還相當年輕的殖民地，在這個今日人煙稀少而且些微貧困落後的義大利地區，古代世界最驚為天人的哲學家之一在西元前五二〇年左右出生於此——他的名字叫作**巴門尼德**。一如既往，我們對他的生活近乎一無所知，關於他我們只知道一首教諭詩。巴門尼德的著作差不多是赫拉克利特的中心要領「萬物皆永不止息地誕生與消逝」的反面；因為對這個來自伊利亞的男人來說，既不存在形成也不存在消逝，只有**存在**而已。

這段殘篇以神話式的敘事作為開頭：巴門尼德由眾女神領至「備受讚譽的道路」上之後，駕著他的駿馬抵達「白天與黑夜之徑所通過的大門」。正義女神狄刻開啟大門，而巴門尼德來到女神面前；她友善地款待巴門尼德，因為「領他走上這條大道的不是厄運，而是法律（泰美斯）與正義（狄刻）」。[30] 狄刻晝夜守衛著大門的形象，是另一個提示西元前五世紀法律所扮演的角色的線索；與阿那克西曼德和赫拉克利特一樣，巴門尼德將這個主題與宇宙秩序緊密地聯在一起。

女神現在向巴門尼德宣告的內容只有一個重點：與大多數人的誤解相反的是，只有存在者（Das Seiende）存在；相對地，不存在者（Das Nichtseiende）根本不存在。不過，存在者既不改變也不毀滅，它是絕對靜止和完美的，它的形狀就像球一樣完美。任何聲稱存在者變化無常的人都在胡扯，只是在說些不恰當的意見。

[87]

巴門尼德將新的概念引進哲學思維裡，在他之後，世界上有了恆久不變的東西。一個重大的革新之後，隨之而來的是巨大的發展。這個恆久不變的東西在歷史過程中獲得許多名稱，當中最成功的就屬拉丁文「substantia」，也就是「實體」，意即「組成某事物的那個東西」。

不過乍看之下，巴門尼德的這篇文章聽起來像是以神話修飾的推斷，取代「萬物流轉」的正是「沒有任何事物得以改變」。然而這件事情有一個非常現代化的重點，遠遠超出先前的觀點與推測：巴門尼德之所以表示「只有存在者存在，而不存在者則否」的原因在於，不存在者並無法被想像；而由於存在的萬物皆為我**可以在我的頭腦裡想像**的某物，在那裡面也就沒有任何空間留給不存在者。我們不可能想著沒有的東西，而是只能想著某個東西；因此，存在者跟思維是相同的！

這個思想的範圍相當廣大，一個全新的思維隨著巴門尼德維進入了哲學領域。史上第一次，反思的對象不再只有認知的客體——也就是世界，還有認知的主體——我的意識！用現代的話語來表達：首先，一切存在的事物先存在我的腦海裡，它並不是「憑藉自身」存在這個世界上，它是意識的內容。

毫無疑問地，這個想法既劃時代又正確。接下來的第二步，巴門尼德推論出：為了能思考，我必須在這個世界裡擁有一個實際的範本，否則我的意識會是空泛的；無中並不會生有，因此一個存在的真實事物的世界符合我的思維——即存在者。第二個步驟並不像第一個合乎邏輯。是誰告訴我，我的意識合理地掌握了世界？擁有感熱器官的盲蛇腦中浮現的世界和人類這類「視覺動物」一定截然不同，就連 [88] 「存在者」也不是絕對的，這顯然取決於視角。這個令人感到興奮的問題還會有很長一段時間在哲學裡扮演舉足輕重的角色，在這裡尚且不對此作深入討論，我們之後會經常回到這個問題上。

要是所有關於世界的知識都是由我自己想出來的，那麼這些知識也就受限於我的感官認知工具；然而對巴門尼德來說，這個問題並不成立。他宣稱自己的真理是神聖的，關於存在者的知識是源自至高無上的實體，而不是來自人類的感官世界，正因為如此，它是客觀而且絕對的。和赫拉克利特一樣，巴門尼德也相信邏各斯的神聖，它是等級較高、卻只向少數人顯露的理性；而真理是至高無上、絕無僅有的善。另一方面，大多數人選擇相信他們的感官向他們呈現的事物，因此他們的世界是表象的世界，而他們的思考是錯誤的集結。這種如此傲慢的哲學思辨，最終也被證實影響深遠，這個始自赫拉克利特與巴門尼德的思辨還會在哲學歷史裡迴盪兩千餘年。

那麼巴門尼德的思想精髓是什麼？如果只有我能夠思考的事物存在的話，那麼反過來說，我可以想像的事物不就也得存在嗎？從今天的角度來看，巴門尼德在這裡被捲入了語言邏輯的陷阱。他正確地認知到，只有我能夠想像和理解的事物存在於我的腦袋裡。這種理解的常見形式為，我可以為某樣東西找到相對應的字彙，譬如利用「椅子」或者「詩」等詞彙，將現實中的事物帶進概念的層面。我單用一個字詞來「掌握」或者「理解」它，就好似用一隻手來抓住一樣事物。

但是現在，我無疑可以使用字彙來掌握我無法宣稱實際上真的存在的事物——我可以談論哈利波特 [89]

或者是《魔戒》裡的巫師甘道夫，而沒有一個對應他們的真實範本。相反地，存在的只是一個虛構的想像，儘管這個幻想是「在這個世界上」，亦即他人聽了可以理解，但它仍舊不是真實的；畢竟會認同「哈利波特真的存在」這一句話的人寥寥無幾。類似的情況也會發生在許多依不同情境而聯想到各種不同事物的字詞：當我提到「假期」的時候，我會想到自己上一次在西班牙的度假旅遊；但讀者聽到「假期」這一詞時，腦海裡浮現的可能是他上一次到訪的波羅的海海岸。這表示「假期」**本身**實際上根本不存在，因為就算對方精準了解字詞的含義，每個人眼前浮現的是各自不同的現實想法。

對今天的我們而言，思維、言語和現實並不相同，就連「這個世界基本上沒有形成和消逝」的主張，對我們大抵來說是陌生的。儘管如此，巴門尼德對哲學的貢獻不容小覷，在所有流傳下來的古代文獻中，他是首位對於思考本身作思考的思想家，而他的兩個基本論述對歐洲哲學最為影響深遠——第一：**存在者是一體的！**第二：**存在者與思想是一致的！**

世界不再是無庸置疑的面對面，而是透過人類意識展開的事物。即便巴門尼德在神聖而非人類的智慧裡尋求慰藉：萬物在西元前五世紀希臘的尺度不單只是金錢、數學以及法律正義；在最初猶疑的思辨中，萬物的尺度是會支付、計算、測量和估量的人類意識本身。然而，這個意識與世上所有其他的生命有什麼樣的關係？人類的靈魂與動植物的靈魂有什麼區別？我們是大自然的一部分，還是被邏各斯喚醒如眾神一般高居於自然之上呢？

人類的天性

- 邏各斯的所在
- 流浪的靈魂
- 失落的樂園
- 靈魂的原料
- 調和得當的靈魂
- 萬物皆物質！

邏各斯的所在

西方靈魂永垂不朽的世界是一個美麗的世界。豔陽高照，一年裡有三百二十天的氣溫高達四十度；景色狂野，延伸至阿斯普羅蒙特山兩千公尺高的山脈；第勒尼安海和愛奧尼亞海沿岸有著整排古老的山毛櫸和石松樹。狐狸、狼和野貓群聚而棲在高聳矗立於海中的岩石上，白腹山鷉在蒼灰的黃昏夕陽中盤旋於檸檬樹和龍舌蘭之上。

在卡拉布里亞和西西里島這片義大利最貧窮、人口最稀少的地域，曾經佇立著令人引以為傲的城市，希臘商人、水手、工匠、農民與哲學家四處遊走漫步著。殘柱靜靜地躺在沙地上，彷彿是悼念過去的紀念碑，被時間腐蝕的牆壁和寺廟，像幽靈一樣蒼白。

對於西方思想的起源而言，在歐洲沒有比義大利南部更為重要的區域；這裡是畢達哥拉斯與其學生的活動影響範圍，以及眾多哲學家的家鄉，愛奧尼亞的思想傳統與精神也正是在此與其他影響相互交織。人類靈魂和世界的新形象不斷產生，在這些形象中，真實世界看似抽象與無形的、超越感官與普遍的、理想與永恆的，而經驗世界則相對為次等、不真實且虛構的。

諸如畢達哥拉斯以及赫拉克利特等思想家，在以往神話主導的地區引介了理性的思考。但也正因如此，他們的思想並未擺脫神學，更多是將宗教重新定位：從帶有無數神祇形體的感官世界進入一個超越感官的領域。在從前眾神的行為舉止與人類相差無幾的情況下，人類現在應該以神聖事物的真、善、美為導向。用來作如此表達的正是永恆的邏各斯，誠如赫拉克利特所言，「萬物的發生」都依循著邏各斯。然而令人遺憾的是，邏各斯只向最聰慧的人顯露，以「先於哲學與非哲學的思考和行為方式」是無法掌握它的。因此，大多數的人都認為現實就是真實的**事物**；不過哲學家卻知道，現實是事物的**真實**存在。

用理性的尺度來丈量世界會導致其原本的真實性被否定。所以聰明的哲學家擁有什麼過於「常人」之處，以便能夠就其真正的意義來感知並認知邏各斯呢？他們以何種方法接觸它？在永恆的真理不以感官形式現形的世界裡，我要怎麼樣才能夠經驗到它？看來，我無法用我自己的身體察覺到邏各斯，只能單憑我的思想；但是，思想要怎麼思考某種在感官經驗世界中全然無從經驗的事物呢？這些想法要如何產生？我的靈魂必須具備什麼素質，才能與邏各斯的絕對相互輝映？這個素質是不是我的身體有機體的一部分？如果不是，那它會在什麼地方？

我們從赫拉克利特得知「邏各斯附屬於靈魂，並自行繁衍」[31]，這句話晦澀難懂，因為如果邏各斯根據它的本質是普遍且絕對的，也就是明顯非人類的，那麼「附屬」究竟是什麼意思？另一段殘篇的片段已經宣告這個試圖探究靈魂——連同靈魂與邏各斯的獨特關係——的嘗試是徒勞無功：「就算你遍尋各地，也無法尋獲靈魂的界限，其本性正是如此深不可測。」[32]即便我們興致勃勃地想繼續問下去，具有永恆邏各斯的靈魂本身是否是永恆的，亦即不朽的？但是號稱「晦澀者」的赫拉克利特對於這個問題的回答可是名不虛傳。「在死亡之後等待著人類的是他們自己未曾能夠夢見或想像的。」[33]關於死亡和永生的知識並不適合每一個人。

然而，赫拉克利特時代以及在那之前好幾世紀的人們究竟如何理解「靈魂」和「身體」？顯然，我們在邏各斯方面遇到了一個全新的人類學問題。在荷馬與赫西奧德創作出來的世界裡，並不存在肉體與靈魂的比對；既不存在「肉體」這個字彙，也沒有「靈魂」這個詞。荷馬筆下的英雄豪傑最多只擁有一種普遍領域的生命力：**靈**（psyché）；它使人類與動物活著，並在死亡的時刻被吐出來。由死者的口中或者傷口釋出之後，它飄浮至陰間，並在那裡絕望地生活在黑暗之中。在《奧德賽》的第十一部當中，

[92]

[93] 這些亡靈是黯淡無光的影子，為了能夠再次說話，它們必須飲血；死者的靈就似貧血的吸血鬼，沒有了血可以飲用，它就只是一個枯萎的存在。

由前述來判斷，構成一個人的人格並不是靈；它既不負責我的感覺，也不負責我的想法，只不過是使馬達持續運轉的汽油。這種對於靈魂的想法在今日的我們眼中相當陌生，使人聯想到威廉・布希所創作的虔誠海倫娜❶的靈魂，在死後以了無生氣的形體離開身體，並通過煙囪上升至天堂。顯然赫西奧德和同為詩人的品達（Pindar）都認為蛇一樣有靈；當爬蟲類動物脫皮時，空殼被遺留下，而靈魂則繼續生活在蛻變更新過的動物中。相對之下，影響我人格的不是靈魂，而幾乎是我的整個身體：我的**心**、我的**精力**、我的**意志**、我的**感官**以及**思想**。它們各司其職並同心協力，製造了我的情緒和感覺、我的精神狀態、我的想像世界和我的思想。

在荷馬史詩與赫西奧德神話中，人類雖然帶著頭、軀幹、手臂和雙腿進入戰場或度過人生，但他們並不具備完整的肉體，只有被靈遺棄的死屍才會獲得軀體的名稱。因此，西元前八世紀和七世紀的希臘想像世界中的人類有兩個靈魂：一個是賦予生命力的無形自由靈魂，另一個是為了「自我」以及其性格而分佈在多個器官上的身體靈魂。

[94] 然而，這個概念在之後的幾個世紀越來越薄弱，因為隨著邏各斯作為普遍理性的興起，出現了以下的問題：這個邏各斯實際上位在人類的哪裡？即使它的來源是神聖的，它必須以某種方式在某個地方**在人類之中**才得以與人類相遇；但是，無論是純粹的運作生命能量還是人體的個人器官，對此似乎都不是特別合適的場所。彷彿在宇宙發生論以及自然釋義的背景下，這個問題從陰影中透出曙光，隨之開始了

❶ 譯注：德國諷刺插畫家兼詩人威廉・布希（Wilhelm Busch，1832-1908）於一八七二年所創作出版的《虔誠的海倫娜》（*Die fromme Helene*）是他最著名的插畫故事作品之一，其內容譏諷宗教的偽善與模稜兩可的公民道德，帶有濃厚的反教權主義意味。

一種看待人與自然的全新視角。靈魂從身體中解放出來，踏上長達兩千年的行軍之旅，然而隨之而來的卻可能是西方哲學史上最大的錯誤……

流浪的靈魂

讓我們再次回到美麗的小亞細亞海岸上的米利都。根據西元一世紀的一個資料來源，就連阿那克西曼德也曾對人類的靈魂作過思索：「阿那克西曼德聲稱，靈魂的本質（即實體）是氣態的。」[34]據說阿那克西美尼甚至曾假設過「生物是由純粹單一的空氣與氣息所形成」，[35]而我們被自己「實為空氣的靈魂」所操控。[36]阿那克西美尼在此用來指涉靈魂的詞彙是「psyché」；如果它確實「統治」著我們，那麼它就不僅是為我們的身體提供動能的燃料。阿那克西美尼是否將靈理解為一種明顯比荷馬或赫西奧德來得多的物質性的事物？

同一時間內還興起了一個極為古怪的運動，其作為一種祕傳教義，在希臘數個地區引起了軒然大波——**奧菲斯祕教**（Orphik）。此教的發源地很有可能是色雷斯，而此宗教的追隨者引用的是虛構的神話歌唱家奧菲斯。相應地，他們將自己的智慧寫成韻文與詩詞，許多都與靈魂的永垂不朽、淨化和救贖有關。我們不清楚這是否該被當作一股組織得當的思潮流派，抑或是許多帶有各自想法和傳統的地方性組織；但是就對靈魂的想像而言，所有的奧菲斯教徒似乎都有志一同認為：靈魂與身體是嚴格分開的！儘管身體終將消逝，但靈魂會永垂不朽。就像荷馬和赫西奧德所理解的靈會離開軀體一樣，奧菲斯教徒所相信的靈魂也同樣此特點。

對奧菲斯教徒來說，靈魂早在身體之前就存在了；它不會到訪冥界，而是會繼續在地球上徘徊，然後再三進入一個又一個不同的形體中。奧菲斯教徒相信靈魂的轉世輪迴，類似於我們所曉得的印度教主張；人們認為靈魂並非真的是自身的靈魂，而是跳脫時間或永恆的靈魂，只是把個人的身體當作中途停靠站使用。又或者，人們不以自己的身體作為自我認同的準則，而是認同一個無形的靈魂，並且坦然接受在辭世後的來世以烏鴉或是蛇蜥的樣貌繼續活下去。不論每個人如何理解這樣的概念，靈魂在任何情況下都被大幅提高價值：經由其永恆不滅，它們如天使般飄浮在不斷更迭的軀殼之中，如果我的身體像奴隸般受物理禁錮的話，那麼靈魂（這裡我不能再如此乾脆將之稱為**我的**）就是神聖且自由的。

按照西方哲學的觀點，奧菲斯教徒的靈魂輪迴說並不哲學；連任何一個還算合理的支持論述嘗試都沒有，它更該說是一門古老的地中海宗教，即使它可能受到來自非地中海地區的影響。古埃及人也同樣相信靈魂會轉化為動物的形態——不過只有在死亡之後，而不是在持續不斷的生命循環當中。

奧菲斯教充滿神祕和宗教色彩，儘管如此，拜畢達哥拉斯所賜，它對哲學的重要性仍然非比尋常。當這位名師在克羅頓自創了學派以後，奧菲斯教在義大利南部的發展就如繁花盛開，四處都找得到小圈子。上流的貴族家庭代表在屋裡或者橄欖樹下會面，以便對他們的靈魂高談闊論。奧菲斯教徒們在籠統抽象的空中飄然如仙，與供奉著數不盡的家神、農神、地域性及共同神祇的平民百姓宗教形成強烈對比。他們的話題是肉體軀殼之下的內在人類，關於不停飄泊的靈魂和其具體後果的爭論更是滔滔不絕：我應該如何生活？考慮到靈魂的輪迴轉世，什麼事可以作而什麼不行？我要怎麼讓自己的靈魂在下輩子有比較大範圍、比較漂亮的身體，而不是停在一隻蟾蜍或水蛭裡？

畢達哥拉斯主義者們所持的問題也大同小異；他們承襲奧菲斯教的靈魂輪迴說，並進一步發展了它。假若伊翁（Ion）——畢達哥拉斯死後不久在小亞細亞的希俄斯島出生的詩人——所言真確的話，畢達哥拉斯甚至還以「奧菲斯」的名義出版了自己（現已亡佚）的著作。顯然奧菲斯教的轉世說完全被畢達哥拉斯學派吸收了；西元前五世紀在南義大利已經沒有名聲顯著的奧菲斯教徒，反倒是畢達哥拉斯主義者比比皆是。

靈魂對畢達哥拉斯學派而言也和奧菲斯教一樣，是人類相較於身體更珍貴的部分，是它——而非身體的器官——決定了人格和性情、感官和思維。根據柏拉圖的說法，它有別於天上神聖的靈魂，畢達哥拉斯主義者甚至蔑視被限制在地上的身體。身體是靈魂的墳墓——只不過是可以無限制脫逃到下一個、又再下一個的墳墓。這是一個惡性循環，並在某種程度上也是永無止盡的換湯不換藥。這恰好說明了，為什麼不是所有靈魂輪迴說的信徒都滿意這種無望的決定論（Determinismus）。

更仔細端詳靈魂輪迴說之後，可以發現有不同的派別。根據西元前五世紀流傳下來的希羅多德的記載，重生是一個三千年的固定週期。在這段時間裡，人類的靈魂會巡迴整個動物生態系統一輪，從陸地動物到水生動物再到鳥類，最終又返回人類——好似一個預定的行星軌跡，沒有任何機會制止或共同決定這個命運。在這個理論裡，自然界中的人類並不扮演任何特殊角色，他們是一種動物，就與所有其他動物一樣，同樣都受自然法則的支配。

這樣的概念使得許多奧菲斯教徒與畢達哥拉斯主義者心生不快，靈魂的永垂不朽換來的高昂代價在永恆的自然劇本中竟毫無道德優劣之分。也就難怪靈魂輪迴說的第二種版本會在此時出現，它只有一個目標，就是突破這個宿命論！對詩人品達來說，人類——可能作為唯一的生物——可以參與決定自己靈魂的命運；生活得越高尚純潔，我的靈魂也就繼續活得越高尚純潔。於是從道德的角度來看，我不僅要為單一有盡頭的人生負責，也要為一個永恆的靈魂負責。要是我在此過程中表現良好、活得有節操又有覺悟，到頭來我得以實現所有目標中最大的那一個：將我不朽的靈魂從肉體的囹圄中釋放出來，並將這個神聖的、屬於天上的歸還回天。

這兩個版本之間有一個重要的區別：第二個並不是發生在自然法則的世界裡，而是在人類法律的領

[97]

域中，它涉及的是公平和正義，而不是一個無所謂的世界進程。只要活得良善，就能得到靈魂上的嘉獎，活得惡劣的人則會得到黑暗狹小軀殼監牢的懲罰。就如西元前五世紀經常發生的，法律登場並改變了自然的遊戲規則。判決與刑罰、彌補與獲釋：公正的審判不但存在渺小且終將一死的人類世界中，也存在浩瀚的不朽宇宙裡。

永恆不滅、但必須由人類負責的靈魂提升了人類在自然中的地位。然而，當人類越具有人性，他們也就變得越不自然。人類的天性成為人類的創造，成為被強調並自行負責的命運。落入陰間的可能性一度使靈魂蒙上陰影，這個情境首先被奧菲斯教徒與畢達哥拉斯主義者注入了塵世不朽的魔藥，接著搭建一座通往更美好靈界的橋樑。人類曾經被調性悲哀的宿命論死守於自然的爪掌之中，如今從人類靈魂的自主性中萌發出了一種樂觀的精神。

這個對人類在自然中所扮演的角色的重新詮釋，為日常生活帶來了巨大影響，例如以下的問題：我該如何和動物相處？在荷馬所建構的世界中，人類是自然的一部分，可謂與其他動物並列、令人嘆為觀止的肉食性動物。人類當然可以殺死動物、食用牠們並將牠們獻給眾神，不過倘若我們認為靈魂會環遊動物世界，那麼宰殺動物就等同於謀殺。雖然靈魂得以倖存，但無論如何，一個被美好靈魂寄居的生物就這樣被誅害。在靈魂轉生的循環過程裡，動物和人類的靈魂是相同的，只有身體不一樣；就算人類相信自己的靈魂能夠繼續生存，若是他們不甘願被殺害，那麼動物也同樣不願意。因此，唯一可能的解決方法就是素食主義，以及維護並保護附有靈魂之生物的義務。

據說畢達哥拉斯實際上就奉行素食主義，他的學生可能也是。因為認真看待靈魂的輪迴轉世，也就意味著要改變原本的生活型態並且尊重動物。獸性的環境演變為共處共生的世界，超越口腹之欲的謹慎人生比起放蕩的生活更值得追求。人的一生不是為了肉體上的歡愉，而是致力於靈魂上的提升。然而畢

[98]

達哥拉斯主義者為什麼特別忌諱食用豆類，今天仍沒有人知道確切原因。此外，**營養學**即健康生活的學說，是為倫理而服務的，其目標在於潔淨；在醫學上是為了健康，在道德上是為了淨化。

失落的樂園

起初一切都很美好。人類是「黃金的物種」，「人們像神靈那樣生活著，沒有內心的悲傷，沒有勞累和憂愁，他們不會可憐地衰老。」❷用不著粗重勞動的天堂花園，無處不是結實累累，還有豐饒的田地。在這個世界裡，連死亡也不可怕，死神毫無痛楚地帶走熟睡中的人，並將之化為仁慈、守護的精神。

出自赫西奧德的《工作與時日》之中的這一段文字敘述，在希臘人的耳裡聽來彷彿是慵懶遙遠的呢喃絮語，一個從前更美好的世界——沒有邪惡，沒有紛爭，沒有苦難。但是為什麼這個世界已經不復存在？是什麼摧毀了這段黃金時代？人類為什麼不再生活在這個出現在巴比倫人、迦南人乃至是希臘人神話中的天堂花園，並與其中的動物和諧共處？

為希臘文化圈回答這個問題的人，生活在西元前五世紀西西里島的阿格里真托——他是**恩培多克勒**。據推測，他的生平大約落在西元前四九五至四三五年之間。就我們所知，他是哲學家和政治家，可能也是醫生；此外，他似乎也像畢達哥拉斯一樣，被當作魔法師和先知來崇拜。他的家鄉阿格里真托是繼敘拉古之後，西西里島上第二強大的城市，他在家鄉是個重要人物與才華洋溢的演說家，並在動蕩的時代裡全心投入於民主之中。

❷ 編按：中譯引文見：《工作與時日》，臺灣商務，一九九九年，頁8。

[99]

即使到了今天，在阿格里真托下方高原的神殿之山上仍矗立著眾多及天的神廟；下方，在橄欖樹和仙人掌之間的巨大沙棕色協和神殿有著多立克式的石柱❸。在饒沃的河流與附近的海域水之間，還真是個思考天堂的不錯地方：「長年枝葉茂密與帶有果實的樹木，一年到頭碩果滿溢」，恩培多克勒在西西里島的炙熱高溫中如此譫語。[37]所有的生物都「對人類百依百順，而愛所有的野生動物和鳥類之中油然而生」。[38]因為總而言之：「這份愛情就是女王。」人類「設法用虔誠的貢品取悅她——繪製而成的（祭祀）動物和香氣奇妙的軟膏、獻上純粹的沒藥和芬芳的乳香，並把用來奉獻的金黃色蜂蜜澆覆在地面上。」[39]

然而這種幸福卻被摧毀了，事實上並不像像赫西奧德筆下經驗到的諸神世界進程，而是因為一種人神共憤的罪惡：屠殺動物！人類不再使用彩繪而成的動物，反而將真正的動物獻祭予神，自己也不避諱食用動物。按照恩培多克勒所言，他們就此失去了樂園的權利，因為人不該用「鐵器」來奪取「靈魂」！「奪取生命並將其珍貴的肢體吞下肚，堪稱人類最大的汙點。」[40]

古代當中沒有像恩培多克勒這樣為素食主義極力辯護的第二人了（普魯塔克可能是唯一的例外）。受奧菲斯教與畢達哥拉斯主義的影響，他同樣深信靈魂輪迴轉世；相應地，宰殺動物在他眼裡就是謀殺：「你們難道不想放下殘暴可怕的屠刀？你們是否真的感覺不到自己在黑暗陰森的狂熱中相互撕裂？」[41]為了更詳細描繪整個慘無人道的場景：「雙眼被邪惡蒙蔽的父親宰殺自己改變了型體的親愛兒子，還一邊念著禱文！面對著苦苦哀求的牲，侍僕們反倒下不了殺手；可是他（父親）卻對其哀號置之不理，將牲屠宰後為自己的家人準備了一頓令人作嘔的晚餐。」[42]

❸ 譯注：「多立克柱式」乃古代建築中的三種柱式裡最古老的一種，其他兩種分別為「愛奧尼亞柱式」以及「科林斯柱式」；其主要特徵是雄壯粗大、沒有基座、柱身帶有二十條凹槽、柱頭無裝飾且高度與直徑比例為七比一。

恩培多克勒並不是宗教狂熱份子或怪胎。相反地，他被譽為西方世界到目前為止最重要的「自然科學家」之一。在他涉及自然的教諭詩裡，他推翻了米利都學派自然哲學家所提出的片面元素學說，並歸納細分出四個（份量相當的）基質：水、火、氣及土——這個維持超過兩千年決定性地位的劃分。恩培多克勒的宇宙發生論堪稱為同時代中最進步的，還有他的物理知識以及結論皆相當卓越出色。

就如同柏拉圖與亞里斯多德之前的所有希臘哲學家，我們對恩培多克勒的所知也不過只是片段。據說他生前的手稿著作汗牛充棟，可以推測他在政治與醫學上皆有所著墨，而且說不定連悲劇都創作過。不過流傳下來的卻只有來自兩部不同著作的斷簡殘篇，其中一部關於自然哲學，另一部則是涉及「淨化」等神祕宗教的問題。依照拉爾修的說法，兩部作品探討的範圍都十分廣泛，然而卻只有其中的十分之一被保存下來。

恩培多克勒將自然詩獻給自己的學生保薩尼亞斯（Pausanias）；他教導保薩尼亞斯說，自然界並不會產生任何全新的事物，也沒有任何事物終將消逝：「任何變滅的東西都沒有真正的產生，在毀滅性的死亡中也並沒有終止。有的只是混合以及混合物的交換：產生只是人們給這些現象所起的一般名稱。」[43]

這使人聯想到巴門尼德，恩培多克勒大概也知曉這個人。基質一再重新融合並且再度分離，並非有盡頭地消逝。或者照恩培多克勒自己所描述的：它們彼此相愛，然後彼此憎恨。吸引與排斥皆為自然界裡的運動，由相愛和衝突的兩極所造成。「因為所有這一切元素——太陽、地、天空和海洋——都與它們的部分在『愛』中間連成一氣，這些部分遠遠地離開了它們產生在變滅的世界裡。相反地，凡是在來源、混合和外型上都相距極遠的東西，則彼此極度仇視，完全不習慣於結合，垂頭喪氣地聽從『衝突』的命令；就是『衝突』使它們產生出來的。」[44]

與他的前輩相比，恩培多克勒的理論顯得更為進步。按照這個理論，萬物都是由相同的（類化學的）基質所組成，並且如水與酒一樣交織混合，抑或像水和油一樣相互排斥。這過程中的動能與變化產生於相愛與衝突兩極之間的權力鬥爭；當愛發揮其最大的力量時，各元素就會以最大的強度交融在一起，而世界就會達到統一而平衡的理想狀態。一種神聖的球體在此成形，而衝突脫逃至「極盡的那一端」。[45]在世界的這個階段裡，「人們既無法區分太陽神快捷的四肢，也無法分辨出地球的蓬亂力量或是海洋。」[46]不過這個球體相當享受自己的孤獨存在，遺憾的是好景不長。衝突再度上場，並且循序漸進地取得優勢；基質再次分崩離析，接著各自凝聚成一團——直到位在中心的愛再一次增強，使基質得以再次相互融合。一切就這樣依此類推接續不止。

對恩培多克勒而言，世界處於週期性循環之中；一下子是愛在統治，然後衝突後來居上，接著換衝突掌握統治權力，最後愛又重新掌權。在這位名師的生平裡，世界應該正處於第二階段，亦即衝突逐漸擊退愛的凱旋進程。恩培多克勒以物理角度精準地闡述，當今的地球形體是如何生成的：氣體從理想球體內溢出，並在其外殼上方形成一層覆蓋膜。這時，熾熱的火焰在失去空氣的球體中，使濕潤的土地分裂，並任由水從中迸發湧出。空氣從水中升起，並滲透到空氣覆蓋膜之中，大氣層以及供呼吸的空氣由此而生。

這樣的循環當然會帶來巨大的後果。因為生命只能存在於過渡階段，而不能生存在愛或衝突的絕對統治之下。生物也像其他所有事物一樣，是由四種基質組成。植物、動物和人類以及各類物種之間的差異，是由不同的混合比例所導致，全部源自不同比例的相同質料。奧提烏斯（Aëtios）是西元一世紀的重要資料來源，據稱對恩培多克勒而言，「動植物最初的起源發生絕非一步到位，而是只先產生各自獨立的部分。相對地，在第二階段，隨著那些部位合併生長，發展出了荒誕離奇的形態。第三階段是整個身體的奇異形塑。而在第四階段中則不再由土與水等元素的混合而來，反倒已經是混亂的混合，有些源自於豐沛的養份，而另外一些則是透過女性的曼妙身材而進入婚姻的結合。」[47]

如果詩意地說，那麼即便是現代生物學家也能夠依樣畫葫蘆地描述演化過程中生物的更高發展。透過雌雄兩性交配生殖，最原始的生命形態漸漸蛻變為更複雜的生物，然而恩培多克勒所指的生命形態是否真的**由彼此**產生而成，我們並不清楚。流傳下來有關此問題的兩個殘篇皆對此隻字未提：「步履沉重的千手生物」誕生了，而且地球上「生長出許多沒有脖頸的頭，少了肩膀的手臂獨自四處徘徊，而眼睛孤獨浪跡各地，卻不見額頭蹤影」。[48]現今我們所知符合目的的生物，應該是從這群殘缺的生物演變而來，而其中就屬人類為最高等；但是人類的演化尚未終結，倘若他們全力以赴，就能夠持續使自己更加完善，並且越能接近與眾神分庭抗禮的境界。恩培多克勒的想像世界可能確實與現代生物學的世界有些差距，它其實更像是矽谷的半宗教性網絡幻想……

靈魂的原料

無論生物的演化再怎麼壯觀，它在宇宙之中仍舊只是曇花一現的現象。根據恩培多克勒的說法，植物、動物和人類為了發展所能存留的時間間隔是有限的。要是衝突佔了上風，所有奇妙的元素混合生物將再度被分割，而所有的生命將慘遭殲滅。那些由衝突轉變為愛的過渡期中形成的生物也同樣是如此，一旦全體的元素完全交織融合，那麼這裡就也不再會有任何獨立的生命。無論是植物、動物還是人類，全都可能為了更高等與更合適的形態和階段而奮發圖強——最終，卻都將在巨大的世界循環中消失滅絕。

這樣的宇宙發生論是冷酷的宿命論。我們不禁想問，它該如何與奧菲斯教兼畢達哥拉斯學派的靈魂輪迴主張相配合？若永恆的靈魂只能於相愛將至的春天，或者在秋天通往衝突與崩解之途上茁壯發展，

[104]

必須顧及此前提之下，永恆的靈魂怎麼會存在呢？在夏天死於相愛融合的高溫，而在冬天則相對地亡於分解與凋零的傷寒，那麼靈魂中的任一事物該如何在此情況下維護其統一？

[105] 究竟恩培多克勒對「靈魂」的確切想像為何？如果所有生命皆是由四大基質組合而成，並再度溶解於其中成為它們——那麼哪裡還有名為靈魂之堅不可摧某物可言？要是沒有任何東西得以恆久不變的凝聚在一起，那我怎麼能夠作為同一個主體經年累月地堅持到底呢？顯然恩培多克勒在自己的靈魂學說中捨棄了「psyché」這一個概念，取而代之使用「daimon」一詞；這個詞彙是含糊不清的，而大致意思是「神聖精神」。正是這個精神以靈魂的形態飄移遊走在許多生物之間——不只動物，還有植物！如果萬物都是由相同的基質融合而成，那麼人類、動物和植物之間也就沒有根本的品質差別；有一段文獻是這麼寫的：「曾經我是一個男孩、一個女孩、一簇灌木叢、一隻飛鳥以及一隻浮出水面的呆魚。」[49]這一段話是個美好的想像，但這裡的「我」正是棘手的問題所在。它是如何對自己說「我」的？是什麼在內部使這個「我」凝聚在一起？一種又特定又隨機的原料混合物嗎？還是某種超越感官與形體的東西？

恩培多克勒的說法自相矛盾。他有時候說，由基質組成的「萬物皆天衣無縫地結合在一起」，「並且透過基質進行思考以及感受悲歡」。[50]照此說來，負責我內心情緒波動的神聖精神就會是物質性的，並於我的身體中無所不在。然而某一次，恩培多克勒只單純把思想定位在血液裡以及心臟區域：「在迎面而來的血液湍流中，（思想力量）獲得滋養，而這正是人類認為的思想所在地；在心臟周圍流動的血液，對人類而言是思想的力量。」[51]又有另外一次是說：「只需要知道一切都有理性，並且參與了思考。」[52]而且「萬物」都「得以共同呼吸與嗅到氣味」，[53]顯然這裡的「萬物」不單指人類。我們腦中 [106] 不由得萌生了以下想法：恩培多克勒不僅將生物，也將所有自然界的過程視為有靈性的。任憑我們再怎麼扭轉詮釋，物理學家與生物學家的陳述難以相容，而生物學家的與神祕主義者的陳述則無法合拍。

嚴謹的邏輯沒有辦法帶我們理解恩培多克勒靈魂學說。仍舊帶有荷馬筆下亡魂的**流浪神聖精神**，以及受愛與衝突驅動的自然建材，兩者在整個哲學的總體設計當中沒有組織地相容在一起；由此看來，如果恩培多克勒除了物理學和神祕主義以外，又在自己的宇宙發生論中加裝了第三個領域，亦即道德的話，我們就不該對邏輯抱有任何期望。

黃金時代與人類墮落的故事該如何融入宇宙發生論之中？說真的：根本沒辦法！雖然人們可以想像，黃金時代處於愛比今日擁有更大權力的時期，然而屠殺動物所造成的墮落，剛好也吻合衝突即將佔上風的時期。這個關於衰敗的故事不需要任何特殊的人類墮落就可以單獨成立。黃金時代無論如何都會依循自然法則逐步崩解成為衝突，宣稱「是人類屠宰動物的過錯導致這個時代的中止」是完全沒有必要的，甚至有些超乎常理。一下子，人類獲得了在偉大的自然劇本中擔綱關鍵角色，並共同左右其發展歷程的權力；即便他們只是如宇宙中星塵一般，偶然間恰當地混合而成。

伴隨（人類的）道德，一種全新的能量神不知鬼不覺地進入一個以前只容許兩股勢力——宇宙之相愛與宇宙之衝突——存在的世界：「有一種命運的裁決存在，亦即一個被廣泛誓言封存、古老且永久不失效的眾神決議。倘若其中一個被賜予長命的惡魔，在它的罪行中以謀殺之血玷汙自己的手，並且當中有誰受到衝突的誘惑而發偽誓，那麼他們所有人必須遠離那些受祝福的事物，足一萬年三倍之久的時間，並且在這段時間內，以接管各種終將亡逝的生物形體，並且四處遊蕩在變換生命的艱苦道路之上。現在我也是這群的同黨，被神唾棄的我正到處徘徊，因為我相信了喪心病狂的衝突。」54

現在一切都像是在霧裡看花。如果恩培多克勒「用謀殺之血玷汙雙手」之前，還未參與（他）三萬年來、可謂神聖的靈魂輪迴，那麼他當時的本質為何？他來自哪裡？他是天上神聖演化過程中所產生的最優秀生物，還是他或許連演化都不曾參與過？而墮落又是怎麼一回事？它是否為一次性的事件，即人類首次宰殺動物，而此行為作為原罪，將樂園變成了賠償的代價？又或者它是關於每個人各自的過錯？黃金時代已矣，恩培多克勒如是說道——但是究竟為什麼對每個人而言都是？如果說這與原罪無關，而是和每一個個體的殘酷暴行相關，那為什麼至少連素食主義者都沒有安居在樂園裡？

那個時代的想法顯然與今天的思維天差地遠。對我們而言，道德考量與科學理論為根本上相異的兩樣東西。與此相反地，恩培多克勒意欲將一個非人類的宇宙發生論與一個相當具體的人類問題串聯起來：我應該如何生活？就像許多奧菲斯教徒和畢達哥拉斯主義者一樣，他也為人類提供了一個透過合乎道德的人生來共同決定自己命運的機會；藉此機會，他們至少能夠在植物當中成為優雅的月桂樹，在動物之中成為「棲身在山間以及窩藏在荒蕪土地之上的」獅子。[55]通過良好的生活方式——其詳細指南已不幸佚失——，我們最終能夠變得像恩培多克勒一樣，亦即「成為居住在地球上的人類之中的先知、歌唱家，以及醫生和領袖」，也許甚至能茁壯成長為「極具尊榮的眾神祇」。[56]

這條朝之前進的道路上，就算在恩培多克勒的主張裡也佈滿了成千上萬個如荊棘般的法庭審判。赤裸的靈魂在每一次的身體死亡之後，必須在冥界將自己的正直操守據實以報，直到此時，它才能依照判決重新穿上另一副身體。良善的生命會予以高度發展的身體作為獎勵，而卑劣的則要受罰。就連這個地方也彰顯了法律在西元前五世紀的希臘所擁有的新地位，整個自然充滿著自然法共同體。人們必須承擔自己對其他生物所作所為的責任，並給予正當理由。而且並不只有在面對人類和動物的時候，也可能還有植物，比如恩培多克勒強調可遠觀而不可褻玩的月桂樹。

考慮到預設的萬物靈性，植物仍舊可以吃的事實是一個尚未解決的問題。如果靈魂也會在植物中輪迴，那麼屠宰動物與採摘沙拉之間的區別是什麼？食用果實會是唯一正當合理的生活方式，而且最好是食用已經落地的水果；然而有鑒於史料的貧乏，恩培多克勒是否認為這種「節儉的」生活方式正確，就只有天知道了。

調和得當的靈魂

很長時間以來，希臘人並不將身體和靈魂視為對立面，靈魂在感官、器官、情感以及在整個人類當中都有自己的位置。直到邏各斯進入希臘思維，並在其中發揮重要作用時，身體與靈魂才分道揚鑣。因為包羅萬象且洞察萬物的理性並非身體上的，而是純粹精神性的——其為天賜之物，眾神將之小份小份地分送給凡人，而且只分送給它們所挑選的鍾愛之人。擁有如此出色的與至上的聯繫，人們就可以在生活中將自己樹立為如赫拉克利特般知識淵博的暴躁老頭，或是如同畢達哥拉斯與恩培多克勒，以上師的身份向招募來的學員解釋世界。

這對人類的形象產生了劇烈的影響。因為身體與靈魂劃分得越是壁壘分明，人類也就越類似由獸性和神性組成的珍稀混合生物：擁有凡人的肉體和不朽的靈性。然而它們是用什麼方式在人類之中共同發揮作用？我們該怎麼想像它們相互作用的細節？這個問題不僅困擾著與生活脫節的哲學家，還具有一個相當實用的層面——在醫學上。

我們知道恩培多克勒曾經撰寫過醫學著作，也許他也曾當過醫生。理論哲學與實用醫學之間的緊密連結，在西元前五世紀是再正常不過的。恩培多克勒出生於西西里島的時候，在卡拉布里亞住著另一位開班授課的哲學家兼醫生：**阿爾克邁翁**（Alkmaion），他在畢達哥拉斯的活動領域克羅頓度過一生。根據亞里斯多德《形上學》裡一個後來增添的註解，在阿爾克邁翁年輕時，偉大的畢氏名師仍然高齡在世；阿爾克邁翁因此屬於畢達哥拉斯的孫輩，並較恩培多克勒來得年長一些。

西元前五世紀的醫生是什麼樣子的？並不完全與現今一樣。醫生不是從業人員，而是從哲學反思中

[109]

[110]

抽出實用結果的學者，並以此為基礎來對人類進行醫學治療。當一個人的身體和靈魂明顯失衡時，他可以再造其福祉；而這種不和諧，可以從疼痛、嘔吐、發燒、瘋癲等症狀中察覺。「福祉」一詞在這個地方是刻意使用的，因為「健康」並不是目標，就純粹的醫學意義上來說，這個詞彙在古希臘並不存在，存在的是「和諧」。健康在今天對許多人來說主要是沒有疾病；與之相對地，「福祉」是一種身體與靈魂理想狀態。我可以很健康，卻可能同時內心不平衡且不快樂；如果我感受得到福祉，那麼身體與靈魂的苦難都將變得遙遠縹緲，或者至少能夠遏止。

西元前五世紀的希臘世界裡，身強體壯而不體弱多病、不會病得不成人形或受到精神折磨的人，大抵上是受了諸神的恩賜，因此身體或心靈疾病的治療屬於法師、薩滿巫師、祭司與先知的專業領域也就不足為奇了。為了治癒病人，必須存在與諸神的特殊聯繫，所謂的「白衣半神」比起現代醫學更古老得多，縱使如此，他們在古希臘也不一定享有良好的聲譽。在柏拉圖看來，從事醫師的技藝對「一個有腦子的人來說，是絕對無法接受的」。[57]

在阿爾克邁翁的家鄉克羅頓的情況就不太一樣了，那裡的醫生擁有杏林春暖的美譽，連柏拉圖也盛讚一位名叫迪莫塞迪斯（Demokedes）的傳奇醫生為表率。阿爾克邁翁就這樣相應的啟蒙環境中，撰寫了他包羅萬象的醫學文獻。除此之外，他也與畢達哥拉斯主義者有密切往來，這種情況在克羅頓並不少見。他孜孜矻矻研究他們的思想結晶，並且謠傳他曾將自己的書獻給三位畢達哥拉斯主義者。遺憾的是，這份文獻並沒有被保存下來。我們能對他的理論有所了解，必須再次要感謝其他人。

[111]

根據阿爾克邁翁的理論，當一個人處於與自己的和諧狀態時就是健康的；精氣與力量的平衡至關重要。值得注意的是，阿爾克邁翁在此使用了一個來自政治和法律的術語──「平權」。當體內的冷暖、苦甜、乾濕「平等地」參與並且相互平衡時，這個人就與自身處於和諧狀態；不過，要是其中哪個力量把持住獨裁統治權（君主），並自行加冕為王，那麼人體就會與國家政體一樣失去平衡。無論是在城邦裡或是在人類的身體裡，只有全面平等以平衡各方的正義，才能夠創造福祉。

在兩極之間保持平衡才能看見身體的和諧，這屬於典型的畢達哥拉斯學派思想結晶：生命中的過與不及都對健康有害。根據亞里斯多德的記載，阿爾克邁翁認為人類的生命是由許多不同的對立面所決定，於此他得到了一個驚人的見解。對他來說，身體裡最重要的器官或液體不是心臟或血液，而是大腦！靈魂在這個部位獲得了恰當的住所。這堪稱西方文化史上的頭一遭。阿爾克邁翁注意到，大腦的震盪會造成重大影響，更確切地說，是對感知與思考造成影響。

他一絲不苟地全神貫注於找出知覺和思維之間的聯繫方法，並尋找感覺器官與大腦之間的線路、運作機制和作用。**泰奧弗拉斯托斯**（Theophrast）是亞里斯多德一個重要的學生，他寫道：阿爾克邁翁曾宣稱「我們能夠用耳朵聽見聲音，是因為它們之中存在著一個空腔；這些聲音……。吸氣的同時，將氣息引至大腦，我們用鼻子聞到氣味。然而我們用舌頭來區分味道，它溫暖而柔軟，並因此通過其溫度使（各種口味）融化；由於其鬆散又柔軟的本質，它隨即將味道吸收並傳遞（至大腦）。眼睛透過環繞自身的水來看見，但是它們裡頭顯然含有火焰，因為如果眼睛遭受猛擊，它（眼睛中的火焰）會迸發出火花；不過如果它（光線）反射閃耀，我們就會透過那閃爍的透明而看得到——它越純淨，就能看到更多。」[58]

與恩培多克勒的直接比較顯示了阿爾克邁翁的感官機械學有多先進，要解釋感官的時候，前者就成了自己過於狹隘的元素學說的受害者。就恩培多克勒的學說版本來說，我們的感官如實地捕捉了現實，因為器官正是由和它們感受的客體一模一樣的基質所組成；火、土、氣和水遇上的感覺器官是以相同的基本物質混合比例而組成。經由身體表面精準對應的毛細孔，世間事物流入人類體內，並以影像、聲音、氣味等形式向人類傳達世界。

在此，阿爾克邁翁對於解剖學及生理學的見解清醒得多，沒有什麼狹隘的機械學理論箝制他的思維；作為經驗主義者，他只會將自己以前詳細觀察到的結果投入理論之中。有的時候，若是觀察無法幫助他到達目標，他也會傾向揣測。他假定，大腦會產生精液，而且是男人和女人的都會；性別透過精液的匯流來確定，傾倒出得越多的那個性別就脫穎而出。

不過，如果用阿爾克邁翁使用的機械學方式來理解人體，那麼靈魂的活動空間到哪裡去了？思考也是純粹機械的過程嗎？要對人類的邏各斯作出解釋，難道不再需要神祉和任何神聖之物了嗎？身體中是否存在產生思想精神的獨有運作機制？面對如此毫無靈魂可言的靈魂學說，畢達哥拉斯地下有知也會暴跳如雷地敲棺抗議！阿爾克邁翁以巧妙的手法解決了這個問題——思考、人類靈魂以及邏各斯對他而言仍然是超越自然與不朽的，並將人類從根本上與動物區分開來；謠傳他曾表示，「靈魂是自行移動的，並處於永恆的運動之中；因此，它是不朽的，並等同於神聖的本質。」[59]然而，任何進一步的沉思默想到此便止，因為談到有關於超自然的現象時，人類應該謹慎避免談論感官無法理解的事物。遊刃有餘地對神聖事物作周全的判斷，不是人類的事，而是神的事；而且只有天體有能力「將始末連接起來」，相反地凡人則無法。那句話後來使歌德（Johann Wolfgang von Goethe）許下心願：「就讓始與末合為一體吧！」但對於人類來說，認知和生命的宇宙圓圈還尚未圓滿，他們所能做的，就只剩下對經驗世界的摸索探究。

萬物皆物質！

若阿爾克邁翁依舊保有靈魂莫測高深和無可詮釋的詩意魔法——現在，研究的好奇心打開了大門，為了謹慎地將整個人類逐步分解為精細的組成要素。另一位昂首闊步跨越這座大門的哲學家，是來自米利都以北較小的古城克拉佐美納伊的愛奧尼亞人：**阿那克薩哥拉**（Anaxagoras），他在世的日期大致與恩培多克勒相吻合，照推測出生於西元前五〇〇年左右，活到約西元前四二八年為止。不可否認的是，他受到多位前輩的耳濡目染，也設法自己抓住靈魂。

多虧了亞里斯多德的轉述，我們才知道阿那克薩哥拉最有說服力的主張。據悉，這位克拉佐美納伊人對宇宙提出了某些清醒又直白的想法：銀河是「某些恆星匯集而成的光」。據另一資料來源所稱，他也聰明而正確地辨識出，月蝕只不過是地球的影子——這是史上第一個正確的月蝕理論！儘管如此，他的知識論仍舊謙虛謹慎。他和阿爾克邁翁一樣，懷有天生的畏怯，對於更近一步照亮超自然事物躑躅不前。在其他人舉著思索的油燈深入探究神聖夜空的情況下，阿那克薩哥拉心存敬畏地寫道：「由於我們感官所擁有的弱點，我們無法認識真理，是有形的事物形成了對無形事物的認知基礎。」60

阿那克薩哥拉最活躍的活動地區，不在當時在政治上已無關緊要的愛奧尼亞，而是在整個古代世界裡最前景無量的城市——雅典，哲學史的舞臺隨著他首次轉移到此。他在這個新政治文化首都度過了人生中的大約三十年，推測是在西元前四六二至四三二年之間。根據普魯塔克的說法，受到阿那克薩哥拉指導和啟發的人，正是雅典最有名望的政治人物伯里克里斯。他從事的是哲學家夢寐以求的角色，卻也十分危險！當伯里克里斯的權力暫時被削弱時，阿那克薩哥拉被其政治對手指控為無神論；他遭到審判，據說是因為他曾宣稱地球是一堆會發光發熱的石頭。伯里克里斯把他的精神導師從牢獄中救出來，並使他免於一死；後來阿那克薩哥拉流亡於愛奧尼亞北部的蘭普薩庫斯，在那裡度過他人生的最後幾年。

我們不知道阿那克薩哥拉實際上是否干涉了政治，甚至不知道他是否曾公開表態為無神論者。他著

[114]

名的是他自然哲學家的身份，像所有早期的哲學家一樣，他的著作僅有少許零星片段經由二手記載流傳下來，曾經前後連貫的成堆文獻當中，如今剩下的彷彿是漂浮在暗海上的塊塊浮冰。與恩培多克勒一樣，阿那克薩哥拉認為世界上的一切都是由基質組成，一點空隙都沒有。萬物都是由微小及乃至更小的部分交織而成，是一種自始至終一直存在的原始混合物。在這個意義上，對於阿那克薩哥拉來說，如同巴門尼德已經認為的那樣，太陽底下並不會產生任何新事物：「『形成』和『消逝』這兩個詞，希臘人使用得並不正確；因為沒有任何東西（就原本意義上）形成或消逝，而是由（已經）存在著的事物當中一面發生融合，一方面產生分離。」[61]

一切都一直在那裡存在著，由相同的基本混合物組成，並且是參與組成一切的一部分。若是某樣東西在我們眼裡看來是火焰或水，那是因為火焰微粒或水微粒在其中尤為突出。阿那克薩哥拉的理論與恩培多克勒相同——萬物都包含來自一切比例不同的一部分，只不過他沒有嚴格受制於四個元素。

始終如一的唯物主義者在面對靈魂和思想的時候會怎麼做呢？首先，他認為思想是物質的，與組成事物的混和物質相同。思想並非超凡縹緲的，而是一種實體，雖然是相當特殊的一種，它是「某種無盡而專制的東西，並且不與任何事物混在一起」。[62]由此可知，世界上一方面存在著混合物，另一方面存在著純淨非混合的思想。類似於赫拉克利特的邏各斯，阿那克薩哥拉所謂的思想是非個人、使萬物交織的力量；它瀰漫在宇宙裡，就像是它賦予人類靈魂一般。純潔的思想偶爾會與事物融合在一起，從而以此方式在它們之中注入力量、能量和動能；如果其他一切都只是物質，那麼精神就是創造活力和生命的燃料。

因此，世界上存在兩種不同的事物——受精神之吻或與之融合在一起的一種，以及不屬於上述類別的另外一種。被精神滲透的事物至少能夠獲得運動的能力，在最好的情況下甚至可以獲得生命。「在擁有靈魂的萬物之上，無論是大是小，精神都掌握統治權。」[63]在精神的層面上，人類與動物之間並無區別，其實面對植物也沒有；在所有生物之中，正是完全相同的精神將他／牠／它們喚進生命裡。實際上，阿那克薩哥拉似乎也真的是這個意思，因為他將人類與動物區分開來的關鍵論點並不是精神上的，而是高度實用性的；依照亞里斯多德的記載，阿那克薩哥拉宣稱「正是人類有手才使自己成為最有智慧的動物。」[64]❹

[116]

形成差異的是某種物理上的東西。人類的雙手自由自在，是造成所有其他精神上的差異的開始。根據普魯塔克的說法，阿那克薩哥拉認為人類在經驗、記憶和智能方面都比動物高等；可是人類的靈魂卻沒什麼特別的，它的質料沒辦法讓人類從動植物當中脫穎而出。從根本開始，人類不論是在精神上或是道德上都沒有比較好，或甚至是不朽。在畢達哥拉斯主義者與恩培多克勒竭盡所能地賦予人類靈魂一種個人形象之後，緊接而來的是阿那克薩哥一拳擊碎這種形象的幻滅。荷馬非人格化的亡靈——那賦予身體動能的普世氣息——在這裡有了深思熟慮後的化學基礎。

看來阿那克薩哥拉的確是無神論者。他顯然認為，奧菲斯教徒和畢達哥拉斯主義者都沉浸在自己的小樹林與房屋之中、在他們的泛神論和靈魂輪迴說裡頭，而已經與真理事實相去甚遠。可是，如阿那克薩哥拉所描繪的人類和其靈魂的超然形象，卻得不到事業蓬勃發展的回應；相反地，在阿那克薩哥拉之後的偉大接班人——蘇格拉底、柏拉圖與亞里斯多德——所主張的哲學，可以被理解為是為了反駁他而費盡心機的唯一努力。在一個對人類精神過份謹慎、唯物主義的觀念下，人類在宇宙中就沒有不同凡響的地位可言；另外，想要設計一套宇宙人類倫理或甚至一個理想的國家，也是天方夜譚。不過，把挑戰

[117]

❹編按：引文中譯見：《亞里士多德全集第四卷》，中國人民大學出版社，一九九三年，頁131。

雅典的哲學思想，並誘使其達到淋漓盡致的境界的正是這些問題。我們必須更仔細端詳西元前五世紀的這座城市，以及從今天的角度看來，在這座城市裡扮演著舉足輕重的角色，以至於給了哲學領域一個重擊的人——**蘇格拉底**！

流浪者、他的學生與雅典的公共秩序

- 謎一般的蘇格拉底
- 通往民主的道路
- 有用的哲學家
- 岌岌可危的秩序
- 圍觀的審判
- 柏拉圖
- 照稿演出的真人實境秀

謎一般的蘇格拉底

「他的生活展現在所有人面前。早晨，他會拜訪各處迴廊與運動場，在市場人山人海的時分可以在那裡尋獲他的身影；在一天剩下的時間裡，他總會停留在人潮最絡繹不絕的地方。大多情況下都是他在說話，有興趣的人才駐足聆聽。」[65]此處提及的這個四處遊蕩、遊手好閒的人，正是哲學家蘇格拉底。

關於他我們所知不多，但是正如他的哲學同行黑格爾以普魯士中產階級的職業道德為考量所評判的那樣，他的一生據說是不折不扣「違反道德」的事件。然而在古代的雅典，無所事事地閒逛、蹓躂和討論並非什麼不尋常的景象，任何一個道地的雅典人都自然過著常規餬口職業以外的生活。這位市集哲學家令人心生懷疑的地方倒不是他的不務正業，而是其他的事件。

西元前四二三年，年過中旬的蘇格拉底於一齣喜劇裡頭亮相。這齣喜劇是年輕的明星劇作家**亞里斯多芬**（Aristophanes）之作，他的聲勢在當時雅典的詩人界如日中天。他的一齣名為《雲》（*Die Wolken*）的劇作在一個詩人競賽當中贏得了第三名。這部喜劇是一個關於見錢眼開與欠債的故事，在古希臘是常見的題材：一位陷入財務危機的大農地主前來拜蘇格拉底為師，學習在法庭上面對他的債權人時為自己辯護的最佳方法。不料他發覺自己資質愚鈍，只好改將自己揮霍無度的兒子送到蘇格拉底那裡去。他的教授有了實際的成果，但是這個兒子卻未將習得的辯論術用於訴訟上，還反過來攻擊自己的父親。他先將老翁毒打一頓，接著要求自己的母親也該被痛毆。這個極為惶恐的父親見識到了蘇格拉底的有害影響，於是放火燒了他的房子。

認真地想像一下，要是這齣亞里斯多芬的喜劇是關於蘇格拉底的唯一史料，那麼今天這位哲學家在歷史上的定位就只會是個詭詐名嘴的典範，一個指鹿為馬、顛倒黑白的詭辯家。亞里斯多芬將這位公眾哲學家嘲弄為光著腳又「狂妄自滿」的「絕頂名嘴」。他這麼做的動機不明，也許《雲》只是忠實反映出當時的人對蘇格拉底的觀感；但是不管怎樣，有別於亞里斯多芬喜劇裡的描繪，蘇格拉底應該從未因金錢出賣自己的智慧才對。[120] 與其廉價地服侍上流家庭，他寧可讓自己在市集拋頭露面，並將自己的思想昭告四面八方。他以什麼維生？也許他繼承了某些財產，或者靠著好善樂施的富人的捐獻而活。他沒有留下任何手寫作品，也不存在可明確定義的蘇格拉底哲學，因此，他要被評價為其所屬時代最偉大的哲學家與有史以來最偉大哲學家之一的機會也就微乎其微。

蘇格拉底出生於西元前四六九年，不排除是某個石匠之子，對他樣貌的想像可以回溯至兩個在他死後幾個世紀所製造的半身雕像。許多古羅馬時期的複製品都被保存了下來：一張有著扁平鼻子和光禿額頭的臃腫大臉。他曾是在伯羅奔尼撒戰爭中奮鬥的士兵，無畏而堅毅；而在他身邊集結了眾多頗有名望的學生，大多來自名門望族。

其中兩位學生為同代與後世勾勒出一幅他們所尊崇的大師的圖像，而這幅圖像與亞里斯多芬的形容有很大出入。那兩位學生的其中一位是出身**科林斯的贊諾芬**（Xenophon），他年輕時曾居住在雅典一陣子，直到變幻多舛的命運將傭兵身份的他帶至波斯，最終來到伯羅奔尼撒半島。這位騎士統領在晚年撰寫了他的《蘇格拉底追思錄》（*Erinnerungen an Sokrates*），贊諾芬無法想像，如蘇格拉底般虔誠的人會被控涉嫌褻瀆神明。他以蘇氏和其學生之間的對話來描述他。蘇格拉底捍衛友誼、奮力不懈、崇敬父母、凡事適可而止、教育、軍事責任與驍勇善戰、公平正義等等傳統價值。贊諾芬的《蘇格拉底追思錄》作為對亞里斯多芬譴責論調的唯一反駁，裡面所描述的蘇格拉底卻並不顯得特別獨創，他幾乎沒有跳脫能言善辯的工匠和保守的正人君子形象。

為了設法重建蘇格拉底的名譽，贊諾芬無所不用其極，以至於他不由自主去除了他所有的特色。倘 [121]

若在他的看法中，這位出沒在阿哥拉的哲學家是這般落魄潦倒的話，那麼另外一位學生對他的著迷就很難以理解了。這位學生是**柏拉圖**，蘇格拉底對他而言是個無限的發光體，他在自己的作品裡為蘇格拉底樹立了一個震懾的紀念碑。

和贊諾芬無異，柏拉圖的蘇格拉底也是一個帶有真誠求知欲的機智辯論家；如果別人談及正義、美感、智慧或者膽識，他總是鍥而不捨地追問，始終在尋找更深入或更高的、但無論如何是無庸置疑且「客觀的」對世界的認知。和同期的其他哲學家不同的是，蘇格拉底並不字字句句將這些知識鑿進教條文本裡，而是將自身投入探究的對話當中，雖然最終不一定會有結果。找尋智慧的最高目標是，一個成功的生命無論對於正義或膽識的詳細說法為何，最後都該用來促進良好而公正的生命藍圖。可是這個藍圖蘇格拉底卻沒有找到，他既沒有創建一個關於正確行為的學說，也沒有建構出一個涉及正確價值的教義。他一味反覆地為自己的問題尋覓積極正面的答案，然而找到的答案卻都只是消極否定的。

站在哲學史中一段飛黃騰達歷程起點的人，正是滿腹疑問的蘇格拉底。他開啟了一個全新的時代：證明解釋的哲學。儘管亞里斯多芬譴責他，贊諾芬無意間將他平庸化，唯有柏拉圖理想化的蘇格拉底存留至今。就連亞里斯多德——第四個關於其存在的資料來源——也同樣針對這個方向發表關於蘇格拉底的看法。亞里斯多德從未見過他，他在蘇格拉底過世十五年後才出生。他在自己的作品《形上學》中，將他描寫成首位提出倫理政治的基本問題的人。人們從中獲得一個印象，彷彿蘇格拉底是哲學問題的講師。不會有人因為這樣的定義遊戲而要任何人的命的，然而真正的蘇格拉底卻在年近七十時身陷人民法院的法庭。他以顛覆宗教、未經授權引介其他神祇以及敗壞青年與其父母之間的關係為由，被控告及審判。

通往民主的道路

控告蘇格拉底的訴訟怎麼有辦法成立？誰控告了他，又是為了什麼？而且為什麼對神的否認在西元前四世紀左右的雅典會是控訴的理由？

與愛奧尼亞或南義大利的城邦相比之下，雅典長久以來在希臘文明裡只扮演著微不足道的角色，只有西元前六世紀時梭倫的改革顯得比較重要。這個改革背後最重要的想法是「良好秩序」，公民應該要有為了所有人而集體發展至最佳狀態的義務；將城邦帶領至繁榮狀態的不該是為了個人利益的汲營追求，而是所有個體為了整體而肩負的責任。梭倫的良好秩序原則是為公民社會建立具有約束力的政治倫理的首次嘗試。

由於道德易變，法律相對堅定不渝，於是梭倫透過採取新的制度來確保公民國家的安全。雖然高級貴族的舊代表處亞略巴古山未被他加以變動，但他設置了一個與之抗衡的權力。據傳，他很有可能是惡名昭彰「四百人會議」的發起者。人民法院帶來了影響深遠的變化，從現在起，每個公民都可以對城邦裡的違法行為向法院提起「民眾之訴」（Popularklage）。濫用權力或職務這下變得更危險了，政治公務員必須預期自己得對自己的所作所為負起責任；非個人的「客觀」法律作為更高一級的審級，取代了個人法律的概念。

鐫刻在木板上的梭倫法律條文，效力一直延續到至少西元前五世紀末，這些法條深刻地影響著政治文化、司法判決以及經濟秩序。像是除了橄欖油以外的其他食品，雅典人皆不允許輸出，合理猜測是為了減低貧窮人口之中的糧食短缺問題；如此一來，雅典像米利都躍升為商業之都的機會就被限縮了。公民權利的約束範圍也很保守：移民而來的人士必須克服高門檻的障礙才能被接受成為公民，而且地產大抵上還是被掌握在世代居住的家庭手上。

團結一致、共同責任與以公益為導向的崇高理想是一個標竿，雅典的自由男性公民在此之下昂首闊步。然而，在梭倫的改革工作之後迎來的並非成效顯著的良好秩序時代，而是對此嘲諷的畫作。雅典貴族世家在激烈鬥爭中決裂，最終將專制統治者庇西特拉圖（Peisistratos）拱上王位；在近半世紀以來，雅典只由一個家庭宗族統治，而貧窮的農村人口被慷慨大方的信用貸款給安撫了下來。阿哥拉地區新出現的十二神壇成了城市的新重心，城邦女神雅典娜也作為呼應人民愛國情操的認同形象，而被崇拜祭祀。

這個專政在西元前五一〇年倒臺，爾後兩個雄心壯志的高級貴族代表在新的騷動中企圖獲得雅典人的擁戴。其中之一的伊薩格拉斯（Isagoras）獲得敵對斯巴達的支持；而另外一個**克里斯提尼**（Kleisthenes）則向人民承諾，會盡可能開放參與城邦內的共同決定。所有自由的男性公民都應該透過**民治主義**（Isonomie），在平衡的狀態下擁有平等的權利。正是這個概念，讓阿爾克邁翁在之後使南義大利的克羅頓成為平衡健康的基礎；「民治主義」這個概念是在對抗專制君主的奮鬥之中產生的，原本是表示所有政治貴族之間的權力分配。然而接近西元前六世紀末，一個問題隨著克里斯提尼冒了出來：這個平權為何不能適用於所有的自由公民身上？

掌握執政大權的克里斯提尼在西元前五〇八至五〇七年間，著手執行了範圍廣泛的改革；他盡可能地將公民劃分成同等的單位，並且盡量讓他們保有自治。所有新成立的單位都要派遣代表進入新的「五百人會議」，以準備「全體會議」（Vollversammlung）的工作；每個公民現在都可以藉由抽籤的方式獲選進入會議當中，每次為期一年，一生最多兩次。

克里斯提尼的改革在理論上似乎是人民對政權渴望已久的突破，即**民主制度**（Demokratie）的突破；然而要從刻在泥板上的藍圖到實踐活著的民主，卻還有好長一段路要走。在教科書式的簡化篇章裡，古希臘歷史被敘述為一段判斷能力與理性力爭向上的直線：從極為不公義的君主制度與稍微不那麼不正義的貴族政治，經過梭倫尚且不怎麼完美的勛閥政治，再到克里斯提尼的民主制度。但是這一條線絕非直線，發展也並不止於一個受庇佑的理想狀態；它的驅動層面如此之多，使得人們必須提防高估理性在其中所扮演的角色。

我們尋找著克里斯提尼改革工作背後隱藏的個人動機，就像在渾水中釣魚似遍尋不著。他可能確實是在時代的紛亂騷動之中，找尋著實際的解決辦法與利益的平衡；又或許他對民治主義的諾言不過是個居心叵測的詭計，以便確保獲得大多數人的寵待。身為高級貴族的代表，他清楚知道誰將同樣在未來國家裡掌管權力，任憑各式憲法來來去去，貴族的權力維持一如既往、不動如山。哪個人手中握有更多的財產、金錢、時間、關係和威望，那個人在正常平權的社會裡就不會被一視同仁——而且直到今天仍然不會。

雅典歷史更進一步的發展進程將會深刻地印證這一點：在未來民主制度裡扮演重要角色的政治家，幾乎沒有一個不是源自高尚的貴族階級，而且城裡大部分的政治鬥爭既不是為了尋獲真理，也不為了服務正義，而是為了顧及有權勢的宗族與家庭所把持的利益。人民正式成為主權者在權勢之間丟過來踢過去的遊戲皮球，他們操縱公眾意見的風向，並利用言語承諾及贈禮來收買支持與公務職位。難怪雅典的民主制度在許多當代人眼裡看來並不是理想狀態，我們因此也能夠理解，像柏拉圖和亞里斯多德等在關於歐洲輝煌起源的正式演說中通常會連著民主一起提到的哲學家，都不情願地檢視這個國家型態……

[125]

有用的哲學家

不論克里斯提尼的動機究竟是什麼，他在改革過後直接消失在歷史的黑暗之中。雅典還稱不上一個光輝四射的都會，只是個崛起中的小城市；直到透過成功的抵禦外敵威脅，它才變得強大有影響力。兩次對抗波斯日漸擴張的巨大勢力（約西元前五〇〇至四七九年）而打贏的戰役，協助雅典人獲得古代世界的軍事與經濟霸權地位。

於此同時，居民必須一同眼睜睜看著自己的城市在西元前四八一年被波斯人縱火燃燒，其中一個因此必須撤離的孩童正是當時十歲左右的**伯里克里斯**。他是克里斯提尼的姪孫，也是雅典最成功的戰場英雄科桑西普斯的兒子。出身自最雅典貴族世家的伯里克里斯，在興盛繁榮的民主城邦之中擁有一番事業作為，身為**戰略家**的他集攬政治與軍事權力於一身，而且在這個領導職位上連續待了十五年。伯里克里斯時期被認為是雅典的鼎盛時期，他長期的統治無疑不符合民主制度與民治主義的原本概念。很典型的是，雅典的民主制度只有當它實際上沒有在運作的時候，才能發揮最大的效用。

從經濟上來說，雅典人的自由正好受到反面的保障，亦即透過專制統治弱勢、被無情利用與剝削的盟邦。雅典關鍵地透過扮演愛琴海海域的保護角色而獲得影響力與金錢：作為那個時代的北約組織的提洛同盟，為弱小城市提供抵禦波斯外患的保護，作為回報，受侵擾的盟邦向雅典人繳納稅金、承認雅典為管轄權所在地並使用雅典的貨幣。在愛琴海的各島嶼上，雅典的監督人管控著他們的政治；就算在希臘人與波斯人結束他們之間的冷戰狀態之後，雅典仍設法讓此同盟以及其所成就的雅典霸權地位保持原狀，叛變一旦出現便會立即遭受攻擊與嚴懲。

在極短的時間內，雅典從對抗波斯人的軍事勝利者晉升為當時世界的超級強權；來自世界各地的人們紛紛搬到這座城市來，只為了在那裡以非自由民的身份過活。伯里克里斯嚴格禁止這些人擁有公民權利；民主的存在並不是為了所有人，只是為了那群先前就已享有特權的人。就連正值城市的繁盛期，這些人也不過就是幾萬個成人男性，包含女人、小孩、沒有自由的服苦役者和奴隸在內的全體人口數字當然高出許多。據悉自從克里斯提尼直到伯里克里斯時代的五十年之間，人口數量大概從七萬五千人翻倍成長為約十五萬人——等於是從城鎮卡斯楚普勞克塞爾❶轉變成赫內❷的人口數，而此數字最多還達到了二十萬人。這在今天看來也不是什麼大數目，羅馬帝國時期的羅馬容納了超越百萬的居民；不過，在伯里克里斯時代的雅典仍然可能是西方世界裡最大的城市。

雅典顯然藉由自身建築成了當時代的紐約，慘遭波斯人蹂躪毀壞的衛城被擴大延伸了好幾倍，而類似紐約帝國大廈的新地標則是在破紀錄短時間內高築起的帕德嫩神廟——當時最富麗雄偉的建築之一。「神廟」的概念具有相當的誤導性，因為帕德嫩神廟裡並沒有供奉任何天上神聖的神祇；在這個地方，這座城市頌揚自身、頌揚以提洛同盟的國家與戰爭財政收入為形式的財富，就好比帝國大廈與聯邦準備銀行同處一棟建築物之中。

浩大的建築工程加上參與其中的無數藝術家及工匠、具侵略性的海上強權蓬勃貿易和野心勃勃的銀行金融業，一同將雅典轉變為影響勢力、思想主義、文化價值與心理狀態相互交織的熔爐。數個世紀以來單獨在偏遠農村地區自成一格的文化產物，以迅雷不及掩耳的節奏，與整個地中海區域的影響力與大城士的聲響融合在一起。各式各樣人的平等與所有人之間的交流藉由金錢來保障，而錢並不只是閃閃發光地在帕德嫩神廟內受到崇拜而已。為了取得金和銀，礦採緊鑼密鼓地進行，銀行業者推廣每日津貼和

❶ 譯注：卡斯楚普勞克塞爾為德國北萊茵-西發利亞邦的一個市鎮，居民數為七萬五千人上下。
❷ 譯注：赫內位於北萊茵-西發利亞邦境內、人稱「德國工業心臟」的魯爾區北部，人口至少十五萬。

定期存款，又或者是專門從事於軍船、建築工程、僱傭兵或者賄賂款項的信用貸款。藝術家、醫生、士兵和傭兵僱主等等自由職務跨行進入了貿易和信用金融業，他們可以致富，卻不能即刻變得「自由」。

正是這個時期，在雅典的街上能碰見一位像是**阿那克薩哥拉**的哲學家兼政治顧問，他所著作的唯物 [128] 主義作品《物性論》（*Über die Natur*）有著普遍常見書名，以一德拉克馬的價錢即可購得。尾隨在後的是以智力作為全功能武器的職業——**詭辯家**（Sophist）（智者學派）。如果城市的生活越是複雜，隨之而來的挑戰也越大的話，知識專業就越顯重要；然而，教師的職業也和律師、政治顧問、演說家、音樂家或者數學家無異，下功夫習得的過程鮮少一帆風順。無法單純作為手工或是經商手法而學習的事物，就必須透過昂貴的私人課程來習得。

這些教師就正是所謂的詭辯家，在現今的德語用法當中，這個詞彙帶有貶義，人們聯想到的是詭辯家或狡詐的律師政客，是詭計多端、老奸巨猾的那類人；相對地，英語用法裡的「sophisticated」是帶著「高智商的」、「有文化涵養的」或者「精通世故的」等含義的善意詞彙。這個字的價值一開始在古希臘世界中是中立的，「Sophos」代表「老練有經驗的專家」，而詭辯家即為「傳授才智的老師」，專門教導他人特定的技藝與技能。與畢達哥拉斯主義者不同的是，詭辯家並非任一特定哲學學派的追隨擁護者。身為詭辯家就是執行一個特定的社會功能。

在始自泰利斯到阿那克薩哥拉為止的一百五十年哲學苦思之後，哲學在西元前五世紀中葉一下子獲得了一個極為實用的意義。在像是雅典這般高度複雜的城市當中，極為需要諸如詭辯家這樣的角色；他們教授的活動並不會發生在宗教性或半宗教性的圈子內，而是講求相當實用的修辭與其他工具。哲學對 [129] 畢達哥拉斯主義者而言，不外乎是開悟者的聖潔虔誠；如今卻成了法學家的理智，明亮發光的語句變得比被照亮的深刻見解還要重要！詭辯家的知識與技藝並非純粹推測，而是有用處的，況且他們並不受某個最高的真理或道德所約束，而是服從於智商所帶來的優勢。用一句話來說就是：只要哲學越脫離其所屬的精神心靈脈絡，它在現代化的城市裡就顯得越有用。

人們幾乎無法想像哲學家形象的更大變化。從觀星時不慎落入井裡的泰利斯，以及孤僻乖戾的赫拉克利特，直到詭辯家在伯里克里斯治理下的國內從事收入優渥、身段靈活的職務，這是一條漫漫長路。這群詭辯家當中，名聲最響亮的就屬**普羅塔哥拉**了，他很可能活在西元前四九〇至四一一年之間，大概比阿那克薩哥拉年輕十歲。作為巡迴演講者，他自愛奧尼亞在北希臘色雷斯的殖民地阿布德拉啟程，周遊穿梭在許多城市之間；多次到訪雅典的他，明顯也想盡辦法要接近伯里克里斯——說不定伯里克里斯甚至會直接聘用他。根據歷史學家狄奧多羅斯（Diodor）的說法，伯里克里斯曾委任這位哲學家為南義大利的城市圖里制定一部民主憲法；而柏拉圖與狄奧多羅斯皆記載道，普羅塔哥拉是一個十分德高望重的人，富可敵國又功成名就。這令人想起柏拉圖在自己的對話錄《普羅塔哥拉篇》中所描述的「大火車站」，此一描述還可能曾為拉斐爾《雅典學院》裡的講臺畫面提供靈感的文學樣本。

普羅塔哥拉的著作沒有被流傳下來。拉爾修記載道，他，普羅塔哥拉，是首位遭到焚書的受害者。然而，他就單以一句柏拉圖傳下來的話走進哲學歷史裡：「……在某處他（普羅塔哥拉）說道，『人是萬物的尺度，是存在的事物存在的尺度，也是不存在的事物不存在的尺度。』……他的意思豈不是在說，你我都是人，因此事物『對於我就是它像我呈現的樣子，對於你就是它像你呈現的樣子』，對嗎？……有時候一陣風吹來，我們中間的一個人感到冷，另一個人感到不冷，或者一個人感到有點冷，而另一個感到非常冷。」66 ❸

❸ 編按：引文中譯見：《柏拉圖全集第二卷》，王曉朝譯，人民出版社，二〇〇二年，頁664-665。

普羅塔哥拉那句話對哲學的重要程度，可以堪比畢達哥拉斯發表的數學定理。前者帶來的重要影響是：如果人類是萬物的尺度，同時不存在任何更高的尺度的話，那麼世間的萬物就都只是**主觀的**，並且由此來說是**相對的**。使一個人冷得直發抖的事物，對另一個人而言顯得舒適愉快；而這一個人認為美好又正義的事情，另一個人卻覺得糟糕又不公平。為了找到在宇宙中與人類之間客觀又絕對的法律，耗時了一百五十年的尋覓，卻因此全都是徒勞。

儘管如此，普羅塔哥拉的那句話該如何正確詮釋，還是備受爭議；他的意思確實是**萬事萬物**都是主觀和相對的，或者只是如冷風中直打哆嗦的感官印象而已？然後他所謂的「人類」指的是誰？他的意思是不是「每個人自己」（如同柏拉圖疑似理解成的那樣），又或者他指的是「人類自身」？在第一種情況下，這句話的意思就是人人都以不同的眼光看世界，這就可以直爽地和一句科隆格言作對照：「每個傻瓜都不盡相同！」第二種情況裡這句話的意思則為，除了（有限的）人類經驗認知之外，作為人類的人類基本上不可能有其他經驗與認知。所以對普羅塔哥拉來講，重點在於人類是作為分別的個體還是整體類別？

不管這個句子的意思究竟是什麼，總之他奪走了人類的絕對層面。沒有任何事物是絕對的，而是萬物皆仰賴經驗；沒有任何事物是客觀的，實為萬物皆主觀。我是否同意某個對於生命與這個世界的觀點，取決於它對我多具說服力；或者，我對某個觀點表示附和贊同，是基於利益層面下對我而言更能利用的價值。於是，真理並不會因為某人比另一個人擁有更高或更深的洞察力而產生，實情為真理不過是一種看法。如果許多人同意我的觀點，那這個觀點就可能以真理之名擴散開來；要是很多人拒絕我的觀點，它也就失去它的重要性。換言之，如果**只有**人類是萬物的尺度的話，那麼決定論述有多少真理含量的不是此說法的**品質**，而僅只是贊同此說法的人的**數量**。

[131]

岌岌可危的秩序

普羅塔哥拉提出的相對主義（Relativismus）令人跌破眼鏡地新潮，並且似乎很適合遠古時期傳統價值正處於瓦解狀態的城市和時代精神：透過利潤的追求與貨幣經濟、決策的共同決定與市場叫賣、多民族融合與離鄉背井的失根、貪腐行賄加上武器鏗鏘。然而，人類歷史的布料並不是由直線條所編織而成的，更多的是一團不同的亂線，上頭的花樣經常要到後來的審視才會凸顯出來。

其中一個特別捉摸不定的圖案是宗教在雅典的重要性。儘管在一方面，傳統的大眾信仰虔誠在城市的新興市場中逐漸式微，並讓步給另一種宗教，廟宇成了銀行而銀行也於是變成廟宇，但宗教在這座城市的半官方生活當中仍然扮演著相當的要角。這點只有在初始會讓人感到困惑，嶄新的跨文化的金錢宗教實際上並沒有建立起任何更高的相互關聯，因此人們在自己的日常中所展現的虔誠度越是減少，為了維護國家秩序，祭禮、儀式和慶典的黏著劑就變得更加重要。而金錢對私人身份認同越是重要，宗教對公眾的認同感來說也就變得更為重要。

如此一來，在相對「經濟自由的」雅典，阿那克薩哥拉與普羅塔哥拉都不約而同必須在法庭上替自己辯解的原因就得到解釋了——為的就是那出奇古老的褻瀆神明嫌疑。只要希臘人虔誠地在鄉下或者小城鎮裡生活，他們就獲准大幅相信他們所想相信的事物；但若他們越是頂上無神地在大城市裡尋找自己的利益，國家就越狐疑地暗中監視他們宣稱對諸神的態度與看法。

「認得諸神與地上萬物真理的人還從來沒有存在過，也永遠都不會出現。」時逢畢達哥拉斯時期，**來自科洛封的**哲學家**克塞諾芬尼**（Xenophanes von Kolophon）在南義大利這麼說道，卻毫髮無傷地未受懲罰。[67]對他而言，與諸神相關的設計是一個太過人性化的樣本：「一切都是荷馬與赫西奧德捏造並強加於諸神身上，它們在人類身上都只不過是辱罵和羞恥：偷竊、通姦以及爾虞我詐……。衣索比亞人❹將他們的神祇想像成皮膚黝黑並有著扁平鼻子的樣子；相較之下，色雷斯人心目中的眾神皆為紅髮碧眼。倘若乳牛、馬兒或者獅子擁有雙手，並且可以藉此來繪畫，以及像人類一樣創造作品的話，那麼馬兒就會描繪出馬形態的、牛則是牛形態的神祇形象，進而創作出如牠們自身所擁有的這些形體。」[68] 縱使克塞諾芬尼並不是在宣揚費爾巴哈（Ludwig Feuerbach）與尼采在十九世紀時以相同論述來鼓吹的無神論，但是他對人類根據自我形象而創作出來的諸神的批判還是顯得毫不留情。儘管如此，我們並沒聽過任何來自希臘在南義大利的殖民地、罪名為涉嫌褻瀆神明的訴訟審判。

相較之下，在雅典情況看起來就不一樣了。這座城市在經濟方面越是自由，人口組成越是多元，要治理它也就難上加難。為所欲為和任意信仰的自由，以一種無可估算的方式膨脹增強，而政治的火藥極為巨大。照這樣看來，法律絕非對城裡所有公民來說都相同的宇宙秩序縮影。據柏拉圖的記載，**來自厄利斯的**詭辯家**希庇亞**（Hippias von Elis）聲稱，人類制定的法律是人造的秩序，與人類的天性相牴觸；亦即從本質上來說，我們判斷近親與判斷陌生人的標準截然不同。因此，在法律之前將城裡所有公民都一視同仁是違背自然的。

亞里斯多德指出，其他的詭辯家在當時正划向反方向，他們意圖使民主制度變得更民主，並且比雅典的統治圈更加重視**民治主義**的準則。活躍於南義大利的詭辯家**呂哥弗隆**（Lykophron）就認為，某些人從出生起就屬於貴族的概念實屬不合理；他的雅典哲學同行**阿爾西達馬斯**（Alkidamas）的發言更為激烈——在一場著名的演講當中，他公然譴責奴隸制度是違反自然而且錯誤的。根據亞里斯多德，**來自**

❹ 譯注：在古希臘，「衣索比亞」泛指埃及南部與蘇丹北部之間尼羅河沿岸的努比亞地區，加上部分的利比亞；字面上的意義為「炭黑的臉孔」，形容非洲黑人的膚色。

迦克墩的詭辯家**法里亞斯**（Phaleas von Chalkedon）是類社會主義思想的擁護者：「有些思想家眼中的重點似乎是妥善調整資產分配，因為他們宣稱這圍繞著全數（公民的）政黨鬥爭在打轉。因此，法里亞斯將此（觀點）當作首要來實施推廣，實際上他堅持公民的財產必須一致。」[69]除此之外，法里亞斯還要求教養的平等，並且要求將所有手工業都收歸為國有。

因此，許多詭辯家所持的道德懷疑論分別導向了極其不同的政治訴求與烏托邦，這由統治階層的角度來看相當危險。再加上，雅典在西元前五世紀的最後三分之一時間裡飽受嚴重災難的震盪；在西元前四三〇至四二九年間，一場可怕的瘟疫在城裡肆虐蔓延，就連伯里克里斯也淪為犧牲者。在他的眾繼承者統治之下，雅典一再陷入與強敵斯巴達的衝突之中；第二次伯羅奔尼撒戰爭在劫難逃地開打了，當中蘇格拉底以重裝步兵、全副武裝的軍隊成員身份一同參戰。西元前四一五年，充滿魅力又投機的**阿爾西比亞德斯**（Alkibiades）誘使雅典人踏上遠赴西西里島的致命軍事遠征，此次（與判定戰爭勝負之月蝕有關的）事件在此前已經提過。對雅典而言，在敘拉古的敗北意味著二十七年之中間歇的烽火終曲前奏。在西元前四〇四年的最終戰敗之後，提洛同盟瓦解，雅典的軍事霸權地位也就此告終。底比斯與科林斯等城市開始蓬勃發展，位於同名島嶼上的新興城市羅得成為愛琴海域最重量級的貿易集結地。

所以，普羅塔哥拉之後的詭辯家所活躍的年代極為動盪，雅典的寡頭政治政權兩度掌權，一次是在西元前四一一至四一〇年間，第二次則是在西元前四〇四至四〇三年間，此次在斯巴達軍隊佔領之下崩潰垮台。然而，即便在表面看似完善的民主制度時期之內，全體會議也經常顯露出力有未逮和政治上的無能為力。私人身份——主要是貴族成員——變得比民主機制更為重要，並且將自己包裝成演說家或人民領袖。眾所皆知，不能濫用的權力就失去了吸引力，貴族世家與派系在民主制度裡未被削弱的權力招致了罄竹難書的權力濫用。與今日西方民主的不同是，當時的統治階級並不像今日需要人民買單，民主制度並不是透過有效運作的內部市場而連結在一起，首要之事是有益於統治家族的利益平衡。這樣一部最終只能透過權力平衡的需求來穩定的憲法，變得極為脆弱不堪。

雅典基本民主的司法機關也同樣難以捉摸。法官不是職業，而是志願性的工作，法律的執行人員每年都會透過抽籤決定。每個公開訴訟的程序都是由五百零一位陪審團成員中的相對多數來決定，而他們的判決是最終的裁決，絲毫不留意義與爭辯的餘地；這樣的人民法院易流於操弄，並全然端看原告和辯護人各自的修辭技巧。任何公民也都可以不費吹灰之力地提出告訴，比方說涉嫌褻瀆神明的罪狀；這種控告結果成了一種證實可以有效對付知識份子的手段，這群人的話語和著作無法被保守那方信任。公然質疑傳統價值的人，就是意圖使神聖的秩序動搖；而對神有所懷疑的人，就是在搖晃官方的價值根基。在世界上大多數的社會秩序中，這樣的控訴在過去和現在都並不罕見；就連在自由民主的德意志聯邦共和國，褻瀆神明的罪狀也一直到一九六九年才被廢止。

在雅典，涉嫌褻瀆神明的告訴一旦成立，就會有罰款、流放或者死刑的選項等著那些即將被定罪的人。有關阿那克薩哥拉我們知道的是，約在西元前四三〇年適逢雅典瘟疫大爆發的時期，他遭控褻瀆神明，接著他成功地越獄逃亡至愛奧尼亞；西元前四一五年，**來自米洛斯島的**詭辯家**迪亞戈拉斯**（Diagoras von Melos）表面上因為無神論被起訴，實際上可能是因為他曾對於雅典人在他家鄉造成的恐怖戰亂提出尖銳批評，他也同樣成功地成為亡命之徒。西元前四一一年，同樣的控訴找上了普羅塔哥拉，那時正逢雅典軍隊在西西里島上兵敗如山倒；他被硬拉著出庭，因為他在現今已佚失的手稿中對眾神表現出困惑：「關於諸神，我無力斷定任何事——既非祂們存在，也非祂們不存在，更非祂們擁有什麼樣的形態；因為有許多事物阻礙了關於此事的知識：這件事情晦暗不明，以及人類生命短暫。」[70] 區區幾句話用來起訴他也綽綽有餘了。年事已高的普羅塔哥拉被從雅典流放至西西里島，謠傳橫渡的航程讓他賠上了性命——他溺斃在海水之中。

圍觀的審判

讓我們在這裡重拾先前所編織的主線。從今天的角度來看，針對阿那克薩哥拉、迪亞戈拉斯與普羅塔哥拉所提出的告訴，就好似史上最聞名的褻瀆神明審判前的前戲。唯獨義大利數學家兼天文學家伽利略（Galileo Galilei）面臨的審判，能夠和蘇格拉底的悲慘遭遇一較高下。如果說就是這個審判讓蘇格拉底聲名大噪的話，那肯定沒錯！

有一件事情特別引人注意：據說蘇格拉底曾經也有像阿那克薩哥拉與迪亞戈拉斯一樣有活著倖免的機會，可是他並沒有利用這個逃亡的良機；他就這樣成為司法的代罪羔羊，以及被冤枉、勇敢正視死亡的正人君子典範。這是雅典第一個因褻瀆神明而確實將哲學家處死的審判，但是如果不是因為當時一位坐在觀眾席裡緊緊關注著一切的年輕人，或許這個事件不會獲得任何歷史重要性，那個年輕人就是**柏拉圖**！

[136]

審判開庭發生在西元前三九九年的雅典人民法院，流程依照慣例只有一天。三位原告的名字明顯被記在歷史上：阿尼圖斯（Anytos）、美利圖斯（Meletos）以及呂貢（Lykon）；這三位當中至少有一人被證實為阿尼圖斯。人們所認識的他是位信念堅定的民主主義者，在西元前四〇四至四〇三年間，他協助推翻由斯巴達所支持的三十人僭主集團的寡頭統治。蘇格拉底發表了辯護演說，過程中他試圖證明自己的清白；在他仍舊被判有罪過後，他又發表了第二次申辯，主題是關於他將接受的判決懲處。在死刑定讞之後，他發表了結語；至少可以確定第三次的發言是虛構的，因為原告又一次給予死刑犯話語權的事件並不為人所知，可能性也極低。

[137]

第一次發言從各方面看起來都很**高明有智慧**。蘇格拉底嘲諷地讚揚他的原告的修辭，以表示自己的雄辯技巧與他們相比之下一無是處；他表示自己只是一個講話樸實無華的人，對法律的話術一竅不通，因此只是堅持真理。這當然不只是帶有分寸的輕描淡寫，因為蘇格拉底的演說從頭到尾都是極富藝術性的修辭學典型例子；假使他真的出過此言的話，要不是是他戲弄法庭，要不然就是柏拉圖事後修改了蘇格拉底的修辭，以至於所有可能是他認真認為的，在我們眼裡都顯得像是諷刺。

這為蘇格拉底的態度增添了幾分超現實的色彩，因為他的辯護演說目標似乎不是為了獲判無罪、得到釋放，更像是激怒法庭的挑釁。這位被告誓死抵抗自己是收取費用的詭辯家的莫須有指控，他表示自己既非黠吏，也不曾用禁忌的方式推動無神主義的自然哲學。緊接著，他開始講述自己的哲學，一種即便不算驕縱自負，也顯露出自信的自我描述，內容大意如下：就連德爾菲的神諭都曾作證，蘇格拉底的超群才智世上無人能及，而他與眾不同的地方就在於他知道自己什麼都不知道——這個神聖的智慧箴言得到應驗，因為任何在他所到之處讓他碰上的，只要是無知都不可能打腫臉充胖子偽裝成知識全身而退。當然，他因為指出他人的愚昧而使自己不受歡迎，尤其因為許多年輕人（縱使這點他有所質疑）皆有樣學樣地效仿他。他感嘆，這也怪不得自己現在被控告敗壞青年。

下一步，蘇格拉底對褻瀆神明的指控進行分析。對他提出告訴的原告似乎猶豫不決未達共識，不曉得該以無神論，或是以背離宗教的信條、那種他於自己立場中顯露無遺的神聖內部聲音來指控他才好。蘇格拉底帶著驕傲娓娓道來，他不會放棄自己由神下達的立場，會繼續擇善固執地做自己識別為正確的事，並且無懼死亡。然而，他要法官們謹記在心的是，要是他們將無辜清白的人判處死刑，他們自己也同樣罪孽深重。更何況，抱持著懷疑又充滿節操立場的蘇格拉底，對城市的福祉來說簡直無可替代；沒有人能從他身上剝奪這個剛正不阿的立場，即便他心知肚明，帶著此立場的人不管是在民主制度還是寡頭政治當中永遠只有失敗的份。而現在——他如此作結尾——他期盼得到一個公正、不受憐憫所擾亂的判決。

由法庭的角度來看，沒有人的舉止比蘇格拉底的作為還要令人心生不快。他首先就向控方挑明了，自己並沒有特別把他們放在眼裡；然後泰然自若地認為死刑不怎麼危險，最後還將方才重新建立起的民主制度誹謗成並沒有多高尚和多值得尊敬讚許，而道德上難能可貴的只有和蘇格拉底一樣的批判者。要是這位被告真的是以這樣或類似的方式發表這個演說，那他被判刑也就不足為奇了。

當然這對柏拉圖來說並不是重點，別人可能認為是傲慢的態度，對他而言正是誠實的哲學家在面對三腳貓與喋喋不休的名嘴時，自然而然流露出的優越感。對柏拉圖而言，蘇格拉底正確地呈現了司法的腐敗與愚蠢，他的話術是用自己的手段來打擊原告修辭術的技巧。不過，與對方相反的是，蘇格拉底的招數和錦囊妙計是出於對真理和對正義的愛，而不是為了任何陰險狡詐的目的。有別於柏拉圖自身，蘇格拉底得出了原則上真理與正義皆無可獲得的結論，他認為只有對這兩者的奮力追求才是人類既有的能力。

在法院宣判蘇格拉底有罪之後，這位被告人發表了第二次演說。這一次按照慣例是有關判決懲處，原告律師求處死刑。蘇格拉底再一次對法庭冷嘲熱諷，並要求享用一頓用公帑支付的光榮晚餐，他認為這才是他應得的。不過若是一定要的話，他也能夠接受罰金，因為他那些家境富裕的朋友們有辦法替他籌措到資金。

庭上用以回擊被告目中無人態度的方式，是毫不遲疑地判處他死刑。在第三次——肯定是杜撰的——演說中，蘇格拉底寬宏大量地接受了判決結果，好接著灰心喪志地將原告數落一番。他說道，承受自己面臨死刑是件無傷大雅的小事，但原告要承擔因判他有罪而突顯出的墮落，這才是極大的惡。不過他並不願因此怨恨庭上——在死後等著他的一定不比地上的人生還差；要不死亡是安穩無夢的沉睡，要不就是在死後的世界會擁有比生前更美好公正的人生。他覺得兩個可能性都是正面的且不容小覷，在這個意義上，一切就它們的樣子看來都很好。

這個辯護演說——《自辯篇》（*Apologie des Sokrates*）——成為一個極具重要性的世界名著。然而他是否照樣或以相似的方法來發表此演說呢？說不定這只是一個絕大部分由柏拉圖編造的作品；況且，連這個演說是緊接在判決結束後記錄下的，還是直到二十年後才寫在莎草紙上，也未能弄清楚。無論如何，柏拉圖極為注重地將蘇格拉底變成帶有超人特質的人類英雄——哲學家的化身，柏拉圖是這麼看他的。而我們在《自辯篇》裡所見到的，正是如此理想的蘇格拉底。但柏拉圖是在打什麼算盤呢？而他究竟又是何方神聖？

柏拉圖

這位慷慨激昂又全神貫注地關注蘇格拉底受審的年輕人，出身自雅典最高貴的貴族世家之一，是含著金湯匙出生的天之驕子。要是他一開始就踏入政壇，他就會有統治城市的大好機會；要是他走上軍旅之途，那他可能已經成了軍隊統帥。然而他並沒有成為政治家或戰場豪傑——他成為了**柏拉圖**，照亮古代世界的一盞明燈、西方思想史上的一位巨擘，以及古今中外最重要的哲學家之一。

若是問到影響我們對「哲學」是什麼，以及「哲學家」應該是什麼的想像世界最深最遠的人是誰，如果柏拉圖是第二，就沒有其他哲學家能稱第一。他的影響深及至猶太教與伊斯蘭，並且他為古典時代與中世紀的基督教提供某些重要的關鍵。英國哲學家懷德海（Alfred North Whitehead）甚至表示，歐洲的哲學傳統實際上不過是由一連串對柏拉圖的註解組合而成的，其他什麼都不是。

面對其非同小可的重要性，我們對於柏拉圖人生的所知是多麼貧乏膚淺。無論如何，這位未來的哲學家是雅典最上流的高級貴族後裔，比起民主制度他們通常更具有寡頭政治的傾向。柏拉圖在西元前四二八或四二七年出生，作為上頭有三個兄姊的最年幼孩子，他經歷了父親的早逝，他的母親很快又再婚，只不過對象卻是一個堅定不移的民主主義者。當他母親的一位叔叔在西元前四一一年隸屬於寡頭政治的叛亂份子的時候，這樁婚事就顯得更不尋常了。她的堂兄弟克里提亞斯（Kritias）也是個政變份子，在柏拉圖二十三歲時，克里提亞斯為三十人僭主集團的一員，斯巴達軍隊在第二次伯羅奔尼撒戰爭取得勝利之後，這個集團一把奪走了統治權。就連柏拉圖的舅舅卡爾米德也同樣隸屬於那個反民主的寡頭政治派系。

在戰亂烽火和衰敗沒落的陰影下成長的柏拉圖，仍然接受了最頂尖完善的教育，以便為將來的公職作準備。他接收到的第一個哲學潛移默化是因為研讀了赫拉克利特的思想，其引以為傲的神聖萬能邏各斯概念將與柏拉圖的一生如影隨形。不過，提拔他心智的養父倒不是在他的私人房間裡找到的，而是在市集哲學家蘇格拉底身上所尋獲；柏拉圖就跟許多其他來自名門的青少年一樣，也長年在他的思想當中追隨著他。在這個時間點也出現了柏拉圖第一次獲准成為三十人僭主集團成員之一的提議，卻被他斷然拒絕了；他對三十人僭主集團的統治嗤之以鼻，也對所有其他政治組織的統治不屑一顧：「因此我思考所有這一切，思考治理國家的人以及他們的法律和習俗；當我年紀越來越大的時候，我看到要正確安排國家事物確實是件很困難的事；因為……我們的城邦已經不依照傳統的原則和法治行事了……再說，法律和習俗正在以驚人的速度敗壞著，結果是，我雖然曾經滿腔熱忱地希望參加政治生活，但這些混亂的狀況卻使我暈頭轉向。」71 ❺

❺ 編按：引文中譯見：《柏拉圖全集第四卷》，王曉朝譯，人民出版社，二〇〇二年，頁80。

蘇格拉底的影響力也加強了柏拉圖對現有政治局勢的憤慨，從柏拉圖親屬的角度來看，這裡可能首次產生了蘇格拉底在四年後要面對的嫌疑：他正在殘害青年！師從蘇格拉底的柏拉圖鄙視貴族的寡頭政治權利要求，也看不起民主制度；政治上，這位年輕人就以這樣的姿態坐在所有為他職業生涯準備就緒的座椅之間。

在蘇格拉底被處決之後，就此感到驚愕的柏拉圖喪失了對自己家鄉政治僅存的信念，並且毅然決然動身離開雅典。他在國外的第一站為墨伽拉，這個位於雅典西北方三十公里處的伯羅奔尼撒半島岬角地帶的城市，不久前才剛從斯巴達的高壓中解放，現在正試著施行某種帶有自我風格的民主形式。在這裡，柏拉圖遇見了同樣曾為蘇格拉底學生的**歐幾里得**（Euklid，與同名數學家為不同人）；就我們所知，歐幾里得的研究尤其聚焦在關於善的問題，這也成為了柏拉圖的核心。柏拉圖接下來的停泊地點不甚清楚，他很有可能前往了昔蘭尼，一個位在今日利比亞蓬勃發展的希臘殖民地，該地同樣也建立了某種形式的民主制統治。根據拉爾修的紀錄，年邁的數學家西奧多羅斯（Theodoros）——也是普羅塔哥拉的友人兼門生——曾經提供柏拉圖住宿，也許柏拉圖就是從那裡出發更進一步前往埃及。然而，詩歌與真相在紀錄裡究竟是難以辨別。

相對而言能夠確定的是，柏拉圖隨後在南義大利待了一段較長的時間；在那裡，畢達哥拉斯主義還處於其發展晚期。柏拉圖留宿在極富影響力的畢達哥拉斯主義者家中，其中不乏在畢達哥拉斯主義的首都塔蘭托。雖然據說他曾指責過南義大利各城的奢侈浪費，但他仍然在這個地方獲得了形塑他思想的巨大影響。因為畢達哥拉斯主義思想的種子在柏拉圖身上是絕不會錯認的——他採用了靈魂不朽的概念，並在後來既擁護靈魂輪迴的概念，也支持肉體為靈魂牢獄的想法；就連其聞名的理型論（Ideenlehre）（相論）也無疑具有畢達哥拉斯主義的根基。

[142]

西元前三八八年，我們可以在西西里島上的敘拉古找到這位旅外學者的蹤影；當柏拉圖遇上在那裡統治的獨裁暴君狄奧尼西奧斯一世的時候，他差不多正值三十而立。我們所聽聞的關於這個哲學家與專制君主之間對峙的一切，全是天馬行空的奇聞軼事，不過我們仍然可以假定，他們在爭吵之中分道揚鑣。可信度相當高的故事是，柏拉圖後來在海上搭船橫渡時，落入俘虜手中並被帶到愛琴娜島上當作奴隸兜售；謠傳在那個地方，來自昔蘭尼不怎麼重要的哲學家安尼克里（Annikeris）意外地在市集上發現了他，為家喻戶曉的柏拉圖贖回了自由之身。這個故事些許讓人感到匪夷所思的是，柏拉圖竟然在西西里島被公認為哲學名人，畢竟他到那個時候幾乎從未以哲學家的身份公開現身過；與其說他是一個卓越的思想家，說不定安尼克里察覺到的是柏拉圖貴族子弟的身份。不論如何，如果這個插曲是真的，那它似乎對柏拉圖而言很難為情，因為與其他在旅途中相遇不計其數的人相反，他壓根沒有在自己的著作當中提過安尼克里這個人。

回到雅典，柏拉圖拜訪畢達哥拉斯主義者的南義遊學為其帶來的最大成果之一變得顯而易見：和他們一樣，柏拉圖同樣也下定決心要創建一個哲學學派——一個用來維護、教授和傳播自我主張的圈子。他買下一塊長著橄欖樹的地，並於西元前三八七年在那裡建立了學校。傳說中的雅典守護者英雄阿卡德摩斯（Akademos）在這一地擁有屬於祂的樹林，所以學校很快就被命名為**學院**（Akademie），因此這個詞並沒有什麼深層的含義，只是衍生自他的名字。

截至當時，這類好比柏拉圖學院的思想工廠在雅典還未提供任何值得一提的榜樣：詭辯家總體來說總是孤軍奮鬥，而提供貴族子弟就讀的公立學校並沒有建立自己的哲學思想傳統。只有伊索克拉底（Isokrates）在稍早之前創立的演說家學校可以被視為能相提並論的競爭對手。不過和伊索克拉底相異的是，柏拉圖的學校並不允諾任何實用的演說家培訓，而是提供普遍的哲學基礎教育——目標不是培養

[143]

專門人才，而是受過哲學訓練的廣泛涉略者。這裡進行幾何學與天文學的研究，搞不還有動物學；另外，柏拉圖的課程是不收學費的，學生們通常在一個社群中朝夕相處。

在極短的時間內，柏拉圖學院成為整個古代世界裡最具意義的知識中心。整整二十個年頭，柏拉圖就在這裡諄諄教導希臘世界裡的領導接班人，來自各地的眾多重要人士就此給予他支持並追隨他的腳步。以收容眾多門生的學院作為起始點，柏拉圖的哲學擴散蔓延至古代世界的各個角落。但是，柏拉圖式的哲學是什麼？

[144]

照稿演出的真人實境秀

要說明柏拉圖究竟詳細傳授了什麼，是一件難若登天的事。他那幾近完整留存下來的著作內容極為複雜，而且經常明顯地前後矛盾；再加上我們手上沒有任何柏拉圖的教學手札，要是不考慮像《自辯篇》與些許書信等少數例外的話，就剩下對話錄了。

柏拉圖的對話錄是一種相當別出心裁的文學類型，任何已知的類別都無法與之相比較。為了適切地描述自身哲學，柏拉圖選用一種探究對話的形式。在以前有許多被命名為《物性論》的眾多著作中，運用驚嘆號以物理和哲學的方法解釋世界，在柏拉圖的對話錄當中則是問號在領銜主導。

造就這樣特立獨行的哲學思考新型態的理由可能有好幾個。巧妙地打破砂鍋問到底可能就是蘇格拉底的哲學風格，這在柏拉圖心中留下深刻印象。不過蘇格拉底並沒有任何手寫著作，於是也從未為相對應的文本執筆寫下任何範本；況且很少在自己的哲學當中為任何觀點背書的他，主要是揭露拆穿別人有破綻或錯誤的的意見想法。這樣「消極否定的」哲學該如何轉變為「積極正面的」、盡可能地使更多強制的真理浮現出來的哲學？

[145]

我們不曉得柏拉圖著手寫下對話錄的時候，已經為自己尋獲了多少確立的見解。根據猜測，起先並沒有太多。至少其早期對話錄裡的提問和摸索是相當坦率；屬於這個未完成思想與未完結搜尋的早期創作有十個對話錄——這個數量，是柏拉圖之前時期的所有（！）哲學家流傳下來的著作總數所望塵莫及的。

不過除了蘇格拉底的追問遊戲，柏拉圖的對話錄還有第二個可能的靈感來源。因為在雅典擁有表達及佈告真理能力的，不單只有哲學家和詭辯家，還有一個完全不相干的職業——劇作家！

希臘阿提卡地區的悲劇之父**艾斯奇勒斯**（Aischylos）活在第二次波希戰爭期間，他曾經參與過此戰役，並將其創作為成功的戲劇。他最為聞名的追隨者**歐里庇得斯**（Euripides）與**索福克勒斯**（Sophokles）雙雙逝世於蘇格拉底審判的前一兩年；就如飽受頌揚的亞里斯多芬的例子所示，雅典的戲劇在柏拉圖在世時仍然很受歡迎。在代表世界的半圓裡，社會爭端如範例般演出，並且依循其意義及其弦外之音作區別；悲劇和喜劇都是露天的道德活動，目的是要撼動觀眾並藉此「淨化」他們。戲劇和哲學的主題皆如出一轍地出於存在的本質：什麼是人類？他們的存在是什麼意思？什麼是命運？人類與諸神之間的關係如何？什麼是道德上的對和錯？我該如何看待、處置罪行？我可以期盼什麼樣的寬容與饒恕？換句話說，這裡關乎的是永垂不朽的哲學核心問題。康德曾於十八世紀將這些問題如此總結：我能夠知道什麼？我可以希望什麼？我應該做什麼？人類是什麼？

只要觀察某個家喻戶曉的劇作家獲頒多少傾注於一身的讚賞和榮耀，就可以見識到雅典的戲劇有多大的重要性與影響力。對柏拉圖而言，這尤其代表了一件事：競爭敵手！他一面在自己後來關於理想國的著作中，表達藝術自由應該被大幅限縮的看法；另一方面卻也在自身的寫作裡頭採用許多戲劇的修辭手法。他的嚴正批判——「詩人說謊成性」——並不會成為他技術純熟使用這些人的文學手法的阻礙。

[146]

眾多哲學問題在他筆下戴著答案的面具登場，反之亦然，為了闡述或者終止某個主題，繽紛的故事與神話突然憑空被牽扯進來。在假想的帷幕降下之後，不少問題依舊懸而未決，留給聽眾或觀眾深思的自由空間。

因此，柏拉圖式的對話錄是一種極具原創性的藝術形式，由被柏拉圖當作勁敵狠批猛打的種種傳統混搭而成。就這樣，他將作為真理學說的哲學所帶來的英雄道德要求，與詭辯家的修辭學機智以及與詩人的編劇藝術串連在一起；柏拉圖的哲學集結真理學、演說藝術以及戲劇表演於一身。當他控訴著詭辯家不老實和詩人滿紙謊言的同時，卻也按照自我理解接任成為那些人全數後繼的集大成者：既是真理的演說藝術家，也是現實的劇作家。

柏拉圖並非唯一撰寫哲學對話錄的蘇格拉底門生，卻唯獨只有他的作品搖身變成了世界名著。與此同時，柏拉圖的對話錄究竟是為了什麼而創作的，這在研究古代哲學的專家之間眾說紛紜。據猜測，它們在學院及其他地方被大聲朗誦，也許甚至像是廣播劇一樣有著不同的角色分配。如此朗讀的目的為何？想必是為了對雅典的社會和政治產生一定的影響，它們志在盡可能地改變大多數人的意識。然而，儘管對某些研究柏拉圖的學者而言，對話錄蘊藏了未經粉飾的哲學，但在另一派人眼裡，至少其中有幾篇不過只是習作課程罷了。相對來說，基本的核心很可能已經失傳，也許是由於其僅為口述的緣故。

所有以柏拉圖名號流傳的文本總數令人難以想像地高，令人難以想像的原因不只因為其內容包羅萬象，還因為有些在傳統上被記在柏拉圖名下的著作，並非源於這位名師本人。在當今被公認為真實的柏拉圖作品，至少有二十四篇對話錄、《自辯篇》、少許書信、一些定義彙編，可能還有些許詩作；那些眾多「偽造的」柏拉圖著作為評價不一的文字紀錄，某些可能是學生替老師編寫的草稿筆記，某些疑似為仿作。

然而，就連真實的對話錄也是一種完全另類的「仿造」。在其中，蘇格拉底與精挑細選的著名同代人個別討論二到四個關於神和世界的各式問題。與此同時，這個古代脫口秀的演員名單讀起來就像是古代世界的名人錄。從頂尖政治家兼統帥**阿爾西比亞德斯**，到高階軍官**尼西阿斯**、**拉赫斯**（Laches）、**赫莫克拉提斯**（Hermokrates）與**美諾**（Menon），到詭辯家**普羅塔哥拉**、**高爾吉亞**（Gorgias）、**希庇亞**、**歐緒德謨**（Euthydemos）、**塞拉西馬柯**（Thrasymachos）、**普羅狄克斯**（Prodikos）與**波羅斯**（Polos），又到蘇格拉底的學生**斐多**（Phaidon）、**費德羅**（Phaidros）、**歐幾里得**與**克力同**（Kriton），詩人**伊翁**、偉大的老哲學家**巴門尼德**、柏拉圖的老師**克拉底魯**（Kratylos）、柏拉圖的親戚**阿得曼托斯**（Adeimantos）、**格勞孔**、**卡爾米德**與**克里提亞斯**，再到數學家**泰阿泰德**（Theaitētos）與**西奧多羅斯**。這些人多在雅典及希臘世界的其他地區為人所知或名聲響亮，而柏拉圖讓他們現身的目標十分明確，就是要以炫耀姿態展現知名人士的名號以提高公信力。另外的對話同伴還有卡利克勒（Kallikles）、狄奧提瑪（Diotima）、普羅達科（Protarchos）與蒂邁歐（Timaios），他們的事蹟鮮為人知。柏拉圖自己則僅登場兩次。

幾乎所有的對話參與者都早在柏拉圖讓他們出場於自己的對話錄之前就去世了，其中許多人都是在西元前四世紀前夕辭世的；於是對話發生在一個時間和地點常被鉅細靡遺詳述的過去，大約在三十或四十年前。這大概就類似於某個現代哲學家讓某個比方像是阿多諾（Theodor W. Adorno）的著名前輩與同樣已逝的同時代人進行對話。在那當中阿多諾會和約翰．福特（John Ford）與比利．懷德（Billy Wilder）共同探討電影的哲學問題；和畢卡索（Pablo Picasso）、史托克豪森（Karlheinz Stockhausen）以及凡德羅（Ludwig Mies van der Rohe）談論藝術；和切．格瓦拉（Che Guevara）與胡志明（Hồ Chí Minh）討論革命，或者和沙特與羅素（Bertrand Russell）對公理正義高談闊論。因此這是一種仿造過去的脫口秀，腳本是為事後作為照稿演出的真人實境秀而寫好的——作為情境中的虛擬現實。

就連情節背景都被安排得極其逼真：對話發生在蘇格拉底的牢房裡、在前往訴訟的路上、在一場招待宴會上、在運動場上、在一幢私人別墅裡、在一棵法國梧桐下、在散步或是跋涉途中。這樣將哲學搬上舞臺的方式極具啟發性，讀者或聽眾簡直身歷其境並感同身受。柏拉圖使自己的作品引人入勝，並且不拘泥在可鄙的教訓；而且與其讓教條式地事先規定某個立場，不如使真理時常消極地顯現在推翻可疑格言、態度和意見的反駁之中。柏拉圖的哲學是精彩、生氣勃勃的真理尋找過程，是一場爭奪和摸索，這在西元前四世紀初是全新的。可是，柏拉圖為什麼要這麼做？這整件事的意義為何？

虛與實

- 改善世界的貴族
- 安全可靠的知識，可能嗎？
- 刻寫板與鴿子
- 柏拉圖的神話
- 否定世界的原本真實性
- 洞穴壁畫

改善世界的貴族

柏拉圖的哲學目標是什麼？在某些偉大思想家的身上，他們的目標顯而易見：幫助人們過著美滿充實的人生！為了達成此目標，我們必須找出關於存在的不變真理，並且往真實挺進。我們以這種方式來獲得定位取向，得以安分守己地與自然法則和諧共生。這種自然也包括自然環境，亦即城邦裡的共同環境，它必須變得更好，也就是說尤其應該變得更加公平。因此，柏拉圖的目標無非就是改善世界！社會中許多的錯誤及有害的發展都應該被扭轉，和柏拉圖一樣在第二次伯羅奔尼撒戰爭中，親眼目睹雅典的軍事、社會和道德毀滅的人，幾乎無法再從社會的現狀獲得任何益處。柏拉圖想要藉由新的、清晰的知識，以守護傳統、復興道德並從而徹底更新這座大都會。

柏拉圖知道自己在哲學的領域中擁有前輩。哲學問題並非始於在柏拉圖筆下作為虛構人物繼續存在、如同開啟了新篇章的蘇格拉底，而且這些問題很多早在以前就被研究探討過了。對於自己的前輩，柏拉圖幾乎無一不識；對於赫拉克利特又或者南義大利哲學家的文本在希臘世界中的流傳程度之廣泛，我們只能目瞪口呆。

在《斐多篇》（*Phaidon*）裡，蘇格拉底敦促菲洛勞斯的學生**塞貝斯**（Kebes）到任何地方都要廣泛地充實精進自我知識：「希臘是一個很大的國家，一定有很多好人，外族人中間也有許多好人。你們必須徹底搜查，把這樣的巫師找出來，不要害怕花冤枉錢，也不要怕麻煩，把錢花在這個方面比花在其他方面要適宜得多。」[72]❶儘管有這樣的請求，柏拉圖鑒於自己的靈感來源卻經常保持低調，所以即便南

❶ 編按：引文中譯見：《柏拉圖全集第一卷》，王曉朝譯，人民出版社，二〇〇二年，頁80。

義大利的畢達哥拉斯主義者無疑對柏拉圖產生了深遠的影響（就算影響的大小還有討論的空間），他們卻鮮少出現在他的對話錄當中。然而，要是柏拉圖的哲學概念作為特殊的生活態度與生活方式有一個範本，那麼這個範本就是畢達哥拉斯主義所提供的。他和這個主義都著迷於數學與形相數理論，緊接在柏拉圖之後繼任的學院負責人將各自撰寫一部關於畢達哥拉斯主義的作品。雖然沒有任何一處提到**阿爾克邁翁**，但要是沒有研讀他的著作，柏拉圖在《斐多篇》中對頭腦的詳盡論述是很難想像的。**恩培多克勒**被提到兩次，少於原本該對應柏拉圖對「相愛」與「衝突」原則的密集探討次數；**巴門尼德**則親自出場在對話中，並和蘇格拉底一起討論他自己的存有學，探討關於一與多的問題。就連對**赫拉克利特**研究的關注也絲毫沒有隱藏

在《斐多篇》裡有關**阿那克薩哥拉**著作的部分是，蘇格拉底在年少時對此著作感到非常印象深刻，但是他後來卻不再滿足於唯物論的解釋。理所當然地正如阿那克薩哥拉所說，人類會行走是因為他們有兩隻腳。但是為什麼人會感受到或擁有由一處走到另外一處的意志或願望，依照蘇格拉底的看法，阿那克薩哥拉並沒有對此作出解釋。唯物論這樣便缺乏了深度，而這個深度才能導向對人類天性以及對其理性的真知灼見；它雖然回答了**如何**，卻沒有回答**為什麼**。因此，對人類的純自然主義研究觀察並無法探究其本質，連在面對全數的倫理問題時，這樣的研究觀察都充滿盲點。

柏拉圖在面對詭辯家時的爭辯最為嚴密，可以感受到他內心極欲脫身並擺脫麻煩討厭的較勁對手。儘管在早期著作《普羅塔哥拉篇》中，他還算認真地研究分析了有關正確生活和美德的詭辯論述，然而在後期作品《辯士篇》（*Sophistes*）中，他卻將詭辯家降格為耍把戲的騙子。他用來攻擊敵手的論述當中最有失公允的是，指責他們為自己提供的課程收取金錢；因為像柏拉圖這樣家財萬貫的貴族，才能輕鬆自在地說著風涼話。

[151]

不過柏拉圖也對詭辯家提出了一個嚴正的哲學異議。如同他在阿那克薩哥拉的研究分析中就已經發現的一樣，他認知到，在自己通往更美好的人生道路上無法藉著詭辯家的思想繼續前行，因為如果每一個人對世界的看法都不盡相同，並且不存在普羅塔哥拉所說的更高標準尺度的話，那麼任何更高的真理和更有深度的見解也就不存在。詭辯家的哲學並不造就世界的整體系統，而正是因此使這樣的系統分崩離析；取代**絕對**真理而存在的只有一個相對真理，而取代一**個**正確人生的則是許多可以設想的可能人生。

在詭辯的本質上，世界無法復原。而柏拉圖的早期作品是一場與詭辯家相對主義的角力，不論是與詭辯家面對面爭辯討論，還是在其他對話當中，柏拉圖筆下的蘇格拉底總是在尋找更深或更高層次的事物真相，並隨著真相找尋一種知識無可推翻的強制約束力。

那麼，柏拉圖敘述的蘇格拉底採取了什麼動作？他全心致力於**定義**——什麼是美？什麼是善？什麼是勇氣？什麼是友誼？諸如此類。定義應該要掌握事物的**本質**，正如我理性排除所有疑慮定義某物的同時，那麼就確實是那樣；藉由字詞無誤地定義某事物，就相當於認識事物的真實存在。對柏拉圖來說，在腦海中揀選正確的詞語與頭腦之外世間事物的存在，兩者之間並沒有區別。就好比數學，對他而言這類的語言定義就是**客觀上**正確，要不就是錯。

柏拉圖相信，語言以及能言善辯的哲學家所具有的是多麼難以置信的認知能力啊！這個形象是如此魅力四射：哲學家透過語言揭開世界的面紗；其話語帶來照亮黑暗的曙光！或者，就像約兩百五十年後的某個約翰（Johannes）明顯受到柏拉圖主義啟發，在莎草紙上寫下自己的福音開頭：「太初有道……」一個與我的正確話語相呼應的正確世界存在——這個觀點將深遠影響哲學史兩千餘年的時間；而且它直到很晚才改變，但不變則已，一變驚人！

[152]

根據柏拉圖的說法，萬物的本質存在於某種普遍的、非獨特的事物之中。決定什麼是勇氣或正義的，並非單一英勇或公正的舉動，而是像數學一樣，人們必須找到普遍的規則，規則之下的每種情況都只不過是一種特殊的應用形式。照這樣說來，個體並不擁有哲學價值，只有普遍的事物才有；而透過正確的定義，就可以將其引導至概念之上。

令人遺憾的是，柏拉圖的對話錄極少能找到這類普遍定義的目標；縱使在大多數情況下，他人的不良論證會被好問的蘇格拉底揭穿，可是卻未能達成共識。儘管虔誠（對話錄《尤西弗羅篇》〔*Euthyphron*〕）、友誼（對話錄《呂西斯篇》〔*Lysis*〕）、審慎（對話錄《卡爾米德篇》〔*Charmides*〕）、美德（對話錄《普羅塔哥拉篇》和《美諾篇》〔*Menon*〕）、勇氣（對話錄《拉赫斯篇》〔*Laches*〕）或正義（對話錄《理想國》〔*Politeia*〕）這些方面的專家所持有的立場站不住腳，但針對這些美德的本質卻仍然未能成立一個新的、更為良好和清晰的定義。

[153]

柏拉圖創作的第一階段之所以吸引人，與其說是憑藉他的淵博知識，不如說是由於他修辭的優雅。蘇格拉底被證實為機靈的思想家和指揮者，他用辯證的方法來駁斥觀點，並一邊面對著反對論點、一邊尋找新的綜合論點，不過這種搜索在早期著作當中很少成功。相對化對話者基於事物本質的堅定看法的理由雖然屢試不爽，但是在綜合論點、對事物本質清晰觀點的方面卻不甚理想，許多對話並沒有清楚結尾，反而結束在邏輯上走投無路的絕望情況下。

安全可靠的知識，可能嗎？

早期對話錄中的許多詰問帶給我們各種謎團——這種開放式的結局是否為一種方法？它是不是純粹為了激發讀者和聽眾自我思維能力而使用的策略？也許柏拉圖單純只是在此重現歷史上蘇格拉底的修辭

[154]

術，而後者同樣沒辦法提供任何具有約束力的新見解？還是說——這是為最迫切的猜疑——連柏拉圖自己所知道的也沒有比較多？

柏拉圖的對話錄從早期作品歷經了中間階段，再到後期著作的轉變，可以由此看出他的哲學多麼複雜有層次，正是這點使他與他的前輩形成強烈的對比。早期的對話錄尤為**辯證性**，這是一個由柏拉圖帶進哲學裡的字彙；辯證的對話是帶有論述與反論述的高明遊戲，最終應該導向更高的知識獲益。據我們所知，在柏拉圖之前並沒有其他哲學家以這種方式編排書面文本，可謂前無古人。辯證法的目的是「直觀」萬物的「本質」，不過正如我們在柏拉圖早期著作中所觀察到的，事實證明了本質直觀極其困難；對此的頻繁失敗致使柏拉圖不得不思考作為每次知識獲益基礎的每一個本質，亦即**知識**本身的本質！

「怎麼樣才是正確的人生？」歷史上的蘇格拉底向他同時代的人們問道。柏拉圖認知到，只有了解對與錯的根本含義，才有能力回答這個問題。因此他必須比蘇格拉底更深入鑽研，並探究認知的本質。在他著作的中間階段裡，其中一整篇對話錄就只專門探討這唯一的問題：《泰阿泰德篇》（*Theaitētos*）；此為柏拉圖最為重要的文本之一，這也就是為什麼我們打算在此給予它適切的篇幅。

舞臺佈景的建構極其複雜，場景是由兩個層次所組成。在一個框架情節當中，蘇格拉底從前的兩位門生在墨伽拉相遇：其中一位是留名歷史的歐幾里得，那個謠傳柏拉圖在墨伽拉遊學期間曾經拜訪過的蘇格拉底學生，另外一位則是某個特爾普西翁（Terpsion）。歐幾里得說道，自己剛剛在港口撞見了（歷史上確實有此人的）泰阿泰德；他在科林斯的戰場上身受重傷，現在奄奄一息，要被帶往雅典。

從負傷的泰阿泰德開始，歐幾里德提到自己很久以前曾在雅典見證的一個場景：當時尚頗為年輕的泰阿泰德和蘇格拉底在運動場上的對話，一同在場的還有泰阿泰德的兩位朋友，以及來自昔蘭尼的數學家西奧多羅斯。這發生在蘇格拉底受審開庭前夕，也就是西元前三九九年的春季。歐幾里得將這段對話

[155]

記錄了下來，兩個人前往歐幾里得家，並朗誦所述的文章。

這一切都始於蘇格拉底，他請求西奧多羅斯推薦的學生泰阿泰德提供「知識」的定義；普遍而言，讓知識突出的特徵是什麼？這個問題不僅是針對泰阿泰德，柏拉圖自己似乎也在這點上摸索游移。許多年前在《美諾篇》裡，他將一個稍微簡單的知識定義借蘇格拉底之口說出：若是某個觀點有辦法被**論證說明**，那它就導向認知，而我們認知的總和就是知識。而現在在《泰阿泰德篇》當中，柏拉圖正在背離這個定義。

被蘇格拉底詢問的泰阿泰德，憑藉著數學來解釋自己對於「知識」的想像概念。一個幾何定理若是對所有正方形都有完全同等的效力，而且不僅限於少數特定的正方形，則該定理為真；所以，幾何學的知識意味著**普遍有效性**——蘇格拉底對此表示同意。現在的重點則是要在數學之外定義這樣的知識。當泰阿泰德猶豫不決時，蘇格拉底鼓勵他生產出自己正懷有的想法；蘇格拉底本人是一位卓越出色的助產士，畢竟他的母親曾為產婆。

泰阿泰德開始他自己的首個定義嘗試：所有知識的根基為**感知**。我是如何感知到事物的，它們被感知到的模樣對我而言就是正確的。蘇格拉底沒有被說服；這樣的立場不禁使人聯想到普羅塔哥拉的定律，柏拉圖在此透過蘇格拉底對其作批判。倘若萬物都只基於主觀感知，那麼世界上就沒有任何客觀性，知識和個人感覺就沒有什麼不同了。按照蘇格拉底的意思，將整個世界理解為在流水與變遷之中的赫拉克利特與恩培多克勒，也同樣瞄準著相同的方向。就連這裡也不存在任何安全可靠的真理，因為如果萬物恆變，那麼在這個動態世界當中，哪裡還有留給恆定不變知識的餘地？

面對哲學問題之深度和紊亂，泰阿泰德陷入吃驚的情緒當中，不過蘇格拉底安撫了他。驚奇和詫異為所有哲學之母，他對泰阿泰德如是說道。接下來，他對「感知與知識是同一回事」的理論開出第二砲——任何感知得到某事物的人，都是用自己的感官做到的。然而眾所周知的是，感官有可能會騙人，而且不論對健康、發高燒或是精神錯亂的人而言都是。這類對感知的貶低，我們（還有柏拉圖）早已在赫拉克利特身上就見識過了；基本上，它打從一開始就形塑了西方哲學的憲法前言。要不我就依賴自己的感官，並摒棄對絕對知識的權利，那麼我的哲學生涯很快就到終點了；要不我也可以抹煞感官的信譽，並嘗試以另一種方法來達到更高的理解。這樣的話，就在哲學之中開啟了一個廣泛的認知領域，領域當中那些超越感官的事物，被哲學自神學中一點一滴地汲取採用。難怪兩千年來的哲學家們都廣泛地踏上第二條路，它賦予了他們一個完全不同的操作空間，好用來作巨大的結論。

針對普羅塔哥拉將感知與知識兩者之間畫上等號，蘇格拉底的反對極為高明和有智慧；對於捍衛超越感官的絕對，並且不認同感官相對的所有人來說，這無非是重要並經常被複製的模板。這個批判如下：並不是所有我感知得到的事物，我都得理解；反之亦然，並不是我所了解的一切都奠基在直接的感知之上！我的記憶和先前的理解有助於每一次面對同一情況下的全新理解。除此之外，人類不只會感知例如音調或顏色的個別感覺刺激，而是還會用靈魂來處理它們；後者將我們的感知分門別類，並給予諸如「相同」與「迥異」或「美麗」和「醜陋」等評價。不過，「相同」及「美麗」是無法從單從感官觀察中取得的抽象概念；在感官世界中並不存在「美麗的事物」或「相同的事物」，但它仍舊在我的腦袋裡。那麼，在充滿事物的世界之中，無限制的事物從何處而來呢？

刻寫板與鴿子

柏拉圖筆下的蘇格拉底在此提出的內容，還會佔據整個哲學圈忙很長一段時間，並將其劃分為時常反目成仇的陣營。一個哲學的千年難題被開啟了！我的頭腦裡面是否存有「原始的」想法和概念？還是說，我所思考的一切皆源自於感官知覺？

不過，讓我們先持續關切蘇格拉底對普羅塔哥拉的批評吧。如果一切都只是主觀並且相對真實的，那麼普羅塔哥拉的定律也同樣是如此，說不定普羅塔哥拉甚至會對此表示贊同。但是，蘇格拉底處裡普羅塔哥拉定律的方式，彷彿它的發起者對它的普遍真理深信不疑。蘇格拉底對此提出反對論述：為什麼「人類是萬物的尺度」這個主張應該**對所有人而言**都是真實的，就僅僅只是因為它對普羅塔哥拉而言是真實的呢？如果定律的內容是真確的，那麼該定律本身就不具備客觀的真理資格。就連普羅塔哥拉簡潔扼要的結論，即人生中關鍵的並不是真實與錯誤，而僅是有用和有害——在蘇格拉底眼裡也並不滿意。畢竟，要是沒有更高的標準，該由誰來決定某件事物有沒有用？通常，決定究竟是有用或者有害，往往要事後才會顯露；照這樣的方式，人類注定只能不斷犯錯地往前進、一路跌跌撞撞。

在蘇格拉底的修辭煙火之中，感知與知識的相提並論一敗塗地。而可憐的泰阿泰德嘗試提供了一個新的定義：知識的基礎並非感官，而是精神，更精確地說是**正確的意見**或者**正確的想法**。這個觀點同樣立即遭蘇格拉底反駁：如果有正確的概念存在，那當然也存在錯誤的概念；就像正確的概念一樣，每個錯誤的概念也都是根據認識了解而存在。任何對某件事一無所知的人不會出錯，甚至連思考和談論它都沒有辦法。也不能說錯誤是某種不存在的東西，對事物的錯誤看法就像對事物的準確看法一樣，都是**對事物**的一種看法。

但是錯誤是如何產生的？其中一種可能是，我將自己感受到的事物與某種謬誤聯結起來，憑藉著記憶，我作出錯誤的歸納。蘇格拉底說，我的記憶可能是一塊上頭刻滿無數記憶的蠟，經歷過的一切都在其中留下痕跡，時而清晰時而模糊。如果我對某件事物的感知不精準，其印痕也不會精確；而不準確的印痕就會導致我錯誤分類，也就釀成錯誤。

[158]

乍看之下，這個解釋似乎很有說服力，不過也只有在一開始。因為將記憶比擬作蠟塊的比較，仍舊非常接近所有知識都基於感知的概念，而這正是柏拉圖筆下的蘇格拉底下定決心要駁斥的觀點。正如所說過的，這個觀點對他而言過於相對性，並且不為絕對的事物留下絲毫餘地；也因此，蠟塊甚至還沒出 [159]
現在畫面上，又二話不說地被放回雜物間。

不過我該拿數學上的錯誤怎麼辦呢？蘇格拉底提出如此疑問。計算錯誤並不是感知或者記憶的問題，即便我知道某道計算題目實際上的解法，但這不意味著有成功解題的能力。在這裡，蘇格拉底將知識的「占有」（Besitzen）和實際的「具有」（Haben）區分開來。蘇格拉底說，讓我們假設一下，我的鴿舍裡有很多鴿子，如果現在我想從中取出某隻特定的鳥，那我就必須將牠從鴿舍中抓出來；在這過程中有個風險，我有可能不會成功，也可能會抓錯鴿子。同樣的道理，知識的占有和具有也不是同一件事。

蘇格拉底所作的的區別就等同於「知道怎麼做」和「有能力做」在人生中的重要差別；前者對應於「占有」，而後者則是和「具有」相呼應。每個電視機前的足球迷都**知道**橫傳球該怎麼踢，才能像奶油般柔軟地落在前鋒的頭頂，可是他們大概都沒有這麼做的**能力**。再講得更明白一些：我的父親陪我一起練習過學校的數學之後，我常向他拍胸脯保證自己知道該怎麼解題，但就算是這樣，習題我還是不會解；於是我的父親習慣語帶傲慢地嘆息道：「太監也知道怎麼做……」

兩千四百年前，柏拉圖筆下的蘇格拉底就已經說過類似的話：知識必須被具有（在**精通**的意義上），而不僅是（用某種方法）占有。計算錯誤就好比是從自己的鴿舍裡抓了隻錯誤的鴿子。

泰阿泰德將蘇格拉底所舉的例子理解為，鴿舍中有「正確」和「錯誤」的鴿子，也就是說存在著真理和錯誤——但這並不是鴿舍例子的意思；錯誤的其實不是鴿子本身，而是**抓出**錯誤鴿子的動作。然 [160]

而，我要怎麼知道自己抓錯了鴿子？為了知道這一點，我必須對我的知識有所了解；我必須從一個瞭若指掌的出發點來評斷，我需要一種來自另一個鴿舍的後設知識（Meta-Wissen）。可是，為了能夠在這個鴿舍中判斷自己是否抓對了鴿子，我再次需要一種更高級的知識，亦即後設後設知識（Meta-Meta-Wissen），依此不斷類推下去；照這個方法，我永遠到不了盡頭，而我的知識也永遠無法穩固。

接著，蘇格拉底推翻了另外兩種辨明知識的可能方法。事實證明，知識同樣不能和「正確的意見」畫上等號，即便後者有合理的根據。根據訴狀將被告定罪的法官，他的判決可能是正確的，亦即他對此事擁有正確的見解，但他卻不一定知道自己是否正確。

最後一個企圖定義知識的方法是，一心一意專注在關聯的邏輯上。我可以相當審慎地認定，世界上的事物原則上無法解釋。但就算是這樣，我難道不能至少說，這些無從解釋的事物要不就是合邏輯又合理地相互聯結，要不則否？在此，數學再度被提出來當作說明範例：三角形「本身」並不存在，但是認為它們存在的想法，有助於定義每個具體三角形的規則；合理的規則會是「知識」，而荒唐沒有意義的規定則否。然而就連這個嘗試到頭來也只是一場空，因為藉由邏輯性的連結使無法解釋之事物變得可被解釋，這終究是行不通的痴心妄想；要是我對那些事物一無所知，我要怎麼知道它們之間的連結有道理？在這個嘗試的定義中，我同樣需要一個先於所有其他知識的知識。結果就是：**我們不知道什麼是知識，因為我們總是得先知道某些東西，才能獲取知識**。每個定義都在原地打轉。

多麼奇怪的對話啊！在出神入化、精采絕倫的討論尾聲，所有問題卻都懸而未決，難怪《泰阿泰德篇》兩千多年來一直讓眾學者專家頭疼不已。柏拉圖撰寫這篇對話錄有什麼用意呢？到頭來「關於知識的穩固知識並不存在」的結論，多少與柏拉圖意欲用自己的哲學來達成的目標背道而馳：取得穩固的基底，以確保人們在生活與共處中提供一個良好定向。不過，如果我連什麼是安全可靠的知識都不曉得，我該如何繼續下去？這下子哲學思考不就是徒勞嗎？就好比吃東西卻沒有食物？

《泰阿泰德篇》並不是早期作品，這篇對話錄是在柏拉圖創作中期的尾聲所寫成的，也就是說早在這個時間點之前，柏拉圖已經針對更完善社會中的更良好人生極為廣泛地提出了具體的建議。而且如我們稍後會看到的，他還暗藏了一個相當明確的（且舉世聞名的）理論，關乎我們所有知識的緣起。不過令人出乎意料的是，《泰阿泰德篇》對這個理論竟是隻字未提。

想藉由解釋來糾正這個雜亂無章現象的嘗試並不少。對於某些人來說，《泰阿泰德篇》只不過是一篇供柏拉圖學生練習用的對話錄，大概是用來演練反駁赫拉克利特和普羅塔哥拉的論述——是一種將有條不紊的懷疑訓練得駕輕就熟的腦力激盪。其他人則認為，柏拉圖在完成自己談論善與國家的偉大著作之後，對自己的信心盡失，並離棄了自己先前主張的觀點；還有另外一些人則對此持相反意見，根據他們的看法，《泰阿泰德篇》正是有條有理地導向那些觀點並為其作醞釀。不過我們也應該注意到，柏拉圖在自己的晚期作品《辯士篇》當中，以一種非常現代的方式，對真理究竟可否用語言表達提出質疑——真理不論如何都不單只是在於恰當的用詞，文法也必須納入考量當中，尤其是句子結構。這種獨立自主的語言到底是不是揭露真理的適當工具？語言的規則定律是否根本上和世界的法則相容呢？

柏拉圖的知識論方法不僅五花八門、多樣又複雜。問題是：柏拉圖是誰？如果是這樣的話，究竟有多少個他？如果假設年屆不惑的柏拉圖腦中已經具備一個全面而封閉的世界詮釋系統，而他帶有策略及技巧地層層褪去該系統的外衣，我們這樣算是幫了他一個忙嗎？這難道不是暗指他故步自封？或者，我們是否得認定，在他完成關於國家的主要著作之後，便徹底改變了自己對知識與世界的看法？

也許，不偏執於其中任何一方，我們才有辦法最接近柏拉圖。像柏拉圖這般的高知識份子，沒有一個人的思想是渾然一體的；單一明確又毫無矛盾的思想是頭腦簡單的人的特性，聰明的思維則另當別論。當他的著作被視為仍在進行中的半成品，經過四十多個年頭的構思和編寫，歷經了各種造就活躍人生和思想的缺失與混亂、心境和靈感、懷疑及不懈毅力，也許是我們最貼近柏拉圖的時刻；在柏拉圖版本中相距不到幾頁的內容，有時相差了人生中好幾年、甚或數十年的光陰。**唯一並始終如一的**柏拉圖與柏拉圖式的哲學可能根本不存在，它們大概是其擁護者及註釋者的憑空捏造；柏拉圖自己不該是個柏拉圖主義者，就跟後來的達爾文（Charles Darwin）並非達爾文主義者，而馬克思不是馬克思主義者的情況一樣。

這種觀點有助於我們更加理解出現在他哲學思考中的許多矛盾，而其中最令人興奮的矛盾之一，便是柏拉圖對待神話的特立獨行方式。

柏拉圖的神話

什麼是神話？我們還記得：神話是用來回應「為什麼？」的傳奇故事解答。而這個答案——通常以天花亂墜的故事形式呈現——應該是「真實的」，雖然它的其真實性沒辦法被證明。

乍看之下，神話和柏拉圖的哲學似乎是不折不扣的相反詞，因為對定義的搜索等同設法以理性的方式逼近真理。與此相對地，所有不理性的事物則都會以低空飛過的六十分成績離校放假去，而神話不僅荒謬不理性，還正合其意。

不過要是再多看一眼，我們會發現柏拉圖的對話錄裡充斥著神話；在這些神話當中滿是神靈與故事、稀奇古怪的想法念頭、荒謬可笑的看法以及令人懷疑的敘述。在《普羅塔哥拉篇》裡，柏拉圖讓傳說中的普羅米修斯為人類帶來了火焰，並由此處開始解釋文明的起源；在《卡爾米德篇》中，醫生的治癒技術可以回溯至神王扎爾莫西斯（Zalmoxis）。在《高爾吉亞篇》（*Gorgias*）內，蘇格拉底詳述靈魂在死後會面臨的命運，熟稔的程度令人感到不可思議：它們會再次現形於「極樂之島」或是冥界塔爾塔羅斯（Tartaros）。蘇格拉底也在《斐多篇》裡彷彿經驗老道似地闡述死後的生命。不言而喻地，《美諾篇》裡所探討的主題就是靈魂輪迴；在《理想國》中，一個名為「他」的戰士被當作靈魂不滅的見證者，他在死後十二天重獲自己原本的靈魂，並且起死回生。柏拉圖的兄弟格勞孔在同一篇對話錄中訴說的故事，奇幻程度也不相上下：一枚利底亞國王吉格斯（Gyges）能夠用來隱身的戒指。在《費德羅篇》（*Phaidros*）當中，蘇格拉底提到了靈魂馬車的比喻，據此，每個人都駕駛著一輛由一好一壞靈魂驅動的添翼馬車，必須時時刻刻小心謹慎、毫髮無傷地操控駕馭自己的車輛；在同一篇對話錄裡，蘇格拉底表明，蟬是因忘情高歌而廢寢忘食的人類後代。他同樣也在《費德羅篇》裡談及文字的神聖起源：發明文字的不是人類，而是埃及的神祇托特（Theut），祂將其賜予（起初對此感到懷疑猜忌的）人類。

柏拉圖在《會飲篇》（*Symposion*）裡有關球型人類的神話舉世聞名。根據亞里斯多芬的一段故事敘述，人類最初皆是球的形狀，僅有四個手掌和四個腳掌向外伸出；他們的性別可以是男是女，也可以是雌雄同體。然而，宙斯卻將他們的身體分割為二，並且任憑人類尋尋覓覓另外一半。在這篇對話錄的結尾，蘇格拉底還藉著一段愛神厄洛斯誕生的神話傳說，為宴會的圓滿成功增添了一筆；根據這個傳說，厄洛斯是**貧乏**與遍尋出路的**財富**結合所生之子，也難怪愛會從匱乏與分裂當中突破重圍，開創出一條通往目標的巧妙道路。

在《政治家篇》（*Politikos*）裡，柏拉圖引用顯然廣為流傳的黃金時代故事，並就此進一步延續這個赫西奧德和恩培多克勒所發起的傳說；他也在《法律篇》（*Nomoi*）裡頭再次提到黃金時代：那個時代之所以金碧輝煌，是因為世界並非由任何人類統治，而是由善神所統治。這個創造物就其本質來說是完美無缺的，只有人類會透過自己的殘缺不全而干擾和諧與造就不幸。在《蒂邁歐篇》（*Timaios*）裡，同名的畢達哥拉斯主義者蒂邁歐鉅細靡遺地陳述，造物的神在當時是如何創造了世界：用理智和必然。

一個特別的謎團圍繞著傳說中的城市亞特蘭提斯，在《蒂邁歐篇》與《克里提亞斯篇》（*Kritias*）之中皆有對其的描述和提及：大西洋上曾經存在一個強盛的帝國，而這個帝國早在九個世紀之前就被雅典人擊敗；最終，亞特蘭提斯和雅典這兩個城市皆雙雙沉沒在一場天災所帶來的洪水之中，而亞特蘭提斯不復存在。

為何柏拉圖要一再講述這類傳奇故事？這些從赫西奧德到畢達哥拉斯主義的幻想皆無一不包的敘事？這些難道不是對話錄中的大眾、著作的讀者或聽眾都知曉極可能從未發生過的記事嗎？不過，至少神話有時候為討論提供了相當鮮明生動的範本——就算我並不信仰埃及的神祇，我也可以同意文字的發明是一把雙面刃，因為它會使記憶衰退。即使我不相信從前存在球形人類的存在，但是對愛的渴求被比擬為拼命尋找適合的另一半，在我看來仍然具有說服力。即便我將普羅米修斯視為虛構的人物，人類文化和文明隨著火而誕生的這個事實，其中似乎也藏有許多真實的成份。

撲朔迷離的神話因此完全難以捉摸。即便我對有聲有色的細節抱持存疑的態度，但是神話也讓事情經過在感官上變得易於想像理解；對某件事物的深刻見解還是來自於經驗上的虛假或難以置信，而這些見解全是我絕對無法藉由邏各斯所獲取的！我該怎麼用邏輯解釋，人類為什麼需要愛？如今我們要是對其進行解釋，顯然也並不是用邏輯的角度，而是用心理學的方法來解釋對愛的需求；這同樣適用於我們用來操縱靈魂馬車的技巧。在這裡，承接神話的不是古老的邏輯，而是歷史不長的心理學——心理學是無神的神話。以往過程深奧難解的宇宙重心，現在轉為我們心靈的宇宙，而預言家則成了心理分析的

[165]

語義學家；他們向我們解釋由外轉到我們內心的世界，為那些影響深遠、如我們兒時神鬼般在我們之中揮之不去的形體命名。他們說明我們內心世界的形成過程，如同從前的恩培多克勒那樣，提出像是愛和衝突的強大原始力量，並任其作為性欲和求死本能永續留存下去……

[166]

其他許多柏拉圖用神話回答的問題，至今仍然沒有邏輯的答案。為什麼有一切萬物，而不是什麼都沒有？世界為什麼誕生？人類為何而存在？如果認真看待科學的話，沒有任何一位地質學家、天文學家、理論物理學家或演化生物學家能夠聲稱，從世界的誕生直到人類的這中間過程是「邏輯的」甚或「合理的」。

原因很簡單：合理性並不是自然的特性。認為某件事物合理或不合理，是極為人性、而且也常為道德上的評斷。但從今天的角度來看，道德並非物理性的力量。所以當柏拉圖訴說著傳奇故事的時候，他就是在為無法定義以及無法搜索明確知識提供解答；換言之，神話彷彿界碑，標示著蘇格拉底世界的邊緣界限。

然而，柏拉圖也對神話與講述神話作出了尖銳批評，意即不論何時何處，只要這些界碑並非任何界碑，對於可以從邏輯與理性上加以解釋的事物而而言，不過就只是個不足的解釋。根據柏拉圖的觀點，一旦神話導致人們對他們的人生中得出錯誤的結論，那麼就必須對抗有誤導之嫌的它們。這樣的神話正如柏拉圖所寫的那樣，是寫給兒童閱讀的故事。置放錯誤的界碑會阻擋肥沃的土壤進入，而正確設置的界碑卻能標示可知知識的邊界，並防止知識流失在荒蕪貧瘠、寸草不生的土地之上。

現在，我們當然會想問，究竟為什麼柏拉圖需要這樣的界碑與如此繽紛的故事？我們難道不能多少感到滿足嗎？難道不能直接了當地說，無法用邏輯解釋的事物完全不是哲學嗎？（舉個簡單的例子來說，就好比兩千三百年後的維根斯坦所為？）

[167]

不過，柏拉圖顯然壓根沒想到要將哲學的權利限縮得如此狹小。就跟定義一樣，神話也是工具，旨在為更美好的世界盡一臂之力。當定義以理性根基來保障思想的建築，神話則是為其油漆上色。它們藉此在建築結構分析中完成不同的任務，定義用理性的方式來說服，而神話則是訴諸感官；兩種情況都攸關（以不同的方式）有說服力、亦即**顯而易見**的真理。但事為什麼有些見解顯而易見，而另一些卻不是？當我們說某件事物正確與否時，可以援引哪個更高的真理或現實？

否定世界的原本真實性

世界真實性被否定的故事始於赫拉克利特，但直到柏拉圖身上才將其發揚光大；它或許只是柏拉圖思想的一個中間階段，但所帶來的影響如此之大，以致它至今在眾多人心目中仍是柏拉圖哲學的核心。如同我們記得的，赫拉克利特認為在由感官察覺的世界裡「萬物皆流」；事物和表象會改變，沒有任何事恆久不變，就算它們看起來如此。液體如水會凝固成冰，或在空氣中蒸發；由愛生鬥，從忠生叛。昨日對我來說重要的事，明天就變得無關緊要；就連星星也不是自始至終完全在同樣的地方。我們究竟該如何在這個瞬息萬變的世界裡獲得安全可靠的知識？對赫拉克利特來說，在感官世界之中並不存在恆久不變、確定而有保障的知識；但他堅稱它仍然存在，亦即在從我們感官抽離的世界當中，即邏各斯的領域裡。在這裡所產生的法則決定一切的存在與形成。聰明的哲學家可以透過透徹又清晰的思考來接近這個恆久不變的世界法則領域，而我們就藉此獲得掌控萬事萬物的邏各斯的知識。

就如我們見識過的，巴門尼德的世界觀更為激進；對他來說，感官所能觸及的世界不僅稍縱即逝，甚至是虛幻的。所有我可以用眼睛、耳朵、雙手、舌頭和鼻子得到的經驗，都沒有向我透露真實世界的任何資訊，因為它們不過就只是我腦中的經驗。從我有限的視角出發，事物在我看來可能顯得短暫易逝，但這僅是因為我的視角被侷限。相對地，巴門尼德筆下的女神所解說的，存在的神聖領域內並不存在任何變化，在這裡獨攬大權的就是那個唯一，而那個唯一正是真理。

眾所周知，柏拉圖相當尊敬赫拉克利特和巴門尼德。另外一個將感官的世俗世界與邏各斯的非人間世界作區分的啟發，可能是他居留在西西里島上期間所獲得。同我們所悉，畢達哥拉斯主義者對數學進行過可觀的研究，其特別之處在於，數學定律並非從感官世界屏氣凝神地細聽而得，而是單靠邏輯。這些定律的效力為根本且不變的，所以畢達哥拉斯主義者也都認為真實世界位於感官世界之外。

所有先前提及的先於柏拉圖的前輩都擁護一種「雙世界模式」。一邊是易受蒙蔽、稍縱即逝的感官世界，而另一邊則是永恆不變的宇宙定律王國。這一切都在柏拉圖腦中留下了印象。美、正義、勇氣、友誼等概念的定義越是無法順利進展，就越迫切需要認定有一個**不存在於個體本身的**事物本質。必須存在和數學一樣的定律，才能為眾多特殊事物提供普遍共通性；另外，這些定律必須凌駕在那些事物之上，以便讓每一個個體都涵蓋其中——正如每一個三角形不論它們的樣貌看起來如何，在普遍意義上它們就都屬於三角形。無獨有偶地，儘管世界上存在著公正的行為和美麗的事物，但「公正」以及「美麗」本身在感官世界中並不存在，而是僅存在該世界之外；一件美麗的事物並不等於美麗，它是**美麗的一部分**。

現在我們可以批判地提出反對意見：「美麗」根本不必因此位於世界之外並且客觀存在。我可以相當謹慎地假定，「美麗」是一個在我腦中相當不精確的概念。不過柏拉圖會立刻回擊：在世界上只存在美麗的**特殊**情況之下，我怎麼可能發展出美麗的**普遍**概念呢？若不是來自一個更高級的境界，那麼更上一級的抽象概念要從何而來？這就是他改變命運的推論。

柏拉圖這時沒有像巴門尼德那般極端地，將我們整個經驗世界連同其所有變化都解釋為謊言和錯覺。我們所感受到的一切都真實存在，但它們不過是真理和現實的仿製品。我們對此該如何想像？他在自己的著作《第七封信》（*Siebter Brief*）當中有詳盡的解釋：什麼是圓？首先，它是一個我所使用的**單詞**。我可以**定義**這個詞：「圓是從其中心點出發至任何一處皆等距的形狀。」有人畫圓的時候，我就能認知到圓真的**存在**的事實；在此情況下，我不僅認知到一個具體的圓，還可以**理解**是什麼讓**圓之所以為圓**。這就表示：我領會掌握了圓的**理型**（Idee）。如此一來，我的知識就晉升為真理——我首先猜測，然後形成某種信念，接著以我的理解力領悟某事，而最終用理性深入研究之。

所以圓就像所有其他理型一樣，不單純只是人類的概念，而是圓「本身」就存在；不論是否有人可以想像圓的樣子，它們都存在。這些理型——跟赫拉克利特與巴門尼德的主張相似——才是原本真實的世界。尤其源自柏拉圖創作中期的好幾篇對話錄當中，這位大師闡述了同時代人該如何對此精準想像，解說最為詳盡的就屬《理想國》。

這個所謂的「理型論」通常被視為柏拉圖哲學的中心；然而它既非理論，在嚴格意義上也與理型無關。伏爾泰曾經說過，所謂的神聖羅馬帝國既不神聖、也非羅馬、亦不是帝國。在同樣的意義上，「理型論」這個概念也很容易誤導：柏拉圖從未在任何一個地方將他讓蘇格拉底提出的「理型」內容稱作理論，而且他也從未在任何一處明白地定義過「理型」一詞該怎麼理解；取而代之的是，蘇格拉底時而詳細、時而粗淺地論及此主題。我們會期望一個理論有明顯更多的約束力，但是柏拉圖的「理型」觀點顯然並非學院中必要學習的義務；在這個重要的論點上，柏拉圖的一些學生以及院長繼承人要不是否定他，就是不贊同附和。

原本這個詞彙所指的是「表象」，是我「看到」或「瞥見」的事物。然而，柏拉圖「理型論」的要點卻在於，他的「理型」正是無法被瞥見的，肉眼無法看到——我只看得到圓，卻看不見作為共同性藏

[170]

在所有圓背後的理型。對柏拉圖來說，「理型」無法用感官而是只能以內在的智能之眼看見。

[171] 所以柏拉圖認為何謂理型呢？它們不是任何靈光乍現的好主意或是突發奇想；它們是某種更巨大的事物：理型是隱藏在所有感官表象之後的真實實在者。這個隱藏的現實是普遍的、永恆的、不變的與理想的典型。它完美無缺，所以是無與倫比的「善」。它沒有形體也沒有定位，還凌駕在諸神之上，一切神聖與世俗的事物都從理型當中獲得其形態和樣式。正因為理型的存在，人類才有辦法認知某件事物，否則我們只能在迷霧中亂槍打鳥。理型的引用保證了認為與知道之間的重要差異，這正是歷史上的蘇格拉底曾經尋找的——真實的定理。按照柏拉圖的說法，只要源自理型的就是真實，只有它們的存在才能夠使我們跨進事物的本質直觀，並**看到所有可見形象背後的不可見原型**。

要怎麼辦到呢？這不是一個簡單的問題。因為如果每個人都可以毫不費力地獲得事物背後的真實現實，那就不需要哲學家了，也不需要進行任何內在感官即人稱智能的訓練，以感知世界的本質。顯然，本質直觀就是這麼一回事。那麼它是如何以及在什麼條件下運作的呢？

為此，柏拉圖在對話錄《美諾篇》中襲用了畢達哥拉斯主義者與恩培多克勒的古老概念：永恆地環遊世界的不朽靈魂。如果我們能夠知道或了解某種我們從未通過感官經驗習得的事物，那是因為我們以前早就知道了；我們的靈魂記得（前世生活記憶）以往的日子，在那些日子裡它們——有時候沒有肉體——很接近「神聖天堂」。根據柏拉圖的說法，只有這樣才能夠解釋，為什麼在缺乏教導的情況下，我們依舊可以由自身產生知識。然而不幸的是，正如柏拉圖在《斐多篇》中所表達的，可惜我們在回憶[172]時只記得回憶，而不是我們靈魂曾感知過的絕對真理。儘管如此，柏拉圖後來認為，實際上要不要探究理型的本質完全取決於受訓完善的心靈本身。不過最後還是回到那個老問題：要怎麼辦到？

洞穴壁畫

這是哲學史上最著名的形象之一：一群囚犯全被拴在牆面之前的地下洞穴。長時間以來，他們一直生活在這裡，無法轉動自己的頭，目光只對準了他們面對著的洞壁。光線落在這堵牆上，光源來自於受桎梏的囚犯背後的洞穴隱蔽入口；不過光源對囚犯來說仍是隱匿的，他們只能看見自己眼前被照亮的牆面。接著，出現了一個奇怪異的儀式——人類與動物形狀的影子變得清晰可見，它們是搬運者在洞穴門口來回搬運的形體的影子。搬運者在移動時會交談，但囚犯同樣也看不見他們。那些形體的影子就是被束縛的囚犯所能感知到的一切，於是囚犯們認為它們是有生命的，還將那些聲音附加在它們之上。他們在牆上看見的世界就是他們的整個世界，他們所知的唯一現實。

「洞穴寓言」出現在柏拉圖關於理想國家的對話錄《理想國》的第七卷當中。敘述者是蘇格拉底，他的聽眾是柏拉圖的兄長格勞孔。蘇格拉底問道，如果其中一名囚犯被釋放，並且可以回頭望向牆後，而不是繼續觀看洞壁上的簡陋「電影」，那會發生什麼事？他會看到形體的搬運者，並意識到自己曾認為的真實只是由陰影組成的世界罷了，絕不是真正的現實！他究竟能否經受得起這個認知？也許他會完全迷失方向，並且以為自己瘋了，他也很可能會逃回他所熟悉的錯覺世界，任憑自己再度被上手鐐腳銬。

然而，要是我們將這個被釋放的囚犯一路從洞穴內拉出到洞外，會怎麼樣？他逐漸知道洞穴裡的光線是來自太陽，而洞壁上的影子世界是一場騙局。現在滿受領悟啟發的他，不再覺得自己需要返回那受限狹隘的錯覺世界。如果將他再次帶到那裡去，他的囚犯同夥會無法理解他，因為他不再像他們那樣解釋那些影子；他們會把他看成瘋子，並視自由為使人發瘋之物。要是有誰想要試著解放他們，他們就會

[173]

殺了他。

對柏拉圖筆下的蘇格拉底來說，洞穴象徵著人類的經驗世界。我們用感官所感知到的事物，被我們認為就是真實——不過事實上，我們只不過是在自欺欺人。藉由我們的理解能力，我們可以擺脫感官造成的幻覺世界，並頭也不回地離開錯覺世界，通過洞穴出口到達更高的認知。在洞穴黑暗之外的自由之中，我們可以看見理型的世界，被善的理型之陽光所照耀的真正現實。

這個場景帶來了啟發的衝擊，哲學試圖藉由這個洞穴的畫面引起注目。需要據理辯解的並不是柏拉圖設想的絕對理型的抽象世界；堅持過度人性思維造成感官狹窄的那些人，才背負著為自己辯解的義務，因為他們是一群被蒙蔽雙眼的人。在柏拉圖之前，應該從未有任何一個思想家曾替哲學家的使命創作出一幅如此驕傲的形象——即向周遭世界揭示日常中的一切錯覺。甚至連赫拉克利特的作為都沒有這麼極端，對他來說，只要不可一世地知道自己擁有受邏各斯照耀的優越性就已足矣。相對地，柏拉圖則是擬定了一項任務：盡可能地護送更多人走出洞穴。

然而，蘇格拉底並不想僅止於肯定他的洞穴壁畫是否正確，他所談論的更多是一種預感和希望。就連蘇格拉底也並沒有因此和洞穴完全脫離關係，他只是比其他囚犯知道得多一點。

顯然，柏拉圖對自由——即對理型世界——的描述欠缺明確與清楚的定義。在某些方面，它類似古希臘的眾神天堂。就像戰爭與生育、智慧與打鐵技術、水與土、音樂與狩獵均有對應的神靈一樣，現在取而代之的是理型；就如同早先奧林帕斯山上的諸神，柏拉圖類神聖的理型也是相互關聯的。有些理型相互共享，並且交疊與融合。較為概括性的理型等級比起特定的理型還要來得高，於是，我們在理型的範圍裡要論述的是一個細分的系統，比方說：友誼或圓的理型在排列次序上比青蛙或椅子的理型更高，因為青蛙的理型就只是動物理型的一部分，而動物的理型又是生物理型的一部分。正確地將理型分門別類意味著，將各式類別分配給各種性質，並且將較高階的類別分配給較低的類別；根據《辯士篇》的一個段落，這些類別當中最高的五類為：存在、運動、恆定、相同以及相異。

在柏拉圖中期的對話錄當中，已經提及過的**善的理型**凌駕於一切之上，類似於宙斯的地位；它可能根本不算是理型，而是一種後設理型（Meta-Idee），少了它，所有其他理型都不會有靈魂和光輝。在《理想國》裡著名的「太陽寓言」中，柏拉圖將善的理型與溫暖並照亮萬物的太陽相提並論；要是缺少了善的理型，其他一切就什麼都不是。柏拉圖的最高理型並非真理的理型，而是善的理型，這一點不言而喻。因為善為柏拉圖理論與實踐哲學之間的關鍵樞紐，即哲學思考到底為什麼值得。

[175]

然而，理型的世界並不像我們現在可能會有的印象般一目了然又井井有條；在對話錄當中，有時候會發現迥異的規則制度，顯然柏拉圖曾有過激烈的自我掙扎。從後來被亞里斯多德稱為**未成書學說**的種種暗示可以讀出，柏拉圖在這段期間試圖藉由基本原則將理型世界分門別類；在這裡，可以回想到泰利斯、阿那克西曼德以及阿那克西美尼，與他們所尋覓為萬物基礎的基質。只不過，柏拉圖認為所有物質都從屬於精神之下，因此由內將世界凝聚在一起的核心就不是任何物質；所以，他將這三位愛奧尼亞哲人的基質轉化為精神上的基質，也就是基本原則。

在這個制度中，位階最高的是**統一**的原則與**不確定二元性**（unbestimmte Zweiheit）的原則；儘管「統一」代表無限和不可分割的事物，但不確定二元性的原則卻體現了可分割、大與小、多樣化的事物。第一個原則是**絕對的**，第二個原則則是**相對的**，這個世界上的所有事物皆是由兩者以不同的混合比例組成；某種事物含有越多的統一性，其在世界規則裡的位階就越高，而越是多樣化和模稜兩可，它的位階就越低。

根據《理想國》的理型論，凌駕於其他萬物之上的是善的理型，而不是那兩個統一及多樣性的基本原則；相較於此，**未成書學說**是否包含更多「真實的」柏拉圖，時至今日學者們仍為此爭論不休。「真實」又「原本」的柏拉圖顯然不比「真實」又「原本」的世界秩序規則還要容易掌握……

不過，柏拉圖的難題不僅止於分類而已——「本身」該獨立存在於人類經驗世界之外的理型與原則 [176] 的概念，帶來了許多問題；柏拉圖對這點一清二楚，他自己就是自己的最佳評論家。該怎麼想像這件事的細節？經驗世界中的哪些事物實際上有理型？善、寒冷或者三角形有理型，這還能夠以某種方式想像，但根據柏拉圖的意思，就連椅子或床等人類所創造的物品背後都存在著理型，這就顯得奇怪了些。那淤泥、穢物或者糞便也同樣有理型嗎？殘缺不全的身體或是傷寒呢？

在對話錄《巴門尼德篇》（*Parmenides*）裡，蘇格拉底駁斥了一文不值以及醜陋的事物有理型的看法，但是有智慧的巴門尼德為——在此破例出錯一次的——年輕蘇格拉底上了一課：不是只有價值以及美麗的事物有理型，而是萬物皆有。某件事物很美，因為它分受了美的理型；而某件事物是骯髒的，因為它分受了骯髒的理型。與此同時，許多事物經常模稜兩可，某件事物可以同時擁有美麗與醜陋的面向，而一個行為可以同時帶有公正與不公的特徵。意即人類世界中的事物都有些混沌不清，因為在它們之中混雜著各式各樣的純粹理型。當紅色、黃色與藍色的理型相遇，結果就會出現棕色；所有其他理型也都大同小異，它們總是不同程度地相互交織著存在，從來不是純粹與明確地存在。正因如此，定義事物也就難若登天，如同蘇格拉底在柏拉圖早期的對話錄裡不得不再三認定的那樣：真理並非赤裸裸地存在。

一個特別艱澀的難題是，事物以什麼方式分受理型？亦即美的理型是否美麗？人類的理型是否有人性？椅子的理型是否具有「椅子性」？面對這些問題，我們無法否定；假使美的理型本身並不美麗，那麼美麗來自於什麼地方？於是，我們必須給這些問題一個肯定的答案，然而在此隨即面臨一個新的問 [177]

題：人類之所以為人類，是因為他們分受人類的理型，而這個人類的理型本身就有人性；但它是從何處而取得這個特性的呢？現在，為了要使人類的理型得以有人性，事實上就又需要一個更高一級的人性理型；這個理型又再次同樣會是人性的，而問題接踵而至：人性這個特性從何而來？這個遊戲可以無窮無盡地持續下去，沒完沒了。

這個難題柏拉圖在《巴門尼德篇》裡就發現了，然而他卻束手無策。他的學生亞里斯多德為這個問題取的名字，讓人聯想到格雷安．格林❷的小說，由奧森．威爾斯❸主演同名電影❹而出名的小說：第三人論證（*Third Man Argument*）。倘若人類**分受**人類的理型，卻與此理型**相異**的話，那麼共同的第三方為何？

這些難題並非到此為止。根據柏拉圖的說法，理型對人類世界裡存在的萬物皆有影響：對事物、行為舉止和事件；但是，它們是**怎麼**辦到的？精神怎麼進入物質？長久以來，柏拉圖在這點一直顯得晦暗不清，直到晚期著作《辯士篇》與《蒂邁歐篇》，我們才從中得知相關細節。在《辯士篇》裡，柏拉圖任憑兩種觀點在一場「巨大戰鬥」之中對撞：其中一個派系是唯物主義者，對他們而言只有擁有實體的事物，所有精神性質的事物基本上都不存在；另一個派系則為「理型之友」，對他們來說只有精神世界是真實的，而所有物質性的事物皆不過是仿效更高等級的理型。

就我們目前所聽聞關於柏拉圖的一切來判斷，他應該會讓後者勝出，因為柏拉圖顯然是反唯物論者——以及哲學裡公認的「唯心論」（Idealismus）始祖。然而，對話的發展卻跌破眼鏡地平和均衡；

❷ 譯注：Henry Graham Greene，1904-1991；英國小說家、劇作家兼評論家。

❸ 譯注：Orson Welles，1915-1985；美國電影導演、編劇和演員，於一九九九年被美國電影學會選為百年來最偉大的男演員第十六名。

❹ 譯注：一九四九年上映的英國黑色電影《黑獄亡魂》（*The Third Man*），該電影由格林擔任編劇並由卡洛．李（Carol Reed）執導。

[178] 如此一來，「理型之友」必須學習的是，他們將絕對且不變的理型領域，與非真實、變動的物質世界畫上界線的極端作法是行不通的。若理型真的如「理型之友」一口咬定的那樣不變且絕對，那麼人類就完全無法識別它。理型的世界至少必須和人類世界有幾分相似之處，尤其是裡頭必須出現些許生命力，或者換句話說：理型也必須「活著」，以便活著的人探究之。

這一切可能令人相當困惑，對比柏拉圖之前的哲學家，讀者可以馬上領會主旨為何，但是關於柏拉圖的「學說」卻幾乎沒辦法說什麼才是確定的。這樣一來，要是能夠一勞永逸地為「柏拉圖腦中所理解的『理型』為何？」給出一個具有約束力的解釋，該有多好。然而就像我們看到的，那**唯一的**理型論並不存在；相反地，它總是以翻新的樣式和外表現形。如同自我批判的對話錄《巴門尼德篇》與《辯士篇》所示，晚期的柏拉圖曾抱怨自己的理型論，還不可思議地公然針對它們進行批判討論。

有時只要一想到柏拉圖，就會想到一個與自己下棋的棋手。任何曾做過這件事的人都知道，獲勝的總是黑棋那方。白棋這方開局、制定計劃與戰略，但是黑棋那方對這一切瞭若指掌，所以總能棋高一著。柏拉圖也是如此，針對每一個設想或理論，他總能夠又靈光乍現想到更聰明的反駁論點，這一切使柏拉圖的思想變得困難重重。在晚期的著作中，他甚至引進了全新的概念，藉此又一次修改自己提出的理型概念：突然他所談論的不再是事物「分受」理型了。他將理型描述為「原型」（Urbild），而人類世界中的事物為其「映像」（Abbild）。照這麼說來，勇士就不再彷彿領略過似地共享勇氣的理型了，[179] 而是試圖用自己的行為來接近勇氣的理型，並且**模仿**它；所以原型同時也是典範（Vorbild）。涉及到人的行為，理型這時所提供呈現的是模範與準則，是追求卓越的人們試圖接近的事物。比起知識論，柏拉圖在他的晚期作品中更著重在倫理學，而理型論明顯加入了道德的元素，理型變成了需要竭力效仿的模範。

另一方面，柏拉圖也捨棄了「存在的萬物所擁有的樣式與本質都拜理型所賜」的想法。在《蒂邁歐篇》裡，他將事物的物質性從理型世界中排除掉。除了原型與映像之外，突然間又多出了一個獨立的物質領域。就好似吸墨紙般，物質性的事物吸收理型，但本身卻並不是思想觀念。似乎在上了年紀之後，柏拉圖面對唯物主義者時溫柔了一點。他藉此取得事物與人類之間的區別——事物任由理型被動地滲透進入自身，人類對於理型的關係則是一種積極且動態的關係。獲得美德、過良善的人生與建構理想的國家意味著壯志凌雲的自我鞭策；對柏拉圖而言，打從一開始那就是關鍵所在，即品行端正的人生與德行高尚的國家，加上它們在善與公正的理型之中的最高參與程度……

金錢或名譽？柏拉圖的理想國

- 對社會感到不安
- 整頓靈魂！
- 美善之邦
- 國家對婚姻、家庭與私有財產的抨擊
- 馬格尼西亞，或通往那裡的道路

對社會感到不安

理型論就好比一塊沉重的墓碑落在柏拉圖死後的名聲之上。如今當我們想到他時，就會想到他否定了人類經驗世界原本的真實性。除此之外，還有一個相當確切的要求，猶如刻在這塊墓碑上的銘文，亦即治理國家的並不是傳統的政治家，哲學家才是不二人選：「除非哲學家成為我們這些國家的國王，或者那些我們現在稱之為國王和統治者的人能夠用嚴肅認真的態度去研究哲學，使政治權利與哲學理智結合起來……，我們的國家就永遠不會得到安寧，全人類也不能免於災難。」[73] ❶唯有社會中的智者配得上這個角色，這從今天的角度來看引人發笑，因為當今的統治者既非民族智者，聰明才智也不是用來形容現今哲學家的普遍用詞。

柏拉圖怎麼會想到要為哲學家在國家裡保留一個傑出角色的位置？為了回答這個問題，我們必須離開停留了這麼久的知識論領域，並將我們的專注力轉向具體的政治、經濟和社會問題。柏拉圖與定義、表象和理型纏鬥了四十個年頭，而他在這過程中認知到，沒有任何一處的根基是穩固不動搖的。感官只靠感覺來掌握世界，數學在這世界上遍尋不著一個堅固的立足之地，而我們想透過真實的現實來學習的一切，到頭來仍不外乎是空想推測。蘇格拉底在追問精準定義之中形成的新強大景象，被層出不窮的新疑難雜症團團包圍並且瓦解。

同時，柏拉圖四周的世界正在發生變化；就算他將理型與原則都往現實無關的真空之中推送，但是他的思想並不是在那裡發生的。柏拉圖學院成立之後的頭幾年，雅典逐漸從第二次伯羅奔尼撒戰爭後的

❶ 編按：引文中譯見：《柏拉圖全集第二卷》，王曉朝譯，人民出版社，二〇〇二年，頁461-462。

潰敗政治浩劫中復甦；大約在柏拉圖回到這座城市的十年後，斯巴達在希臘世界中的霸權終結。緊接在新興強國底比斯之後，雅典再度建立起自己的帝國。所有愛琴海域裡的雅典同盟國都團結了起來，以對抗如風中殘燭般的斯巴達。西元前三七八至三七七年間，第二個提洛同盟創立了，這次不是為了抵禦波斯人，而是為了與斯巴達人相抗衡。雖然盟邦不再像第一次同盟那樣向雅典支付稅金，但是保護國所收到的資金總額仍然居高不下，並將源源不絕的新財源帶進這座城市裡，使之「錢」途無量。上層階級用這些錢建造一艘艘的新軍艦，金融業蒸蒸日上，經濟突飛猛進。在第二個同盟創建的三年過後，斯巴達人在帕羅斯島與奈克索斯島之間的海上被擊敗；而底比斯人在西元前三七一年的留克特拉戰役中，直接在敵人的城門口給予斯巴達軍隊最後的致命一擊。不用再擔心斯巴達人的威脅了，雅典人改變了和盟邦的相處之道；保護的強權再度演變成殖民強權，並且激起了與受欺壓盟國之間的危險衝突。

在內政上，雅典早已回歸民主制度。全體會議的相關法條由兩個委員會監管，為的是要確認法條是否依舊符合梭倫的精神；而六千位陪審團成員扮演著第二議院的角色，負責審查待通過的法律草案。基於這些作為，雅典人殷切期盼著穩定並且防止過快的變化。在新的雅典，一切看來都安排得當。

看起來是這樣。但是在柏拉圖的眼裡，自己的家鄉仍舊是道德淪喪之地，而且不只有雅典處於混亂的境地：「最終我終於得出結論：所有現存的城邦無一例外地都治理得不好，他們的法律制度除非有驚人的計劃並伴隨好運氣，否則是難以治理的。」柏拉圖在《第七封信》當中寫道[74]❷。所以依照他的觀點，雅典所需要的是「近乎奇蹟的事件」、徹底的更新，要不然就是一個回到原點重新構思的全新秩序。可是為什麼呢？柏拉圖是因為當時的政局而震驚，以至於在蘇格拉底被司法謀殺的幾十年後，依舊

❷ 編按：引文中譯見：《柏拉圖全集第四卷》，王曉朝譯，人民出版社，二〇〇二年，頁80。

對雅典的政治秩序抱持著根本的不信任的？他對自己祖國文化的焦慮是由什麼引起的？

柏拉圖的動機似乎非常複雜，然而我們必須從好幾個分散的話語中來蒐羅他的動機。無論如何，我們遇見的再再都是**保守的**柏拉圖，那個高等貴族的上流代表，他在道德上的居所是舊有傳統的名譽與悠閒的貴族倫理，這在柏拉圖的時代是唯一被認定的倫理體系。對善的思索是一種再貴族不過的活動了。然而令柏拉圖訝異的是，雅典的古老貴族世家竟然被暴發戶取代，掌控城邦數百年統治權的上層階級，此時必須與新富豪和超級富豪一同享有經濟和政治權力。與貴族不同的是，這些新富豪是透過貿易和貨幣交易賺錢的，從古老世家的角度來看，這是一種褻瀆！

[183]

我們今天很難想像，阿提卡地區的民主制度竟然拒絕為錢工作，抑或是貶低此事。僱傭勞動在現代的民主體制內可說是不成文的公民義務，成天無所事事、遊手好閒的人會被視為敗類，好一點的情況充其量是紈褲子弟，在最糟的情況下則被看作社會寄生蟲。但在古代的雅典，為了工資而工作是件令人不齒、應該遭受道德譴責的事；儘管實行民主憲法，但良善又道德的人生典範卻是**貴族式**的。

雖然這座城市實行民主制度，但它卻不具有民主的價值。相對於我們的時代，恪守本份的公民很樂意表現出自己有多忙碌，雅典公民則通過閒暇讓自己顯得高貴。做生意賺錢的行為被認為傷風敗俗，相對地，以奴隸的工作維生則正直可敬。和其餘的地中海地區沒有不同，早在希臘最早的高度文明存在的時候，奴隸制度就很盛行了；在柏拉圖的時代，這個制度已經施行了超過千年。人們透過在戰爭中征服並奴役其他民族，以及在整個地中海域的眾多奴隸市場進行買賣來獲得奴隸。他們被當作家庭奴僕使喚、做手工和在田裡幹粗活、充當男女娼妓，還被迫在採石場上與礦坑裡做最苦、最重、最累人的勞力工作。據說光是在勞里昂的礦坑即雅典人的銀礦場裡，就曾有將近兩萬個奴隸辛苦地勞動。

[184]

顯然柏拉圖對這套貴族主人倫理所含的良善核心深信不疑；有些詭辯家提出要求廢除奴隸制度的聲

浪，對柏拉圖而言是夏蟲不可語冰般地陌生。商人與放債者——也就是早期的資本家——都是他的敵人，要這麼說的話也不是不行。按照柏拉圖的看法，這夥人所做的生意就是詐欺，而他們的事業有成——如法律的對話錄（《法律篇》）裡所敘述的——就是社會道德終結的起點。75

傳統上層階級普遍對市場帶有蔑視的眼光，就這點來說柏拉圖並不例外，除了田野間的粗活之外，其他的工作也都被鄙視。這點讓人感到匪夷所思，因為城邦為了運作需要工匠、醫生、藝術家、傭兵以及商人。若非多虧了服苦役者——那些沒有話語權和公民權的勞動人口——，雅典的經濟起飛就根本不可能發生。同樣回想一下，梭倫的「勛閥政治」將公民與選舉權按照財產排列分級；自從有史以來，擁有許多財產在雅典和其他地方就一直是重要的人生目標，所以為什麼不該透過貿易及做生意來增加財產呢？正如先前所提，在雅典歷史上，所有（自由）公民皆平等的想法，總是跟他們差異極大的財產與政治勢力範圍相衝突——這點與現代的民主制度無異。**用什麼方法**賺錢，為什麼會這麼重要呢？

自由公民的公共道德有一體兩面；反面的是，上層階級的交易和貨幣經濟絕對不像他們擺出公眾姿態聲稱的那樣陌生。讓奴隸在自己土地上為自己工作的人，通常會任由他們經營小型企業，並從中收取固定利率。地主同樣能可以出租或出售自己的奴隸，以換取金錢；他們出租地產、從事有利可圖的房地產業，或者出借金錢並收取利息。而那些致力於自己光榮政治職責的人，鮮少這樣做是因為他們顧全公共利益。在柏拉圖的雅典，大量資金流入了輿論的操縱之中；高薪聘請、能言善辯的演說家承接了法學家、遊說者和外交官的功能，他們就和那些反過來受他們行賄的人一樣容易收買。因此，支付某人酬勞或者收受報酬並不只是商人和市場的特性，這件事從本質上就屬於這個城市的文化。

因此，在戰時之外盛氣凌人、無所事事的公民的自由行動關乎到城邦內的公共福祉，他們的貴族道德窠臼幾乎全是虛有其表的假象；顯然，這樣的人生計劃也不再適用於群情激憤、混亂無章並面臨新時代挑戰的大都會的共同生活。即便在中產階級國家裡有著分工、專攻的術業與欣欣向榮的貨幣經濟，但實際上仍然只容許貴族姿態作為門面。

在此情況下，儘管這樣的社會施行民主制度，城市中劍拔弩張的緊張氣氛仍持續升溫，這並不讓人意外。統治家族使用他們公開譴責的市場資金，並恬不知恥地增加自己的財富。在伯里克里斯治理下興起的中產階級再次萎縮，有錢的人變得越來越有錢，社會的不平等與日俱增。

當柏拉圖還是個孩子的時候，詩人歐里庇得斯在他的悲劇《請願的女人們》（*Hiketides*）裡將中產階級描寫為拯救與捍衛國家的階層——他們是「國家設立之制度的守護者」。然而，這個階層卻在柏拉圖的生平中支離破碎。顯然，政治在面對雅典日益增多的社會問題時無計可施，尤其是面對人數直升的成群移民，身貧如洗、流離失所而且沒有權利的這群人紛紛從四處湧入這座城市，並且在人口中佔據越來越大的比例。西元前五世紀時，這城市被不合時宜的貴族政治以兩倍速快轉變成膽大妄為的民主制度之後，幾乎所有的改革熱情都在西元前四世紀停滯。撇開那兩個新的委員會不談，他們並沒有對「民治主義」、平等與利益平衡的原則更進一步追求：奴隸還是奴隸，服苦役者仍然不自由，女性依舊沒有權利可言，也沒有如梭倫執行的債務免除命令。在柏拉圖出生的時候，任何依我們認為屬於非民主的事情，仍舊沒有改變。

這就是讓柏拉圖追求他雄心勃勃的目標的場景：他打算讓這個社會和國家脫胎換骨！如前所述，高級貴族並不是果敢的改革者，他們並不是會奮力爭取民主制度更完善運作的族群；他反而是從過去找到了一絲拯救的曙光，亦即從傳統貴族倫理尚未遭到貨幣經濟腐蝕的時光裡找。名譽取代金錢——在改善的徵兆浮現之時，柏拉圖仍將這套倫理謹記在心；他想要從頭開始修復它，並使之變得連貫。但是，它可以建立在哲學的基礎上嗎？

整頓靈魂！

金錢和名譽是形影不離的嗎？擁有很多錢，在道德上究竟是好還是壞？因為富人更容易說出真相，並且總是有能力償還虧欠他人的債務，所以他所擁有的財產是否有助於公平正義的伸張？這些問題開啟了西方歷史中的第一部政治哲學名著──《理想國》，此為柏拉圖所著關於國家的對話錄，內容包羅萬象。

裡頭的虛構場景上演的時刻適逢伯羅奔尼撒戰爭，推測約在西元前四〇八或是四〇七年間；也就是柏拉圖年紀正值雙十的時期。作為舞臺佈景的是兵器匠波勒馬庫斯（Polemarchos）在比雷埃夫斯的家裡，他是一位富有的外籍居民❸，不被賦予自由權的服苦役者。在這個地方碰巧聚集了大概七個人，當中有蘇格拉底、柏拉圖的哥哥阿得曼托斯與格勞孔，以及詭辯家塞拉西馬柯──他同樣是一位歷史證實真的存在的人物。屋主的父親刻法羅斯（Kephalos）恭迎蘇格拉底，他們迫不及待地開始侃侃談論起財富為刻法羅斯所帶來的便利舒適。這位年老的兵器匠解釋道：擁有很多錢的結果就是不會虧欠他人什麼東西，並因此有能力掌握對真理盡忠職守的人生。沒有積欠任何人什麼東西的人，也就不會虧欠誰人情。經濟上的債務與道德上的人情債與有商業頭腦畫上等號，而財富相對能協助達到誠實正直、獲得公平正當的人生。

不過，蘇格拉底馬上駁斥了刻法羅斯：一個有錢、尊重他人財產並且說實話的人，連正義的邊都還沒碰到，根本差遠了。要是我對一個瘋子說實話，然後把屬於他的武器交給他的話，會是什麼情況？毫

❸ 譯注：「Metöke」，指生活在古希臘城邦（尤其是雅典）的外國居民，不具備當地公民權。

[187]

無疑問既瘋癲又不公正。

波勒馬庫斯表示贊同：正義是藉著以他人應得的方式對待人來向別人證明的東西。蘇格拉底抱持懷疑：我們要如何清楚知道什麼是誰應得的？我們的舉止是由種種錯誤判斷交織而成，讓不公正之人受到不公對待也不會讓世界變得更公正。此時塞拉西馬柯加入討論的行列，他扮演的角色是激進的懷疑論者（就像今天三不五時可以在偏左派的網路論壇上發現的人）。這位詭辯家表示：公平正義根本不存在，關於它的連篇廢話最終只是為了粉飾統治者的利益；強者達成對自身有利的條件，隨後大言不慚地對「公平正義」高談闊論、接著立法以鞏固自己的統治地位。

如此偏激到要根除正義的地步，在蘇格拉底看來太過火了，他提出反對：統治者並不總是清楚知道對自己有利的是什麼，手握強權的上位者訂定的法律也有可能對自己造成傷害，那麼他們為「公平正義」下的定義就不再對他們有利了。這個論述相當脆弱，塞拉西馬柯也沒有投降，他又出手丟了第二張王牌：儘管每個人都自然能感覺到不公平的事以及打壓的不公義，但是用這種方式讓自己過著快活人生的獨裁者卻還是人人稱羨。由此可以推論出兩件事：公平正義對於人類幸福快樂的價值被高估了；另外，將自己從所有幻覺中解放，並且過著蠻橫又肆無忌憚的人生，才是明智的作法，反正那些上流人士本來就這麼做。

柏拉圖將塞拉西馬柯描繪成伶牙俐齒的模樣。道德在公平正義上沒有任何基礎嗎？難道沒有一個可以為道德行為制定基礎的普遍有效的常數嗎？不管怎麼樣——蘇格拉底如此向塞拉西馬柯提出異議——，專制暴君的一舉一動也不可能徹底不公不義，他也得為了自己的政權而仰賴與他人合作，至少在這裡展現出他最低限度的正義舉動。

不過，這個仍舊不堪一擊的論述並不是柏拉圖筆下的蘇格拉底這時踏上的道路。起初他先駁斥了格勞孔如下的聰明建議：人們並非為了公平正義而舉止得宜，而是他們符合道德的行為是出於對**表彰肯定**的期待。事實上這個想法完全引領潮流，今天日諸如社會及經濟心理學之類的現代學科就是以此為出發點，雖然它們無法為此援引柏拉圖，因為它們所要證明的不是這一點，而是它的反面。其他的對話參與者所犯的錯誤在於，他們將正義視為某種**和他人打交道時**所要實踐的東西，即面對周圍的人的責任義務。可是對柏拉圖來說，正義是一種優先**和我自己**約定的事情。

[189]

對他而言，「自然的秩序」是參考的基準，就如同萬物在大自然中井然有序並因此「公正」，人類也必須竭力將自身的靈魂整理得井井有條。柏拉圖在對話錄《高爾吉亞篇》中已經描寫過各種不同的靈魂部位——欲望、膽量（或憤怒）與理性——必須保持協調；它們彼此之間的關係若整頓良好，如此一來「公平正義」就會如主導自然般主導人類的靈魂。

自然的和諧、良好秩序及「公平正義」為自發性的概念是傳統的希臘思維，這點我們從阿那克西曼德與柏拉圖的眾多其他先進就知道了。縱使如此，「自然的正義」仍是一個強而有力的假設，並且帶來影響深遠的結果。將善良又正義的行為視為**與自然一致的行為**是一種用來定義倫理的相當特定的形式，後來的哲學家將之分類為**自然法倫理**（Naturrechtsethik）；除了零星幾個主要在神學文本發現的例外，歷史上對於這種規範的根據大多略過不予理會。也就是說，靈魂與自然的協調一致佐證不易，就連我們對於自然觀念的想像也有所變化。撇開祕教主義者不談，今天的我們很難將大自然的變化無常、災難禍害與血洗屠殺看作公平正義的活動。

對柏拉圖這樣的自然法倫理學家來講，正義是我靈魂的客觀狀態，可以竭盡全力來達成。我們必須試圖盡可能專心參與共享正義的神聖理型；如果在我們之內有大量的正義理型，我們就能感受到靈魂力量間的和諧，因為正義將勇氣、智慧和審慎的傳統主要美德合而為一，並整理成最高級的美德。接著，

[190]

我們就活在「伴隨著善良精神」的**至福**（eudaimonia）之中。在柏拉圖以及其同代人的想法中，重要的關鍵無它：過著與自己和諧一致的快樂生活！為此，內部的正義是絕對必要的首要條件。任何和自己在道德上不和睦的人，在其靈魂深處不可能真的感到至福；或者就如柏拉圖出乎意料地精準表達的：如果行得正、坐得直，我的人生會遠比不這麼做的人生還要愉快舒適「七百二十九倍」。[76]

柏拉圖利用這個**至福**即心滿意足的靈魂和平——與商人、自私自利的政客和獨裁者所擁有的效率思維和膚淺的快樂相抗衡；它藉由道德良好的人生來實現，這樣的人生既健康又美麗。

從今天的角度看起來，這一套**道德良好人生的倫理**顯得異常私人，因為一切首要都是著重在個人的靈魂之上。兩千年以後，哲學當中將會產生一個全然不同的倫理根據，這個根據將**公平正義的理型**普遍有效化。然而，柏拉圖卻不怎麼重視為所有人定義法規或至少「權限」這件事。抽象理解的「公平正義」概念並不在希臘思想的中心，僅在邊緣閃現。因為世界的公正秩序應該在宇宙中預先給定，於是柏拉圖也就不曾質疑這套秩序是否**公平**；秩序畢竟不是由人類所創造，而是由諸神或者某個人完成的。儘管他努力想證明這個預先給定的秩序亦即**正確**的秩序，但是對涉及秩序的所有人的公平性問題，一直到自然不再作為範本的遙遠未來才出現。此刻變得明朗的是，公平是人們必須在不依賴給定範本的情況下**創建**的東西。不過，直到那之前還有很長一段路要走。

所以，柏拉圖的倫理體系非關公平，也不是關於正義的原則，就連「我的行為事實上是否展現出良好的成果，它成功還是不成功」的問題，柏拉圖也不是真的感興趣。人的行為應該出於公正的動機，因為這是有助於掌握美好人生的必要要素。

這種正義的標準是不變的自然。當靈魂相應而秩序良好的話，就是公正的；當世界裡的各種比例關係與自然秩序配合一致，它們就是合法的。同時，柏拉圖保留了許多舊貴族倫理的價值：人生是戰場和捉對廝殺，這點無疑成了假定的前提。即便道德達成卓越，重點似乎仍在於勝過其他人！在如此自豪又私人的倫理基礎上，真的有辦法建立起國家這棟高樓嗎？

美善之邦

讓我們想像一個國家：在這個國家裡，萬事萬物都和快樂的人類靈魂一般有條有理。每個人都依照天賦盡其所能，並恰當地各司其職。和諧的氣氛籠罩一下，正義瀰漫在共處共生的一舉一動之中。這種地方對柏拉圖而言是「美善之邦」（Kallipolis），即蘇格拉底在《理想國》中對他的聽眾談及的美麗城市。

這個城市並不存在，蘇格拉底對此也不隱瞞。時至今日，關於美善之邦該為何物的問題，仍然有漫長的討論：它是理想典範、在模型中描繪每個靈魂該做什麼的「靈魂之城」嗎？還是需要實現的政治烏托邦？引用亞里斯多芬的作品來提問的話，美善之邦中藏有多少雲煙密布的布穀鳥樂園成份呢？其中又有幾分是認真想要為未來的真實社會秩序提供模型典範？我們這是在看一部諷刺作品嗎？還是說，那些在柏拉圖身上看見溫和派極權主義（Totalitarismus）始祖之影子的人們說得沒錯？他創造了一種思想專制，意圖逼迫每個人對現有秩序照單全收，並藉此成為「良善」與「公正」的人？到頭來，美善之邦是不是一種**反烏托邦**，一場已化成石頭的夢魘？理性國家的夢想會不會生出一個駭人怪物？

讓我們一個一個依序來看。蘇格拉底對美善之邦的敘述非關政治。《理想國》探討的是倫理學，亦即靈魂的保養照護。當蘇格拉底談及「在天空中建造的」美麗城市的時候，他是想藉由人類理想共處的例子，表達自己想像中在每個人體內的靈魂力量的理想共生是什麼樣子。在這個意義上，美善之邦是鑄造成國家形式的靈魂形象。

柏拉圖將政治視為多了聯合手段的靈魂保養的延續，因此國家的理想憲法應當符合幸福正義的靈魂所擁有的理想狀態❹；於是我們在理想的共同體當中，面對的是整齊靈魂的合夥關係、善心人士的社交。國家的根基為**心態**，不是（或者其次才是）規定和制度，這使得柏拉圖的國家概念在今天對政治的理解中顯得如此「不政治」。直到亞里斯多德才出現一個帶有自己遊戲規則、名為政治的獨立世界，對柏拉圖而言，政治屬於倫理學的範疇——而他的倫理學帶有政治性。

根據柏拉圖的看法，人類之所以團結起來形成（城市）國家並且建立城邦，有個直接的原因：人類是有瑕疵的生物，沒有他人的幫助就無法生存——國家的形成源自於人類需要關懷與社交的天性。柏拉圖針對文明如何誕生的描述簡直像是教科書：很久以前，人類以果實果腹，並活得健康、質樸又知足。由微小的起點出發，逐漸生成越來越大的群體，最終形塑出城邦；後者造成了許多新的問題。藝術和文化的確發展了，不過奢侈與揮霍也隨之而來；為了供給民生並應付如雨後春筍般的需求，城邦不得不向外擴張，進而形成了分工。不斷增長的富裕繁榮造就了與鄰國的衝突摩擦，因而導致兵戎相見；富於反抗精神的公民分裂成職業戰士、軍隊將領與傭兵的階級，其他的職業也是同樣的情形。公民和那些早已不是自給自足者、而是專門的各行各業小團體之間，開始進行以物易物與貨幣經濟，市場及僱傭勞動進而產生；這很快導致了個別的利益團體相互競爭，以及權力鬥爭的爆發。

但這些正好都得以在美善之邦裡避免，而這該怎麼辦到？柏拉圖筆下的蘇格拉底為此指點迷津：解決辦法是一個顧全大局的理想規劃，這就是柏拉圖惦念當時雅典所缺乏的。這位哲學家將美善之邦如蟻國一般細分，人人都分得一個固定的任務，並且為整體的運作貢獻一己之力。他將重要的職務功能劃分

❹ 譯注：此句的「憲法」及「狀態」原文剛好都是Verfassung，此乃一字多義，造成此句的雙關效果。

為三種。在蟻后位子上的是**哲人王**，是受到細心教育、顧全公眾福祉並具有前瞻精神的貴族；作為掌權治理的中流砥柱應當是這些精明能幹的佼佼者，而不是願意或者要求統治的人。根據柏拉圖的看法，哲學家是抑制住自己原始本能的人，而且因為他們的熱情愛好並不逼迫他們追求政權，所以他們是所有可能的攝政者中的最佳人選。僅忠於對智慧的熱愛跟善的理型，未來的哲人王被送上一條漫長的教育之路：音樂、體操、算術、幾何學、天文學、和聲技巧以及辯證法。

位在哲人王之下的是**衛士**，苦行禁欲又不支薪的他們監管著國家的體系，除此之外還扮演（思想）警察的角色。在經過總計十年的學術與體育教育之後，他們之中天資最聰穎的人得以晉升哲人王的階層。在最底層的地位可以發現傳統意義上的勞動人口：**工農階級**。如果每一個崗位都依照自己的天賦恪守己職，那國家就充滿著正義；相反地，要是個別職位的權責擴大，並出現藉此踰越自身權限之事，不公不義就會不脛而走。美善之邦裡的衛士知道要阻斷這個情況發生。

柏拉圖的國家烏托邦曾被與歷史上許多極權體制作比較，從古代斯巴達的軍事獨裁到史達林主義，或是希特勒法西斯主義中的親衛隊奧登斯堡學校❺。這難道是「出於某種神蹟加上幸運巧合」的結果嗎？[77]還是說，它其實是一部諷刺之作，如同某些柏拉圖專家——在我們今天這個無不嘲弄的社會裡——怎麼強調都不厭倦的那樣？然而，柏拉圖的國家烏托邦肯定不是為了幽默而開的玩笑；他必定贊同其中的某些事情，就算也許不是全部。

「完整徹底的秩序會毀滅一切的進步與娛樂消遣。」奧地利詩人穆齊爾曾經如此說過，這兩點對柏拉圖來講確實難以應付。就第一點的進步而言，所謂的「百尺竿頭、更進一步」根本不再需要，因為理

[194]

❺ 譯注：親衛隊騎士團堡壘（SS-Ordensburg）是納粹德國為了將親衛隊成員教育培養成納粹黨將來領導人才而建立的學校機構。

想國不只一勞永逸地整頓了集體，還滿足了公民的靈魂需求。工匠與農夫現了審慎的主要美德，他們的本質符合靈魂的欲望；衛士體現了勇氣，他們的本質是膽量；而本質為理性的哲人王則為智慧的化身。從現代多元化與個人化的社會角度來看，這個充滿哲理的蟻之國不由自主地顯得怪誕不經。這個模式帶有一種名為「美善之邦」戰略棋盤遊戲的思維，而它看起來完全不像是有朝一日能在某個地方實現的事。「建築工程圖永遠是靜態的，城市則否。」這段話出自荷蘭作家塞斯・諾特博姆（Cees Nooteboom），他在目睹巴西首都巴西利亞宏偉的軸心大道時有感而發。[78] 以此評論柏拉圖的美善之邦草圖，還能有什麼比這更貼切的嗎？

娛樂消遣在這裡看來也沒有比進步這點好到哪裡去。柏拉圖對肉體歡愉的看法相當沉悶，至少在《理想國》當中是這樣。蘇格拉底的態度就好比畢達哥拉斯主義者，殷殷盼望著直到死後——當不朽的靈魂從身體的累贅中獲釋時——才有的喜樂；人生在世惟有透過努力不懈才能成就滿足。後來在《斐勒布篇》（*Philebos*）裡面，柏拉圖的評斷也差不多是如此；他將肉體的歡愉下放到欲望的最低等級，並先承認了精神上的喜悅。在另外一個晚年的著作當中，柏拉圖的態度稍微放軟了一些；他在《法律篇》裡坦承，肉體的歡愉對人類來說是根本的，並不只是把認知蒙上朦朧迷霧的惱人之物。

同樣讓柏拉圖感到為難的還有美與藝術。柏拉圖的文化政治動機始終是教育；美對他來說是的確很重要，但不是為了感官享受的緣故。於是他讓蘇格拉底在《會飲篇》中強調，當愛（厄洛斯）使美跟善合而為一的時候，就會達到盡善盡美的至高完美境界。厄洛斯是一種感官先受到所見之物吸引的神聖精神。這種美是一種記憶，是自由飄泊的靈魂在重生之前，曾在理型世界中見識過那個震懾之美所發出的一縷氣息；一種魔幻的欲望衝動驅使厄洛斯親近這個美的理型。在最簡潔的階段，它為所有美麗身軀傾心著迷，然後從感官往上推進至精神層面，並且喜愛「美麗的靈魂」；對美麗靈魂的愛慕不斷升級，衍

[196]

生出在所有精神之物中對美的熱愛。接著在最高的階段，奮發向上的厄洛斯看見美的理型光芒；於是這個精神中所有低等的肉體欲望似乎就在這裡被洗滌了，欲望變成了一種眼光，而美麗同時變成了智慧。

這個對美的概念有多超越塵世，它在哲學史中帶來的影響也就變得多巨大：人類在美當中看見理型的感官表象！從普羅丁到黑格爾、再到恩斯特・布洛赫（Ernst Bloch），都可以發現這種**藝術存有學**（Kunstontologie）的延續——有一種純粹的美，作為高高在上的事物預兆和允諾，以感官能夠感知到的方式現身在藝術裡。

同樣的思維也形塑了柏拉圖對藝術的理解。秩序、尺度標準、和諧比例與對稱都是「美」，這個觀念可能是屬於他時代的普遍思維。和畫家在彩繪花瓶的時候沒有什麼不同，衛城的建築設計師也遵照這些方針來建造神廟。然而，真的有必要極端地認為，諸如圓形或者正方形等幾何圖形從根本上比漂亮的人來得更美嗎？對柏拉圖而言，這就是他的哲學美學帶來的必然結果：絕對的美只存在於抽象的事物之中。（現代繪畫的至上主義者、未來主義者和結構主義者應該都會從中獲得屬於他們的樂趣。）

對柏拉圖時代的各種藝術來講，這是它們只能滯於下方的標竿。只有建築獲得了柏拉圖的青睞，因為它不是依樣畫葫蘆，而是創造。否則，他認為藝術大多將事物籠罩在迷霧中，並導致了誤導、欺騙、引發尖銳情感、加劇不良本能並傷風敗俗的結果。如果人類世界的所有表象不過是理型的仿製品，而藝術模仿了這個仿製品，那麼就會製造出雙重仿製品；與其說是力求真實，不如說它們只是仿造了非原本真實的事物。藝術家與其繪製映像的映像，不如試著接近原型，然而柏拉圖從未在任一處見證過。

[197]

對柏拉圖來說，美學並不是主觀而是客觀的事物，它的光輝來自於人類經驗世界之外預定的美的理型。對他來說，藝術中的主觀自我實現是愚蠢的兒戲，應該受到道德譴責。隨著傳思電音翩然起舞的舞者、使人激動且心醉神迷的音樂、玩弄並煽動聽眾的熱情與情緒波動的詩人跟劇作家——這一切，柏拉圖認為他們最好都不該存在；世界對「說謊成性」的詩人的需求，跟對譁眾取寵又輕浮的劇作家的需求一樣少。可以想見，在美善之邦裡基本上是安靜的，只有振奮人心的頌歌、合唱詩和讚美詩此起彼落；這些詩歌由受到神聖靈感醍醐灌頂的藝術家們所譜成，以便他們謹慎小心地感受那真／善／美……

國家對婚姻、家庭與私有財產的抨擊

不過，讓我們回到理想國的建立——除了狂歡、高歌和縱情恣欲之外，還有什麼是阻礙集體良性發展的最大絆腳石？柏拉圖清楚點出了一個敵人，那就是人類自掃門前雪的自私。要是人人都只顧著在自己的私人家庭當中追求盡可能安逸又富足的人生，國家要如何大功告成？家庭對柏拉圖而言屬於唯物主義，而非理想主義；它是理性與國家利益的對立面、邏各斯的敵人，既自私又過份。於是，國家的所有力量必須集中在約束私人家庭自作主張的需求；一旦個人和官方的利己主義獲得釋放，照柏拉圖的看法，就會產生他自己致力對抗的專制統治。因此在美善之邦內部，應該滿足的只有住民的真正需求，而非他們對財產卑劣的貪婪。

沒有哪個國家社會主義能做到像柏拉圖想像出來的美麗新城市的這個地步。後來的馬克思及恩格斯（Friedrich Engels）所建構出來的幻想世界裡，人人都過著盡可能不受國家介入且相當尊貴的（家庭）生活；柏拉圖則與此相反，一切都將被收歸國有。

為了初步打破家庭的權力，國家早在傳宗接代的階段就出手干涉。生育必須被理性規範，卓越傑出的家庭才獲准繁衍後代，比較不優秀的家庭生育願望會被回絕，因此永遠不會有無益於城邦福祉的孩子出生。除此之外，出生的嬰孩應該要健康，而不能體弱多病或殘障，要是生出了殘缺不全的嬰孩，那他們就等著被丟棄。柏拉圖的優生學在今天的我們看來，自然是慘無人道；不過在他的時代裡，鮮少有人對此感到忿忿不平。不只未開化的原始民族在幾千年來棄養殘障的新生兒，就連在古代世界裡——最為著名的例子為斯巴達——，遺棄或殺害身體有殘缺的嬰兒同樣很普遍。

對付家庭的第二個打擊計劃裡，柏拉圖將孩子的教養指定為國家的任務；它單獨負起全責，並且透過完善的教養系統確保每個孩子都能按照自己的天賦獲得支持。與其像在真實的雅典和世界其他地方所發生的那樣，孩子們藉著享有特權的家世背景獲得一條直通國家頂端的路線，他們更應當在他們才能的自由競爭中互相一較高下。因此，青年們不僅為了奧林匹克運動會強身健體，還為了國家的任務而競爭。只願最好的、最適合的與最有幹練的人勝出。

這個機會均等的兒童與青年選拔，顯現出的特別現代之處在於兩性之間的平等！儘管柏拉圖不是唯一想到這點的人，至少在喜劇中——想一想亞里斯多芬的《呂西斯忒拉忒》（*Lysistrata*）——已經談論到這一件事。不過，柏拉圖的建議還是令人感到不可思議，他並不因為家庭是婦女工作的世界而對其不屑一顧。在這一點，他遠比自己的前輩們還要更進步；對他而言，女人並非因為天生的職責而擔任母職和打理家務，事實上是我們將母親的職責及家務的責任與女人的天性聯想在一起，因為我們限縮了女人的社會角色。根據柏拉圖的說法，家庭世界培養出了諸如貪得無厭與嗜財如命的惡劣特質，女人應當和男人一樣及早敬而遠之；因此，在美善之邦之中連女人都有權利得以受國家教育，以及從事符合她們才能的職業。在（衛士有義務完成的）兵役當中，她們在軍事上與男人一視同仁。她們可以自由選擇配偶，並且在法庭之上與男人享有同等的待遇。

這是一種烏托邦式的幻想，而且激進又極端！因為，這個情景在柏拉圖時代的雅典與希臘世界裡的任何一處，都沒有半點跡象。女性與男性一起被拉拔成人，以及他們如何從事音樂和裸體做體操的畫面都難以想像！不隸屬於非自由的下等階級、從事職業行為的女人，就只有可能是妓女。女人是禁止與家庭以外的社會接觸，而且婚姻伴侶的選擇並不自由，女人被迫與人結婚——就和今天仍在世上許多地區發生的一樣。她們是擁有她們的男人的財產，在法庭上也沒有法律行為能力。

相較之下，柏拉圖的理想國多麼進步啊！儘管如此，所有權利都只是高等公民的專利，不適用於那些敗在高等教育系統最低要求的人。根據古老的習俗和傳統，他們會成為工匠和農民。只有至少適合衛士職位的女性，才會獲得權利，至於沒有自由的服苦役者與奴隸就更不用說了，他們打從一開始就沒能參加比賽。如此說來，柏拉圖對奴隸及服苦役者的社會偏見明顯比對女人的偏見還要大。大多數的人民一開始就已經被排除在外，對服苦役的人以及奴隸之中的女性而言則一切照舊。柏拉圖的想法有多現代，它們因著對女人的同理心或「公平正義」原則而滋長的機率就有多微小。我們可以從柏拉圖發表的意見察覺到，女人的命運對他個人而言無關緊要；他並不以「知女者」的名號名留青史。女性衛士與男性衛士的平等權利並非以改善女人的命運為目的，只是一心一意為了摧毀特權階層中的家庭。

誰掌握著國家的命運，誰就應當擺脫個人的七情六欲、利益和貪婪之心——這是柏拉圖從他自己祖國的道德淪喪中汲取的精髓。如果他為此必須接受位階更高的女性平權的話，那就這樣吧；反正認為女人不怎麼重要的人，也可以賦予她們形式上的平等。儘管如此，還是可以在許多地方感受到柏拉圖的不滿：比起別人的孩子，錯誤地更偏愛自己親生的小孩，不就是女人的天性嗎？難道這不是女人更傾向自己建立家庭的原因嗎？傾向於築巢、寵溺自己的後代、培養造就女人及女性化特質，以及渴求越來越多家產的原因？柏拉圖得出的結論是：無論如何都應該將該女人阻隔在教養體系之外，只准許男人撫育孩童；唯有成功放棄自己全部性別角色的女人才能設法成為哲人王，男人相反地則必須保持原樣。

透過國家利益的邏各斯來打破家庭的權力，這是美善之邦的第一個的亮點。第二個則是用精神上的貴族來取代民主制度之中企求權力的世襲貴族階級；貴族應該維持，只不過統治的這群人應該名副其實

[200]

地是國家的菁英，而不是最有財力背景。柏拉圖所謂的哲人王和衛士壓根不該為了幾個臭錢工作，他們應該為榮譽工作。從傳統貴族倫理的角度來看，這是前後一致的；倘若社會價值令人惋惜的衰敗確實是金錢和市場導致的結果，那麼美善之邦裡的貨幣經濟就必須被限制在最低程度。政治的進行應該再次回復到毫不受銅臭介入的狀態，就如往昔一般，而且統治者們僅靠他們城外農地的作物應該維生無虞。

從這個意義上來說，柏拉圖的理想國是他所屬時代的債務經濟的一貫答案。他所提出的建議，是貴族反對遠距貿易和金融業、反對貸款和利息的抗議行動的一部分，這些事物在一定程度上為非自由的商販階級累積了可觀的財富。柏拉圖很明確地反對新的貿易及債務經濟。在民主制度裡，所有公民滿腦子想的只剩下錢和財產，並且被徹底忽略：他們中「有些人負債累累，有些人失去公民資格，有些人二者兼有。這些人同吞併他們產業的人以及其他公民住在同一座城市裡，仇恨和妒忌這些人，他們拿起武器，就像雄蜂長出螫針，急切地希望革命。」[79]❻從困擾著城裡人人的這種渴求金錢和財產的自殺性貪欲中，放債者寡廉鮮恥地獲取利益；「但是那些一心一意賺錢的人對這些窮漢熟視無睹，只管把自己金錢的毒針繼續放出去，尋找受騙的對象，放高利貸，收取利息，就好像一對多產的父母，使城裡的雄蜂和乞丐越來越多。」[80]❼

結果就是，在美善之邦內禁止信貸交易和利息！唯有帳單未付清的情況下，准許收取逾期的滯納金。雖然錢在理想國裡繼續存在著，可是它的意義只在於進行付款；相對之下，累積儲蓄或者投資都是禁止的。

與其作為欲望的客體，金錢應當反璞歸真回歸到支付的媒介；城邦應該要採用不具有物質實體價值

[201]

[202]

❻ 編按：引文中譯見：《柏拉圖全集第二卷》，王曉朝譯，人民出版社，二〇〇二年，頁561。

❼ 編按：引文中譯見：《柏拉圖全集第二卷》，王曉朝譯，人民出版社，二〇〇二年，頁561。

的錢幣——就像斯巴達人所使用的鐵幣、現今流通的紙幣，或者德意志民主共和國時期採用的鋁幣。柏拉圖竟然誤以為，這種沒有實質價值的錢不會被囤積！銀幣只能為了和其他希臘城市的交易而存在。在西元前四世紀的地中海地區，雅典的德拉克馬銀幣就好比今日的美元一般，是一種「世界貨幣」；它對遠距貿易來說不可或缺，不過卻應該像所有外匯一樣，在城裡兌換成沒有實質價值的錢幣。

規範金融市場、廢除利息、保障性別平等在內的機會平等、小孩完全交由國家來教養，並且讓統治者以榮譽做為報酬而統治——藉著這套激進的國家社會主義，柏拉圖以政治哲學家之姿走入歷史。蘇格拉底辯才無礙地運用靈巧的言辭闡述這些思想，但是這個烏托邦所描繪的，可能是有史以來為希臘城市設計過的最為困難的替代方案。而且，這個烏托邦就其自身理解而言，並非許多可能建議中的其中之一；蘇格拉底認為，柏拉圖的美麗城市應該是唯一一個能用哲學合理又邏輯的方式建立基礎的集體生活形式。然而，哲學的本質有辦法修復世界嗎？

馬格尼西亞，或通往那裡的道路

我們不知道柏拉圖對他自己所想的「美麗的天堂城市」有多心滿意足，對今天的我們來說，它不再像四百年後的聖經《啟示錄》裡的「天堂耶路撒冷」，那個由天使看守、熠熠生輝的夢想。但是，似乎連柏拉圖本人對自己的思想實驗也不完全感到滿意，來自他同年代人的反對意見和批評更不曾少過。對他們來說，哲人王的角色顯得太過雄心壯志與自命不凡了。對女性的新看法令眾多的傳統人士感到不滿，不管怎麼樣，在男性佔主導地位的天下，「女性主義」的推動力已經超過兩千年無法施展。美善之邦所帶有的「社會主義式」思維也是一樣，對貨幣自由交易的強力限制與防止資本堆積的禁令，在它們的歷史時刻來臨之前要經歷十分漫長的等待，而那個時刻也只是曇花一現。

然而，其他十分具體的經驗也可能深深影響了柏拉圖關於理想共同生活的未完結思考過程。西元前三六六年，據推測為《理想國》完成之後的好一段時間，他第二次動身前往西西里島。柏拉圖的一位老友狄翁（Dion）向他提出了邀請，望眼欲穿地等著與他一同進行一個偉大的計劃。一切看起來天時地利人和，敘拉古的獨裁暴君狄奧尼西奧斯一世不久前剛逝世，他的兒子兼繼位者小狄奧尼西奧斯（Dionysios II.）被公認為率直爽朗又富有求知欲；狄翁正是想要利用這個大好情勢，與柏拉圖攜手徹底改變敘拉古的政治局勢。美善之邦會在西西里島上成真嗎？

狄翁心中的詩歌維持得並不長久，因為局勢寫出的散文給了他一記當頭棒喝。比起建立理想國，小狄奧尼西奧斯內心感到心煩意亂的是完全不一樣的事情；他的統治地位八方受敵，特別是因為和新興城市迦太基所引發的交戰。當狄翁因為涉嫌政治密謀而遭到流放時，大夢初醒的柏拉圖也啟程離去；第二次嘗試在遠離雅典的模式中實現自己至少一部分的哲學想法，柏拉圖苦嘗敗果。

四年過後，第三趟同時也是最後一趟的西西里島之旅終究還是到來；這趟旅程的原因儼然不全是出於自願，據說小狄奧尼西奧斯要求以柏拉圖作為赦免狄翁的交換條件。然而，這位哲學家很快就注意到，小狄奧尼西奧斯再次畏縮，沒有膽量對政治實驗放手一搏，甚至可能還想交出手上的權力。取而代之的是，他反而利用柏拉圖的聲望來多方掩飾與提高自己與哲學沾不上邊的暴政價值。

在小狄奧尼西奧斯非但沒有履行釋放狄翁的承諾，甚至沒收其名下財產之際，柏拉圖變換路線並與這個獨裁暴君保持距離。與他同行的學生斯珀西波斯（Speusippos）甚至成了政治反對方的一份子，而柏拉圖陷入了生死存亡的關頭，飽受懷疑與威脅的他，在西元前三六〇年費盡千辛萬苦才成功出逃。與此同時，敘拉古的情勢不斷地延燒；西元前三五七年，狄翁在柏拉圖學院成員的支持下，成功藉著一小支傭兵軍隊之力推翻了那個獨裁暴君。然而政治情勢依舊動盪不安，而狄翁的權力處於千鈞一髮之際，不過他至少還任命了一個委員會，要為敘拉古起草一部公正的新憲法。事實上，狄翁究竟想要實現多大程度的美善之邦，說法眾說紛紜，很有可能他也只是個在乎自己權力的投機主義者。相較之下，柏拉圖自始至終都信任自己的朋友；據說柏拉圖藉此寫了《第七封信》向後世傳達，狄翁在敘拉古除了想建立理想國之外，沒有其他意圖，不過同時代的某些人可不這麼認為。掌權的三年後，柏拉圖的朋友在西元前三五四年淪為一場軍事政變的受害者；八年過後，小狄奧尼西奧斯重新坐上敘拉古的王位。

柏拉圖那些一無所獲的冒險旅程和在西西里島上令他大失所望的經歷，不可能在他身上遍尋不著痕跡。於是，他在年屆高齡時便認為自己有必要在備受爭議的《理想國》之後，接續編寫另外一篇關於理想國更為廣泛的對話錄：《法律篇》（*Nomoi*）。相較於「社會主義式的」美好城市，柏拉圖在《法律篇》裡的想法就像是去除多餘熱量的健怡版社會主義，他將一切回歸至家庭與私有財產的領域。柏拉圖合理地僅將自己的新國家烏托邦視為「次佳的國家」——但至少認為是可以實踐的。

這個場景的開頭像是個玩笑：一個雅典人、一個斯巴達人和一個克里特島人為了進行關於理想國的腦力激盪而齊聚一堂。背景相當理想：克里特島上即將要建立一個名為「馬格尼西亞」的新城市，而這三位國家理論家共同為其創立者。時逢夏至，白天又長又熱，這三位思想家攀上從克諾索斯，越過伊達山脈，直達伊達洞穴的漫長小徑。海拔高度為一千五百公尺，登山的路途要耗費整整一天，因此有很多時間可以憑著熱情的火花對理想國進行深究。

這三個男人都年事已高，一生中曾見識過許多大風大浪。他們異口同聲地抱怨風俗道德的淪喪及當前國家遭逢的危機。有一點他們一致同意：民主制度是垃圾！獨裁專制也一樣爛。就連眾多研究學者視為柏拉圖本人的雅典人，也反對一小群菁英份子的統治，應該避免一個掌握在少數人手中過大權力的情況。儘管柏拉圖先前曾在另一部著作《政治家篇》（*Politikos*）當中為哲人王的理念辯護，但是為了理想典範難得能夠成真，要找到適合的人選顯然是難如登天。

所以，我們現在尋找第三種介於人民政權與獨裁專政之間的中庸之道。雅典人主張應維持不變，所有的私人生活都該次於公眾福祉。在馬格尼西亞，作為道德機構的國家也依然活躍；它的任務是培養公民的靈魂，從小開始教育訓練他們的美德。柏拉圖並沒有偏離這個中心思想，只是在面對美善之邦的時候，手段稍微收斂了一點。[206]

顯然，柏拉圖從他在西西里島的經歷中學到的一件事是：善意和善政並不相同！早期的他堅信，生活和共同生活的唯一重點在於辨認善的事物並養成良好的心態，其餘的便會水到渠成。相對地，老年的柏拉圖似乎懂了，懷著善意的領導人也可能在政治裡犯錯。每個善意必定會歷經糾結的情形、結果與未曾預料到的副作用，這些全部集結起來共同決定了一個行為的價值，並使之蒙上陰影。藉著這個認識，柏拉圖將政治從道德哲學的唯一統治領域中解放。重要的不僅是政治概觀，還有規則；良好的心態是一座需要穩固的橋墩，而這些支柱就是法律。

這樣看來，《法律篇》比《理想國》還要現代，並且近似我們今天對政治的理解。但是就內容而言，即便它與廣泛討論的法律、管控機制和罰則方面的核心重點一致，卻仍舊堅持應該由智商與道德雙重高尚的菁英來掌握統治的權杖；與美善之邦相同，公職按照適性與才能進行分配，並且詳細列出。在一切之上矗立著作為萬物標準的神聖秩序，我們應該要在公共與私人生活中跟隨這個在我們自己之內的神聖之物。

和《理想國》相同，「次佳的國家」也規範了家庭生活的政治。結婚是義務，三十五歲還未婚的男子得為此繳交罰款；通姦是令人鄙視的禁忌。除此之外，還建議與來自不同自己社會階層的女性結婚，以便各個階層相互融合。所有方面的性行為雖然沒有禁止，卻都遭唾棄；這當中包含了男孩之愛，亦即

[207]

少年愛。男人從男孩身上尋求魚水之歡，在古希臘是常見流行的慣例，甚至被視為教養的手段。然而，早在《會飲篇》裡柏拉圖就已對此表示反對；「鬍鬚都還沒有長齊」的男孩是兒童而非男人，因此是性的禁忌。

就兒童的教養而言，柏拉圖允許父母至少在孩童年幼的時候將他們留在身邊。在此，「希臘人」提供了一系列的醫學及教育學指導，除了——可能是柏拉圖的所有後代門生之中最好學的——阿爾巴尼亞的獨裁者恩維爾·霍查❽之外，大概不曾有任何國家元首像柏拉圖這樣，如此鉅細靡遺地向自己的公民訂定育兒的規定。早在懷孕期間，母親就必須透過體操、運動及穩定平和的情緒盡可能使胎兒得到適性照護；在最初的幾年內，應該盡量帶著孩子著到處行動，以加強基本的信任。男孩與女孩都要平等地教育，就像左右手都要接受挑戰與支持，不得因為處罰傷害孩童的尊嚴。體操與曼妙的舞蹈可以強健精神與心靈。遊戲很重要，但是要確保遊戲有教育意義；不過木製玩具沒有被規定為指定玩具，畢竟當時還沒有其他選擇……

雅典人對城市規模和財產分佈的概念相當靜態。一切從一開始就確定了，而且盡可能不更動。馬格尼西亞要為五千零四十戶家庭提供居住空間，他建議藉由抽籤的方式，讓少部分不允許出售的地產讓公民持有。為所有物與財產而爭論不休是共同生活的萬惡之源，因為不得擴展家庭，所以這個問題在馬格尼西亞內已經解決了。這裡允許些許的不公平，但是受到「一比五」法規的追加法律限制，所有人擁有的財產都不得超過國家保障最貧困人口最低生活水準的五倍。

我們所談論的這一切都與金錢無關，而是關於土地所有權和動產；因為金錢在馬格尼西亞與在美善

[208]

❽ 譯注：Enver Hodscha，1908-1985；阿爾巴尼亞革命家、思想家、政治家、外交家與軍事家，曾掌權長達四十年之久。

之邦裡一樣無足輕重。禁止持有黃金和白銀，貸款與信用交易也一樣不允許：「任何個人」都不能「擁有金銀，只能擁有日常交換用的流通貨幣，因為用貨幣向手藝人支付工錢的事情幾乎無法避免」。[81] [9] 城市也應該盡量不要進行長途貿易，最好一切自給自足；顯然阿爾巴尼亞的國家元首霍查在此找到了範例，北韓的金氏王朝也是如此。馬格尼西亞是一個官員與農民的國家，手工藝交由非自由的外國人來完成。可是城內的貿易呢？一方面，它助長了人類的劣根性，使他們變得不誠實又貪婪；另一方面，柏拉圖也很清楚，不可能完全捨棄商業貿易。他找到的解決方法是，將限縮到最小程度的貿易留給持有限居留許可的外國人來進行，當然他們必須舉止得宜。禁止為產品打廣告，也不允許銷售商品時說謊與誇大其詞。

《法律篇》是最後的樣貌，是柏拉圖的國家哲學的最後更新，然而這部作品仍然未完成。這個家族被捲入城邦寡頭政治之亂的高級貴族，恢復秩序與道德的嘗試在此畫下了休止符。從今天的角度來看，他的政治烏托邦就像舊秩序對抗新時代的起義。幾乎所有被柏拉圖譴責的東西——靈魂的四分五裂、政治與道德的分離、社會的商業化與金融市場的自治性——，全都在他之後的兩千五百年內持續蓬勃發展。然而，在許多由他策劃安排的辯論對話中，柏拉圖不斷讓他筆下的參與者開口發表慧黠又引領潮流、難以捉摸、精巧機靈且極富啟發性的話語及思想，這些發言以開創性的方式推動了哲學思想。到最後，柏拉圖對我們而言，顯然是一位沒有完成任何一件大型建築，卻匯集、預測並預示未來建築風格的建築師。因此，現代的國家哲學也就是這樣從柏拉圖式的烏托邦精神當中產生——就算只是從其失敗之中取經。

---

❾ 編按：引文中譯見：《柏拉圖全集第三卷》，王曉朝譯，人民出版社，二〇〇二年，頁500。

柏拉圖死於西元前三四八或三四七年，據說他的墳墓座落於學院土地上或者該處附近。在《法律篇》裡，他將靈魂描述為「自發性運動」。[82]我們不知道他的靈魂是在他身體所處的墓中靜謐長眠，或是自此之後以變化多端的軀殼繼續在世界各地通行。不過，在道別的時刻，我們應該向他投以最後一眼，並將目光望向那些柏拉圖認為在他和我們所有人靈魂中所看見的事物……

事物的秩序

- 世界靈魂，洞察柏拉圖的宇宙
- 影子裡的敵手
- 天上的植物
- 亞里斯多德
- 「存有」是什麼意思？
- 自然的秩序
- 宇宙、猿猴、人類
- 終將消逝的靈魂、永垂不滅的精神

世界靈魂，洞察柏拉圖的宇宙

讓我們回想一下《雅典學院》這幅畫，畫作中間站著哲學家仙境的精神思想領袖：柏拉圖和亞里斯多德。到目前為止，我們已經對第一位瞭若指掌。而文藝復興時期的拉斐爾與他同時代人們是這樣看他的：留著滿臉濃密的奇特鬍鬚，有著儀態莊嚴的身形外表，而且就像米開朗基羅在西斯汀小堂內天花板上所繪製的聖父範本一樣，他嚴肅地用手指向天際。這隻指引方向的食指應該是在說：「大夥兒都看過來，一切都是從恆星另一端的理型領域獲得存在、形態、表象與意義的。理型的領域也許不是一切，但要不是因為有這個領域，一切就什麼也不是！」與此相對地，他的學生亞里斯多德，佇立在和自己老師同等級的階梯上注視著他，將伸出的手臂舉向地面，彷彿是要說：「永遠不要言過其實！」

垂直哲學與水平哲學、階級制度與分門別類、推想與經驗——這些都是拉斐爾與受他影響的許多其他人為柏拉圖和亞里斯多德創造並傳播的印象。如同我們看到的，這個印象既不是錯得離譜，卻也不是完全正確。最主要的差別並不在於思考的方位，畢竟連亞里斯多德也談到一種純粹精神思想的領域，要是完全沒有思辯的話，他也會沒轍。差別在於：對柏拉圖而言，宇宙有一**種**秩序；對亞里斯多德則是，宇宙中的萬事萬物都擁有**自己的**秩序。

儘管柏拉圖的對話錄中可以找到許多關於宇宙的指示，但為了向他的學生提供自己簡要的宇宙理論，這位名師躊躇不決了相當久。當他終於在自己晚年的著作《蒂邁歐篇》裡這麼做時，他不是選擇蘇格拉底，而是讓身為其對話對象之一的畢達哥拉斯主義者蒂邁歐開口講述這套宇宙發生論。雖然在拉斐爾的《雅典學院》畫面裡，柏拉圖腋下所夾的正是《蒂邁歐篇》，但我們在此感受到的這篇對話是極為認真而且非教條式的。因此，我們正面臨著一個困難的局面：蒂邁歐宣告的不一定是柏拉圖信念的一比一對照，另一方面，他為所謂畢達哥拉斯主義的宇宙發生論提供了一個如此驚人的空間，以至於讓人無法認定他沒辦法從中獲得任何東西了。

柏拉圖知道自己免不了要提供關於宇宙與事物本質的敘述，他的前輩們曾將舊有的神聖秩序轉化為大致上不需要神祇便能運作的自然秩序。自泰利斯、阿那克西曼德與阿那克西美尼以來，我們所碰到的不是人形角色，而是各種力量及物質。諸如巴門尼德的（寓言裡的）女神等等的特例，更是印證了這個常規。這些新的自然秩序（相對於神聖的秩序）所欠缺的是它所能帶來的倫理約束力，諸神的意志可以被貫徹或違背，但自然的意志呢？

自阿那克西曼德以來，就不乏將自然法則與人類法律相結合，並藉此創造出新的道德範本的嘗試。但是只要關係到的不是人類的靈魂本身，僅只是集體的秩序的話，這些道德的自然秩序就顯得單調又流於形式。試想一下詭辯家所玩的凶險語言遊戲，他們就像普羅塔哥拉一樣，不認得也不承認任何人類之外的尺度。但是倘若人類的舉止在宇宙中沒有固定的位置，而是無棲身之處地在充滿利益、詭計、迷惑和詐騙的世界內神出鬼沒，那就沒有什麼能夠阻止社會風氣的衰敗。對柏拉圖來說，關鍵正是這個：證明人類靈魂的秩序良好，是對制定善良行為規矩的宇宙而言不可或缺的一部分。

這自然是個艱鉅任務：一部比從前更能在宇宙中定位人類靈魂的全新草案！憑藉自然哲學，柏拉圖進入了在蘇格拉底之前，哲學耕耘得最為全面徹底的領域。然而，他自己並非自然研究者，在數學和天文的領域中也不是先驅。於是，這條路徑必須行經高度假想的地帶，很多事情會變得很難或者根本無法證明，要像柏拉圖早期透過精準定義來佐證的話是完全行不通的。用這樣的方式，要怎麼講出什麼新東西來呢？

柏拉圖以一個基本假設作為開頭，這個假設在很多和他同年代的人眼裡看來理所當然，即便我們今

[212]

天認為它具有高度臆測性質——他主張世界上的事物會有現在的樣子都**不是偶然**。有一個經常藏匿得很好的唯一的整體秩序存在著，但科學研究卻沒有辦法發現它。讓我們稍微回想一下蘇格拉底對阿那克薩哥拉的失望：事物的自然科學角度只不過是讓石頭持續向前滾動而已，它卻不長驅直入探究事物的本質。「為什麼世界是這個樣子？」這個問題需要一個穿透得更深入的眼光。

柏拉圖讓身為畢達哥拉斯主義者的蒂邁歐說起一個起源神話，這是一個典型的神話故事：試圖將無法解釋的事物帶入一個已經用同樣或類似方式多次講述的故事。說著自己不可能知道的萬物起源故事的人，當然知道自己的聽眾也明白這點。因此，起源故事的意義並不在於獲得某種全然未知事物的更高深知識，而是在於透過生動有想像力的描述，使陌生的事物變得熟悉。神話的目的是用講故事的方式克服不確定事物的壓倒性力量。

如同我們從理型論得知的，柏拉圖將感官可以感受到的世界視為一個更高級境界的仿製品，而這點對宇宙發生論帶來了很大的影響。後者不只得說明世界從何而來，還必須解釋為什麼相對於理型典範，我們感受到的事物殘缺不全。因此，一切的出發點就是出於必須在完美的領域內替有缺陷的世界作解釋的「窘境」。

根據此神話，一切始於一名神聖的工匠大師（造物神），他對基質進行加工並從中創造出世上的事物。造物神所造就的世界並非無中生有，沒有「原始生產」這回事，原始物質與理型世界兩者早已存在。造物神（出於某種原因）自我規定的任務如今在於，合理按照理型的模範造就和形塑基質。然而，基質卻是如此雜亂無章，以致創作成品沒辦法完全成功。被創造出來的事物沒有完全失去其物質性的頑強執拗，它們是被理型的理性賦予靈魂的混合產物，卻又像基質般不規則。我們的世界便是由這種歪七扭八的木材組合而成，它靜止不動又合情合理，充滿活力又雜亂無章。

[214] 根據蒂邁歐的說法，藉由造物神整頓基質並使之轉變為事物，因而產生了宇宙的空間與時間秩序。被形塑出來的世界就像一個球體，依照畢達哥拉斯學派的理論，它是所有形狀中最完滿的一個。世界在自身內外都支配著**世界靈魂**，穿透萬物並為一切帶來生命力，它移動自身，也趨動著一切。每個舉止、每個過程及所有的形成與消逝，全都因它而起，任何會移動的事物——漫布天空的星辰、徐徐吹動的風和蹦跳的青蛙——皆是被它賦予靈魂的傑作。

在那之後緊接而來的想像，包含了許多早期哲學家提出的自然推定。造物神將基質形塑成四種我們自恩培多克勒理論認識到的基本形態：火、氣、水和土。這些元素的組成是宇宙發生論裡最現代的部分，然而正如我們看到的，這也不是完全原創的構想。蒂邁歐將元素描述為幾何的形狀：四面體、八面體、二十面體和立方體；另一方面，這些（立方體除外）則是由等邊三角形所組成的，亦即所有物質的數學基本結構。

不過，這部宇宙發生論最重要的要點並非藏在物理和數學的細節裡，而是藏在認為整個過程都有靈魂生氣的想像之中！（正如我們將在哲學史的第二冊中看到的，該過程後來使謝林（Friedrich Wilhelm Schelling）及其他哲學家的「浪漫主義」哲學為之著迷。）在柏拉圖的宇宙之中，唯有生生不息而無一死。每個元素、每顆石頭和每個動態的物理過程全都擁有靈魂生氣：宇宙是活的！並且憑藉著其在理型世界中分受的部分，它具有理性！天空中的每一顆星星、每一棵橄欖樹和每一隻蝴蝶因此都像是人類，具有理性的靈魂生命力。唯一的問題就只是它們具備到何等程度。

[215] 柏拉圖做得很好的一點就是，將這個故事交由來自西西里島的畢達哥拉斯主義者講述，畢竟相較於柏拉圖筆下的蘇格拉底，人們肯定對前者提出了宇宙富有靈魂的想法見怪不怪。但蒂邁歐在不論是好是壞的畢達哥拉斯主義傳統裡，追求的不僅是理性有序的宇宙，還有人類靈魂的永垂不朽！而這正是對柏

拉圖如此重要的想法，不過其真實性可能在許多同代人眼中看來相當可疑。在人類永生不朽的話題一出現時，柏拉圖也讓對話錄中的對話參與者立即作出相應的狐疑反應：格勞孔在《理想國》當中對此搖頭，西米亞斯（Simmias）和塞貝斯在《斐多篇》中表示懷疑。

不過，柏拉圖的腦中還有另外一位對弈角色，一個為他許多同時代人帶來強大影響的人，而且顯然他寧可絕口不提這個人。儘管如此，他對這個人的理論學說再熟悉不過了，那個人就是**阿布德拉的德謨克利特**（Demokrit von Abdera）。

影子裡的敵手

在柏拉圖之前，西方世界最重要的哲學家大概非他莫屬了，而且「原子」的概念就由他所創造。他出生於大約西元前四六〇年，和蘇格拉底屬於同一個世代。據推測，他相當長壽，而他的影響活動還落在柏拉圖早期著作的時期。德謨克利特出身於阿布德拉，位於色雷斯的一處愛奧尼亞殖民地，希臘人把色雷斯人看作是「野蠻人」的同夥，認為他們來自未開化的世界。十八世紀時，德國作家克里斯多夫·馬丁·維蘭德（Christoph Martin Wieland）一鼻孔出氣地將阿布德拉的居民「阿布德拉人❶」——德謨克利特除外——變成奸詐狡猾的丑角。

根據他自己的陳述，德謨克利特由阿布德拉出發，周遊參訪了數個城市與國家，並且撰寫了無數篇所有想像得到的知識領域著作。謠傳他的作品涵蓋了柏拉圖著作涉及的範圍領域！可惜的是，當中被保存下來的只剩極小一部分。儘管如此，我們從流傳下來的記載拼湊出的來龍去脈極具高度爆炸性，尤其

❶ 譯注：克里斯多夫·馬丁·維蘭德於一七七〇年代以續集形式逐步出版的諷刺小說《阿布德拉城住民的故事》（*Die Abderiten. Eine sehr wahrscheinliche Geschichte von Herrn Hofrath Wieland*）。

[216]

是從柏拉圖的角度來看。亦即對德謨克利特而言，既不存在秩序良好的宇宙，也不存在精神思想獨有的領域，柏拉圖世界中的兩個重要概念想法之於他都是沒必要又錯誤的假說。

延續他老師**留基伯**（Leukipp）的論點，他發展出自己的自然理論，但是我們對於前者幾乎一無所知。依照該理論，自然是由微小不可分割的單位所組成——即原子！根據源於二世紀的著名醫師**蓋倫**（Galen）的說法，德謨克利特曾表示，我們認為事物具有的所有特性無非只是我們在原子之上感受到的細微差別：「事物只是看起來貌似有某種顏色，它只是嘗起來似乎是甜美或苦澀。實際上存在的唯有原子與空出的空間。」[83]

對德謨克利特來說，原子是永恆的，既不是由造物神創作，理型的精神也沒有滲入其中。自時間的開端以來，它們便以幾何形狀的形態——小球體、立方體、圓柱體或是角椎體——冰冷又了無生氣地四處飄散，亦即柏拉圖可能由此借用了他對元素精細結構的構想。德謨克利特斷定的原子或元素形態，可以毫無困難地安置於柏拉圖的宇宙發生論裡，因為這對他宇宙中的整體靈魂來說並無害。

然而，柏拉圖筆下的造物神憑藉理型的幫助而形塑事物的原料，在德謨克利特的學說中卻沒有啟發我們的世界。世界在一個原子的漩渦之中產生，漩渦中較重的部分向下沉，而較輕的則持續在上方盤旋。在這場離心旋轉的過程當中，地球與許多其他的事物誕生了，各種本質上相異的原子藉著自身的組合，自行在世界各地形成了不同的事物。這便是組成世界、星辰與火焰、水與土、植物、動物以及人類的材料，而這一切並不服從任何精神或是巧合偶然，而是自然的法則。

恩培多克勒與阿那克薩哥拉的元素理論中所建構的內容，在這裡被透徹地進行全盤思考。如果阿那克薩哥拉仍然將作為「純粹」靈魂或精神（nous，睿智）和無生命的事物區別開來的話，那麼德謨克利特就再也不知道有任何差異了。組成靈魂的原子與其他原子並沒有實體的區別，它們頂多是更細緻一

[217]

點、更光滑一點、更接近球形一點與更灼熱一點。如果在柏拉圖的想法裡，整個世界是一個完滿的球體，那麼此時在德謨克利特的理論當中，這類球體就是微小的靈魂原子。德謨克利特繼續編織恩培多克勒和阿爾克邁翁所起頭、關於呼吸和感官知覺的線繩。就如同恩培多克勒的看法，呼吸和感知對他來說就是元素或原子通過毛細孔的流入與流出。與阿爾克邁翁相同的是，對德謨克利特而言，在感官知覺之外並不存在任何認知的可能性，就連唯一的可能最好都不要高估。他寫道：「我已經說明過了，我們無法認知到現實裡的每一樣事物是如何被創造抑或不被創造。」[84]而且「在現實當中，我們什麼也認知不了，因為真理被埋藏在深處。」[85]正是諸如此類的語句，將在十九世紀時使恩格斯做出以下判斷：古典唯物主義糾結在認知的問題上。

在經驗世界和推想之間尚未確定的邊界地帶內，還存在著一個問題：基於原子理論，死後還會有生命嗎？關於這一點，古代的評論都互相牴觸。根據**奧提烏斯**（Aëtios）的說法，德謨克利特認為靈魂短暫易逝。但是這在他的思想框架內顯得不甚合理，因為如果原子是永恆的，那它們也就不朽。所以，組成靈魂的物質不受時間影響或者是跳脫時間的，於是每個靈魂的物質都永垂不朽，人類的靈魂也包括在內。好消息就到此為止。

另一方面，我們要問的是，這種想法有多令人感到安慰呢？當人類死亡時，靈魂原子重新在世界裡分散，並與其他「陌生的」原子結合成為新的人類靈魂。儘管德謨克利特的自然哲學確保了基本物質的不朽性，但是它並不保障靈魂擁有永生不息的獨特性；相反地，它將人類變成可分之體，即某種可以無限分割之物。如今，這樣的靈魂不再具有個人與道德的身份。在我死後，我便分解成永垂不朽的粒子——這種前景也不是特別有成效。

德謨克利特似乎不怎麼為其擔心。不費心思胡思亂想、充滿期望或是日暮途窮推測，而是清醒認清狀況的人，本來就處之泰然——而且比起泰然自若與愉悅心境，難道還有更高等的至福嗎？

不過，德謨克利特的著作在柏拉圖心裡掀起的大概不是從容不迫，反而是小小欽佩與大大驚愕沮喪的漣漪！對他來說，德謨克利特在歡樂唯物主義裡展現的高度智慧，和原子理論在群體生活方面顯露的道德敗壞都一樣無法隱藏。我們應該只注意原子，而不注重理型嗎？這才是真正的本質直觀嗎？除了無數的微小粒子以外，真的什麼都不剩了嗎？

儘管在德謨克利特發表過的關於倫理學的名言當中，的確可以發現某些與柏拉圖意見重疊的地方：美德受到重視，節制與審慎亦同。國家在德謨克利特的想法裡處於高度威望，追求金錢的貪欲則否。然而，他偏好的統治型態竟是民主制度，雖然他發表過一些針對同國公民的憤世嫉俗評論，德謨克利特同樣在這裡展現他的從容，並且表示政治就跟人生一樣會出錯。同時，德謨克利特的愉悅心境總是一再伴隨著深入透徹的悲觀主義：人性本不善，人們也最好不要誕生任何兒女到這世上，因為到頭來那帶來的憂愁會多過於喜悅。當話鋒來到女人，他變得十足刻薄，對他來講，女人最好都閉嘴。

我們不知道，柏拉圖對這個來自阿布德拉的人作何感想，但是他的靈魂學說及倫理學在今天看來，德謨克利特像是柏拉圖影子裡的敵手，為了對付他而創立的。這不無可能，因為在柏拉圖的時代裡，德謨克利特的名聲肯定非常響亮，在西元前四世紀之交的希臘世界裡，他大概比柏拉圖心中的導師蘇格拉底還要傑出知名得多。據說，他所屬時代裡的一位超級明星與名醫——**科斯島的希波克拉底**（Hippokrates von Kos）——曾經接受德謨克利特的指導，雖然他們年紀相當。他提出的四種體液——血液、黏液、黃色及黑色膽汁——的學說，讓人聯想到阿爾克邁翁的生理學推斷。不過，用生物學的角度取代道德的方式來解釋靈魂平衡狀態時的激情與紊亂，這種唯物主義的思想同樣也具有挑釁意味。在柏拉圖看來，關於人類自然主義的眼光必定同時令人反感又充滿威脅，這也就難怪他對醫生職位嗤之以

[219]

鼻了。這些人以某種方式與哲學家的典範形象同處競爭對立之中，然而按照柏拉圖的說法，哲學家應該比醫生還要技高一籌，因為醫生雖然懂得什麼是死亡，卻對永垂不朽一無所知……

天上的植物

「永生不朽並非人人都管得著的事。」歌德這段話的要點，柏拉圖也心知肚明。若是想要證明永生的存在，就得相對謹慎。

對柏拉圖來說，靈魂是將人類由內部凝聚在一起的核心。對此，幾乎他所有的自然哲學前輩有過的看法都如出一轍。人類不僅是物質，而是「天上的植物」，當中重現了宇宙的結構。[86]但是相較於宇宙這個永生不死的生物，人類的身體會腐朽，靈魂必須離開軀體，在另一個軀體繼續生存下去。到目前為止都還沒超出畢達哥拉斯主義的範圍。新加入的成份是，柏拉圖將靈魂分成三個不同的部位。如同先前所提，他在《理想國》裡面提到三個靈魂部位：**欲望的靈魂**、**情操的靈魂**以及**理性的靈魂**，它們也和國家分成工匠與農民、衛士以及哲人王的分層結構相符。這個三分法是柏拉圖所執行的重要革新，直到今日，學者們仍舊忙於鑽研其細節。

我們該怎麼想像三個靈魂部位之間的關係？柏拉圖運用自己的靈魂模式描繪了一種階級制度：情操的靈魂凌駕在欲望的靈魂之上，並統治它；理性靈魂對情操靈魂的關係也相同，在此也是情操受到支配。讓理性靈魂掌權而其他靈魂自我克制的人生，就是良善的一生。就像先前說過的，植物與動物對柏拉圖而言同樣具有靈魂。如果整個宇宙都是活的、並受世界靈魂賦予生命力的話，這也不足為奇了。對柏拉圖來說，作為生物的植物具有欲望的靈魂，許多動物另外還擁有情操的靈魂；理性靈魂相對高等，並僅為人類限定。人的一生如果要成功的話，那麼就必須教養自身內饑渴又渴望著光的植物，並且約束自己內部的動物狂野。過個哲學正確的人生意即學習**克制自我**！

雖然柏拉圖以解剖學的方法，精確定位了靈魂部位分別在人類的什麼地方——欲望的靈魂處於肚臍與肝臟之間、情操的靈魂在心臟附近，而理性靈魂則位在頭腦的某處——，不過他的模式卻並非真的與生物學相關。更確切地說，他談論的是道德的關係比例，靈魂部位並非各自分離存在，而是唇亡齒寒般地相互依賴。柏拉圖從西西里島眾醫生那裡學到的是，沒有什麼比適切的身心平衡狀態更好的了。許多事物都必須由心來接收，以便理性能夠與之發揮作用。要是少了膽量的情操，就不會有勇氣；少了疼痛的經驗，就不會小心謹慎；沒有情操，愛情也不存在。少了情操的泉源，就沒有精明幹練，而沒有精明幹練，美德也就不存在。

要如何確保三個部位靈魂不朽？這個問題並不好回答。為此，柏拉圖嘗試了許多不同的論證，就連柏拉圖想要幫助達成永垂不朽的靈魂也變化不定。儘管在早期與中期的對話錄中，整個靈魂應該永垂不朽，然而在晚年作品《蒂邁歐篇》裡，他卻開始劃分。這裡的重點只剩下證明理性靈魂的永久不朽的問題，而無關欲望和情緒的問題。要識別**唯一的**柏拉圖式永生不朽學說，相對而言是困難重重。

和恩培多克勒一樣，柏拉圖相信重生，新的軀體是對道德或不道德的行事祭出的獎賞或懲罰。在《斐多篇》裡，柏拉圖生動描繪出一場懲處審判，最終出現打入地獄的判決還有洗心革面的滌罪。《高爾吉亞篇》當中，一場詳盡檢視赤裸裸靈魂的死亡審判，在諸神的主持下開庭。而《理想國》內，則是有「關於那個他的神話」裡將靈魂送往天堂或冥府的揀選。以畢達哥拉斯主義的傳統來說，柏拉圖的終極目標是將靈魂最終從肉體解放。任何未達到道德的年度目標的人都不會被晉級，必須留級重來；在生活沒有嚴重失誤的情況之下，男人面臨以女人身份重返的痛苦命運。要是一切都亂七八糟的話，作為懲罰，人類可能會重生為動物，無意識的勤奮受到詛咒重生成螞蟻。與恩培多克勒不同的地方在於，植物反而置身事外，我們在《斐多篇》、《理想國》、《費德羅篇》與《蒂邁歐篇》當中閱讀到的內容都是如此。

假使失控的情緒會將人生搞得一蹋糊塗，那麼預料到的懲罰就是重生為和這些情緒相匹配的動物，柏拉圖在《蒂邁歐篇》裡如此解釋。然而，化作動物的重生極難和「唯有理性靈魂才為不朽」的觀念相容；擺脫了其他身軀的理性靈魂被困在樹蛙的身體裡，這樣子還有什麼意義？它處於這般軀殼裡要怎麼樣改善與證明自己？古老奧菲斯教的重生思想和被柏拉圖分成身體、心靈與道德三種屬性的人類靈魂，並沒有相互配合得特別好。

[222]

更令人驚訝的是柏拉圖用來理性證明不朽的聰明才智。他首次嘗試是在《斐多篇》裡：在杜撰的場景中，蘇格拉底蹲坐在牢房裡，身旁圍繞著他愁眉淚眼又震驚恐懼的朋友們。處決的執行迫在眉睫，蘇格拉底卻相當冷靜沉著又坦然，他不害怕死亡，畢竟他相信靈魂的永生不滅。他的第一個論點是，宇宙中的所有生命皆是由循環所組成。生命死亡了，並且轉變成活著的相反的死亡狀態，但就連死亡的狀態也會再次變成和它相反的生命狀態。世界遵照著辯證法的自然法則進行，這與赫拉克利特提出的主張相似。由所有存在的事物之中產生與其相反之物，而從相反之物又再次衍生出相反物，以此類推。根據蘇格拉底的說法，這個過程不會有結束的一天，所以也不會有靈魂死亡的一天。

蘇格拉底的第二個論點我們已經知道了，是關於回憶的論述：倘若人類無法藉由感官感受到理型，那他們怎麼了解理型的本質？某種知識必定已經存在他們之中，而這個知識只可能源自於更早以前的人生。緊接而來的是第三個論點：為了要認得理型，我不僅必須事先看過它們，也得將它們鑒定為理型。但是唯有在我之內存在某種能認清理型的思想性事物，我才能做到這點，然而這只能用以下說法來解釋：人類的靈魂本身就有部分屬於這個理型世界。由於理型不受時間影響並跳脫時間之外，因此人類靈

[223]

魂也必須跳脫時間，這就意味著永生不滅。

在第四個論點當中，柏拉圖筆下的蘇格拉底認為，世界固然是由對立面所組成，但這些對立面卻無法同時存在於同一件事物之上。就像寒冷是屬於雪的一部分，但熱量卻無法與之相容；有雪的時候很冷，但如果天氣變得暖和，就不會有雪了。假如人類的靈魂是生命的同義詞，這兩者的關係就如同雪和寒冷一般如影隨形，那麼靈魂和生命也就密不可分。只有肉體才會落入死亡的爪牙之中，而靈魂卻是死亡的反面，並無法相容——人總不可能同時是活又是死。

蘇格拉底在《斐多篇》當中的對話夥伴並沒有被這種「證據」乾脆地說服，顯然這個跡象表明了柏拉圖自己有所覺悟，知道自己的論述幾乎是如履薄冰。就這樣，他在後來的著作中不斷回到自己關於永生的論題，並試圖重新使之合理化。他在《理想國》裡重新使用了取自《斐多篇》的第四個論證：原則上，世界上的一切都可能被邪惡破壞，但人類的靈魂卻不會，我們可以犯下如此多的暴行，卻依舊保有自己的靈魂。柏拉圖筆下的蘇格拉底提出的最後一個完全不同的論證，是在《費德羅篇》中進行的，它相當強烈地讓人聯想到阿爾克邁翁。如同剛提到的這位，蘇格拉底也將靈魂定義為一切運動的起源，並且因此是首要原因，作為首要原因的靈魂並非形成的事物，而是早就一直存在的事物。要是它終將一死的話，世界將會陷入停擺，因為沒有了動靜，萬物皆為虛無。這聽起來並不會完全沒有說服力，只不過問題是：蘇格拉底此處談論的是哪個靈魂？他所說的難道不是只適用於偉大的世界靈魂嗎？而且，僅因為世界上的運動和生命普遍來說永生不滅，我自己的靈魂也就必然永垂不朽嗎？

在宇宙法則與人類內在生命法則之間腳踏兩條船的冒險之舉，並不完全讓人信服，就如同許多在他對話錄裡所閃現的，柏拉圖對自己提出的解釋、類比和概念的種種弱點再清楚不過。儘管如此，他仍不想放棄自己野心勃勃的目標：鍛造出渾然一**體**的世界解釋，其中所有部件都完美地交織在一起。而正是因為如此，讓他在自己那位重要性傲視群倫的學生心頭激起了質疑的聲音，而那個學生就是**亞里斯多德**！

亞里斯多德

在自然科學的領域中，如果有一名學生的作品與一位大師相似，並以突破性的一步繼往開來，他就算得上擁有顯著重要的地位。人文科學反而相反，任何與自己偉大老師太過相似的人，都被視為是信徒或模仿者。想要變得傑出，就必須與之劃清界線、反對現有學術觀點並且獨樹一格。

在我們瀏覽的這個時代亦即西元前四世紀，既沒有現今意義上的自然科學，也沒有人文科學，我們所能講出來的充其量是自然科學思維的前身，比如阿爾克邁翁、阿那克薩哥拉以及德謨克利特。然而，他們透過觀察、測量和實驗來研究世界的可能性還非常低。經驗可探究之事物的界域——**物理學**（Physik）當時尚未與**形上學**（Metaphysik）區分開來；而物理學並非如今關於自然力量的原理，而是感官可感受之事物的世界，也就是身體。相對而言，形上學則是專門在研究無法用感官探究的事物，意即位在物理學之後的事物：世界為什麼存在的準則與原因，以及那些由內部將世界凝聚在一起的法則，靈魂、精神、理性與道德的超越感官之特性。對柏拉圖而言，整個物理學只不過是雄偉形上學世界建築中一個微不足道的部分，就算「形上學」這個字彙直到柏拉圖之後的三百年來才首次被使用，他仍然被公認為西方世界的形上學之父。

若是有人想知道，亞里斯多德是和他的老師柏拉圖相似，還是宣稱自己反對他的學說，那答案為兩者皆是！作為形上學學者，他在知識論和倫理學領域上的重大的差異之中，仍然流露出某些不謀而合的地方。並且，柏拉圖在物理學的範圍裡並未為亞里斯多德遺留下任何可接續發展的學識，他對於自然的經驗性探究並不感興趣。

關於亞里斯多德的人生，我們知道得就像已知的柏拉圖生平一樣出乎意料地少。他在西元前三八四年出生於斯塔基拉，一座由愛奧尼亞人在哈爾基季基半島所建立的城市。此時柏拉圖四十五歲，位在雅典的學院已創辦了三年。據說，亞里斯多德的父親尼各馬可（Nikomachos）曾擔任馬其頓國王阿明塔斯三世（Amynthas III.）——一位不甚重要的地方諸侯——的御醫。尼各馬可很早就辭世了，所以亞里斯多德由一位監護人拉拔長大。在阿明塔斯三世過世以後，宮廷內部肆無忌憚地上演權力爭奪，亞里斯多德就是在這個時期動身離開馬其頓前往雅典。當他在西元前三六七年踏進柏拉圖的學院時，他才十七歲。他很早就開始撰寫自己的著作，並且自己授課開講。

亞里斯多德來到學院的時候，柏拉圖正好在西西里島。學生跟名師之間的互動關係如何，這在研究當中相當具有爭議性。在他的《尼各馬可倫理學》（*Nikomachische Ethik*）開頭，亞里斯多德用來批評柏拉圖提出的善的理型的那三段句子時常被拿出來引用：「儘管這種討論有點令人為難，因為形式學說是我們所敬愛的人提出來的。不過看來這還是較好的選擇，特別是作為一個哲學家，為了維護真理就得犧牲個人的東西。兩者都是我們所珍愛的，但人的責任卻要我們更尊重真理。」[87]❷後來，其他人將這段內容濃縮成那句過於傷感的語句：「吾愛吾師，可吾更愛真理！」

對柏拉圖固然懷有敬意，但並不盲目追崇——這似乎是亞里斯多德早已走上的獨立之路的精髓。依他來看，形成感官可感受之世界的根本，不在洞穴之外的推想暮光之中；取而代之地，他在洞穴之內藉由精確照亮的事物、比例及關係尋找解答。如果說柏拉圖的宇宙是一個所有部件環環相扣的世界，那麼

[226]

❷ 編按：引文中譯見：《亞里士多德全集第一卷》，中國人民大學出版社，一九九三年，頁9。

亞里斯多德便是承認那些部件都有高度的內在價值。

和柏拉圖不同的是，這些他編寫的各式各樣令人瞠目結舌、範圍極廣的作品全集，並非以一生的時間在學院的安逸當中問世。大約在柏拉圖死後的西元前三四七年，三十八歲的亞里斯多德離開雅典。成為學院院長的不是他，而是柏拉圖的姪子**斯珀西波斯**（Speusipp），他很可能是為了這件事感到憤恨不平，也可能單純是因為馬其頓的腓力二世（Philipp II.）領軍直搗希臘。雅典的霸權地位被粉碎，這座城市被馬其頓攻陷看來也只是時間早晚的問題。在這種處境下，亞里斯多德身與馬其頓息息相關的外籍人士，可能會被視為可疑人士。

於是進一步照亮洞穴內壁的這件事，發生在變化無常且困窘的長途跋涉中，我們首先在萊斯博斯島對面小亞細亞沿岸的阿索斯和阿塔內斯發現亞里斯多德的身影。這兩座城市處於赫米亞斯的攝政統治之下，他是一位昔日的柏拉圖學院同僚，受到極具影響力銀行家的幫助，他搖身一變從奴隸變成專制君主。亞里斯多德和他的三五好友在這裡度過了一段快樂卻短暫的時光，他和赫米亞斯的家族通婚，並聯合自己的學生色諾克拉底（Xenokrates）[3]與泰奧弗拉斯托斯齊心協力地勤奮蒐集植物、還有特別是動物，就為了將其鑒定並且分門別類。

三年過後，他在萊斯博斯島上的米蒂利尼生活。在他埋首於自然研究並熱切搜集資料的同時，希臘的權力結構永久地產生了變化。腓力二世繼續由北到南往前推進，他和波斯人達成了互不侵犯的協議，於是再也沒有什麼能阻擋其登上霸權的腳步了。西元前三四三年，亞里斯多德應允了國王的要求，教育其年屆十三歲的兒子亞歷山大（Alexander），這位哲學家搬遷到馬其頓的米埃札，並那裡將自己的時

[3] 編按：此處為作者筆誤，色諾克拉底為柏拉圖而非亞里斯多德的學生。

間與精力都奉獻在他身上。在那不久之後，我們可以在德爾菲看見他成為皮提亞競技會的編年史作者與歷史編纂學者。這個音樂與運動的競爭賽事是除了奧林匹克運動會以外，當時世界最重要的盛會，意義與今日的世界盃足球賽不相上下。在這段時間裡，馬其頓取得了希臘世界中的統治地位；西元前三三八年，在底比斯與雅典組成的聯軍在喀羅尼亞戰役中潰不成軍的那一刻，雙方陣線的大勢已定。希臘的各個城邦如今下滑至二等行列，希臘成了馬其頓的領土。

三年後，亞里斯多德回到雅典。在此期間坐在柏拉圖學院的領導位子上的是色諾克拉底，曾和亞里斯多德一同居留在阿索斯的老同伴。亞里斯多德刻意和柏拉圖學院保持距離，並且在公共體育館呂刻昂裡勉強維持生計；這棟建築物以**逍遙學派**（Peripatos，意即「可供散步的長廊」）之名而為人所知，據說亞里斯多德在那裡一邊蹓躂、一邊思考哲學，但這不外乎是市井軼聞。

他在這裡工作了十二年之久，講授開課並將自己的許多筆記集結成百科全書，他的教學著作就是這麼產生的。當亞歷山大大帝——在此期間征服波斯帝國的常勝將軍——在西元前三二三年死於巴比倫時，這個成果豐碩的時期便無預警地畫下了句點。雅典人逮到了機會，被誤認為對馬其頓友好的亞里斯多德得到大有問題的榮耀，能夠和以前的阿那克薩哥拉、普羅塔哥拉及蘇格拉底一樣，被控涉嫌褻瀆神明。亞里斯多德出逃至他母親在尤比亞島上的哈爾基斯所留下的房子；一年後的西元前三二二年，亞里斯多德逝世，享壽六十二歲。

沒有第二個像亞里斯多德撰寫過這麼多著作的古典時期哲學家了，他的寫作更是遠遠勝過柏拉圖，幾乎無法想像一個人如何在當時的條件下，創作出如此包羅萬象的作品。據傳，亞里斯多德寫下的內容大約有四分之一被保存了下來，然而不幸的是，其中少了全數據稱是他以柏拉圖為範本而撰寫的對話錄；它們深深影響了亞里斯多德深植在古典時期人們心中的形象，而且至少在古羅馬時期都還為人所知。相較之下，他講課的內容長時間下落不明，直到西元前一世紀中葉才被發現。當我們討論到亞里斯多德，所談及的便是這些「論文」。然而這些文獻並不只有經過這位大師之手而已，他的學生與後來的編輯者都在上面動過手腳。

他所有的文獻都旨在探討那個時代所想得到的知識領域，從修辭學到邏輯學、再到詩學、乃至動物學和倫理學。與總是使用日常用語的柏拉圖不同，亞里斯多德創造了無數的專業術語。與此同時，流傳下來作品的先後順序極具爭議，無法清楚地辨認。對比柏拉圖讓人易於描繪出的發展曲線——從「蘇格拉底式的早期著作」到中期作品再到晚期作品，類似的發展進度卻無法適用於亞里斯多德的例子上。按照推測，他可能是先著手於許多細節問題，全部都在討論思考的各式不同方法。在那之後，他轉向以經驗為依據的科學，並且最後更頻繁地致力於倫理學與政治學的討論。

亞里斯多德帶進事物之中的秩序，時至今日依然空前絕後，像他這樣以旗鼓相當的方式整頓了世界，並樹立起這樣自然哲學的概念建築的哲學家，大概是前無古人、後無來者（黑格爾或許例外）。他的成果如此宏大且具有紀念價值，新的差異、區別、概念與上位概念的數量之大，以致在此只能概略敘述。而且光是這個粗略概要就已不容小覷，並且對全然一無不知的讀者而言，可不是三兩口就能解決的小菜一碟。所以說，接下來可要睜大眼睛看好了！

「存有」是什麼意思？

如果說對柏拉圖而言，世界是一個獨一無二的大型球體，那麼對亞里斯多德來講，它就是一個有很多抽屜的藥房櫥櫃。在這個櫥櫃的三個框架上黏貼著標籤，上頭分別寫了**理論的**、**實踐的**和**生產的**（產生、創作的）物品。第一個理論事物的框架又再細分為三個抽屜——**第一哲學**（Erste Philosophie）、**數**

學（Mathematik）和**自然研究**（Naturforschung），裡頭有亞里斯多德重新分派給它們的學科專業。在第二個內含實踐事物的框架裡，我們會發現**倫理學**、**政治學**（Politik）和**修辭學**（Rhetorik）。應用藝術位於第三個框架內，也就是**手工藝**（Handwerk）、**文學作品**（Dichtung）與**醫學**（Medizin）。

根據亞里斯多德，我們應該透過掌握我們了解世界的方式來理解它。他的理論、實踐與詩歌三分法將世界根據**三種人類理解方法**加以劃分——根據我們經驗、領會及刻畫世界的方式。然而，與二十世紀的哲學意義理論相反，亞里斯多德認為我們經驗世界的方式在世界本身的構造裡已經塵埃落定。意思是，只要謹慎查核其正確性，人類對世界的經驗和世界「自身」就不會有任何差別；正確地認識世界，所認識的世界也就是正確的。亞里斯多德跟柏拉圖一樣是個**存有學者**（Ontologe），無疑認為人類實際上認識的就是客觀世界；自古希臘以來，這種思維擁有支配所有的自然科學的響力。

與之相對地，哲學則將在亞里斯多德之後的兩千年裡走上殊途，並強調在人類的認識與客觀世界之間存在著差異。要是這個差異不存在，那麼哲學便會如同有些自然科學家過去與現在相信的，將一步步徹底瓦解在科學之中。自十八世紀以來，哲學反而通常被定義為一門後設學科（Meta-Disziplin），用來反映我們對世界知識可能性的必要條件，亦即自然科學家一般很少考慮到的那些條件。

就連這個針對我們知識所需條件的基礎問題，其實也早已回溯到亞里斯多德。在他最著名關於「存有」（Sein）的作品，亦即後來被命名為《形上學》的作品裡，他探究每個認知的根據：針對一件事物說它「是」，是什麼意思？存在的事物是如何作為存在的事物？我們要什麼方法來認識它？

亞里斯多德很快便察覺到，「是」（ist）這個字擁有兩種基本含義：某物若不是**實體**（ousia/substantia）就是**偶性**（accidentia）。為第一種意思舉個例，如下：「這是一隻狗。」第二種的例子：「這條狗是棕色的。」至於偶性的話，它們的「是」又可以被用在十種不同的意思當中，或者像亞里斯

[230]

多德所講的：十種不同的**範疇**。依照其來源，這個字的意思是「指控」，但是在亞里斯多德筆下（的同名著作裡），它成了用來精確「命名」的輔助工具，並因而成為哲學史上最重要的專業術語之一。範疇就是基本性質或是存在的特徵。憑藉範疇，我能夠靠著調查事物存在的十個方面，進而更精確又清楚地領會事物：針對它們的實體、分、性質、關係、地點、時間、姿態、狀況、主動以及被動。儘管如此，這些分類為十種的鑑定因素並沒有前後一致地使用，在其他作品裡論及的有三類、五類、六類或者八類的範疇。

[231]

亞里斯多德為自己提出的細分感到歡欣鼓舞。如果說在對話錄《泰阿泰德篇》中，柏拉圖描寫的蘇格拉底表明全部的知識都源自於驚嘆，那麼現在亞里斯多德便是對他所揭開的存在結構感到嘆為觀止。**第一哲學**毫不保留地攤在他眼前，藉著如此清晰的觀念圖像，終於可以進行存在的科學了——正是柏拉圖屢戰屢敗的部分！事實上，這個**第一哲學**被證實長久又站得住腳。它經受住兩千年的時間考驗，而且中世紀的學者把亞里斯多德的《形上學》視為與《聖經》並駕齊驅的經典，並且在不知何時甚至將之擺放在比《聖經》更高的地位上，作為真理的純潔啟示。

然而，人類怎麼認識那些「存有」的事物呢？唔，首先是透過感官來感受。如同柏拉圖，亞里斯多德也將感官感受視為認知最初及最低等的形式。如果不是記憶儲存這些感知，並將它們套用到早先經驗的話，我們的經驗便不會有多大的價值。動物的思考也沒什麼兩樣，但與牠們不同的是，人類不只問**怎麼辦**？還問**為什麼**？人類能夠透過深思熟慮更精準地理解事物，並且用科學的方法探究它，他們可以自我訂定普遍的概念與理論，並以它們來評斷特殊的經驗。簡言之就是：他們有能力進行哲學思考。在終點向我們招手的獎勵是，我們看清了世界的根據和準則。

[232]

這種認知能力的等級制度許多部分都讓人聯想到柏拉圖，然而亞里斯多德並不是以世間之外的理型的觀點來探查事物的本質，而是尋找在世界本身之內構成某物本質的**普遍性**。因此，他也不完全摒棄感官認知，而是認為它在許多事物的探究上很有幫助。

在事物的本質能夠被研究之前，必須先確定思考的方法手段：我們該如何、以及用哪個途徑才能接近真理？到了亞里斯多德的時代，邏各斯這個字已經有一段很長的傳統。然而只要我們不進一步闡明邏各斯的邏輯，它便顯得異常紊亂。理性的思維怎麼運作？清楚性怎麼產生？一個說法什麼時候是正確的，又是什麼時候不正確？

亞里斯多德在此完成的成果令人拍案叫絕：他創建了邏輯學（Logik）！他以聰明機智又廣泛的方式將之系統化，並藉此開創了一個西方思想史上的里程碑。他將由普遍導向特定推論的演繹法（Deduktion），與由特定引至普遍推論的歸納法（Induktion）作出區別。自此之後，所有關於世界的假設在邏輯上來看都被看作前提，藉由這些前提，我們可以引導出一個結論。在這個過程當中，我們可以將句子根據它們的特性（肯定或否定）與它們的數量（普遍或個別）來劃分。當兩個前提容許一個無可辯駁的推導的時候，就產生了一個有邏輯的論斷。當我首先說：「所有的狗都是動物。」其次：「雷克斯是一隻狗。」那麼從中就得出了結論：「雷克斯是動物。」

亞里斯多德肯定不是第一個認清這件事的人，因為在柏拉圖的對話錄裡也可以發現類似的推論，只不過「柔和」得多而且比較不嚴謹。亞里斯多德將這套日常哲學的邏輯學評定為**辯證法**（Dialektik）；與嚴謹的邏輯學不同，它是用來檢驗論述的有效性，所以很適合作為哲學的訓練學科。在不可能進行嚴謹的真理搜索情況下，辯證的思想可以產生合理的說服力。

第三個用來接近真理的形式為**修辭學**。在這裡，邏輯上的嚴謹性最為不足，但它仍然是一項重要的手段。亞里斯多德很熟悉這個領域前輩所著作的眾多典籍，他知道修辭學不只可以是真理的方法，同樣能夠成為謊言與欺騙的手段。修辭學靠著演說者、演講和聽眾之間生動的關係而存在，用現代的詞彙表達就是，它是一種語言行為。修辭學家對社會的政治與道德都會產生直接的影響，因此他認為重要的是，要感覺到自己人類同胞的幸福和對真理的義務。他心目中最重要的特性不是邏輯，甚至不是最高的合理性，僅僅只是信譽。

自然的秩序

在亞里斯多德將**第一哲學**、人類的認知**能力**與各種認知**途徑**都進行分析並遞減分類過後，出現了一條能夠毫無窒礙、不帶偏見洞察自然的路。為此，他在《尼各馬可倫理學》中說明了最佳方法，根據這個程序，我們應當先確定現象，然後鑽研其中的困難，以便最終達成可以盡可能證明的可信見解。[88]

為了確定這個現象，亞里斯多德幾乎參考了當時整個時代的知識，並且逐一檢視作者的觀點是否可信。相對於柏拉圖大多只是將前輩當作對話伙伴，讓他們如傀儡般代言觀點，亞里斯多德則是有系統地搜索了每一個可靠來源，以便證實或是駁斥他的前輩。比方說，許多我們對愛奧尼亞自然哲學家的了解，都是多虧了這個篩選和審查。除了泰利斯、阿那克西曼德、阿那克西美尼、赫拉克利特、畢達哥拉斯、阿爾克邁翁、巴門尼德、恩培多克勒、阿那克薩哥拉、蘇格拉底、德謨克利特當然還有柏拉圖之外，許多非哲學家也一同加入這個行列，例如詩人赫西奧德、政治家梭倫或者歷史編纂學者希羅多德。

不過，亞里斯多德在自然哲學領域裡的思考與革新如此廣泛又詳盡，在不破壞其個別部分的情況下無法輕易地總結。除此之外，這些思想與創新也出現在好幾部我們不確切知道出版時間的著作裡，而且有些作品如《物理學》的內容架構也不是源自於這位大師本身。在這個情況下，關於他自然本質的複雜概念世界，也只能用稍微人為的方式在整體闡述中重現。

與柏拉圖不同，亞里斯多德想像中的世界並非被一體成型鑄造而成。柏拉圖將全數的自然現象變成最終可以回溯到理型的事物，按照理型，有了**那**空間、**那**時間、**那**宇宙、**那**運動、**那**改變以及一切其他自然與精神的表象，因為它們都各自擁有一個理型。柏拉圖為此付出的代價是，他必須以好它們好像能被感官清楚經驗到的錯覺來看待時間、空間、運動等等。但正是這點違背了每一次坦率的經驗：沒有任何人可以經驗時間和空間！在我們的感知當中，這些被聲稱為絕對的事物只不過是相對存在。我可以看見宇宙在空間中擴展，可是我看不到**那**空間；我對時間的經驗也總是相對的，從來不是絕對的。亞里斯 [235] 多德在他的《物理學》之中，曾詳盡討論過這些有關連續漸變體、無限之物、空間與時間的問題，而其中的精髓是，這些全都只是**相對可經驗的**與可描述的事物。

亞里斯多德假定時間是無限又永存的，柏拉圖則相對將其視為造物神的製作成果，但亞里斯多德並不想採取這種種創世神話。對終將一死的人類來說，無限的時間當然無法被經驗到，我們反而是透過測量來經驗時間。為此，我需要數學的數字世界，而它原則上無窮又無盡，並且測量時間時永遠不會有結束的一天。這種測量和計算發生在人類的腦海中，因此所有的時間經驗連同測量都有主觀性。一切在時間上皆於其他事物有關，這一個想法相較於柏拉圖來說是非常現代的——話雖如此，它也沒有現代到能夠使亞里斯多德從中推論出「純粹客觀的時間根本不存在」。直到非常後來的哲學家才會強調，數學與透過它來建構的時間都是人類概念世界的形式結構——這是一個至今仍能馬上激怒眾多物理學家的主張……

關於空間的情況也很類似，它也只是主觀而且相對可經驗的。與時間相反的是，亞里斯多德認為空間是有限的，因為宇宙中只存在有限的空間，並且沒有任何感官可經驗的無限性。對亞里斯多德來說，空間是無形的侷限性；無論小小地球位在中心的宇宙可能有多大，它都不是無盡的。在這個宇宙之中，具有神聖智慧的天體環繞著一團中心火焰（但不是太陽）旋轉；這些天體並非由一種已知元素，而是由「第五元素」所組成。這位經驗主義者在這裡陷入了天馬行空的幻想之中，理由很簡單：亞里斯多德不是天文學家，幾乎所有他寫下關於宇宙的文字紀錄都源自他處。

[236] 適用於時間和空間的事物也連帶適用於自然。**那唯一具體的**自然實際上並不存在，存在的只有諸如石頭或生物的自然**事物**；自然**過程**存在，就像樹木的生長與風的吹動；而使這些過程得以形成的自然**力量**也存在。其中的每一樣都是自然，全部集合在一起同樣也是。

用來識別自然**原因**的理解方法也並非渾然一體。這是一個新的想法，並且把舊有世界解釋的簡樸說法都相對化。因為，對於亞里斯多德來說，詢問某件事物原因的問題，可以以四種不一樣的方式提出。他拿銅像當作例子。當我詢問它存在的原因為何，我**首先**可以說：因為有青銅作為材料，沒有青銅就沒有銅像，所以該雕像擁有**質料因**（Materialursache）；**其次而言**，這座雕像有一個雕刻家設計基礎的形體，其為**形式因**（Formursache）；第三，因為有位藝術家出手創作，該雕像才得以成形，他的製作勞動是**動力因**（Wirkungsursache）；**第四**，該藝術家製作此物必定有個理由，舉例來說他可能打算創造一件裝飾品或用以祭拜之物，此雕像存在是因為要達成一個目的，那就是**目的因**（Finalursache）。

如果我想知道自然是什麼樣子，我就必須考慮其中存在著各種不同的原因和複雜功能的關係。某件事物之所以現在的樣子，並不是只存在一**個**原因，而是**好幾個**。如今，在人類與自然各自的創作之間當然存在既有的重要差別，一個在與銅像對照之下懸而未決的問題，在自然之中**形式因**從何而來的疑問。事物皆是經由**運動**成形，這個字彙是一個亞里斯多德投注了許多思索心力的關鍵概念。

自然界中的一切事物都處於運動之中、形成、變化及消逝。當動物或行星移動的時候，牠或它就變換了空間。[237] 身體延展膨脹或收縮變小，某物變得乾燥或潮濕、熱或冷，種子變成樹木。實體、數量、性質和狀態都可能如此變化。樹由種子開始發展，就是為了成為樹。根據亞里斯多德的說法，種子是樹木的「缺陷」狀態，唯有長成的樹才算達成目標，並且成為完成的形態。材質即是這樣成形，一切事物都是如此由缺陷變換形態，並從可能成為現實。

不過，這種運動原本來自哪裡？亞里斯多德在《形上學》著名的第十二卷當中給出了答案。根據該解答，世界上的運動皆是透過一名**不動的原動者**（Unbewegter Beweger）而產生，這是一種啟動世界過程的「純粹精神」。這個使世界活動的精神本質上比柏拉圖的造物神來得更抽象，因為它唯一的作為就是啟動。它開創但不像創世紀的猶太神那樣創造，它沒有任何目標和意圖，也沒有任何創作計畫。倒不如說它是一種賦予生氣的精神，加上被阿那克薩哥拉和德謨克利特視作世界推手的物理力量所混合而成的產物。對亞里斯多德來說，兩種極端都無法被接受。作為人的神不可能存在，因為人都是有生命的肉體，因此並非永生不死或無限的。相對而言，光是指向物理學也沒有用，因為它解釋不了運動源自何方。亞里斯多德對留基伯和德謨克利特提出批判：「可是，關於運動的問題，它來自於何處以及在哪裡接近事物，卻也被他們……冷落在一旁，連為此絞盡腦汁都沒有。」[89]

雖然此時亞里斯多德的不動的原動者還能勉強作為對運動起源的說明，但是他還沒有解釋自然中的事物是遵照哪種特定的智慧，進而形成運作得天衣無縫的樣貌。我們應該在此再次回想那尊銅像，它的目的——其目的因——源自於創造它的雕塑家，而他有一個塑造它的理由。儘管在人類世界中要找到目的是輕而易舉，但是情況換成是自然的話便出現了問題：如此符合目的的想出這一切的人究竟是誰？

如果讓神來負起這個責任的話，答案就很簡單了，只不過，這位神必須是一個非常複雜的（超）人，有著超高的創造智能和明確的意圖。可是亞里斯多德沒有讓事情變得這麼容易，因為他的「不動的原動者」絲毫沒有想用這種熱中細節的方式干涉自然的秩序。更確切地說，它在乎的是自己，它是只將注意力投注在自己身上，從未踏出純粹精神領域一步的精神。

對亞里斯多德來說，自然中的一切都符合目的而存在，控制自然傑作的不是偶然，而是**為了什麼目的？**根據目的功能，人類的門牙用來切斷食物，臼齒用來磨碎。然而這裡的「合目的性」還不是指生物具備為了生存的適當條件，而是指生物的目的是自身的生命活動、合乎自然的生物自我發展。如此一來，每個生物都是其自身的能量中心，目的是維持自身的生命。

可是，是誰這麼聰明想出了這個點子？亞里斯多德拒絕和柏拉圖一樣讓偉大的總體理性支配宇宙。根據他的想法，我們在目的因的世界裡面臨的是**沒有目的之合目的性**。

倘若每個生物都具有符合目的之配備，亞里斯多德對自然的想像便有朝向某個目標（**目的論**〔Teleologie〕）的方向；但是在它之中卻不存在任何整體目的論，也不存在任何整部自然劇本的全面意義。如果這樣的意義不存在的話，那麼產生合目的性的運作體制是根據哪些「無理性的」規則運作的呢？這個問題在超越兩千年的時間內一直沒有得到解答。直到十八世紀與十九世紀初，法國自然科學家布豐（Georges-Louis Leclerc de Buffon）、拉馬克（Jean-Baptiste de Lamarck）與聖伊萊爾（Étienne Geoffroy Saint-Hilaire）才會接手這個問題，並且找尋非宗教性的解釋。而在數世紀後，他們的英國同行達爾文和華萊士（Alfred Russel Wallace）會以一種方式來解釋偶然事件的遊戲規則，使自然瘋狂行為的方法變得更加明顯可見。

宇宙、猿猴、人類

現在，讓我們開始和亞里斯多德一起整頓自然。首先我們注意到的第一件事是什麼？對柏拉圖這位叛逆的學生而言，注意到問題如下：有些事物可以用感官感受和研究，例如歐洲倉鼠、蒲公英和所有脊椎動物的眼睛；另外也有抽象的概念與準則，像是動物、植物或數字二。該怎麼想像這兩者之間的關聯呢？「人類」或漢斯．邁亞，哪一個「比較真實」？亞里斯多德與柏拉圖所見略同，他也認為「人類」的本質名稱比漢斯．邁亞來得更真實。然而，他和柏拉圖的差別在於，他知道作為感官事物的漢斯．邁亞雖然存在世界上，「人類」卻不存在。亞里斯多德不認識任何應該先於或凌駕其他之上的存在領域，或者如哲學家們所言的任何先驗的認知。如此一來，也就不存在健康、美麗與愚蠢本身，而是只有健康的、美麗的或愚蠢的人。普遍化的敘述、抽象概念和本質名稱都可能、有意義、正確而且重要，但它們（與柏拉圖的理型有別）並**不是實體**！

所以，整頓自然就意味著要用某種本身根本不作為事物存在的東西來整頓事物。由今天的角度來看，我們可以說我們只不過是用字彙來分類事物；但是亞里斯多德卻很確定，字彙不光只是字彙而已。對他來說，人類、動物、美麗、差異性等等都**存在**世界上，只是不是實體性的罷了。他完全相信正確使用的語言就是反映真實世界的忠實映象，因此自然可以用字彙劃分出本質與非本質、更高級和較低級、普遍與特定。

亞里斯多德萬萬料想不到，有朝一日他會帶給基督教中世紀什麼遺產！他曾經駁斥過先驗認知的存在，並且曾將諸如「人類」或「動物」的普遍名稱解釋成人類的觀念，而不是神聖的理型；儘管他仍然相信「人類」存在，但是對這些想法的爆炸力卻於事無補。普遍事物事實上是作為**事物**，還是只作為**語詞**存在的這個問題，之後使中世紀學術界各方吵得不可開交，基督教神學的整棟信仰建築也都仰賴於此。

不過，亞里斯多德對這個埋藏在他理論裡的炸藥卻絲毫未覺。對於他所生活在其中的世界，他的觀點絕對不像一千五百年後那麼挑釁。他只是想要整頓，而不是造成人心惶惶。他在這個基礎上起草的關於動物學的著作，在歷史上空前絕後；保存下來的文獻中，絕大部分的焦點都放在對有生命的自然的研究與分類（我們知道針對此主題的其他作品皆已散佚）。當我們今天講到解剖學與生理學、遺傳理論或是行為生態學的時候，我們正沿著亞里斯多德的腳步，有時也在概念上行走。雖然「生物學」這個字不是源自於他，而是就其今日作為「生命科學」的用法來說，直到十八至十九世紀之交才開始盛行，但是亞里斯多德無疑是第一位也是對接下來兩千年後世來說最重要的生物學家。

亞里斯多德作了一番多采多姿的先鋒事業，但是這個任務相當艱難。我們應該依照什麼準則將動物分類，應該根據哪些範疇來安排處理牠們？亞里斯多德認識家庭寵物和野生動物、肉食性動物和草食性動物、有血動物和無血動物、妊娠期短和長的動物；帶有毛皮、羽毛、鱗片和甲殼的動物；有冬眠習性和沒有的動物、生育週期短和長的動物；水生、陸生和空中飛的動物；夜行性或晝行性動物、擁有高度發展和發展不全新生兒的動物、非群居和群居動物、往南方遷徙的動物和留在原地的動物。現在，在這個帶有無數重疊、子集、互相包含或排斥之準則的雜亂無章世界裡，什麼才凌駕在其他之上？如果模仿柏拉圖的寫作手法，用亞里斯多德來提問：那麼，哪一個比其他還要來得根本？

有血管系統與無血動物之間的差別，是他採用的差別當中級別最高的；至今，該差異仍然將脊椎動物與無脊椎動物的界域一分為二。第二種區別是在脊椎動物之下，將卵生動物（鳥類、爬蟲類、兩棲類、魚類）與胎生動物（哺乳類動物）分開。在無脊椎動物的部分，亞里斯多德在烏賊、蟹類、貝類及昆蟲之間看見了根本差異。和阿那克薩哥拉與德謨克利特背道而馳的是，亞里斯多德認知到遺傳的重要遊戲規則。這兩位前輩認為，剛出生的生物是在子宮裡已經完全成形的雙親複製品，據此一說，一切早在初始階段就已經形成了。反之，亞里斯多德在不同的階段研究受精的雞蛋，並清楚意識到生物是按照編程逐漸發展成形的。

亞里斯多德在這裡斷定的結論適用於所有動物，也包含人類在內；後者是一種血液動物、胎生，其身體結構在動物界之中也沒什麼特殊。猴子看起來不也很類似嗎？人類是不是便因此作為萬獸之中的動物，從屬於動物學的領域之下呢？若是有人一開始便不是學習柏拉圖把眼光集中在理性靈魂上，而是像亞里斯多德那樣以動物學的角度來審視人類，他必定會在這個處境上陷入長考。

關於人類與猿猴之間關聯的問題並不新穎，柏拉圖記載赫拉克利特的兩句話流傳了下來：「與人類相比，最美麗的猴子也相形見絀。」還有「最有智慧的人類若是被推到神的面前，他在智慧、美麗和一切方面都將活像隻猴子。」[90] 但柏拉圖並不是出於對動物學的興趣而引用赫拉克利特的話，這充其量是根據赫拉克利特和柏拉圖將人類在宇宙中定位為混合生物的道德性動物學。一方面，因為他們的外型及肉體欲望，人類之中有著某種較低等、類似猴子的成份；另一方面，他們卻藉著邏各斯的參與他們的理性靈魂，從中脫離並取得些許神聖的性質。不過，有多少成份的猴子或神祇支配著人類，這對柏拉圖來而言是他們有沒有理性道德過生活的問題。我們不是諸神也不會變成神，但我們至少能夠以祂們為目標奮發向上；我們並非生而為畜，卻可能朝其向下沉淪。品行不端的「如猴❹」之人將會被某種相符的重生懲罰，這樣一來隱喻便成了陰森現實；在這方面就可以說，有的猴子是人類的後裔。相反的內容，柏拉圖就懂得略而不提了……

結果，亞里斯多德看待人類和猿猴的眼光比較不具道德性。雖然他也熟悉自然階梯，其所及之處從植物經過動物和人類一，直延展到恆星（！）。可是被當作標準的並非道德的完美，而是實體性的完整。由這個角度來審視，人類之所以和所有其他血液動物有所區別，是因為他們直立用兩隻腳行走，並

[242]

❹譯注：原文為「äffisch」，此單字還能用來形容人愚蠢缺乏理性，可視作語意上的雙關。

因此在「所有動物中，具有最大的足。」[91]

亞里斯多德並不知道人猿這種動物。直到十七世紀，歐洲科學家才首次親眼目睹第一批紅毛猩猩。不過，他所熟悉的猿猴和人類相當類似的這個事實，無法隱瞞這位明察秋毫的觀察者：「有的動物介於人類與四足動物之間，比方說猿猴、長尾猴和狒狒……。雌性動物的私處和女人的相似，然而雄性動物的跟狗更像。」猿猴是一種「中間形態」，因為牠們「作為兩足動物沒有尾巴、作為四足動物沒有臀」——亞里斯多德的這個論斷有些怪異，因為前面提及的、並在埃及作為家寵物而聞名的長尾猴，全都有尾巴。顯然當時在地中海地區還相當普遍的無尾巴巴利獼猴，在亞里斯多德看來就是該種類的原型。

憑藉著「直立行走」，第一個為了將人類與其他動物區分開的重要動物學準則便問世了。相對在靈魂的方面，亞里斯多德在人類與猿猴之間明顯看見了許多共同點：猿猴同樣也會表現出多樣的情緒，並且無微不至地照料自己的幼獸。牠們唯獨不會哈哈大笑，所以這持續是一種專屬於人類的活動。理性當然同樣是猴子不懂得發掘的人類寶藏，同樣也是因為人類的直立行走。阿那克薩哥拉所講過的那句話——正是人類有手才使自己成為最有智慧的動物——被亞里斯多德顛倒過來，正是因為人類是最有智慧的動物，他才有雙手。透過直立行走而空出的雙手歸入合目的性的準則之下，雙手是「一種工具或器官，自然像有實踐智慧的人類，把每種器官賦予能夠使用它的動物。」[92] ❺由今天的角度來看，真理似乎就位於中間的某處。像是在直立行走的部分，我們要面臨的是一個由偶然事件所形成的相互作用，絕對不是一種有智慧的預先注定。

❺ 編按：引文中譯見：《亞里士多德全集第四卷》，中國人民大學出版社，一九九三年，頁131。

終將消逝的靈魂、永垂不滅的精神

[244]

按照亞里斯多德的理解，從事動物學這門專業就意味著用由小而大的方式研究世界。基礎的生命原則有哪些？而它們如何組織成為更高等級的形式？柏拉圖在《蒂邁歐篇》當中以最大的整體作為出發點，亦即世界靈魂的誕生是為了讓人類參與其中。相對地，亞里斯多德則是將人類的靈魂認定為一種最小單位的更高發展，意即作為**普遍生命原則**的靈魂的更高發展。

亞里斯多德將靈魂的難題當作物理學的問題來處理。這對今天的有些讀者來說很古怪，但是亞里斯多德在聽到「靈魂」的時候，所想到的並不是後來基督徒心中的罪與救贖，也不是十七世紀的笛卡兒會想到的「意識」，而後來浪漫主義者把靈魂與主觀感受連結起來的作法，和他更是八竿子打不著。對亞里斯多德而言，這個概念屬於一切活著的事物；靈魂是有組織的身體形式，其餘什麼都不是。

靈魂將生命力帶入物質之中，這點在亞里斯多德的時代無庸置疑。問題只是這個靈魂的本質為何物——是像德謨克利特的理論那樣，由最細微的部分所組成，抑或是像柏拉圖所言是純粹的精神？它是感官世界的一部分，還是超越感官？而在它之上那對我們人類重要並促成身份的東西，會終將消逝還是永垂不朽？

[245]

柏拉圖主張靈魂與身體完全不一樣的論點，被亞里斯多德毅然決然打了回票。在基礎的意義上來說，每一段他在植物與動物身上首次見識到的生命過程都是物理過程。是的，整個植物和動物的有機體都以符合生命目的的方式，被設定為能夠成就並產生生命的結構。有了這套結構，外部的生命力量或進入物質內部的精神無非是多此一舉。然而，面對德謨克利特及幾個唯物主義者擁護的卑劣唯物主義，亞里斯多德也無法有什麼作為，因為單純說靈魂和一切其餘事物皆是由元素所組成的說法，依然無法解釋它如何產生影響以及產生什麼影響。

也就是說，靈魂的奧祕仍深埋在動植物本身的軀體內而未被揭露，它既不能單獨通過身體也不能透過外來的精神成份解釋。根據亞里斯多德，該生命原則更確切地說是微妙細緻的相互合作。他在他的著作《論靈魂》中，探討由肉體與靈魂組成的不可分割統一單位。他所用的基本概念為「質料」和「形式」，就好比雕刻家使用與加工的青銅，直到被形塑才會成為雕像，生物的肉體也是直到被塑造才會獲得生命。透過可能性與塑造的行為，生物被賦予靈魂；但是和從外部接近青銅的雕刻家不同的是，雕塑原則被安置在所有生物自身之內——這就是先前提及過的所有生命的合目的性與目的明確性。也就是說，靈魂的位置既不在肉體裡，靈魂也不是雕刻家，其實是形塑與成形的雕塑原則。

其中最突出的要點是：對亞里斯多德而言，靈魂既非事物也非質料，更多是**有生命之物的原則**，將生命與無生命之物劃分開來。生物若是被賦予生命力，則賦予生命力的行動與創造力便達成目標。在這個意義上，亞里斯多德論及的是**圓滿實現**，即「達成目標」。

所以，生物不**具有**靈魂，而是他（牠）們**就是**靈魂；因為沒有了靈魂，他（牠）們就不是生物。可是我們該如何想像這個靈魂呢？植物的靈魂和動物的靈魂，所有的靈魂都同等嗎？人類的靈魂是否就因此與蕁麻的靈魂沒有差別？到了這個地步，亞里斯多德的自然位階就登場了，因為就算靈魂的原則放諸四海皆同，但人類靈魂所擁有的能力卻還是和牛肝菌的靈魂不一樣。最底層等級的**植物靈魂**，使我們認識到滋養自己、生長及繁殖的能力；高一等級的**動物靈魂**，又加上了感知和追求某種東西的能力。任何看見、聽見或品嘗到某種東西的動物，都會察覺到自己看見、聽見或嘗到某物；就這方面來說，和植物靈魂有別的動物靈魂具備自我知覺的基礎能力。最高級的靈魂形式是專屬於人類的**人類靈魂**；除了植物及動物靈魂的能力之外，還附加了參與共享精神與理性的能力。

與柏拉圖的理性靈魂相反，亞里斯多德的人類靈魂不僅擁有某種純粹精神的部分，而且還帶有肉體的成份。因為為了能夠思考，我必須事先感知我的想像與思考所涉及到的事物。沒有知覺便不會有想像世界，而少了想像就沒有思維。在這層意義上，人類之所以能夠理性，無非是因為他們擁有一副肉身；理性本身固然是無形體的精神，但是我們只能夠將它與我們的肉體相互配合使用。

這套靈魂動物學帶來了劇烈的影響。因為，如果我們的精神在缺少身體的情況下便無法自行更新的話，那麼少了身體，靈魂也就沒有辦法繼續生存下去。這樣一來，便無法想像我個人靈魂的重生、甚至永垂不滅了。當我的感知裝置逝去，那我的想像世界和思維也都會隨之消散，因此由肉體與思維相互合作所形成的個人靈魂便終將消逝。唯一永垂不朽的只有成就我理性思維的純粹精神原則。這並沒有帶來多少安慰，因為那個在我的肉體逝去之後也以某種方式繼續存在的純粹精神，並不具任何記憶與生平記事；曾經造就出我這個人的關鍵，它幾乎一無所有。

依照亞里斯多德的說法，如果人類終將徹底永遠地一命嗚呼，那這不僅會對我的靈魂帶來救贖，無疑也會對我的行動產生影響：要是在終點處沒有任何獎勵揮手等著我的話，我為什麼要費盡心思修正自己、保持耿直和過著道德良善的生活？當最終不再有一個如柏拉圖所謂超越感官的更高目標存在，亞里斯多德所提到的典型人類「追求」是要針對什麼呢？在此同時，以「道德圓滿實現」的意義來實現道德目標似乎更不可能了。還是說不是這樣呢？

一種與本性相稱的道德

- 道德動物學
- 美德
- 人格的統一性
- 哲學人生的幸福
- 介於民主制度與寡頭政治之間
- 女人、奴隸與野人
- 家庭經濟對上金融經濟

道德動物學

對哲學家來說，曾經教育過的國王之子卻在歷史上因惡名著稱，他發動戰爭、不知節制、慘無人道、熱中於破壞，以及奪走無數條友人與並肩作戰者，這可不會被視為哲學家的功績。儘管亞里斯多德曾擔任亞歷山大大帝的導師，但人們仍將他視為哲學史上或許最重要的倫理學家，原因在於許多聰明絕頂的見解與他之名息息相關。

任何以道德方式審視世界的人，都會將其分為自己尊重和看輕的部分。針對這種區分，有沒有具有強制約束力的規則呢？我有辦法客觀辨別什麼是好或壞嗎？又，若是我辨識得出來，有沒有一本如何將見識在人生中付諸實行的參考入門指南？自柏拉圖以來的道德哲學（Moralphilosophie）就是在這類問題上打轉，而亞里斯多德和柏拉圖一致認為，一切「正確的」人類行為都向著一個目標，即成功「幸福」的人生！

對有德行的人生的索求將亞里斯多德與他的老師連結在一起，不過這個共同點很快就告終了。相較於柏拉圖以形上學家的角度探討倫理學，並尋思理型世界裡永恆又絕對的範本，亞里斯多德研究倫理學的方法更像是行為科學家：人類有什麼行為？他們為什麼有這樣的行為？是什麼驅使他們、促進他們的幸福？又哪些是危險的陷阱？為什麼道德行為如此困難呢？又，既然大家都為之汲汲營營，那為什麼並非人人都能尋獲屬於自己的幸福？

亞里斯多德始終集倫理學家與行為學家於一身，就如同他的動物學研究，他在倫理學的領域裡也尤其證明了自己是明察秋毫的觀察者。遺憾的是，作為人類學家的他只決心細探一種人，即自由人！奴隸與女性相對被描述為殘缺生物，在所有倫理學和政治學的觀察當中，只對他們稍加著墨。許多與他同時代的人大概都持相同的看法，但是就如我們在有關柏拉圖的討論中所看到的，肯定不是所有人都這麼想。像亞里斯多德這樣出於確切經驗與觀察來發展自己哲學的人，這種針對女人及奴隸持有的偏見無疑令人失望。

亞里斯多德在雅典的身份不是公民，只是個受寬待、沒有公民權的外籍人士，因此他對傳統貴族倫理的批判比高級貴族柏拉圖更為強烈。只不過他拒絕的砲火並不是瞄準核心，即「充滿光榮」、富有節操又深思熟慮的人生典範。讓亞里斯多德看不順眼的是權威和階級，以及對伴隨柏拉圖德行美好人生理型的絕對訴求。亞里斯多德對廢除舊有貴族倫理並不感興趣。只不過，關鍵在於將該體系「民主化」並將其環境自由化，使除了哲人王與衛士之外的每個公民都能在生活中予以實踐。就像是十九世紀的中產階級一樣，他們模仿貴族的時尚、禮俗與灰泥別墅，並讓最高政治代表下榻在皇宮中。亞里斯多德早就為西元前四世紀設計了一套「中產階級的」貴族倫理。

[250]

有關於該倫理的註解出現在他的許多著作當中，對正確人生與共同生活的問題進行詳盡探究的有三部作品：《歐代米亞倫理學》（*Eudemische Ethik*）、《大倫理學》（*Große Ethik*）及《尼各馬可倫理學》。其倫理學著作中最有名的就屬《尼各馬可倫理學》了，而且該作為首部致力於倫理學的學術論文。它有一個令人有些捉摸不定的書名，因為我們不曉得它是獻給哪個尼各馬可——亞里斯多德的父親及兒子兩人都叫這個名字。

《尼各馬可倫理學》一開始便開門見山地列舉出其目標：亞里斯多德想要說明人類為了過充實滿足的人生必須具備哪些能力和資產。本作的目標並非單純取得關於善的理論知識。相對於柏拉圖有些莫名地覺得，以對善的準確認識將它付諸實行便綽綽有餘，亞里斯多德則看清了許多生命的險惡。因此他彙整了一整套目錄，裡頭涵蓋了必要和值得嚮往的靈魂寶藏，以及其他為了幸福人生應當具備的珍寶。

[251] 然而，我們在面對倫理學的時候，要應付的是比起動物學根本上更為複雜的事務。雖然根據亞里斯多德的說法，倫理學同樣是可以透過科學方法斷定的東西，但是對美好人生的科學判定除了黑白兩種以外，還有著許多形形色色的灰色地帶。在人生中懂得善是一回事，經營美好的一生又是另一回事。除了可以精確測定的常數之外，這裡還有許多變數出沒。倫理學是一處規則例外的管轄領域，正是這種具有說服力的見解，使亞里斯多德的倫理學比起柏拉圖「非人性的」倫理學更有人性——而這意味著更適合人類的天性。

無論如何，至少這位行為科學家所持有的「動物學」眼光，認出了倫理學領域裡中所有人的共同目標。因為依照他們自己的天性，人類不僅以生物性的方式來追求目標，也如向光植物為替自己人生帶來益處的事物努力不懈。不過，作為擁有理性靈魂的生物，人類的這種追求卻取決「該行為如何才能特別有利並且令人滿意」的種種斟酌。所以，在人類生命當中被看重的關鍵不僅止於能否成功，還有能否**如願以償**。因此，**充滿幸福的人生**是有能力思考自己行為，並最終作出改變的生物所擁有的邏輯目標。從這個意義上來說，對人生幸福的追求以及們為行為做出的決定，對亞里斯多德而言都是人類具有的人類學基本配備之一。

人類天生就為了善而汲汲營營，當我們行善的時候，我們便會過得好。藉著這個定義，亞里斯多德為人類的努力追求提供了一個目標，省了為此把世界靈魂或天外理型帶上場的必要。就連亞里斯多德的倫理學也是一套自然法倫理，然而與其依賴超驗的善的理型，亞里斯多德反而將人類的天性指稱為具有理性天賦的生物。據此，善行滿足了更高形式的合目的性，它引導了人類的追求達到目標。

但是，究竟什麼才是善行呢？對柏拉圖而言，若其**意圖**為善，那該行為即為善，它以此分受了善的 [252] 理型——柏拉圖的倫理學是一套**存心倫理**（Gesinnungsethik）。對亞里斯多德來說，當**善的意圖成功達**

成目標時，此舉方為善。照此說來，意圖和成功密不可分，兩者必須被一同納入考量。萬一某個好意的舉動失敗了，那麼目標就沒有達成，而該舉動就不算是善。以此舉例來說，我想要變得有勇氣，卻太過害怕而在特定的情況下沒辦法成功；意志薄弱、優柔寡斷和放蕩不羈的人經常因此遭遇失敗，即便他們立意良善。

柏拉圖並沒有預先設想到這種情況。後來的哲學家更進一步將針對行為的評斷往結局挪移，並且只評價行為造成的結果或後果。據此，如果帶來的後果是好的（**結果論**〔Konsequenzialismus〕），那麼該行為就是善。然而亞里斯多德並沒有做到那種程度，正如人生對他來說不會分裂成行動和實現一樣，道德行為的組成是意圖與結果密不可分的合作。任何實踐「行善」目標的人都已經達成了目標，如同有「勇敢」作為的人已經實現自己的目標，即便這種勇氣後來被證實是不必要或輕率的。從這個意義上來說，亞里斯多德是存心倫理學家，而非結果論者，只不過他認為我們的意志薄弱，而且心態有時候不甚穩定。因此，立意良善的行為經常成功，亦即道德行為不僅以像柏拉圖那樣的理性見解作為先決條件，同樣也需要對應的穩定**性格**。可是我要如何獲取它？

美德

充實的人生幸福是我們行為所追求的目標，亞里斯多德對此深信不疑。有些人類蓄意選擇為非作歹的想法此時並沒有浮現在他的腦海，而該想法也與他主張人類天生追求善之資產的形上生物學格格不入。然而，**如何**達成充實的人生，以及此人生的詳細組成為何，這些問題仍有議論的空間，「而且大眾的答案內容和思想家所提供的並不一樣。」[93]我們可以補充的是，這句話所表達的內容至今沒什麼改變，因為人類對意義與更高含義的需求顯然相當不同。儘管許多人將諸如性生活的縱情恣欲、迷人的伴侶、美食、美麗事物、地位及金錢視為充實的人生，如今卻幾乎找不到任何完全贊同的哲學家。

對亞里斯多德而言，良好的人格是獲取人生幸福最重要的先決條件。當我們擁有盡可能最多的**美德**時，就具備了良好的人格。美德協助我們過上在目的的幸福人生。可是正確的美德是什麼呢？對某些文化來說——試想一下，對於斯巴達或者納粹德國而言，針對其他民族及異議人士的嚴酷不講理是重要美德，亦即連社會達爾文主義式的倫理體系裡也同樣存在美德。相對之下，許多文化認為的重要美德則恰好相反，即仁愛與寬宏大量。關於這一點，「所有人在生物學上皆會追求充實人生」的見解毫無價值，也沒有定義任何特定的美德。

另一方面，亞里斯多德對此有完全不同的看法，對他來說，在「什麼是善、哪些美德屬於善？」的問題裡不存在任何自由選擇。儘管善並不出現在宇宙的領域之中，而是出現在每一個人類的善行裡，他卻仍然相信將所有人一視同仁的普遍規定，因為「成功的人生奉獻給善」對他來說跟其正確方法一樣沒有討論的餘地。我們擁有向善的自然傾向，並且必須藉由維護自己的美德來培養這個傾向。因此，被詳列出來的美德便不是亞里斯多德**自創**的目錄，而是他依照自己觀點而**發現**的目錄。對他而言，任何欠缺特定美德的人純粹是沒有達到自己更高的人生目標。

如此一來，過著道德的生活意味著不斷自我鞭策、形塑出道德的藝術品，最終形成的生物的行為充滿美德，原因是他徹底充滿美德節操。他的人格美德諸如勇氣、審慎、慷慨大方和高尚品格，還有他的理性美德像是聰穎、智慧與公正，都發展完全並處於相互協調之中。歷經了許多知識與經驗的洗禮之後，他的理性判斷能力變得更加敏銳，最後造就良善又正義的行為舉止。認識人生亦即認識自己，正確道德的人生變得以在此經驗豐富的基礎之上好好經營。

儘管人類並天生有德，但是透過學習、衡量、練習和自我培養，他們得以成熟成為具有美德的生物，亦即道德的（自我）教養是永無止盡的判斷訓練。該訓練的主旨不僅只是為了作出有用的正確決定而變得特別精明，更多是人們作出的正確決定同樣出自於正確的原因，而這件事是隨著不斷增長的歲月智慧而發生的。根據亞里斯多德，這種人生給予人類對於自身和世界的喜悅。可是終極目標並非喜悅本身，而是為了行善而行善所獲得的心理報酬。

到目前為止一切還可以理解。然而，我需要哪些美德以及什麼樣程度的美德？這些美德之間處於何種比例關係？理想的比例是什麼樣子？與柏拉圖不同，亞里斯多德並沒有對此給出清楚的答案，而是提供了一個原因來說明為什麼這些問題最終無法獲得解答。因為我們無法在人類之外的領域確定善的理型及美德，我們便沒辦法將之整理與排序。美德「本身」並不存在，它們僅存在於活出這些美德的人類之中，因此我們也無法完全地闡述它們。

美德從來就不是絕對，而是漸進式的，意即人們或多或少慷慨大方、謹慎或少有勇氣。而在柏拉圖所看見的善——視為凌駕一切之上的太陽或北極星的**唯一**的善——的情況下，亞里斯多德認得**多種**的善。勇敢時就會行善，有智慧時便會行善，雖然兩者皆為「善」卻不盡相同。因為善有時候可能會落入相互的矛盾之中，如此一來，在某種特定情況下不要展現勇氣可能才是明智的作法，譬如當勇氣此時沒有用處而且只是沒必要的自我犧牲。慷慨大方無疑是一件好事，但太過大方會讓我成為輕率的揮霍者，在此克制自己予以他人的援助同樣是比較有智慧的作為。慷慨何時是錯誤的以及界線在哪裏，這只能在人生的實踐中決定。

在某種特定的情況下，良善根本上的作為有時候是錯誤的，抑或會招致令人不快的後果。不管理論上被我認定符合「善」的行為為何，但最終在實踐中也總是視情況而定。因此，說實話在理論上是正確的行為，然而在某些情況裡說謊才明智，例如為了保護心愛的人使之倖免於不公或危險。另外，除了可

[255]

能要在緊急防衛或戰爭中拯救某人的情況之外，我們當然不應該殺人。

亞里斯多德不僅了解價值與準則，也知道人性與太過人性的情形和弱點。就這樣，倫理一方面向人們規定了什麼是「正確的」，另一方面又針對什麼是「明智的」給予指示，而價值與準則在其中又比道德的機敏更重要。如果有人的舉止全是為了以最佳的方式巧妙避開人生中的種種困難，那麼他所過的生活必然不正確。對亞里斯多德來說，道德良好的人生無疑也**想要經營美德的人生**，而不是從頭到尾矇混過關。

也就是說，美德取決於正確的程度，因為所有高尚與不高尚的人格特質都是**相對的**。這麼說來，慷慨介於吝嗇與揮霍之間（中庸之道）；勇氣介於輕率和畏縮之間。美德並非極端，而是中間值，正是因此我們必須在自己的人生中不斷精進自己的道德判斷力，並且試著更善於處世。

實踐智慧（phronêsis）是所有美德中最為重要的一項，因為最終必須藉此決定何時以及如何使用美德。實踐智慧的概念並非出於亞里斯多德，早在《斐多篇》裡，柏拉圖筆下的蘇格拉底就已經指出，少了**實踐智慧**便無法適宜運用勇氣、正義和審慎。這是柏拉圖在老舊的貴族倫理體系裡頭發現的概念，當貴族擁有自知之明並且清楚財產和敬重是自己在人生中應得的，那他便擁有**實踐智慧**。以這種驕傲的方式作出的自我肯定，被視為值得讚賞的特質。

到了柏拉圖和亞里斯多德，**實踐智慧**的物質性自我肯定——我們也可以說：地位思維——就消失了，這有利於心理上的自我肯定和自信心，擁有**實踐智慧**就意味著能自信又聰明地過一生。這種對世故的老練精通是非常難以捉摸的概念。對亞里斯多德來說，預先存糧或為了冬眠預作準備的動物都具有先見之明的智慧，並因此擁有**實踐智慧**。另一方面，他認為這項美德在人類身上並非本能，而是透過經驗和認知而熟成的理解力，我在自己人生中對人生所採納的**態度**。任何擁有**實踐智慧**的人都會俯瞰自己的人生、熟悉自己的願望、反省自己的判斷，並在各種情況下鑒於盡可能良善的人生做出決定。

面對這一切，對世故的精通老練必須著眼於兩種不一樣的挑戰，因為一個人的幸福快樂一方面取決於「在與他人相處時，我是否有辦法快樂？」——我的社交生活成不成功？另一方面要考慮到「與此同時，我是否對自己感到滿意？」，因為我們很可能是德高望重又廣受愛戴的人，卻仍舊對自己感到不開心。就這方面而言，僅提供概括的建議和機智的規定都不足以為此解答。

人格的統一性

亞里斯多德的德行倫理學（Tugendethik）強大特點在於，用心理學的方法劃分其他人設立的不可動搖界線。善與惡並非絕對，它們也不像艾斯奇勒斯和索福克勒斯劇作裡敘述的是由神創造的傑作；人類的命運既不被被玩弄於奧林帕斯山上眾男女的股掌之間，也不在理型遙遠照射之下產生的陰影中神出鬼沒——一切的責任都在人類身上！善不存在，除非有人為之！亞里斯多德藉著這些洞見為倫理學作出了革新。知識本身並不能讓人變得高尚又善良，它只能與人格的訓練互動，徒有知識並不會讓你變得有人性！欠缺心靈教育的知識始是空泛，缺少知識的心靈教育則是盲目——這個強大的論點激發了後來的哲學家舉起完全相反的反對旗幟。縱使不會再有人像柏拉圖那樣認為，知者自動會行善，然而「由於缺乏對善的洞見，無知及未受教育之人不可能為善」的論點最晚自從康德才會遭到駁斥。

對亞里斯多德來說，美善的人生相對是一種過得有智慧的人生，而道德行為是以有能力的思考作為基礎的能力行為。這種思考能夠透過抑制我們的意志、情感、冒失的反應、多愁善感、情緒心境、願望和期望來塑造我們的人格，如果訓練成功，那麼優柔寡斷的人格便會脫胎換骨成堅毅、「擁有」美德的品格，它不只是單純運用，甚至還會予以體現。

根據這個觀點，每個人類都擁有一**種**人格。在亞里斯多德以此運用這這個概念之前，它已經存在一段時間了：回溯過去，**人格**這個字彙指的是任何使人與眾不同的特質或特徵。西元前六世紀和五世紀的人們開始鑄造錢幣，並以此賦予它們特定的**人格**時，這個概念便成了普遍的固定用法。就如同起源、材料和價值決定一枚硬幣的特性一樣，人類亦同。謠傳古希臘人意識到一枚硬幣總是有兩個面，因此一種人格就有兩個面向，不論我們相不相信，反正在亞里斯多德新創的詞語中只存在唯一一種人格，而非多種。

一個人意識中的人格統一性與美德統一性是德行倫理學最重要的信念之一。在柏拉圖的形上學人類形象與亞里斯多德的動物學人類形象當中，我們都找得到它。據此，儘管各種美德**之間**存在著衝突，但是同種美德**之內**並不會有任何衝突；人要不就是擁有一種美德，反之就是沒有。然而這種統一性和嚴謹從今天的角度來看極有問題，因為在亞里斯多德的兩千年後，人們樂此不疲地發問：「我是誰——如果是這樣的話，有多少個我？」

社會心理學和行為經濟學幾乎無法辨認那些牢固扎根在真實存在與真實行動的人類當中的美德。士兵可以在戰爭沙場上英勇無比，但在面對妻子時膽小如鼠。遇到不尋常極端情況的時候，小心謹慎的人也有可能完全失控；要是身處於戰俘集中營之中，還有哪位堅定不移的道德主義者會表現得名副其實？相較之下，又有多少道德上的英雄事蹟是被當下不清楚自己行為的節操，單純只是做他們該做的事的人做出的？

要獲得持久的美德並使其內化，不只難若登天，而是到了近乎非人的地步。任何被屹立不搖的美德引導的人，理所當然被我們視為特例而被當作聖賢；無論如何，他們在我們眼中不是實現自己預定目標的正常、理性的生物。我們甚至可能丟失了想要一絲不苟又成熟的崇高理想，因為大多只有在我們不知道該做什麼並陷入矛盾的時候才會累積豐富的學習經驗，難題、挑戰與常見的失敗都是畢生學習裡不可缺少的同行者。道德挑戰的無窮無盡也在歲月裡蜿蜒地流經我們的人生，無法透過成熟與智慧將它們截彎取直，充其量只能靠著固執和頭腦簡單來理順。人生的河流可不是水道運河。

從今天的角度來看，亞里斯多德式的美德典範顯得不切實際。萬一背後隱藏的不僅是為了教育兒子尼各馬可的誇大其辭，這樣我們就得更仔細研究亞里斯多德在擬定德行倫理學時所身處的、以及這部倫理學因而誕生的社會環境。

當然，西元前四世紀的雅典不若當今西方社會複雜，人們對於如何生活以及在什麼環境下度過人生沒有什麼選擇。任何出生在特定環境的農民之子、工匠女兒、商人兒子或是貴族後裔只能認命留在這個環境當中，與十九世紀時仍存在整個歐洲的情形沒有兩樣，遺憾的是今天依舊經常如此。生活在某種特定環境下的人會受到所處環境的深遠影響，與土地、金錢、信仰、婚姻和家庭的關係經常事先被安排好了。在這種背景之下，「不只有環境會對人類產生深遠影響，人類也可以**塑造自己**」似乎是非常進步的看法。環境的他律安排轉變成為人格的自主**傾向**❶，如果亞里斯多德對這些傾向的評價高於**情況**對我們行為的巨大重要性，那似乎是可以原諒的。

亞里斯多德將（至少是為了所有自由人的）自我責任原則置於面對諸神意志時的無能為力和環境約束力之前；為了有責任感地行動，就必須平息自己人格中衝突的感覺、愛好與目標。這個要求被亞里斯多德從個人延伸至整個國家，因此有了重要性，所以政治所追求的事物與個人完全相同。柏拉圖的美善之邦、馬格尼西亞當中的靈魂平靜與城內和平之間的一致性，在亞里斯多德這裡找到了對應：每個人之

[260]

❶ 譯注：該句當中的「安排」與「意向」原文皆為「Disposition」，一字多義因而使之帶有雙關意味。

中的美德分類得越好，國家也就會被整頓得越和諧融洽。

對自己感到滿意的公民應該是令人滿意的國家的先決條件，這個想法應該不足為奇，雖然現代國家更傾向反向思考，也不想為每個人的幸福快樂負責。相較之下，流於窠臼的反而是柏拉圖和亞里斯多德的幻想：在如此理想的國家能避免所有大型衝突和爭端，彷彿都處於心平氣和的協調之中。就像失敗的人生只能歸咎於搞砸的美德，衝突因此歸咎於嚴重的人格偏差，集體當中會有爭端全都只因有人犯了錯。源於貧與富、強與弱、有權或無權、享有特權或不具有特權的「自然而然的」利益衝突是不被接受的……

[261]

哲學人生的幸福

從自然科學家的動物學視角來觀察的話，人類是一種組織團體的群居動物——**本質上為政治社群的生物**，他們無法離群索居，交際是他們固有的天性。如今存在著許多可能的群體生活形式，但按照亞里斯多德的主張，只有一種形式最符合物種需求，以致人類複雜的感覺及理性本質得以在其中獲得最佳發展。那個形式就是——也沒什麼能讓人驚奇的——城市國家，即希臘城邦。就如同生命普遍以成功貫徹生命為目的、人類以幸福為目的，人類的群居天性也以生活在城邦裡為目的；在城邦裡，人的天性達成了自己理所當然的目標：「……那麼城邦也是自然的。因為這是它們的目的……。」[94]

城邦是理想的生活空間、人類——尤其是自由人——所偏好的生物群落，在這裡，他們可以發展出自己理想的生活方式、**道德政治性**的存在以及更加完善的**理論性的**存在。也就是說，亞里斯多德和柏拉圖一樣，將「成為自由男性哲學家」這件事視為生而為人的高峰；哲學家不受紛擾所礙，自給自足地形塑自己的命運——作為能夠自由增添自己知識並且做出正確行為、與所有人皆相處融洽的人。這種理論

[262]

性人生的理想會變得極為重要，在超過兩千年的時間裡深遠影響著科學與科學家之間的自我理解。最晚自從拉斐爾的《雅典學院》開始，我們便一直想像希臘的——或至少說雅典的——大多數男性實際上是這樣生活的：擺出深思熟慮、若有所思的神情，並四處閒遊漫步。然而費盡一生尋找智慧的人的形象，應該不若我們相信的偉大，我們只需要回想亞里斯多芬為蘇格拉底刻畫出的成事不足、敗事有餘的名嘴印象即可。像柏拉圖這樣出身自雅典最高貴家族之一的人一定是被另眼相待的，只不過比起他的哲學職業，更可能是因為他的社會地位。情況到了亞里斯多德這裡就變得更複雜了，因為他作為沒有公民權的外籍人士所理想化的城邦，是一個連他自己都無權參與選舉的地方。我們也不甚清楚他如何維生，不論如何，被他視為所有人類生活方式中最符合物種需求的理論性人生——沒有工作、無財產或收入的無業哲學家，在同時代的人眼裡看來應該像現在認為的一樣可疑。

儘管如此，這種生活典範仍然值得關注，因為亞里斯多德在理論性存在的理想中調整了悠閒人生的老舊貴族倫理。貴族生活的奢華轉變成為哲學家生活的奢華，而哲學家好似成了奠基在將好奇心、學習能力與求知欲提升為人性最重要特徵的動物學之上，本著舊有貴族精神的繼承者。依照這種動物學的內容，唯有哲學家才活得像是正確的人類，其餘所有人都很遺憾得精進某些部分。

成為哲學家是最大的幸福，因為只有他們有機會實現人生中最大的幸福，即過著美好優越的生活，因為人在這個地步最接近眾神。柏拉圖與亞里斯多德宣稱的卓越目標是貴族倫理的延續，和荷馬史詩中的英雄不同的地方在於，哲學家不需要太過強壯和勇敢，也不必在體育或戰場上完成任何壯舉。

「優越性」的概念調整適用於理論人生之上，並且被賦予以道德性，被亞里斯多德允許只繼續適用於幾個優越的外在方面。如此一來，如果我們在人生中不只訓練自己的人格，而是還擴增我們的財產的話，那這便是一件相當良善的事情。就像我們在柏拉圖的《理想國》開頭所聽聞的，金錢使人自由、無

[263]

債一身輕，而且要是身無分文的話，要怎麼充分發揮慷慨的美德？亞里斯多德在《尼各馬可倫理學》當中這樣寫道：「看起來幸福也要以外在的善為補充，正如我們所說，赤手空拳就不可能或者難於做好事情。有許多事情都需要使用手段，通過朋友、財富以及政治權勢才做得成功。」[95]❷

在資產階級的世界裡，另外一個貴族優越性的外在方面是美麗，因為它並不若今天可以透過人為改變，因此單純取決於運氣：「其中有一些，如果缺少了就會損害人的尊榮，如高貴出身、眾多子孫、英俊的相貌等等。若把一個醜陋……的人稱作幸福的，那就與理念絕不相合了。」[96]❸高貴的出身與擁有子女，都會為優越的人生加分，亦即出身高貴、樣貌美麗、富裕有錢又子嗣滿堂的哲學家擁有最好的人生……

與柏拉圖的神祕貴族主義（Geistesaristokratismus）形成對比的是，亞里斯多德面對的是實用的精神貴族主義。在亞里斯多德的版本裡，貴族性被從絕對國家的領域移轉至機智內在的世界，人們應該在自由的世界裡感到高貴並且行事。在柏拉圖的思想之中，貴族主義被置放在不自由的世界當中、國家專制之內；亞里斯多德在這一點更為自由，正如我們見識到的那樣也更加多元。只要他們為自己的美德勤勉努力，亞里斯多德就不會將國家秩序封為高貴，而是富有的公民。這樣信念不僅為倫理學帶來影響，還影響了經濟和政治。柏拉圖所主張的國家共產主義被亞里斯多德邏輯連貫地打了回票。

為了讓這樣的國家成功，並且不靠信念專制就能運作，自由又有美德的公民必須**彼此友好**。在有德之人的統一性裡，美德的統一性找到了自己的理想對應。美德不是憑空出現靈魂與自己的對話之中，而是出現在群體當中，人們越是充滿節操，集體便越是優越，反之亦然。國家與國民都應該以這種方式促

❷ 編按：引文中譯見：《亞里士多德全集第一卷》，中國人民大學出版社，一九九三年，頁17。
❸ 編按：引文中譯見：《亞里士多德全集第一卷》，中國人民大學出版社，一九九三年，頁18。

[264]

進自己向善發展。與此同時，根據他關於人類天性的基本認定，亞里斯多德假設了「所有善良的人所想的善皆同」的前提，在友誼的交流當中，這種善可以被共同認識與實踐。

所以說，政治是被友誼串連在一起的人民工程。連在足球比賽裡都行不通的道理——同一支隊伍裡面的隊員應該是十一個隊友！——竟然要作為國家的根基。在今天的時代，這種個人利益次於普遍友誼的排序相當少見，它和現代個人主義根本水火不容。我並不是藉著選擇朋友創造普遍的連結，而是區分那些對我來說重要的人與否，因此友誼看來像是私人事務而非公眾福祉的前提。面對自己朋友時的忠誠對我們而言很重要，面對「好人」時的忠誠則不盡然。（就算我們通常都自認為是「好人」，並覺得自己立意「良善」。）基本上，即使今天有了亞里斯多德的堅決，我們也不清楚「善」究竟該為何物，甚至連這個問題都不會出現在我們的人生中。我們的道德宇宙架構和設計都並不連貫，因此我們傾向對許多事情坐視不管，而不是仔細予以審視。現代社會包容得很多，卻甚少做決定。

[265]

對今天的我們來說，集體的道德統一性跟人格的道德統一性同樣罕見。除此之外，我們生活的世界也比亞里斯多德的時代還要複雜得多，單就時間和精力的不足，我們根本無法持續對周遭的世界作出相應的檢視。我們同樣也要理解，就連亞里斯多德在西元前四世紀提出的集體利益統一性都是一種遙不可及的理想。當時的雅典街頭景色看起來各不相同，現實充滿喧囂喧，而該城市的政治不僅是共同成功的史記，也是一段鬥爭與背信忘義的故事。

如前所述，西元前四世紀的雅典最多住著幾萬個自由公民，在友誼觀點下，無自由的服苦役者、女人及奴隸在政治上都不算在內。「公民之間成群結隊，並且就該如此。」這是個很實際的想法，然而「這些團體會聯合起來形成唯一一個大型友誼網絡」的說法卻依舊是幻想。這個幻想對亞里斯多德而言倒是具有令人驚奇的重要性，因為對他來說正是友誼保證了城邦裡的人人公正無私。人們彼此間的相處

[266]

越是友善，過程就越公平。就這點而言，《尼各馬可倫理學》裡頭寫道，建立友誼是公平正義的表達。無論如何，友情的連結大概比對正義的愛還要穩固得多，友誼也一定比司法審判有著更強大的社會凝聚力。儘管如此，我們今天卻仍然有理由低估友誼對公正社會的價值，因為在友誼取代律法的地方，那裡就充滿裙帶關係。相反地，我們看到的正義，是在立法者與法官皆不顧慮朋友與敵人，而是對法律之前人人一視同仁——即價值中立——的情況下。

由於亞里斯多德如此高估友誼在城邦裡的角色，他便相信自己能夠用少量的規則來應付，只有一條基本的法律即能面對竊盜、搶劫、傷害、謀殺與侮辱的情況。這當中的法律與道德尚未真正分離，法條的起草和應用不被視為法學的藝術，而是倫理道德的藝術。誰擁有美德，那個人的言行舉止就合理依法，並且有能力公正地使用法律，因此國家的全體公僕都必須是擁有道德節操的人——這從今天的角度來看無疑是個絕妙的要點……

介於民主制度與寡頭政治之間

被亞里斯多德認為是**政治動物**（zôon politikon）最佳生長地的城邦，讓其中的自由男性公民得以過著悠閒又沉思的生活，為此它產生了一種友善的正義氛圍。但是哪一種國家型態才適合呢？亞里斯多德嘗試著在《尼各馬可倫理學》和《政治學》中找到解答，只不過兩邊的評論卻大相逕庭。

對他來說，**君主制度**是**倫理學**範疇裡最具美德的國家型態，它讓事物最易於整頓，並且最能調控關係。就如同父親對他的孩子們一般，統治者應當照顧自己的子民。但是，君主制度對亞里斯多德而言就跟柏拉圖一樣，它為不受拘束的濫權敞開了大門。專制君主太容易建立起專制統治，那服務的並非公眾福祉，而只有他自己，他成了奴役自己子女的父親。

由美德的角度來看，次佳的國家型態為**貴族政治**。在這個地方無疑可以看出亞里斯多德多麼重視老舊的貴族倫理，隨著這套倫理而來的即是「貴族與美德同屬一起」的信念。就好比男性行使自己天生擁有並公正的統治權而統治女人一樣，貴族同樣凌駕於普通百姓之上。只不過，就連貴族政治也為濫權提供了某種入口。因為在現實的世界裡，鮮少有思想高尚的貴族坐上統治大位，通常是坐享特權的狐群狗黨物以類聚，建立起一套對他們有利的寡頭政治。一位富裕的女繼承人某種程度上有些奇怪的景象反映了這種濫權：她知道自己的財富狀況，所以無視男人的天生統治權。

從美德的角度來看，第二低等的國家型態是**勛閥政治**，差不多是依照梭倫的藍本。在這個制度裡，公民獲得按照收入高低而分等的政治權利；亞里斯多德將勛閥政治比喻為一對長幼兄弟之間的情誼。位在美德階梯最下級的，是讓每位自由公民皆擁有同等表決權的**民主制度**；該制度並非特別有品德的，而是因為這裡少了「一家之主」，所以每個人都可以隨心所欲。另一方面不可否認的是，民主制度是所有國家型態當中最能夠抵禦任何重大濫權的形式。這使它變得「最不差勁」——這句話讓邱吉爾（Winston Churchill）在他一九四七年十一月十一日面對英國下議院的演講中，發表了一番妙語：民主制度是「除了其餘所有間接受過試驗的制度之外所有政體之中最差勁的。」基本上，這句出色地總結了亞里斯多德在《尼各馬可倫理學》裡對此發表的看法。

其核心充滿了矛盾：政體所擁有的品德越少，它的運作就越可靠；這在把政治奠基於美德的哲學家眼裡看來，其實是個災難性的檢驗結果！因此亞里斯多德在《政治學》之中也對這個主題發表了更為精準的想法，他意圖減緩自己對民主制度感受到的不安，好讓它與他的美德典範能和諧一致。這種結果是一種混合政體，亞里斯多德意欲將他鍾愛卻易受干擾的貴族政治，與被他蔑視、但較不脆弱的民主制度相互調和。

然而，這套混合政體的細節卻不甚清楚。亞里斯多德將民主制度分為四種不同的形態，並尤其反對其中賦予每位自由人同等權利與平等進入政治機會的極端民主制度。理由是，這種制度注定會招致蠱惑民心的政客所引起的暴民專政：「而這種性質的平民，由於掙脫了法律的束縛，就已然以君主自居，尋求君主式的統治權力，就滋生了極權專政。」97❹

亞里斯多德將最佳解決辦法稱為**由理性人士所操控的公民政體**。儘管每位自由公民都應該獲准參與城邦的政治，但他卻執意將最高階職位路徑僅限於領導菁英，因為普通百姓沒有空去處理過於嚴苛的政治使命。這種概念無疑是屬於貴族政治或寡頭政治，人人皆能選舉投票，但卻只允許最德高望重和財力最雄厚的人來帶領國家。

並不是所有亞里斯多德提出的想法內容都很清楚。他一方面提到民主制度裡的民眾集體智慧，以及美德和機智相加起來的智慧；另一方面卻又拒絕這種人民政權的形式，並偏好讓寡頭政治式的菁英執政。他藉著慧黠的話語讚賞城邦裡的中產階級，並希望這個介於上下之間的中間階層得以受到照料及擴張，卻同時封鎖或妨礙這個中產階級取得權力的通道。有時候卻又讚揚如梭倫等據說出身中產階級的歷史英雄，另有一次他詳盡地說明了究竟為什麼只有上流階級才適合統治事務。到了這個地步，他早已偏離了自己打算從動物學推導出與倫理學相關的政治哲學理想軌道，他的論述反而像是衡量各種歷史與政治經驗的社會學家。

整體來說，亞里斯多德的政治想法有多少問題、有多矛盾，就鉅細靡遺發展出了多少機智又引領潮流的觀點。他提出了一個原則：政治必須對**公眾福祉**負責，並應該加以衡量。任憑公眾福祉再怎麼混亂

❹ 編按：引文中譯見：《亞里士多德全集第四卷》，中國人民大學出版社，一九九三年，頁129。

不明，比起柏拉圖那兩種理想國所忠於的善的理型，它可是具體非常多了。而亞里斯多德也將**自由**的概念引進政治學的領域中，缺少自由便無法培養和實踐美德，重視並保護公民的自由是政治的重責大任。在這其中，亞里斯多德將自由區分成兩種：從政的自由以及在許多事情不受國家干擾的自由——這堪稱政治哲學史上最重要的區分之一。康德後來對它詳加回顧，而哲學家以撒・伯林（Isaiah Berlin）在二十世紀把這種區分引入**積極自由**和**消極自由**這兩個自由主義的關鍵概念之中。

[270]

女人、奴隸與野人

亞里斯多德的城邦並非渾然一體的設計，和柏拉圖相反的是，他也不將政治視為某種被設計或製作的**東西**，而是一種生活中的實踐。政治就是政治人物的生活，跟生命是生物的作為是一樣的道理；政治人生多元多樣，需要一定程度的自由才能實現。乍看之下，這簡直現代得太不真實，而令人遺憾的是事實也就是如此。

在對亞里斯多德高度景仰之餘，有一件事情我們不能視而不見。他的整個政治哲學是建構在「充滿美德的公民不工作」的原則之上，甚至連「工作」的概念都沒有出現在他的世界裡，只出現過工匠的「**製造**」。相較在我們的年代「精明能幹」與「工作」息息相關，然而對亞里斯多德來說，卻只有**不工作**的人才可能精明能幹。因為工作和精進自己的美德水火不容，相反地，對亞里斯多德而言，工作就意味著和美德絕緣。所以，女人與奴隸便這樣子被篩除了。

顯然亞里斯多德並不把女人與奴隸被排除在美德世界之外視為社會現象，亦即閒暇人士不公統治所造成的結果。沒錯，基本上他不承認奴隸與女人享有能夠成為有德之人的能力，因此僅剩下工作世界可以供他們考慮，因為他們沒有能力追求更高的等級。

對此亞里斯多德的崇拜者通常會指出，他也是那個時代下的產物，可是這個為他開脫的辯解不怎麼管用。將奴隸和女人視為平等人類的想法早有先例，雖然那只是少數人的觀點。除此之外，亞里斯多德在眾多領域中顯示為機智敏銳的革新者，就這點來看實在是很難將他的限制歸咎於智能的缺陷，顯然他故意在這個問題上未達自己的水準。這位訓練有素的邏輯學家甚至鋌而走險提出一種循環論證：由於奴隸和女人不具有美德，他們便因此主管較為劣等的工作；從他們做的是低等的工作這點也就能夠看出，他們身上沒有美德。[271]

關於女性的理性本質不足以及奴隸完全欠缺理性本質的所有見解，純粹源自於他們的社會角色。在西元前四世紀時的雅典，女人和奴隸在政治上都沒有話語權，於是人們從中看出他們不是那塊料：「奴隸根本不具備審辨的能力，婦女具有，但無權威……。」[98] ❺

對亞里斯多德而言，女人與奴隸是認知帶有缺陷的生物。因此，他們僅體現較為低等的靈魂部位，他們擁有感受與欲望，可是行為舉止卻不帶理性與邏輯。自赫拉克利特以來一直是諸神與希臘男性私有財產的邏各斯，在他們的身上不是找不到就是嚴重發展不良。就好比自由男性早在柏拉圖構想中，必須支配比低等的「女性化」靈魂力量以便發展自己的美德一樣，他們在亞里斯多德的主張裡也自然而然地支配著女人。

男人的自我控制將他們對女人的支配正當化；這在今天的我們眼裡看來不只奇怪，邏輯上也有問題。因為，那些剛好無法支配自己低等靈魂力量的男性，該被如何處置？想必他們得下降到女人的等級，並因此同樣不具任何權利吧。在理性與德行方面，並不是所有男人都比所有女性優越；照這樣說 [272]

❺ 編按：引文中譯見：《亞里士多德全集第一卷》，中國人民大學出版社，一九九三年，頁28。

來，男人對女人的支配會不會並非原則性的，而是循序漸進的？如此以來，我們不就完全無法分辨「男人的」和「女人的」權利了嗎？從邏輯的角度出發，經驗上僅部分正確的原則性絕不適用，出於雄性的、太過雄性的原因，這位邏輯學家在這一點上毫無嚴謹度可言。

亞里斯多德不僅證明女人和奴隸擁有無可改變的天性，還從中得出政治性的結論。作為邏輯學家的他其實清楚知道，政治的遊戲規則無法萬無一失地從人類的天性推導出來，因為政治性事物的演繹法並不存在。政治的理論學說皆不是科學，而是由經驗得來的意見，而不幸的是，意見也正來自先入為主的偏見。

亞里斯多德將自由固定在政治思維裡的功勞，與他擁有人類原則上不平等的成見緊密相連。城邦中只有少數人在政治上是自由的，大多數都不自由。這個汙點打從一開始就被記錄在「自由」的政治概念上，並且維持了超過兩千年的時間，而且就連我們今日的政治思維都經常無法自由地思考「自由」的概念。二十世紀充滿了以「自由」為名而犯下的政治罪行，只要想一想越南戰爭就行了；並且，自由社會有著自以為比不自由社會更高級的不受限制的許可，這點毫無疑問屬於我們文化裡的一部分。

按照亞里斯多德所德所言，自由不是民主制度的概念，而是權力關係的徽章。自由的世界是特權人士所享有的公共空間，與其餘的人壁壘分明；家庭的私有世界，亦即女人和奴隸的工作場所，仍然是不自由的。這當中包括雅典女性只准帶著頭巾在公共場所露面，她們不是自由的主體，而是男人的所有物，沒戴頭巾便是「行為不端」。好幾個世紀後，這個強制的遮蓋文化將會從希臘和羅馬帝國傳進阿拉伯文化圈。雖然在古代近東世界裡存有遮蓋習俗的例證，特別是在《舊約聖經》裡頭，然而在穆罕默德的時代，阿拉伯女性大多卻沒有遮頭掩面。阿拉伯世界裡的女性強制遮掩令是一直到八世紀的伍麥亞王朝哈里發國才開始，這回除了頭巾還要戴面罩。

女性的遮頭蓋臉就跟「自由」一樣是希臘產物。柏拉圖為美善之邦規劃的女性衛士，如同男人般赤裸地強身健體，並且也身為保衛城邦的戰士，這完全超越了亞里斯多德式的想像世界，那其中似乎也包括了「沒有人天生為奴」的想法。「男人生來比女人優越」是很多希臘男子的看法。可是何謂奴隸的天性呢？難道不是每個人都可能因為戰爭和厄運而淪為奴隸嗎？而且是什麼讓亞里斯多德這麼確定男性奴隸不具有任何理性？

要為奴隸制度提出根據並不容易。對此，亞里斯多德突然想到，奴隸就跟非希臘籍的外國人即野蠻人一樣也沒有城邦，沒有城邦的人就說明了作為政治動物的他運作得不完整，而是不知怎麼地只是個半吊子。他無法成為完整無缺的群體，如果這點不是缺乏理性造成的，什麼才是呢？現在可能有人想知道，沒有權利、身為主人財產的奴隸該如何造就一座城邦；又是誰這麼確定，野蠻人無法有朝一日也建立起媲美希臘城邦的國家？只不過，這種歷史視野對亞里斯多德而言遙不可及，他打量女人、奴隸和蠻族的方法反而像是在觀察特定的物種，由他們的行為推斷出他們根本的天性。

這種投向人類的奇怪無關歷史的視角，對應於類似的看待城邦的無關歷史眼光極為相稱。顯然亞里斯多德根本不想知道，從前高等有理性的希臘男性並不像他當時裡所熟知人民生活在城邦裡的樣子，況且當時他正值自己哲學巔峰，不得不經歷獨立城邦雅典如何被腓力二世佔領，並併入馬其頓王國！這些野蠻人與他透過透過自己父親以及王子教育者公職而緊密連結，奪走了他的自由，摧毀了被他恆久美化的生物群落。既然不看形成的層面，那麼雅典消逝的歷史就完全找不到更強而有力的表現方式了……

家庭經濟對上金融經濟

從哲學上來說，自由的希臘男人統治女人、奴隸與野人合法性極度站不住腳。儘管如此，亞里斯多德的論述仍然在兩千年的時間內幫忙合理化了人間的不平等。如果像亞里斯多德這樣的大人物都對女性及奴隸所受到的壓迫都感到不痛不癢，那麼直至十九世紀的眾多小人物也沒什麼好在乎的。

亞里斯多德為私人財產所做的辯護，影響力不亞於他為人類之間不平等所提出的理由。相對於柏拉圖，他不只將女性平權打回票，也拒絕了太早將小孩與父母分離以及共產主義財產共同體的主意。他的論點完全不是根據哲學，而是冷靜地根據事實。從生物學的觀點來看，「比起他人的孩子，父母更愛護他們自己的小孩」這點是很正常的行為，而且不是國家可以革除的。並且，要是財產像柏拉圖建議共有的話，那麼最後便不會有人對那些財產有責任感。在此，亞里斯多德及早又精確地看出共產主義的不足之處：「一件東西要引起人們關心和鍾愛，主要有兩點，即它是你自己的，並且它是珍貴的。」[99]❻早在《尼各馬可倫理學》裡，亞里斯多德就已經確認了財產會帶來幸福快樂：「一個大方的人，還要建造寓所與其財富相稱的房屋（房子就是一件完美的裝飾品）。此外，他還要在那些經久耐用的物件上更多地花費，因為耐用的東西都是最美好的。」[100]❼鋪張揮霍和炫耀賣弄固然是惡習，但是對亞里斯多德來說，適度的富裕絕對有助於引導充滿美德的人生，除此之外，對物質資產的渴望還有益於整體的國民經濟。

[275]

該如何對此做出詳細的構想呢？亞里斯多德在《政治學》中的一個段落對此有所說明，我們可以肯定將此視為經濟學理論的開端。該段落並不如今日經濟學中對經濟循環和遊戲規則不帶評價的敘述，其哲學的核心問題是：經濟結構以何種方式有助於人類過上美滿的人生？這是一個直到今天在意義上從沒變過的問題，即便它對現代的國民經濟學家而言（特例除外）不甚熟悉。

❻ 編按：引文中譯見：《亞里士多德全集第二卷》，中國人民大學出版社，一九九三年，頁37。
❼ 編按：引文中譯見：《亞里士多德全集第四卷》，中國人民大學出版社，一九九三年，頁79。

和柏拉圖相反，亞里斯多德看不出私人家庭亦即家庭的世界有什麼問題，更確切地說，「城邦是若干家庭與種族結合成的保障優良生活的共同體，以完美的、自足的生活為目標。」101 ❽在雅典和其他城邦裡掌管著這種家庭的人們，八九不離十都是自給自足者；除了城裡的房子以外，田野間大多還附有一塊帶有農莊的地產，家庭所需的生活糧食由此獲取。亞里斯多德不帶質疑地認為，這種同時製造與消耗的自給自足家庭是一種良善又適當的經濟活動型態，於是城市的文化便奠基於私人農業。在這過程中，如果有誰獲得的特定資產過剩，就可以與另一戶有此需求的家庭交換，公民不僅與公民交換，也會與農民、商人以及工匠交流。這原本是實物的互換，不過金錢三不五時也會投入其中使用。這種經濟活動的方式被亞里斯多德稱為**家政的原理**（oikonomiké），而他明確對此表示贊同。

如果在剩餘與缺乏的交換過程中使用金錢的話，那麼錢一方面有了支付手段的功用，另一方面則被用來衡量貨品價值的標準。無論如何，重點都不在於賺錢。因為假如賺錢成了交易**目的**的話，那麼根據亞里斯多德的說法，經濟便會發生變化。維持家計的藝術變成賺錢的藝術（也就是 chrematistiké）；這裡的目標就不是獲得，而是銷售，而擁有金錢則成了自身的目的。

在轉變的過程中，有些道德上的觀念被挪移了。只要涉及我對貨物的需求，輕而易舉就能衡量我需要與否；但是倘若金錢成為目的的話，那麼理性的標準便不復存在。巴望著金錢的人沒有任何自然限度可言，他們永遠想要更多，因為多少數目的金錢才算適量呢？填飽肚子的食物有自然的標準，保暖的衣物亦然，但是錢卻不具有任何與生俱來的自然標準，品質也僅由數量來衡量。因此它會逐漸敗壞自然的標準，以致醫生為了錢、甚至為了越來越多錢才提供服務；士兵不再為了自己有品德的靈魂而驍勇善

❽編按：引文中譯見：《亞里士多德全集第四卷》，中國人民大學出版社，一九九三年，頁92。

[276]

[277] 戰，而是為了藉此大撈一筆。一夕之間，本是目的的樂於助人與勇氣皆變成了一種手段，而作為手段的金錢則化成了目的。這對亞里斯多德這樣的德行倫理學家來說是個嚴重的問題，正如同它早已讓柏拉圖傷過腦筋。為了維持道德，道德的行為不可以被目的化，然而照這樣看起來，金錢遲早會使之成為目的。

城邦當中的這個人比那個人有錢的情形對亞里斯多德來說並不壞，而且相反地，假如所有人應該得到的物質都一樣，這會「激怒才能卓越的人」，因為他們認為自己應該享有的比其他人更多。[102]然而，為了錢而獲取金錢的行為令亞里斯多德感到不齒，因為「在交易買賣之中高升的人生目標」是「名譽」而不是金錢。如果在城邦之中要盛行德行倫理學的話，除了效益之外還必須還有其他的準則，否則貨幣經濟造成的道德平均化會吞噬掉公眾福祉。

從邏輯上而言，亞里斯多德和柏拉圖一致否決了利率經濟。「錢從錢生」大概是「最違反自然」的事了[103]，介於家庭世界與城邦之間的脆弱平衡不可以被削弱秩序根基的運作體制而破壞。不論家庭或城邦都是自然的，它們相輔相成地形成人類的生活空間；相對地，藉著收取利息而由錢賺錢的行為並不自然，而且不屬於整體秩序之中。難怪這種違反自然的行為使人類變得奇特，並讓自己出賣給了貪婪。對此，直到馬丁・路德為止的中世紀哲學家都還持有和亞里斯多德相同的看法，就連今天也有越來越多聲音認為「chrematistiké」是社會的萬惡之源。

有人可能會希望，要是亞里斯多德能更詳細闡明貨幣經濟所帶來的國民經濟及社會心理學後果就好
[278] 了，因為按照我們現今所知，銀行金融業有助於國民經濟，並蓬勃地促進其發展。然而，亞里斯多德基本上反對膨脹的國民經濟，為了成為有利於美德發展的理想生活空間，城邦不得變得過大，而是應該保持在適中的規模。因此「國民經濟需要經濟成長」可說是從未閃過他的腦海，此外若是要更進一步研究

該主題，他所表現得可謂深惡痛絕：「對它們做一些簡單的分析，對我們的實踐是有幫助的，但如果再進行長篇大論就顯得很累贅了。」104 ❾

儘管如此，亞里斯多德仍然是我們所知名列前茅的經濟思想家，他也是分析貨幣經濟「資本主義式」遊戲規則，並予以命名的第一人。令人感到遺憾的是，他所有關於正確人生、統治和經濟的智慧都是為城邦量身打造的，是為了在他生平便於政治中消失得無影無蹤的政體。如此一來，他的哲學後輩們不禁想問：根據亞里斯多德的看法，當真理的背景框架已然魂滅，正確人生中還剩下什麼永恆的真理？除了理想中設想得宜的雅典以外，是否或許還有另一個合適的舞臺可供靈魂發展？

❾ 編按：引文中譯見：《亞里士多德全集第一卷》，中國人民大學出版社，一九九三年，頁24。

避世者與懷疑論者

・受掌控的世界
・嬉皮與煽動份子
・「接下來」的世代
・懷疑論與質疑
・隨意的謹慎魅力

受掌控的世界

如果有人想知道，哪個時代與我們所處時代的哲學狀態最相似，那麼「從亞里斯多德過世後算起的五十年」可能算得上是一個不錯的答案。某種程度上來說，西元前三世紀初是哲學的蓬勃發展期，因為如同當時雅典在極少空間內同時存在這麼大數量哲學家的情況，據推測在古典時代裡是史無前例的。亞歷山大大帝閃電般的出征將起初僅限於小城邦的希臘文化傳送至當時的許多遙遠地區，即便那時「希臘人」這個詞彙尚未存在，而且亞歷山大大帝在雅典人眼裡看來也不過是個野蠻人，但是希臘文化仍以疫情擴散般的速度蔓延遠至亞洲及北非。爾後許多來自這些區域的智者紛紛來訪雅典求知，他們遠道而來，為了親自漫步在遠近馳名的阿哥拉之上，亦即蘇格拉底當年主要活動的場所。不只如此，他們也想參觀柏拉圖和亞里斯多德分別創立的學校建築——雅典學院與呂刻昂，並且在那裡學習。他們最終在偉大哲學的發源地安居下來，發展創立了自己的學派。

就像海嘯一般，亞歷山大大帝的出征毫無邏輯可言，它沖刷掉了以往世界之中的無形牆面，留下了一片無垠廣闊的景色。幾乎一夕之間，希臘因為開拓了視野而打開了對其他文化的眼界，同時也對來自近東和東方的影響更加開放。

另一方面，新哲學缺少了那種意欲改變的蠢動氛圍與柏拉圖和亞里斯多德的政治樂觀主義。兩大哲學家辭世後，整個社會的精神狀態在某種程度上使人聯想到一九六八年的西歐與我們現代的差異。那些所謂六八學運的參與者都是政治烏托邦主義者，理想是將西方社會自由化與社會主義化。他們幻想建構出某種社會立體主義❶的理論，而這種社會立體主義可以全面拓展甚或扭曲個人的生活，就像整個社會一樣。歷史中曾有段眨眼間如昏厥般短暫的時光，在這段時光中六八學運參與者們倏忽瞥見了一道新世界的曙光，一個振奮人心、從未被實現過的可能性所組成的美麗新世界。沒想到緊接在他們希望的春天之後的並不是烏托邦的夏天，反而是使他們幻滅的酷寒，刺骨地讓他們認知到：真正推動歷史往前的是名為資本主義的鋼鐵齒輪，面對這巨大機械的自己多麼渺小無力。倘若有人不屑淪為新穎美麗消費世界之便利的俘虜，並因而任其擺布的話，那麼他能做的就只剩下往內心世界逃跑了，就像那些社工時代的社會心理術語、祕教手工編織的生物群落以及許多遠東教派的各式變體。

儘管我們應當謹記，歷史的比較永遠不夠充分而且存在瑕疵，但現在看來，自亞里斯多德死後即困擾著希臘哲學和社會的幻滅程顯然沒什麼不同。柏拉圖與亞里斯多德許多方面在政治上都趨於保守：前者設計的烏托邦與其說是面對未來的允諾，不如說是理想化的過去；後者則是在易於修改和理想化的框架之下，將雅典的古希臘城邦過度美化成這世界上最高的典範，不管人數多寡。顯然奠基於理想之上或是以生物學鞏固的政治觀都相當呆板，即便如此，有一件事物將柏拉圖和亞里斯多德與所有的政治解放運動和革命永遠連結在一起，那就是：他們深信，人們可以藉由更好更完善的理解來進入更好的世界！

不過這個信念卻在馬其頓王國的統治下快速消逝在雅典哲學家們的心中，就像類似的信念在七〇年代的時間推進下快速凋零在六八學運參與者的心裡。幾個世紀以來，撇開季蒂昂的芝諾（Zenon von Kition）與克律西波斯（Chrysippos）所撰已佚失的國家著作不談，雅典內不再醞釀任何政治烏托邦的想法！人們不再關注社會的和諧與健康的條件，取而代之地只汲汲營營於自身的靈魂療癒。與其設計一個適用於所有自由人的美滿人生，不如強調個人的幸福快樂；或是引用阿多諾在《最低限度的道德》

[281]

❶ 譯注：立體主義（Kubismus）原指的是二十世紀初由畢卡索與布拉克（Georges Braque）於法國巴黎共同建立的一種極具影響力的視覺藝術風格，特色是從多重角度對物體進行解析、分離再重組，在作品中形成多視角合併的幾何拼湊畫面，一反以單一視角摹擬物體的傳統繪畫手法。

（*Minima Moralia*）中著名的表述——錯誤人生中的正確生活。

柏拉圖與亞里斯多德之後時代的哲學相當私人，戲院裡的「新喜劇」亦同。劇作詩人**米南德**（Menander, 342/341-291/290 B.C.）的作品在政治上顯得似乎無害。詩人不再以自身創作諷刺社會時事，僅是嘲諷人類心理的陰險及弱點。新的哲學學派也以爭吵及相互妒忌引人注目，它們說穿了不過是相互猜疑跟蹤的私人辯論社。

如果某個時代的人只顧及自身的快樂，並且只尋找與自我人生意義的答案，那麼就揭示了他們生活時代的樣貌，被形塑出來的小型世界也會與被掌管的大型世界相呼應。如果柏拉圖假設，健康國家的前提是必須有健康的靈魂，那麼西元前三世紀初的人們在思考如何獲得健康的靈魂時，經常忽略社會因素對個人靈魂的健康有何影響。這些人們很快就接受了「上面的那群人」不管怎樣都會為所欲為，而「上面的那群人」是馬其頓王國的統治者、執政官、許多合作者加上無所不包的政府，他們穿著莎草紙色的衣袖包辦制定了所有事項。

亞歷山大大帝在希臘、小亞細亞、波斯及埃及趁勝追擊，使得希臘文化得以廣傳並且受到歡迎，但他同時也剝奪了希臘人的自治和自信。突然間，希臘人發現自己處在只看過其他民族曾有過的處境。希波克拉底認為小亞細亞居民容忍又順從的原因並非政治因素，而是因為當地的氣候。柏拉圖及亞里斯多德都贊同這個看法，後者甚至在自己的《政治學》裡以一個類似自然科學的說明來支持亞洲民族適合被奴役的論點——他們「較為聰明而且精於技巧，但在靈魂方面則惰性過重，故大多受人奴役。」[105] [❷]

但某種意義上來說，現在希臘人，甚至是驕傲的雅典人，也都活在這類「亞洲式」的生活條件下。

❷ 編按：引文中譯見：《亞里士多德全集第七卷》，中國人民大學出版社，一九九三年，頁243。

歷史的進程一夜之間粉碎了自由希臘人世界之主的自然法律地位；亞歷山大大帝強迫雅典的居民們必須將他當作神一樣崇拜，這樣的作為和波斯大國王完全沒有差別。政治與經濟全在馬其頓王國行政高層的掌管下，只有回應亞歷山大繼業者、將領和追隨者的呼召，並且定居在亞洲或埃及的佔領區，才能夠繼續保持不受限制的「主人」身份。數十萬人從希臘移居到新世界帝國的新舊城市，並且在那裡成為公民。在殖民者的傲慢之中，希臘式的主人道德在此歡慶著它愉悅的原型。同時馬其頓人早就認為自己是價值高尚的希臘人了，就跟以前的雅典、底比斯、科林斯、斯巴達與其他地方的城邦居民一樣高尚，而東方人在他們眼裡則是相對次等的。

[283]

雅典在經歷早期繼業者戰爭的混亂與紛爭之後，進入了亞歷山大大帝最重要繼位者之一——卡山德（Kassander）的統治領域之內，然而這個轉變為這個城市帶來了幾乎無法捱過的磨難。馬其頓人平息了亞歷山大死後的軍事叛亂；來自法勒魯姆的德米特里（Demetrios von Phaleron）——他正好是亞里斯多德的學生——當時掌握了雅典的執政大權，歷史學家對於他的執政倒是持有正面的看法。亞歷山大的另一名將領，人稱圍城者的德米特里一世（Demetrios Poliokretes）攻陷雅典時，情況更是雪上加霜；整個城市再次淪為繼業者的屠殺戰場，他們以多變的計謀攻進攻出、招募新兵及糧食，甚至引發飢荒。雅典的人口數下降，大規模的移民成了日常，城市的經濟也每況越下。

幾年前還傲為西方世界中心樞紐的雅典，雖然在那之後仍維持了一段時間的西方文化首都地位，但它的政治意義已不復存在。這也難怪這座城市裡後來出現的新哲學學派幾乎全是趨樂避苦的哲學，這些哲學並非被用於開創新的視野，而是用於免於各種恐懼，像是害怕**錯誤**（懷疑論者〔Skeptiker〕）、害怕**受苦**（伊比鳩魯〔Epikur〕）和恐懼**激情**（斯多噶主義〔Stoa〕）。本該是宏觀理論創建者的哲學家，就此成了生命的助理及顧問，或者化身成極端反對者、挑釁者和行動藝術家。對比這些人無法無天的不信任，蘇格拉底多麼和善又真誠……

[284]

嬉皮與煽動份子

他與柏拉圖還有亞里斯多德生活在同一個時代，但是卻一點也不令人崇敬；後來的擁護者對他報以熱烈的敬仰，但是他在批評者的眼裡卻糟到不能再糟了。柏拉圖故意對他不予置評，亞里斯多德只在一個地方提過他。西元前三六〇年的某個時候，來自米利都在黑海殖民地錫諾普的**狄奧根尼**（Diogenes）來到了雅典。自此之後，他無家可歸地棲身在公共建築的柱廊上，並且睡在——如果我們相信的話——一個木桶裡；根據他自己的佐證，他活得「像條狗」，還曾在光天化日之下手淫。關於他是否曾在莎草紙上寫下任何東西，各種觀點相互分歧。可以肯定的是，他是在人生最後的那幾年甚或是死後才成為備受崇拜的偶像。

幾乎所有我們知道關於狄奧根尼的事蹟，都來自於眾多流傳至後世的奇聞軼事，可能其中甚至沒有一個是真的。所有故事幾乎都圍繞在一個核心，即狄奧根尼宣揚人生無所求。根據這個主張，幸福既不在於至高智慧的人生中（如柏拉圖所認為），也不在善於使用細心培養出來的美德（如亞里斯多德）。依照狄奧根尼的看法，將自己從各種雄心抱負中釋放的人才是最幸福快樂的！

然而這個想法不算新穎，因為蘇格拉底的學生**安提斯泰尼**（Antisthenes）早已捷足先登，或許狄奧根尼的許多主張事實上也源自於他。不過有關安提斯泰尼的史料狀況跟狄奧根尼的一樣糟，兩者皆被後世謠傳，他們將無所求視為通往幸福的唯一道路。人只要將自己從內在與外在的束縛中解放，那他便是一個無欲無求的人。他沉溺於**自我知足**（autákeia）之中，只懂得如吃、喝、睡、性與對溫暖居所渴望等生物需求。

[285]

狄奧根尼最出名的事蹟是他和亞歷山大大帝的相遇：據說這位世界征服者曾經撞見這位正躺在木桶裡的哲學家。亞歷山大問有什麼是自己能為狄奧根尼效勞的，後者的唯一回答竟是：「有啊，閃開一點，別擋住我的陽光！」

就像其他關於狄奧根尼的故事一樣，這個故事肯定是虛構的。基本上，我們甚至不知道他否真的以及何時待過雅典，而他又何時生活在科林斯。若是軼事蒐羅家拉爾修記錄下來的史料有幾分可信的話，那麼狄奧根尼曾經散佈過許多充滿挑釁的胡鬧，並且對眾人的震驚樂在其中。顯然他認為社會慣例與約束都是多餘的，任何政治秩序的形式也一樣；在教育方面，培養健全的人類理智已經綽綽有餘，其餘的其實都沒有必要學習。

不論歷史上的狄奧根尼多麼模糊又傳奇，他的重要之處似乎是他對後世所具有的重要性。「桶中男人」的故事吸引了大量追隨者及模仿者趨之若鶩地前來雅典，並且為西元前三世紀的這座城市帶來古代世界的舊金山風情。無論如何，這種阿提卡的嬉皮文化至少有七名哲學家和文學家為證，他們在自己的人生及世界觀中或多或少追隨著安提斯泰尼和狄奧根尼的腳步。**犬儒**（Kyniker）這個被拉爾修用來指稱他們的概念來源備受爭議，該名稱起源於「**狗**」的說法相當可疑。

著名的犬儒主義者包括**底比斯的克拉特斯**（Krates von Theben）與其妻**希帕基亞**（Hipparchia），後者為早期的女權運動鬥士；另外一位知名人物則是**伽達拉的梅尼普斯**（Menippos von Gadara），他是諷刺文學的開山鼻祖。而**梅格洛玻利斯的**犬儒**克爾克達斯**（Kerkedas von Megalopolis）為我們留下了一篇著作，字裡行間充滿了他對財富與貪婪的尖銳批評。他如此問道：人類為何想方設法從每顆石頭中謀取大膽的利益？又為何人人都追著可以掠奪的領地不放？

將這些思想家和脾氣全部囊括於「犬儒」的概念之下，絕對是極為粗糙的作法，與其說是志趣相投的標記，不如說是史料狀況不佳導致的結果。此外，並非所有人都符合行動哲學家的楷模，譬如狄奧根尼不斷地用挑釁來娛樂自身周圍的世界。在哲學史的進程裡，無所求與煽動挑釁會徹底分道揚鑣，後來宣揚無欲無求人生的人大都不再是職業煽動份子。

相較之下，一種哲學家作為煽動份子的傳統延續至今。試想一下和狄奧根尼同一陣線的伏爾泰、巴枯寧（Michail Bakunin）、尼采，再想到費耶阿本德（Paul Feyerabend）、德希達（Jacques Derrida）、德勒茲（Gilles Deleuze）、齊澤克（Slavoj Žižek）等人。這種哲學變體的特徵包括了蓄意尋求的政治厭惡、過份誇大，以及經常對老實順從的同行的嘲諷——這些都是如同其現代藝術曾經尋找和發現的表達形式，尤其是從前衛一直到激浪派運動（Fluxus）。

「接下來」的世代

當犬儒學派正在流行的時候，柏拉圖的學院當然也繼續存在著，只不過在這位名師死後的幾十年間發生了很多事。西元前三三九或三三八年，他的姪子兼接班人**斯珀西波斯**在僅僅接班十年後便去世了。在這段時間裡，他遠離理型論並撰寫了一本事物相似性的書籍，據說它比柏拉圖更有助於將現實精準分類。在斯珀西波斯身上，柏拉圖宇宙的統一性與完整性再也找不到追隨者，存在的不是類似柏拉圖主張裡凌駕在一切之上的絕對的善，而是統一與多樣的平等。比起柏拉圖，這一切聽起來都更像是亞里斯多德。

迦克墩的色諾克拉底成為斯珀西波斯的繼承者，他是一名德高望重的男子，相傳他有些陰沉和遲緩。作為哲學家，他的生產效率非同尋常地高——他撰寫了七十篇著作，可是全數皆已亡佚。我們從不明的史料來源得知，色諾克拉底清楚且引領潮流地將哲學劃分為邏輯學、物理學和倫理學。他打算將柏拉圖錯綜複雜又充滿矛盾的著作做一番整理，並合併成一部作品全集，這是個相當棘手的任務，因為就如我們所見，柏拉圖的思維抗拒任何過快的平整化和系統化。

不管他這麼做是否幫了他偉大的老師一個忙，但是現今完整的柏拉圖式系統的確是透過色諾克拉底才有的，只不過裡頭的內容卻變動了許多。問題重重的理型物質特徵就此消失，理型在他的改造之下成了如同數字的抽象概念。唯有我們在自然中能夠發現的事物才擁有物性的理型，而人類創造出的東西——椅子、菜餚或是繪畫——在理型之中完全沒有對應之物。第二個步驟下，色諾克拉底單純將柏拉圖的思想顛倒了過來。對柏拉圖而言，動物的理型比狗要根本；但色諾克拉底認為狗比動物這個抽象理型根本得多。基於此基礎，色諾克拉底也否決了柏拉圖費盡力氣證明的人類靈魂不滅。

當色諾克拉底在西元前三一四至三一三年間辭世時，終於有了「柏拉圖主義」，只不過當時對此已經不那麼感興趣了。儘管接下來的接班人帕勒蒙（Polemon）和克拉特斯（Krates）相當重視這種柏拉圖主義，但是此時柏拉圖式的哲學在雅典不過是眾多之一。亞里斯多德死後的名聲更是不堪，他的哲學遠不及柏拉圖哲學適合敬奉。呂刻昂的後繼者，即所謂**逍遙派學者**（Peripatetiker）的思維並不侷限在封閉的系統內，現在的他們主要繼續研究亞里斯多德所產生的各種學科。**泰奧弗拉斯托斯**持續領導亞里斯多德的學院直至西元前二八七年左右，他以植物學家的身份聞名，在他主要的植物學著作——《植物的歷史》（*Historia Plantarum*）和《植物的生成》（*Causa Plantarum*）中，證明了他比亞里斯多德對自然更觀察入微。泰奧弗拉斯托斯與他的老師所見略同，也認為植物的生命就該**正常運作**、動物的生命就該**順利進展**，而人類的生命就該**如願以償**。然而，凌駕在亞里斯多德信念之上的「合目的性」的上層概念，到了泰奧弗拉斯托斯被分解為具體的附註條文並且被相對化。

即使泰奧弗拉斯托斯並不認同恩培多克勒的靈魂輪迴說，但前者仍一再採用後者的「化學」思慮。

在泰奧弗拉斯托斯的著作《論虔誠》裡，同樣也感受得到這位來自阿格里真托的哲學家的影響：如同恩培多克勒，泰奧弗拉斯托斯也慷慨激昂地痛斥用動物獻祭的慘無人道。不過他執著的部分不在如恩培多克勒對殺害輪迴進動物體內的人類靈魂的憎惡，他的論點比較偏向生物學，不那麼形上學。正是動物與人類之間的近親關係、兩者性情的相似度，顯得動物獻祭如此殘酷——英國哲學家邊沁（Jeremy Bentham）在十九世紀初也持如此看法，據此，道德上的重要問題不在於動物是否會思考或說話，而是：「牠們能不能**忍受**痛苦？」

直到西元前二六八年為止，泰奧弗拉斯托斯的接班人——**蘭普薩庫斯的斯特拉托**（Straton von Lampsakos）領導著逍遙學派，這顯示他幾乎不受任何形上學思想影響。他尤其以物理學家的身份著名；他認知到降落的物體會在飛行中加速，這是先於牛頓萬有引力定律的預示。儘管斯特拉托這個與其他的見解對物理學再怎麼重要，卻幾乎無法凝聚哲學學派的團結。西元前三世紀中期，即便亞里斯多德創立的學校仍繼續存在了好一段時間，他的光芒在接下來的一千五百年幾近熄滅。

懷疑論與質疑

隨著學院與逍遙學派影響力的消退，城市開放了眾多新哲學家發揮的空間；其中最重要的流派之一是**激進懷疑論**（Radikale Skepsis）。每當出現如柏拉圖和亞里斯多德這等偉大建築師建造的崇高思想大廈，總會跑出像是狄奧根尼的狗翹起後腿對著它撒尿，或是冒出激進的質疑者，矢口否認整體建築的牢固基礎，並藉此不費吹灰之力地行銷自己。

在所有面對世界的哲學態度當中，最戒慎恐懼的無疑就屬激進懷疑論。懷疑一切的人永遠不會對任何事感到失望，此外懷疑既不耗時費力也不困難，卻很容易讓戰戰兢兢的人感覺「自己站在正確的一邊」。從邏輯上來看，懷疑並不具有知識論上的優越地位，沒有任何質疑會比看法更真確，「某件事『不正確』」的可能性基本上不會比「某件事『正確』」更大。

[290]

然而，以西元前三世紀的雅典氛圍來說，懷疑恰好是正確的態度。那時被推崇的上師是個一輩子從未到過雅典的人：**伊利斯的皮羅**（Pyrrhon von Elis），他出自伯羅奔尼撒半島，生卒在約西元前三六二年至二七〇年之間。雖然可能是因為他與蘇格拉底、狄奧根尼一樣，沒有撰寫過任何一部著作，但他在世時便就是一段傳奇，關於他的英雄事蹟不絕於耳、沒有盡頭。據猜測，他和亞歷山大大帝的軍隊一同遠征來到印度，並認識了那裡的哲學。顯然他深受**苦行主義者**的影響，他們是一群用類似於狄奧根尼的方式過著無所求人生的禁欲苦行上師。相較之下，皮羅在亞歷山大大帝面前的舉止也如同苦行主義者般既勇敢又無關緊要，不過這些說法應該是虛構的。就像傳說狄奧根尼要亞歷山大不要遮蔽陽光，其他哲學家也相傳曾在這位佔領者面前表現出希臘軍隊不曾有過的大膽無懼。而且，自傲的城邦居民在外來統治之下所受的苦越多，哲學家在自己天馬行空的幻想之中也就變得越是大膽和精神獨立……

回到伊利斯後，皮羅創建了一門哲學學派，這可能是西方世界首個受印度哲學啟發的學派。許多史料告訴了我們那裡所教導的內容，皮羅的名氣如此之大，以至於連西塞羅（Marcus Tullius Cicero）和塞克斯圖斯・恩皮里科斯（Sextus Empiricus）等後來的思想家都對他的學說議論紛紛。除了印度哲學之外，皮羅顯然也受到德謨克利特的啟發，並宣揚了他平靜與靈魂和平的目標。在知識論方面，德謨克利特只接受可以在類似自然科學的角度下認知到的事物，並且拒絕所有關於世界本質的更進一步推測。皮羅在這一點上也追隨他，只不過更激進得多，基本上他質疑所有形式的認知、感官以及思想。皮羅說，世界對人類而言純粹無法捉摸；唯一剩下的就是存而不論（懸置〔epoché〕）——這個立場在二十世紀成為胡塞爾（Edmund Husserl）創立的現象學起點。

[291]

這種態度在哲學史上稱為**皮羅懷疑主義**，而它的影響持續了好長一段時間。藉此，世界的可靠認知——柏拉圖和亞里斯多德的目標——打從一開始就被貶為自欺欺人，除此之外什麼都不是。哲學的工作不再是認識或知識，而是對萬事萬物包含邏各斯在內提出質疑。

從邏輯的角度來看，這種態度很有問題。因為如果我懷疑一切的認知，那我為何不去質疑「懷疑是明智的」這個看法呢？假如一切都不確定，那麼連懷疑也同樣無法確定；相反地，如皮羅這等激進的懷疑論者卻宣稱，懷疑是比相信某事更正確的作法！但他是從哪裡得知這件事的？這位激進的懷疑論者難道不必也懷疑自己提出的懷疑主張真實性嗎？恰好我們早已認識這個早在皮羅時代之前的希臘哲學就有的想法，依照西塞羅的記載，德謨克利特的學生**希俄斯島的邁特羅多魯斯**（Metrodoros von Chios）曾說過：「我們當中沒有人知道任何事情，甚至連『我們知不知道』都不得而知。」[106]然而，尤其以物理學家頭銜為人所知的邁特羅多魯斯是否實際上是想說：「在外在的世界裡，我們根本什麼都無法認知。」這點本身就充滿疑問。

和蘇格拉底一樣，皮羅也沒有將自己的思想和生活區分。據說他對世上的事物與紛爭都無動於衷；既然什麼都沒辦法認識，那麼我們也就無法或是不需要在人生中定位自己了。如此攻不可破的立場令許多同時代的人深深著迷，就連諷刺作家**斐利亞修斯的第蒙**（Timon von Phleius）也為之入迷。他約在西元前三二〇年出生於伯羅奔尼撒半島上的城市斐利亞修斯，並謠傳曾在皮羅身邊研究學習。在雅典，他以嘲諷作家及《諷刺詩》（*Silloi*）的作者身份為人所知，那是一部多卷的諷刺詩作。然而，從其估計超過一千行的詩句當中，只有一百三十五行被保留了下來。在這些詩句裡，這位作者和當時已過世超過兩百年的克塞諾芬尼互相討論；而我們（在〈流浪者、他的學生與雅典的公共秩序〉章節裡）所認識的後者，對過於擬人化神祇進行了許多言詞辛辣的批判。

該詩作的風格以荷馬與赫西奧德的史詩作為藍本，而他們兩人不斷在其中出現。第蒙和克塞諾芬尼對所有偉大的希臘哲學家品頭論足了一番，尤其藉由神話英雄的自視甚高與博學多聞的比喻來貶損他們，唯獨皮羅得以在批評中逃過一劫，因為他是第一位把光帶進其他哲學家傲慢主張晦暗之處的人。

缺乏立場、諷刺和尖酸的嘲諷是一種思維的廉價成份，這種思維在政治無聊的時代總是一再興旺發展，屢試不爽。從這個角度看起來，沒有什麼值得為之奮鬥或爭辯，只存在一個普遍的反對和些許的個人小確幸。心平氣和是懷疑論者致力追求的境界，因為「神聖與善的本質總是在於『一個人最平和的生活從何而來？』」。107「我並不因為現實中的損失而受到折磨——我反倒很享受啊！」以及「哲學使人變得漠不關心——我無所謂，隨便啦！」顯然皮羅式的嬉皮智慧完美地與馬其頓統治下的希臘城市政治低潮一拍即合，於是就這樣，激進懷疑論不久後便傳進了雅典，甚至佔領了從前的英雄式哲學之聖殿——雅典學院！

隨意的謹慎魅力

在雅典使激進懷疑論變得為社會大眾所接受的人是**阿爾克西拉烏斯**（Arkesilaos），他在約西元前三一五年出生在小亞細亞西北岸的皮塔內。就跟眾多其他當時的哲學家一樣，他也是來自今日土耳其地區的移民，為了讀書來到雅典。他在泰奧弗拉斯托斯的教學環境裡待了一段時間，後來便轉學到學院去。西元前二六八年至二六四年間的某個時候，他成了學院的院長，將一種全新的精神引進學校之中。相傳他極具獨特魅力又寬宏大量，同時也是敏銳的思想家和才華洋溢的演說家，他在面對自己的批評與讚美時一樣慷慨。據說他的私生活與犬儒學派和懷疑論的理想典範完全背道而馳，比起無欲無求的人生，他熱愛奢華與享受，並且毫不害臊地讓自己身處於高貴妓女（古希臘的高級藝妓）的包圍之中。他與馬其頓的軍事當局，尤其是與比雷埃夫斯的指揮官關係友好。

在阿爾克西拉烏斯的帶領之下，柏拉圖式的哲學從根本上轉變了；學院的知識份子不就後便被稱呼為「skeptikoi」（懷疑論者），與皮羅追隨者們的名號一致。因為這位新任院長將柏拉圖的哲學再次倒回蘇格拉底式的出發點，「懷疑論」這個概念本身不大可能在學院裡發揮什麼作用。普魯塔克將阿爾克西拉烏斯周圍的學院知識份子稱為「在所有事物之上皆存而不論」的人。108我們並不清楚阿爾克西拉烏斯在這個基礎上是否也撰寫著作，或是效仿蘇格拉底只從事口頭傳授。無論如何，他讓蘇格拉底式的哲學復興成為對任何據稱已確定的知識的駁斥。

當阿爾克西拉烏斯接管學院的時候，柏拉圖已經過世七十年了。不過，相傳這位新任名師居然曾經持有他的原始手稿。柏拉圖的思想在色諾克拉底的編輯下轉變為井然有序的系統，這在他眼裡是大錯特錯。對阿爾克西拉烏斯而言，柏拉圖特別是這麼一回事：一個不採取任何可靠立場，自身立即再次對每個立場提出質疑的人。阿爾克西拉烏斯心目中的柏拉圖是懷疑論者和諷刺家，他從沒有獲取確定性，更不用說建立任何教條了。

對這位和皮羅沒有兩樣的學院新任院長而言，根本不可能獲得可靠的知識，因為追根究柢我們要怎麼知道某件事正確與否？為此，我們需要一個從來就不可能存在的客觀準則，因為每個準則都面臨著相同的問題：為了將一個準則證實為客觀等等，它又再次需要另一個客觀的準則。根據阿爾克西拉烏斯的想法，在每個證明的結尾總會留下一種無法真正證明的信念、直覺或證據。在這種情況下，我們只能像皮羅一樣存而不論，充其量我們也只能研究和揭示他人思維裡的遊戲規則、認知方式及邏輯。阿爾克西拉烏斯復興了蘇格拉底的修辭術，並且確立了這樣一條規則：「那些想聽他講話的人不能向他提出任何問題，而是應該說說自己的想法。如果他們已經說了，他就會予以辯駁。」109

對阿爾克西拉烏斯來說，哲學中一切斷言都是純粹的推測。這般激進的懷疑論大概與柏拉圖沒有什麼關係，即便阿爾克西拉烏斯從來不批評這位學院創始人，而且巧妙地採用了他的傳統——身為蘇格拉底在世上的代理人。正如西塞羅所說，我們可以像在跟皮羅爭論一樣和他爭辯他的懷疑有多激進，以及他是否同樣質疑過自己懷疑的意義。然後，阿爾克西拉烏斯會與西塞羅從邁特羅多魯斯那裡流傳下來的引言站在同一陣線：我們甚至連自己的無知都沒辦法確實知道。照此說來，被認為是蘇格拉底名言的那句「我知道自己一無所知」就必須加上附註「就連這個我也不知道！」這樣的立場前後一致而且並非不得要領——但它是一切哲學的終結，使所有更進一步的哲學思考都沒有意義。事實上，對自己的專業有如此想法的哲學家既無法自立門戶（如皮羅），也沒有辦法領導一門學派（如阿爾克西拉烏斯）。

不管如何，至少連阿爾克西拉烏斯這等激進懷疑論者也知道評價，亦即「存而不論是件好事」的評價。從邏輯上來講，他的生活對道德事務漠不關心，既不重視某種特定舉止，也不鄙視之。這個立場也很一致，因為那些克制不作任何判斷的人，甚至連「存而不論是件好事」都不該擁護——這也是一種價值判斷，甚至是相當強而有力的評價。此外，阿爾克西拉烏斯和德謨克利特、皮羅一樣將心平氣和宣稱為人生目標，顯然他知道這是一個良善的目標，對一個認為自己無法判斷的人來說，這卻正好是一個相當明確的評斷！

要過著完全抱持懷疑的人生是不可能的，因此「激進懷疑論是否真的是一個好主意？」的問題便冒了出來，至少它無可避免導致表面最一致的思維形式變得前後不一。錯誤可能在於，懷疑論者將一個對所有人類思維要求過高的真理作為目標。可是他為什麼要這麼做？哲學家真的需要**那唯**一真理的知識來進行哲學思考嗎？我們能不能將哲學思考的門檻稍微降低一點？比起絕對的正確性，某件事合理有說服力難道還不夠嗎？阿爾克西拉烏斯後來的繼任者**昔蘭尼的卡爾內阿德斯**（Karneades von Kyrene,

[295]

214/213-129/128 B.C.）便踏出了這一步。他主要是因一篇西塞羅流傳的軼事而聞名：卡爾內阿德斯是某個希臘駐羅馬外交代表團（我們會在後面談到）的成員之一，某天他在元老院前為公平正義辯護，隔天卻自打嘴巴反駁，隨後便遭到驅逐出境。

作為懷疑論者的指引，卡爾內阿德斯提出了「同時具有可信度、不受干擾並經過徹底檢驗」的「可信想法」。[110]但是從懷疑論哲學的角度來看，不可能存在這樣的準則，也不可能被有意義地應用。因為我是從什麼角度得知某樣東西是可信的？學院的知識份子如此謹慎想阻止的錯覺和自欺欺人，此時卻在此面對著敞開的大門。

這種「絕不把任何引導過上成功人生的事物交到追隨者手中」的哲學顯得破綻百出，因為「哲學應當以某種方式變得有用和有助益」不單純是古典時期裡是個未成文的憲法任務。根據恩不里柯的紀錄，阿爾克西拉烏斯採用了一個不那麼絕對的準則，即「理由充分的事物」；有充分根據的事物雖然無法創造任何最終確定性，不過它能區分合理與較不合理。然而，問題在於恩不里柯在此處是否忠實呈現阿爾克西拉烏斯的說法，因為在一切都能被質疑的情況下，怎麼還會有「理由充分的事物」存在呢？什麼才是有充分根據？是我在深思熟慮後，不顧許多反對論述而**認為**的事情嗎？還是我本能**感覺到**的事物——比方說，當我肚子餓時可以吃飯是件很棒的事？後來的思想家對阿爾克西拉烏斯的立場是如此矛盾，以致我們必須在黑暗中摸索。

儘管阿爾克西拉烏斯的懷疑受到各方質疑，但據說他仍是「當時最受讚賞的哲學家」。[111]他剩下的是將蘇格拉底兼柏拉圖式的哲學再造為一種系統性的反駁藝術，他將思維完善化，為的是要找出某件事不正確的原因。他的哲學成功肯定不是偶然，在我們看來，這通常是悲觀和政治冷淡時期的典型表現。在馬其頓統治下的好幾十年中，雅典的居民明顯然已經放棄相信自己可以決定自己命運的信念，於是反對意見優先於宣稱斷言的哲學在此便恰到好處——整體驚人的冷漠之下的個人的敏銳。對馬其頓當局來說，這是一種易於共處的無害哲學，至少它不會導致什麼結構性和實際上的後果。

從今天的角度來看，學院的激進懷疑論時期讓人聯想到一九六〇到九〇年代的法國後結構主義❸。阿爾克西拉烏斯和其學生所認為的事物的「不可辨別性」，到了德希達和他的門徒那裡就成了語言表達的「任意性」（隨意性）。與阿爾克西拉烏斯的哲學類似，後結構主義是一種思考方式，可以在前後連貫的（語言）懷疑論中抵制任何批評。它隨著時間的流逝變得越不政治，同時擴散得越胡鬧狂妄。正如後結構主義癱瘓了超過一個世代的學生（然後將他們當作憤世嫉俗者發佈在廣告仲介和報紙副刊中），學院的菁英懷疑論者可能也同樣根本導致了阿提卡地區社會的社會與政治癱瘓……

❸ 譯注：後結構主義（Poststrukturalismus）乃現代西方哲學思潮之一，為結構主義發展的後一階段，卻也是極端破壞該主義的一種學說。

錯誤人生中的正確生活

- 無盡的世界、漠不關心的諸神
- 歡愉的道德
- 自我管理
- 斯多噶主義
- 被編制的世界
- 讓你自己變得更優質！
- 自然本能、道德要求

無盡的世界、漠不關心的諸神

三世紀初的雅典景象使人聯想起十八與十九世紀之交的威瑪——是個小鎮，卻也是文化的大都會；在一平方公里的狹窄空間裡，相互友好又爭吵的精神英雄維蘭德、赫德（Johann Gottfried Herder）、歌德與席勒比鄰而居，他們亦敵亦友、密切聯繫卻也各自忙於自己的工作與自己的世界。

亞里斯多德死後五十年的雅典難以想像成其他樣子。兩座經典的教育機構——雅典學院和呂刻昂相距僅兩公里，步行不需半小時；阿哥拉就位於它們距離中間的衛城山腳下，也就是眾多哲學家依循蘇格拉底傳統四處遊蕩的市集廣場。**彩繪柱廊**正位在市集廣場之上，它是幾座圓柱大廳中的其一，也是某個新興哲學家團體的會面地點。而介於阿哥拉和學院之間，緊鄰其邊界圍牆處，有一個僻靜的花園。花園的所有人名為**伊比鳩魯**，他在西元前三〇六年購得此處，並經常於傍晚時分在那裡與自己的追隨者們一同進行哲學思考。

伊比鳩魯來自薩摩斯島，大約在西元前三四一年出生於該地。據說他的父親曾經當過農民和老師。在各老師的支持下，伊比鳩魯很早就開始研究柏拉圖與德謨克利特，後者顯然對他留下了更深的印象。十八歲時，他在雅典完成了軍事訓練。亞歷山大大帝死後，雅典人在隨即而來的拉米亞戰爭中動亂起義，這為伊比鳩魯的家庭帶來了巨變。他們失去了在薩摩斯島上的財產，並逃往小亞細亞的科洛封。自此之後，伊比鳩魯消失得無影無蹤，直到他再次現身在雅典，並與三位關係密切的同事合購了花園。

這位大師和他的追隨者們以共產主義群體的形式一起居住花園附近，短時間內吸引了來自世界各地的人們，就連高級藝妓和奴隸也在許多雅典人的嘲弄之下生活在伊比鳩魯的社區裡。很快地，社群生活放蕩不檢點的流言蜚語迅速流傳開來。在所有自然哲學家當中，就屬伊比鳩魯最下流——五百多年後的歷史收集家拉爾修就知道要這麼敘述他。只不過，這些「骯髒下流事」並沒有可靠的證據支持，此外它們還與伊比鳩魯所宣揚的學說有著明顯的矛盾。

相傳他寫了四十篇論文，今天只剩下當中的少數殘篇；和許多其他希臘思想家一樣，他提出的所有學說嘗試都是用少部分的拼圖來重組一幅畫作。他知識論的許多內容都讓人聯想到德謨克利特，就跟這[300]位一樣，伊比鳩魯也認為世界是由原子在一個空蕩的空間裡組成。原子是永恆不朽的，並且以無限的數量在無限的宇宙中移動。羅馬人盧克萊修（Lukrez）記載道，伊比鳩魯曾宣稱「存有事物的整體是……不限於任何方向；否則它就必須具有某種外部的東西。就我們所見，事物又只能在它之外存在某種限制它的東西的情況下，才會具有某種外部的東西……。但是因為我們現在必須承認存有事物的整體之外什麼都不存在，所以它不存在任何外部的東西，亦即缺少任何極限和終點。」[112]

原子是無限的，而且存在多個世界。依照伊比鳩魯的說法，宇宙是一個多重宇宙。原子在那裡因為重量由上往下墜落，過程中時不時會出現微量的標準偏差，原子便相互碰觸，又引發了新的運動，即漩渦形態的原子連環相撞。這些漩渦產生了無數的原子連結，而百萬連結的其中一種就是人類。人類也是完全由原子組成，而且不只有身體，甚至靈魂都是透過「大量原子」而產生。靈魂「最能媲美混合了某種溫度的風，某些方面像風，其他方面卻與溫暖的事物相似。」[113]

這些想法並不完全是原創的，因為它們幾乎不斷洩漏出德謨克利特的痕跡。不過伊比鳩魯至少有一樣補充是全新的，對他來說，徹底的唯物主義宇宙中絕對有神祇的存在。但這都是些什麼奇怪的神啊！祂們是具有人類形體的物質性生物，也擁有物質的新陳代謝，並且如其餘所有事物是由原子所組成。伊比[301]鳩魯以此創建了某種西方哲學裡前所未見的東西——唯物主義的神學！對他而言，有無限多種各式各樣的神祇存在，祂們並沒有創造宇宙，而是像人類一樣活在其中。擁有無窮無盡的快樂並且對自己全神貫注的祂們，既不左右世界的運轉，也不對人類的命運帶來任何影響。山下的人類為了煩惱而愁眉苦臉，這與奧林帕斯山上的諸神何干？伊比鳩魯這個諸神世界的構想，既不是為了解釋世界的起源，也不是要賦予人類生命更深遠的層面與更高等的命運。在所有西方世界的神祇想像中，這個概念的原創程度絕對是數一數二的，它正好缺少了那兩種神祇對所有其他哲學家與非哲學家而言根本存在的原因！

不過人類可以隱約感覺到神靈的存在，有時候最精細的原子會從祂們身上脫離，並無形進入人類的靈魂。這就是幾乎所有人都對神祇持有一種想像、努力效仿並崇拜祂們的原因。與眾多其他哲學家相比，伊比鳩魯不覺得約定成俗的祭拜、傳統充滿眾神的天空以及其高雅的全體人物有什麼麼問題；他唯一看不慣的是人們自以為諸神的舉止與自己相似，並且干涉了自己的生活：「那幸福又不朽的事物本身既沒有任何困難，也不會造成其他任何人的困擾，因而不會被牽扯進怒火或恩寵。因為這一切都是軟弱的標誌。」114

然而按照伊比鳩魯的說法，神祇卻不保證任何自由，因為祂們也只不過是自然法則中原子世界的一部分。這就是為什麼伊比鳩魯必須和德謨克利特一樣被問道，自由怎麼可能存在於全然因果機制的世界裡？如果一切都是由自然法則決定，那麼人類究竟是否自由掌握自己的意志？這個問題引起了高度爭議。只要是諸神握有決定大權的地方，比如在荷馬的作品中或悲劇裡，人類就不是真正的自由，他們的命運是由更高的權力預先決定的。可是，當永恆的自然法則規定了原子的運作過程時，不也是如此？

的確，對伊比鳩魯而言，自由意志無比重要。在他的著作《物性論》當中，他強調原子並不會決定靈魂的一舉一動：「因為它們的原子本質並沒有對它們的行為方式、層次或性格作出任何貢獻，事實上要為某些事物負全體或大部分責任的是它們的發展。」115所以動物和人類有能力改變自己原子的運動，而他們必須為此負責。然而，在一個由自然法則整頓的世界中，這種自由和責任從何而來？對此伊比鳩魯卻無法給出一個令人滿意的解釋，就算他將自己的觀點拆解為一套漂亮的字謎遊戲：「任何宣稱一切都是出於必然性而發生的人，沒有理由指責那些宣稱並非一切都是出於必然性而發生的人；因為如他所說的，這件事正是出於必然性而發生的。」[116]

歡愉的道德

三個重點決定了伊比鳩魯的哲學：意志的自由、感官的真實性和歡愉對生活的高度重要性。對他來說每一個經驗都源於感官，這是我們自普羅塔哥拉、安提斯泰尼和皮羅那裡認識到的立場。它在兩千年以後會復興，然後，十七及十八世紀的英語系經驗主義者和法國感覺論者（Sensualist）（約翰・洛克〔John Locke〕、休姆〔David Hume〕、喬治・柏克萊〔George Berkeley〕與孔狄亞克〔Étienne Bonnot de Condillac〕）會持這種觀點與佔了優勢地位的理性主義相抗衡。

基於這個觀點，根據我看見玻璃杯是空了一半還是半滿，可以得出兩個截然不同的結論。我可以得到以下結論：如果建立在諸如感官知覺這一類不可靠的東西之上，那麼任何經驗都毫無價值可言，因為它們永遠不會導向安全可靠的知識。懷疑論者已經走上了這條路。或是我說：我所經歷的一切（對我而言）都是真實的，而且其實沒有那麼微不足道。那麼人類根本不需要更多可靠的知識，便可以好好過一生。誰有幸獲賜敏銳的感官和清醒的神智，便再也不需要任何賢者之石了。就我們推測，普羅塔哥拉和伊比鳩魯選擇了這條路。

他並不反對邏輯，也不反對我們可以靠著敏銳的反覆思考獲得聰明的見解。然而，他卻斷然拒絕「作為真理唯一源頭的邏各斯應該存在於世界上」的想法。對他來說，和人類的感官與感官享受沒有關聯的世界毫無價值可言，任何正視感官享受的人很快能得出一個結論，即愉悅對人類有益，而苦難是糟糕的。

這個見解也並非源於伊比鳩魯，早在**昔蘭尼學派**（Kyrenaiker）裡就可以發現其蹤跡。該學派是根據位在現今利比亞的城市昔蘭尼而命名，這個希臘殖民地自從西元前四四〇年起就是一個民主統治的城市；蘇格拉底的學生**阿瑞斯提普斯**（Aristippos, 435-355 B.C.）就來自這個地方，可惜的是沒有任何關於他和他的繼承者的文字流傳下來，只有後來哲學家對他們的評判。在維蘭德於十九世紀初為他設立了一座文學紀念碑之後，他便獲得了一定的後世知名度：《阿瑞斯提普斯和他的幾個同時代人》是一本包羅萬象的書信體小說，精於世故又從容的阿瑞斯提普斯在裡頭優雅地記錄下自己充滿啟發性的思想。

不過，歷史上的阿瑞斯提普斯卻不關心政治，他的倫理學明顯帶有私人的特性。身為一位早期的感覺論者，他只相信感覺，並且不相信任何更高等級的洞察。我們所經驗和了解的一切都經由感官流入我們之中，並且藉此觸發靈魂過程；這中間的感覺有好有壞，亦即歡愉與痛苦的感覺。藉此直接又簡單地預定了每套倫理學的文法：增加歡愉及減低苦難——這個態度後來以**享樂主義**（Hedonismus，字根為用來指「歡愉」的 hêdonê）之名發揚光大。

不將人生幸福定義為被追求的遙遠目標，而是稍縱即逝狀態的西方哲學家，阿瑞斯提普斯也許是第一位。幸福不是透過堅韌不拔的辛勞而獲得，也不會像資本一樣與付出的汗水成正比。幸福是當人在尋找它的過程所發生的點點滴滴，而且幸福的人生絕對會讓人感受到（感官上的）快樂。「許多人因冀望著遙不可及的幸福，而忽略了生活中的小確幸。」美國作家賽珍珠（Pearl S. Buck）的這句名言為享樂主義作了絕妙的總結，就如同阿瑞斯提普斯對該主義的理解。

當遇到「哪種愉悅才是值得追求的目標」問題時，昔蘭尼學派（當中還包括阿瑞斯提普斯的女兒及孫子）是很和藹友善的。除了有形形色色肉體上的享受之外，還有精神靈魂上的享樂；無論是哪一種，美好程度都和另外一種不相上下——柏拉圖曾在《會飲篇》中大肆抨擊這種想法。然而對阿瑞斯提普斯而言，關鍵不在於享受的道德品質，而是在於它的強度；如果享受很強烈，那它在道德上便是良善，因為在享受之外的地方不存在道德。就連「質與量何者為佳」的問題也無法解答，因為強度涵蓋了兩者。（伍迪．艾倫〔Woody Allen〕在其執導的電影《愛與死》結尾提出了類似的論述：「要知道，做愛的重點不在於次數，而是品質。另一方面：如果做愛的次數低於每八個月一次的話，那就應該再考慮一下了……」）

[305]

儘管出發點截然不同，但是昔蘭尼學派在某種程度上卻與亞里斯多德相當接近。阿瑞斯提普斯同樣也重視財富、友誼和世故的老練，這些全都讓人生變得更愉快。精於世故的人應該擺脫如妒忌或戀愛等造成的負面情緒；和悲傷、煩惱或恐懼相反，外在世界不會迫使人打翻醋罈子和墜入情網。舉例來說，對某件事情感到恐懼是生物學上有意義的反射——但戀愛並不是！有意識掌控好自己的人，便超越了戀愛和妒忌。與維蘭德筆下的詼諧啟發者角色相比，將阿瑞斯提普斯視為紈褲子弟，亦即有魅力、富裕和禮貌的人，搭配適量的反中產階級式之無道德，這樣大概更加接近這位哲學家。

不過回到伊比鳩魯，我們認為他事先知道昔蘭尼學派的學說，儘管他沒有提及出處。和他們如出一轍，他同樣將愉悅擺放在自己倫理學的中心；每個生物「生來便為了愉悅」而汲汲營營，並「以此作為至善」而樂，這點對他來說顯而易見。[117] 但是與阿瑞斯提普斯相異的地方是，伊比鳩魯的學說並非獲得愉悅的哲學，而是避免痛苦的哲學。什麼東西阻礙了我們過著輕鬆自在的人生？他如此問道，答案就是身體與靈魂的匱乏和煩惱招致的痛苦。當我們飢渴時便會感受到痛苦，而且我們還會受恐懼與煩惱所苦；相對地，吃與喝、喜悅與歡樂則為我們帶來了愉悅，因為它們避免或消除了苦難。

伊比鳩魯和阿瑞斯提普斯一樣，將自然的欲望與「空洞的」欲望區別開來。亦即，之所以會導致多

[306]

痛苦是因為我們渴望其實根本不需要的事物。而且還為了根本不必擔憂的事情瞎操心。我們必須學會分類和弄清楚自然的恐懼及欲望，以及必要的事物；只要能理性抑制與支配自己的歡愉和欲望，並且有分辨重要與多餘的能力，人生便能過得道德正確。因為，「對這些事物屹立不搖的觀察，將會懂得如何把每次選擇和躲避的焦點，從迷惘拉回身體健康和靈魂自由之上，因為這些才是屬於幸福人生的目標。」[118]

自我管理

參與伊比鳩魯式生活理想的人可以有什麼期待呢？「進來吧，陌生人！這裡有個友善的東道主會用取之不盡的麵包和水款待你，因為你的欲望在這裡不會受到刺激，而會獲得滿足。」花園入口處的著名標題這麼寫著。取之不盡的麵包和水？伊比鳩魯或許也將愉悅置於他的倫理學中心，但這聽起來並不符合阿瑞斯提普斯之意的享樂主義人生。然而，伊比鳩魯的愉悅簡樸又知足，吸引他的不是享受的強度，而是它的穩定性。與其持續在興奮與飽足、刺激和消弭、貪婪與失望等情緒之間來回消長，不如擁有永久穩定的小確幸。對伊比鳩魯而言，持續小火慢燒的愉悅之火（**靜態的**愉悅）比連續激情的烈火（**動態的**愉悅）還要有價值；因為根據他的觀察，程度越是過強，持續的滿足感就越低。

如同前述，伊比鳩魯的哲學不是獲得快樂，而是避免痛苦；這點將該哲學與懷疑論（Skeptizismus）及其他流派連結在一起。遭受苦難的危險無所不在，無論是在對神靈和死亡的恐懼裡、對肉體與心靈痛苦的害怕中，還是全心全意付出的大量不必要激情當中——這些所導致的正是苦難。對伊比鳩魯來說，針對這些可能的苦難，有一種身心的預防措施或治療方法：**四重療法**（Tetrapharmakon）。

真正的哲學堪比抗生素，用來有效對抗人生的許多發炎。對畏懼神靈有療效的是「人類生命對諸神來說完全無關緊要」的見解；對付死亡的則是「反正人類也無法經驗到它」，我們透過感官經驗到使我們移動的一切，但是死亡卻是感官感受的終點，為什麼我們要對此感到害怕呢？凡是死亡的人便再也不會遭受任何恐懼與痛苦：伊比鳩魯在給他的朋友美諾寇（Menoikeus）的信中寫道，「因為當我們存在時，死亡對於我們還沒有來，而當死亡時，我們已經不存在了。」[119]對這句智慧格言感到熟悉的人也許記得德意志帝國及威瑪共和國時期最為人所知的「說唱歌手」奧托・魯特（Otto Reutter），他的諷刺歌曲《五十年後一切都將過去》當中，歌詞大致依循伊比鳩魯的看法：「為死亡擔心受怕毫無意義；我們又經歷不到，當它來臨那刻，我們已經死了。」

與阿瑞斯提普斯的作法如出一轍，幫助對抗欲望與激情這第三種疾病的藥方就是「精準分辨出事實上自然又必要的事物，以及我們完全不需要並且被誤導追求的事物。」有哪個放鬆的人會需要過量的性愛？有誰非要吃肉不可？又有誰需要物質上的財富？按照伊比鳩魯的說法，事實上人不是靠著擴增自己的財產而致富，而是藉由減少自己的願望以及一句人們希望在德意志銀行們口看見的話：「無限的財富是一種巨大的貧乏。」

伊比鳩魯理解的哲學是一種心理治療，目標是保持靈魂平和的穩定狀態，這和德謨克利特的主張沒什麼不同。為了永久改變自己的行為，伊比鳩魯主義者應當熟記大師的許多定理，今日的許多箴言集錦中也少不了它們的影子。然後，在名言的幫助下，進階讓自己試著充分享受每一天，並且為生活中的微小事物感到開心。任何訓練自己的注意力並培養對微小日常事物興致的人，便有能力從賢者之石中敲打出神祕火花，使人生變得幸福又值得。

根據伊比鳩魯的說法，哲學的反思與討論都充滿喜悅；其更深層的意義在於獲得可以直接應用在人生上的見解。「你必須改變你的生活！」——這正是花園裡的課題，這個作為里爾克❶十四行詩《遠古

❶譯注：Rainer Maria Rilke，1875-1926：出身奧匈帝國的德語及法語創作詩人，被視為現代文學最重要的詩人之一。

的阿波羅軀幹像》（*Archaïscher Torso Apollos*）的末句，應該對某些讀者來說不陌生。在伊比鳩魯學派裡，改變自己生活的意思不只是變得更有道德與更公正（如同柏拉圖的主張），而是意味著要徹底改變自己的生活型態，乃至飲食、性生活習慣與財產思維。在柏拉圖想像中哲學目光敏銳的人是社會的啟蒙者與意見領袖，伊比鳩魯則認為，有智慧的人會先著手改變自己的日常生活。他的哲學不像柏拉圖那樣著眼於社會，而是著重在自己，以字面上來說是以自我為中心。

一種哲學的新理解隨著伊比鳩魯進入了歷史：哲學的概念**對生活有實際的幫助**！畢達哥拉斯將哲學家視為**導師**，赫拉克利特則認為他們是**孤獨的智者**；在蘇格拉底之下，哲學家變成了**提問和尋找答案的人**，柏拉圖選中他們作為**世界的改善者**，而亞里斯多德則任命他們為**萬事通**。不過現在，藉著來自伊比鳩魯花園的定理，哲學的建議文獻才有了其開端。在這之前哲學史所熟悉的實用人生指南，僅來自於畢達哥拉斯和他的七十一行「金科玉律」，然而這可能不是源自他本人，而是直到很後來才被彙整在一起的，要確定它們的年代難若登天，而且相應地充滿爭議。

像伊比鳩魯那樣制定出實用的定理和具體的行為規則，這完全重新定義了哲學的重責大任。想像一下，學院裡的一位新成員向柏拉圖詢問成功人生的實用忠告（有關人生意義的問題並非典型，因為就我們今天的了解，古希臘文當中並沒有「意義」這個詞。），柏拉圖大概會勸這名年輕學生研讀至少十年的算術學、幾何學、辯證法、修辭學等等。根據柏拉圖，通往更高認知理解的道路伴隨著大量的登山。「要征服南迦帕爾巴特峰必須先達成什麼？」當登山新手提出這個問題時，有經驗的登山者給的答案大概不會有什麼不同，這位老練的行家一定會表示，應該先爬幾百座規模較小的山。倘若有學生在第一學期便向今日的學術哲學家詢問人生的意義，他們大概也會如此反應：先讀書就對了、大量閱讀、多多反覆思考、然後再多閱讀，就這樣以此類推……

相較之下，伊比鳩魯的哲學保證了一條捷徑，而它顯然對教育有害。重要的不是大量的知識（尤其不在於數學知識！），而是少許意義的重大見解。人們不需要長時間埋首於理論之中，而是要學習透過聰明和耐心來**實踐**認識到的重要事物。伊比鳩魯如此向美諾寇寫道：「審慎甚至比哲學還要可貴，因為 [310] 一切其他美德都是由它而出。它告訴我們，一個人除非審慎地、正大光明地、正當地活著，就不可能愉快地活著；沒有人會審慎地、光明正大地、正當地而不愉快地活著。」[120]依照伊比鳩魯的說法，只活在理論當中而不從中得出實際生活結論的人，算不上是真正的哲學家。

這個介於生活藝術家伊比鳩魯與「學術界」哲學家之間的爭論之所以會這麼有趣，是因為它就像一條主軸貫穿了哲學的歷史，直到今天，「學術份子」一方與「諮商者」或哲學「治療師」的另外一方之間還互相看不起對方。就這樣，學院派哲學家指著生財有道的人生導師鼻子，說他們欠缺正規哲學教育；諮商者則喜歡取笑學院派哲學和實踐的關聯多麼薄弱，以及多麼不善於處世。

對伊比鳩魯而言，智者是學會調整自己需求與管理自我的人，他不受錯誤的欲望與不必要的恐懼所干擾，坦然自若地望向世界，並因許多微小事物感到快樂。這是一個美妙的烏托邦，但與伊比鳩魯的前輩柏拉圖與亞里斯多德相比之下，它也相當反社會。流傳下來的著作裡沒有提到城邦的隻字片語，相反的是，活在西元一世紀的普魯塔克將伊比鳩魯的勸告流傳了下來：「活得深居簡出！」也就是說，真正的伊比鳩魯主義者並不會汲汲營營於公職或者任何重要的公共或政治角色，哲學家頂多統治一座花園，而非一個國家。所有的生活條件在伊比鳩魯的學派裡都被私人化，以此反映城邦被亞歷山大大帝瓦解的慘況是再清楚不過了。

相較友誼在亞里斯多德的想法裡本身就是政治性的，它在伊比鳩魯的表達當中卻屬於非政治的私人範圍，他認為合群生活在廣泛的朋友網絡中是一件好事。伊比鳩魯甚至構思出一種高度現代的想法，亦 [311]

即所有人都應該與彼此締結「契約」，用以約定彼此之間最佳的和睦相處與打交道方式。這相當局具有前瞻性，後來在西塞羅的思想中現身之後，卻一直到了十七世紀才又再度出現，並緊接著蓬勃發展。不過伊比鳩魯的倫理學似乎只為了大型花園學院，亦即「自由國家」裡有限的離群索居而制定，那麼他提出適用於所有人的社會契約想法該如何套入倫理學當中呢？這個問題可說是令人費解，畢竟契約需要遵守並在意的人才得以成立。再者，多少調整過需求的人的利益也必須得到平衡；少了政治和從政人員，這便是不可能的事。

伊比鳩魯領導了花園學院三十五年之久，並死於西元前二七一或二七〇年，據推測死因為長久以來令他痛不欲生的腎結石或尿道結石。據說他在給伊多梅紐斯（Idomeneus）的道別信中表達，與跟該名朋友許多美好對話的記憶相比，他所受的苦難微不足道。在這位大師死後，按照他在遺囑中確立的多種不同紀念日，建立起了一種祭祀他個人的正規禮拜，而花園的學院以這種方式儀式化之後，挺過了許多個世代，並且延續了超過五百年的香火直到西元二世紀。然而，伊比鳩魯主義者之中卻未產生任何著名的哲學家，因為他們的教義過於明確和既定了。最終靠著羅馬皇帝的支持，花園學院得以再倖存了一段時間，尤其是多虧了西元二世紀奧理略（Mark Aurel）——即便奧理略其實隸屬於其哲學上的敵對陣營；他作為一名哲學家，立足於伊比鳩魯最顯著對手的傳統之中——**斯多噶主義者**（Stoiker）。

斯多噶主義

當伊比鳩魯與他的追隨者們在花園裡沉溺於自己的幸福快樂時，在彩繪柱廊——雅典市集廣場上以波希戰爭情景彩繪而成的長廊——裡，另一群哲學家齊聚一堂。這群人的學說在幾世紀以來，連在哲學以外的方面都對西方世界帶來空前絕後的深遠影響，他們是**斯多噶主義者**。「人道」和「世界公民主義」（Weltbürgertum）的想法被認為是他們最大的成就。如果說，世界對狄奧根尼而言是一處棲身之所，對懷疑論者來說是一本無字天書，對伊比鳩魯是一座充滿朋友的花園，那麼至少斯多噶主義者將自己視為政治性的人類。

倘若史料來源可信的話，那麼阿瑞斯提普斯早就創造了**人文主義**（anthropismós）這個概念，並藉此將人類和其道德能力相提並論。伊比鳩魯主義者既不根據種族、也不依照社會階級或性別來作區分的作法，使他們同樣顯得深受「人道」的影響；在他們眼裡，所有人類自然生而平等。然而，自西元前二世紀以來所謂的人性卻直到斯多噶主義者才被公諸於世。

世界主義（Kosmopolitismus）的情況看來也沒有兩樣，它也早在阿瑞斯提普斯和狄奧根尼思想中便已經存在；然而紈褲子弟與避世者的世界公民主義卻更像是個人態度，而不像對所有人皆有約束性的道德學說。直到斯多噶主義者，這些人才抱持著世界公民的意圖，將一種真確的世界主義置置於他們倫理學的中心。該世界主義大概是從一次敗北的經歷當中誕生的：自行組織的城邦群體所遭受到的破壞，使驕傲的雅典公民在政治上變得無家可歸；另一方面，他們也透過此事件學到了一課，那就是要把世界想得比城牆規範的狹窄更為宏大。如果希臘文化遠至波斯和埃及都找到了沃土，那麼希臘人為什麼不成為自己尖端文化中的世界公民呢？

然而，還有其他某種因素促進了世界主義：當時著名的哲學家很少出身雅典！在彩繪柱廊裡向其追隨者講解世界公民主義的人，是一名來自賽普勒斯的移民：**季蒂昂的芝諾**。他生於西元前三三三或三三二年左右，大概是在西元前三一一年來到雅典。拉爾修講述了一個芝諾的冒險故事：芝諾以腓尼基商人和紫色染料商身份航行到雅典，不幸的是他的船沉沒了，運載的貨物也全數損失。接下來他像隻無頭蒼蠅在雅典的小巷中遊蕩，最後駐足在一間書店前，他在那裡閱讀到撰寫蘇格拉底生平的著作。當芝諾向書商詢問哪裡才能找到像蘇格拉底這樣的人時，這位書商便指向此時正經過書店的犬儒克拉特斯；於是芝諾隨即跟在克拉特斯身後，並且有一段時間成為了他的學生。拉爾修進一步記載，芝諾找到馬其頓國王安提柯二世（Antigonos II. Gonatas）作為自己強而有力的經濟後盾，儘管如此，芝諾的要求始終不高，僅靠著麵包、蜂蜜和少許的酒果腹。除此之外，據說他也與當時的某些其他哲學家一樣是個厭女者。

對於拉爾修匯集的這些及多數關於芝諾的記事與軼聞，應該一如往常謹慎看待。其中還包括了以下事件：相傳西元前二六二至二六一年間，高齡七十歲的芝諾在離開自己的學校時從樓梯上摔下來，並摔斷了自己的腳趾，他在那之後選擇了自盡；據說他馬上勒斃自己，而雅典人以莫大的崇敬安葬了他。

拉爾修詳列為芝諾作品的二十篇著作中無一被保存下來，然而仰賴許多後來的史料來源，我們相當熟悉他的哲學。在我們看來，他的哲學顯然是眾多我們已知哲學家的精選合輯，正是這點讓以學院院長阿爾克西拉烏斯為首的反對者陣營大為光火，對他提出批評。此外，他們也譏笑及譴責芝諾那無可撼動的教條主義。斯多噶主義哲學似乎不受任何質疑干擾，儘管這在其他哲學家的眼裡看來難以置信，但也許這正是它如此有效又如此有影響力的原因。

芝諾傳授的教義是，人類應當學習精準地觀察自我，分辨重要與不重要的事情，並且必須抑制狂野的欲望與激情，如果可能的話應該完全避免。無法改變的事物要輕鬆以對，比如說自然的法則，就連死亡也包含在內。如同伊比鳩魯主義者，斯多噶主義者同樣也追求心平氣和以及與自然和諧一致的泰然人生。

人們應當掌控自己的欲望並實現高度的內部自主性——這些我們從柏拉圖、德謨克利特、亞里斯多德和伊比鳩魯就知道了，然而斯多噶主義者的哲學卻是一種極為奇特的新混合。而且，有些古典時期最有智慧的哲學家，竭力將斯多噶主義打造成複雜性能與柏拉圖和亞里斯多德相媲美的系統。據推測，這種系統的詳細處理可能是經由芝諾的學生——**阿索斯的克里安西斯**（Kleanthes von Assos, 331-ca. 232 B.C.）與**索利的克律西波斯**（Chrysippos von Soloi, 276-204 B.C.）——以及幾位他人之手才發生。克里安西斯從位於西土耳其的阿索斯來到雅典，成為芝諾的接班人；克律西波斯出身自小亞細亞沿岸與賽普勒斯隔海相望的奇里乞亞，並繼承克里安西斯成為學派領袖。除了克里安西斯所作的一小首頌揚宙斯的讚美詩，以及克律西波斯一篇關於邏輯學的著作片段之外，關於這兩位我們同樣也只知道後來的哲學家與編年史作者統整出來的資訊。就算如此，今日對於斯多噶主義學說的內容仍然有相當廣泛的描述。

斯多噶主義的哲學都基於一個相當特別的假定，根據這個假設，人類作為有理性的生物，與生俱來便能**確實無誤地認識世界**。世界的通關密語叫做「證據」，人類可以分辨真實與錯誤，並且獲得對世界全然客觀的可靠知識。在這個前提之下，斯多噶主義者宣示的正與皮羅到阿爾克西拉烏斯等懷疑論者的論點相反；這就難怪好幾個世紀以來，兩邊的哲學學派相互水火不容。

斯多噶主義者認為，世界可以被完整理解，前提是人類這個物種具有一種感官和認知的理解裝置，它天生就能正確認識萬物。除此之外，為了獲得適合認知的想像，需要一種內在的感官，使我能夠正確評斷認知到的東西，並將之轉化為概念。斯多噶主義者皆斷言過這兩個論點，對他們來說，透過人類來認識真理是偉大世界計劃的一部分，自然本身就已經確保世界上的事物與人類的認知完全相互契合。

從這個極其大膽的假定出發，哲學家便可以投身於研究世界的普遍法則與關聯，並且發掘宇宙的整體系統。在那之前，還未有其他哲學像斯多噶主義者提出**系統性**的主張。亞里斯多德——目前最嚴謹的系統主義者——確定了好幾種帶有不同功能的哲學方法，用以取代整個大型計劃；這對斯多噶主義者而言無法接受。因為所有哲學都應該有助於良善又正確的人生，所以一切也得系統性地與一切相互關聯。

[316] 斯多噶主義藉此將柏拉圖主張的渾然一體哲學與亞里斯多德的系統性區別融合成一種新的普遍體系，為此，該主義採用了色諾克拉底將哲學分為邏輯學、物理學和倫理學的劃分方式，而克律西波斯將之變成一棟內容豐富的思想建築。

跟當時幾乎所有哲學家一樣，斯多噶主義者拒絕接受柏拉圖的理型論；相對感官可感受的事物，精神上、理想上的或智能上的事物才具有存在的優先地位，這一點說服不了他們。對斯多噶主義者而言，「人類」、「植物」或「公平正義」並不存於人類的意識之外，這些都是人類的思想結構，亦即世界上其實只存在特定的（身為個體的）人類、特定的植物與公正的作為。相對而言，「人類」、「植物」等諸抽象概念並不存在，它們都是有用的想像。這個極為現代的思維更勝過亞里斯多德，並且在後來挑起中世紀的敏感神經。不過，直到十七與十八世紀的英國經驗主義會將自己的哲學奠基於這個成果豐碩的思想上。

如果抽象概念是幫助我們了解世界的有用結構，那麼這將我們的注意視線集中在使用單詞和句子以理解某些事物的方式上。對克律西波斯來說（不同於其他的斯多噶主義者），**邏輯學**是哲學的第一部分。人類擁有一種認知裝置，除了精確的感官之外，也內建理性的能力，靠著理性的思想可以臨摹瀰漫在一切之中的世界理性。赫拉克利特將世界的邏各斯與人類的邏各斯直接相連的作法與此並沒什麼不同，只不過相較赫拉克利特主張邏輯思考是只有極少數人與生俱來的才能，斯多噶主義者原則上相信人人皆有。

[317] 克律西波斯提到的「邏輯學」是指與理性思考並因此領悟客觀世界的能力有關的事物。我們記得對亞里斯多德而言，邏輯學、辯證法和修辭學都是人類智能的絕佳輔助工具；但對克律西波斯來說不只是這樣，它們是用來開啟並釋放宇宙世界秩序的鑰匙。

儘管斯多噶主義者在修辭學之中沒有提供多少新東西，但是他們在辯證法和語言邏輯裡卻是如日中天。在辯證法當中，他們將發現終極原理和堅不可摧真理的柏拉圖式傳統與他們對邏輯問題和謬論的知識相融合；在語言邏輯裡，他們則向前推進至全新的領域。用來開啟世界秩序的鑰匙（在數學的範圍以外）始終是一把**語言的**鑰匙。因此，重要的是認清並定義區分邏輯正確的語句與否的遊戲規則。

克律西波斯創立了**命題邏輯**（Aussagenlogik），並為此採用一種決定方法——**判準**；如果命題考慮到某個清楚明白的判準，那它便是真的。與此同時，克律西波斯又甚或芝諾皆將一句話的**外界指涉**（hypokeimenon）與**含義**（lekton）劃分開來——這是十九世紀末的數學家弗雷格在對句子的「意義」（Sinn）與「指涉」（Bedeutung）進行哲學思考時所關切的區別。另外，斯多噶主義者還要求完整的論證，其中的每個論述皆得因果必然地由另外一個推導而出。除了正規的邏輯學以外，為此還需要一個先前尚未存在的清晰文法。就連在這裡斯多噶主義者都大放異彩：今天我們研究主語與謂語之間的關聯、將名詞變格，以及擁有一套動詞時態理論，全都拜克律西波斯所賜。（不管我們的孩子在上文法課時會怎麼咒罵他……）

被編制的世界

克律西波斯在邏輯學及文法的領域上的成就如此宏偉，以至於他甚至沒注意到自己在過程中遠遠偏離了斯多噶學派的理論路線。如同前述，斯多噶學派的哲學起點是實際的人生，當斯多噶主義者埋首研究世界的知識時，總會遇到這個問題：什麼有助我最平和地過上良善的人生？

連斯多噶主義者也必須承認，為了這樣的人生並不需要大量正規邏輯的詳細知識；精通邏輯學的實際意義極為有限，一般而言只要知道些許邏輯基礎知識，人生便能暢行無阻。難怪除了少數幾個怪咖與行家之外，幾乎沒什麼人對那有興趣——即便語言邏輯成了構成當代哲學可觀的一部分。正常情況下，與其說滿腔熱血的邏輯學家是日常高手，他們的形象倒比較接近生活白癡，因為人類的日常生活幾乎沒有邏輯可言。真實的人類生活和反應方式並不邏輯，而是心理上的，但這在多數情況下是邏輯的相反詞。

只不過，斯多噶主義者的理想也不像我們所知道的真實人類，反而比較像《星際爭霸戰》裡面如史巴克先生這樣的瓦肯人，他們不論遇到任何情感和激情的衝擊都不為所動，也不會接受任何不合邏輯的事情。這種邏輯學的極大重要性同樣可以在斯多噶主義者對自然的理解之中發現，邏輯思維之所以會如此有價值，只因為它與整個宇宙的邏輯相對應。對斯多噶主義者而言，本質上的世界全然是理性的，因此已經被安排成最佳的樣貌。如同史巴克先生身為所有人類之最的理想，斯多噶學派對「物理學」的理解同樣也具有某種科幻的色彩，亦即斯多噶主義者出奇很少使用智能將自然用來校正他們對自然的觀點。被斯多噶主義者視為聖旨的縝密檢驗過的知識，在這裡卻被打了折扣。正當亞里斯多德的學生——距離斯多噶學派不到一公里的逍遙派學者——繼續認真研究並解密自然的時候，斯多噶主義者竟然仰賴一種完全不科學的、神學的宇宙本質基本假設。相較於他們在邏輯學的領域的重大成就，斯多噶主義者將物理學拋回了不及亞里斯多德的等級，而且還在搖搖欲墜的支柱上建造起他們高聳的世界建築。

對斯多噶主義者而言，重點不在自然理論，而是在於唯物主義的形上學，他們在許多方面都回歸到蘇格拉底之前的自然哲學家。依照斯多噶主義的看法，有兩個永恆的原理貫穿了宇宙、神聖的事物與物質，神是給予物質靈魂並於其中支配的動力原理。斯多噶主義者為**泛神論者**（Pantheist），他們的神沒有創造世界，而是作為世界與生俱來的創造力。與赫拉克利特相同的是，斯多噶主義者也樂於將這股神聖的力量與火焰畫上等號；如同火焰「懂藝術地」創作事物並再度將之摧毀，神也是以火焰的形態如此作用。

透過神聖的動力，生長的「種子原理」被置於所有物質當中，在這些種子裡，世界的整體未來變化與發展都已編制就緒。對克里安西斯來說，神所賦予物質的火焰動力保障了我們世界的「生命溫度」。就跟克里安西斯充分研讀過的柏拉圖《蒂邁歐篇》裡的柏拉圖式「世界靈魂」一樣，世界的生命溫度也貢獻出不可抹滅的能量。然而和柏拉圖的「世界靈魂」不同的是，斯多噶主義者的生命溫度是物質性的，而不是精神上的。除了字詞、空缺、地點和時間，世界上幾乎所有的事物都是物體；就連知識或者美德亦然，因為它們潛移默化地改變擁有知識或美德的人，並且對他們的靈魂狀態有著直接的影響。

相對於物理性的生命溫度，對亞里斯多德有過深入研究的克律西波斯更偏好「呼吸氣流」這個更符合生物學的概念，作為給予動能與生命力的原理，呼吸氣流以不同的密度交織在事物當中。在最低的階層可以發現不具有生命力的物質以及植物；跟柏拉圖與亞里斯多德不一樣的地方在於，斯多噶主義者將植物視為無靈魂之物，因為它們並不操控自己的生命，而是受到操控。對斯多噶學派而言，只有能夠操控自己的生命才算得上有靈魂。因為靈魂的關鍵在於「領導才能」，神聖的領導原理無所不在地充斥在具有靈魂的生命之中，就和神充滿於物質之中是一樣的道理。不同於動物，人類具有使這種領導更加完善的精益求精之能力，擴及於克己的功夫。倘若他成功做到這一點，他就會使自己的自律宇宙的神聖操控協調一致，如此便能完全按照自然的法則生活。

儘管如此，完美領導自己的藝術卻並非易事，因為人類的靈魂分裂成許多部位，這些部位必須相互協調並在理性的領導下進行；柏拉圖與亞里斯多德早先已提出的想法也是大同小異。奧提烏斯寫道：「斯多噶主義者說，領導才能為靈魂之最上等部位，它引發想法、贊同、感官知覺以及驅動力。他們也將其稱為思考才能。領導才能之中生長出七個靈魂部位，並且延伸進入身體內部——就好比珊瑚伸出其

[320]

觸手一般。」[121]這些靈魂部位為五官、生殖器及說話器官。

將靈魂分解為各種部位並為它們制定排行是許多希臘哲學家們的愛好。如今，這類靈魂編目是心理學的專業，譬如它們盡可能完整地彙編了情緒、情感與感覺的清單。然而即便是在今天，仍然無法篤定採用與確定這樣的區別。值得注意的是，斯多噶主義者並不是將靈魂的領導才能定位在大腦，而是在心臟——以物質形態進入身體各種不同器官的起點。在他們看來大腦太遠，以至於無法實際勝任控制中心的角色。對比同時代的著名生理學家，他們自從阿爾克邁翁便已明白靈魂位於頭腦之中，斯多噶主義者這樣子是故意與他們針鋒相對。

對斯多噶主義而言，靈魂是直接塑造人類的身體力量，因為要是靈魂過得不好，那麼便會顯現在身體可感受的現象當中，例如臉色蒼白、噁心想吐、皺紋等等。靈魂作為身體不能自由地飄浮，而是萬物之間龐大相互關係的一部分，世界是一條獨一無二的巨大因果鎖鏈，靈魂也受到這種嚴格的因果關係擺佈。

[321]

不過，將世界視為獨一無二的龐大因果關聯，並不表示斯多噶主義者帶著純粹實質的眼光在看待自然，就跟古典時期的所有哲學家一樣，世界對他們來說同樣是命運、邏各斯與天意交織的產物。因此斯多噶主義者相信，一切都是由神聖之火在世界萬物中植入的種子所精心預定的。因果組成的神之永恆世界已經編制好，事物的命運早就已經確定。在這樣的世界裡，沒有事情是偶然或是獨樹一幟的，也沒有任何事情是隨便的。換句話說：只要在因果關係的支配之下，自由便不復存在。其中尤其令人恐懼的是，世界運轉的預定計劃最終結果是一場災難，或者更確切地說，是接二連三的災難。宿命的火焰不僅讓世界成形而已，也會毀滅世界。在如此循環的終點，隨之而來的是將一切消滅殆盡的世界大火，一切都將被吞噬，世界也被摧毀——直到創世與毀滅的循環重新啟動，並精準地再次上演。世界的走向是一

[322]

條絕無僅有的鏈結，由永恆預定循環的形成、消逝、又形成所連結而成。

到目前為止，這些描述如此令人驚慌失措，但是應該嚇不倒泰然自若的斯多噶主義者，畢竟他們遵照這套自然法則找到自己心境上的和平了。他們完全專注在自身美德的修養，在永無止盡的毀滅與再三的回歸之時，他們也照常活得氣定神閒。既然不管做什麼都無法影響世界的運轉，那就不必陷入絕望的深淵，只要關心自己靈魂的救贖就好。但是，如果在精準預定的世界裡不存在可供關心照料的事物，那該如何為之操心呢？如果說嚴格的因果關係根本不允許任何塑造與發揮的空間，那麼自我人生的形塑空間到底從何而來？

希臘哲學的特點之一是，它反覆構思出一些模式，既牢固確立世界運轉又允許行動自由。誠如我們還記得的，它的問題早在恩培多克勒的主張中就已經存在。如果愛與衝突的冷熱鬥爭到最後是將一切滅絕的話，靈魂該如何又出於什麼目的改善自身？如同前述，伊比鳩魯的唯物主義學說也存在類似的矛盾，連斯多噶主義也身陷這團泥沼之中。

早期的信仰覺得世界的運轉是由奧林帕斯山上的諸神決定，而斯多噶主義認為，是堅不可摧的邏各斯——或是說自然（對斯多噶主義者來說都一樣）——在操控著世界的命運。一切都是預先決定好的，但斯多噶主義者卻聲稱這一切都是為了人類而創造，並且是最理想的安排！宿命的世界大火竟然是所有可能世界中最佳的選擇？斯多噶主義者還繼續表示，人類可以也必須盡可能自行掌握自己的命運，人人都應當在自己的人生中提高自己的美德，以便藉此變得幸福快樂。可是在萬事皆備的世界裡，人類要怎麼擁有決定自己命運的自由？作為無限又預確好的整體世界的一部分，這種人類的自由永遠都不存在！

也許這種矛盾算得上是一種典型，就像斯多噶學派及伊比鳩魯主義的哲學一樣，都在錯誤的人生中尋求正確的生活。因為依照雙方學派的意見，幾乎所有人都生活在巨大的社會迷惑關聯之中。甚至最早的斯多噶主義者——芝諾和克里安西斯——似乎從未察覺到這個介於預定的命運與個人責任之間的矛盾，直到克律西波斯才試圖至少緩解這個問題。就這樣，他能夠令人信服地點出，姑且撇開命運不談，沒有人以這種方式生活：只感覺到自己是無可避免的因果鏈的一部分。我們始終將我們的決定視為**我們的**決定，而且在日常生活中並不會感受到自己處於不自主的他律狀態。我們是否屈服於刺激還是誘惑，這是我們固有的選擇，所以我們**感受到**意志上的自由。

儘管如此，聰明的克律西波斯藉此證明的並非行動上的自由，倒不如說，在因果關係已確定的世界當中能自由自在地行動，是人人都有的**幻覺**。就連克律西波斯這個邏輯學家都沒有辦法靠這點真正地從圈套中脫逃，雖然他把遵循自己理性的本質以獲得自主權的人，與未能如願完成這項艱鉅任務的人區分開來。然而，「我是否有能力過著遵照理性的人生」的問題答案，早在我出生的時刻就已經確定了。基本上，所有我認為是自由的事物都不自由，因為我的內在狀態預先規定了我的行為舉止，而這種內在狀態不是我的個人表現，而是命運。順帶一提，現代的決定論者——其中不乏一些大腦研究專家——都很喜歡援引這個論點。如果因果決定論的大腦循環編制了我的思想，因此我對自己的思考和行為無能為力，那麼就不存在自由，也沒有責任可言。任何因為我的邪惡意圖與動機而向我究責的刑事司法，都因此顯得荒謬可笑，因為在因果決定論的世界中並不存在任何刑責。在這系列哲學史的第三冊裡，我們會再回頭詳細討論這個問題。

讓你自己變得更優質！

假如我的命運已經被預先確定好了的話，我該怎麼過生活？我的靈魂又會變成什麼樣子？靈魂問題是斯多噶主義中最棘手的問題之一，它的答案多樣到足以媲美義式冰淇淋店裡琳瑯滿目的冰淇淋口味，因為儘管斯多噶主義者是立場一致的唯物主義者，他們的學說仍然在某種框架下容許靈魂的永生不滅性。在每一場世界大火之後，世界的確是重生了，倘若世界的藍圖始終如一的話，那麼帶有相同靈魂的相同人類便會一再誕生。據說克律西波斯曾如是說過：「就因為如此，在死後的一段時間過後，我們能再次返回我們現在的形體，顯然不是不可能。」[122]只不過普遍而言，斯多噶主義者也不完全這麼有把握了：「當他們解釋道，（世界）重生之時同一個我會再次誕生，那他們便有充分的理由發問：現在的我和另一個時期的我是否在數值上等同於一，因為他們本質上是相同的。又或者，由於我被認為是一連串宇宙進化論的產物，我是否因此支離破碎。」[123]

結果顯示，這個問題的各種答案之間存在極大的差異。精準重複世界的運轉流程導致的愚蠢後果在於，每次重生以後我所過的人生完全一樣，就宛如電影《今天暫時停止》；每次遇到的人事物都相同，然後老是犯同樣的錯！幾十億年之久！根據基督教神學家俄利根的說，人和其人生完全重複的學說至少在某些斯多噶主義者眼裡看來很「尷尬」，所以他們堅持在重生的時候要有一個「非常微小的差別」。[124]

「人類是名為自然的巨大邏輯世界關聯的一部分」是整套斯多噶學派倫理學的出發點。無論被公開與鞏固的是什麼樣的道德，都必須遵從自然的法則並由其中產生。就這方面來說，斯多噶主義者站的出發點與今天意欲以「自然主義」方式解釋倫理學並提出根據的生物學家相似。人的本質是什麼？他在追求什麼？對伊比鳩魯來說，答案是「歡愉」；對斯多噶主義者來說，答案分為兩半。一方面，人類是操控自身的自然生物，他們和動物共享這個基礎。就和動物一樣，人類也追求對他們**有用**的東西，所以一開始便是尋找著有用的事物——食物、溫暖、庇護等等。然而，這些有用的東西在動物的身上已經遠遠超出對自身的關照了；牠們細心照料自己的幼獸，並且在彼此之間遵守著共處的遊戲規則。也就是說，**自我保護**和**對他者的關懷**都屬於有用的範圍。

答案的第二部分則考慮到人類是一種相當特殊的生物：人類不只擁有自己的動力，此外還具有理性。這大大擴展並改變了自然的遊戲規則，更清楚地說，亦即在理性的生物眼裡，不只有使驅動力滿意的事物才顯得有益處，有用的還有滿足他們理性要求的東西。依照其本質，理性——邏各斯——是充斥在萬物之中的世界理性的一部分，這個世界理性無限圓滿又美好。它經由邏各斯的呼吸氣流傳導進人類體內後，我們的理性便渴望著盡可能精準地符合神聖的理性，亦即同樣圓滿又美好，於是作為理性生物的人類便為了**做出道德正確的事**而力爭上游。對我們的本能而言，我們渴望的是有助益的事物；對我們的理性本質而言，我們渴求的是道德正確的事物。因此，道德正確的事物是進階版的有用事物，僅只適用於理性生物。

由於這個神之邏各斯無所不在的世界，是所有可能世界當中最佳的選擇，人類對道德美滿的理性追求也完全是好的。就這點而言，過著充滿美德的人生對斯多噶主義者來說就是自然而然的目標，源自於我們的高等生物學。身為理性生物的人類被編制成奮發向善的模式，每一個錯誤或惡習都是偏離人類神聖理性程式的誤差。在這其中，斯多噶主義者不理解灰色地帶，一個行為要不是善，也就是白，要不就是偏離我們的自然程式並且是壞的，也就是黑；任何舉止不可能有一點錯，更不可能是中立或者帶有多重意義。

從今天的角度來看，斯多噶主義者想以類生物學方式證明的事實相當「不人道」，與他們共享這點的人，後來嘗試由假想的人類天性推斷出「什麼是善惡？」以及「人類自然而然該有什麼樣的行為？」。介於「人類**是**如何」的生物學描述與「他們因此**應該**如何生活」的道德要求之間，存在著邏輯上的鴻溝。然而直到十八世紀，休姆才對這道鴻溝進行研究並作出邏輯上的闡述，而今日的「自然主義者」仍會一再地跌入其中……

[327] 如同柏拉圖與亞里斯多德，斯多噶主義者嚴重高估了人類的心態意念，像他們這樣將人類的行為嚴格限縮在其**動機**之上的，大概沒有其他思想學派或流派了。依照斯多噶主義的觀點，善良的人已經讓自己的理性本質發展得如此強大，以致他們能準確辨認可以認同哪些思想與行為。他們藉著完美編制的機械可靠性來分辨善惡，而斯多噶學派智者的作為**永遠**是好的，即便是他們立意良善的行為帶來惡劣後果的時候。亞里斯多德提倡的「行動應當成功地達成某個目標」想法，與斯多噶主義者相距甚遠。畢竟重點不是要透過良好的行為來增添世間的善，斯多噶學派的智者不是為了自己行為帶來的後果而行動，他們之所以舉止良善，是因為為善**對他們來說是好事**。

同時，為了增進和平的道德完整狀態而持續努力，這件事本身就是一個很大的矛盾。從德謨克利特的哲學與皮羅和伊比鳩魯主張的沉著鎮定，我們認識到了心境上的和平，這對所有人來說是面對事物時能秉持的最佳態度。智者之所以從容，是因為他們**與自己一致**——這對至今的許多人來說，是關於斯賓諾莎和歌德的誘人想像；相反地，基督教傳統則無法遵循這個理想，對該宗教而言，人類的救贖並不在自己身上，而是掌握在上帝的手中。

然而根據我們所知的一切，泰然自若的境界並不是透過堅忍不拔的努力而獲得！但這正是斯多噶主義者所要求的：人們應該努力增進自己的美德，以便最終能達成幸福快樂的和平心境。正如我們已經見識到的，「人一輩子都應當努力充實自我，以便往真理、公平正義和人生幸福邁進」的想法源自柏拉圖和亞里斯多德，不過他們的目標並非心平氣和，而是**優越**。自身的優越非常好精進，反之心境上的和平很困難，因為辛勞與平靜兩者水火不容。有人曾透過努力不懈的辛勞而變得冷靜放鬆，這種說法大概是謠傳；不斷嘗試以最大努力變得更加放鬆的人，幾乎永遠無法達成這個目標。

[328] 希臘哲學的一個奇特想法是，自身的幸福快樂得以通過努力精進自己而穩定增加，宛如透過利息持

續不斷成長的資本一般。而柏拉圖與尋求超越金錢之幸福的斯多噶主義者，雙方都將幹練與美德的投資報酬率用類似金錢的方式來衡量，或許這並非巧合——他們都把它視為對激情的節儉所賺取的收益，用生活藝術的效益思維來取代金融的效益思維！就這方面而言，柏拉圖和斯多噶主義就好比羅曼・波蘭斯基（Roman Polanski）電影《天師捉妖》中的教授阿布榮西尤斯，帶著自己奮力對抗的邪惡在世界上亮相。

斯多噶學派主張的倫理學要求過份苛刻，斯多噶主義者尋找著**導向目標的行為方式**、搜尋著幫助他們改進自己的習慣及態度。斯多噶主義式的世界是一個自我察覺者和自我精進者的世界，他們基本上只專注在自己身上。從生物學的角度來看，子女、妻子、財產和朋友皆為有利的人生要件，但都不具有任何道德價值。

終生的自我完善（即自重自愛）是一種自然的人生程序——我們現在多半將之理解為諷刺漫畫，亦即純粹身體上的完美之理想。想想所有那些作為量化生活運動一份子的人們，他們持之以恆地觀察並測量自己：控制飲食的每個細節，天天使用專門的應用程式來監控消化、睡眠和生理時鐘，記錄步伐的數目等等，都是我們這個時代被數字平庸化的**自重自愛**。就像斯多噶主義者造就的結果，對自己的嚴格關注助長了自我中心主義（Egozentrik）與利己主義（Egoismus），這些人把自己當作自己的神、將自己的身體供為迷戀崇拜之物，並且將對自己的照料維護奉為宗教信仰。在斯多噶主義追求精神上的和平心境情況下，他們的心平氣和則是身體上的理想狀態。即便我們偏好美好健身帶來的心平氣和，因為我們認為那比較不乏味，但這也改變不了掌控一切的自我完善意志所導致的反社會性。哲學大師和健身大師各是同一枚銅板的正反兩面。

斯多噶主義者已經恰當地將完美人類的理想狀態視為「健康」的最高形式，他們將一切據說對健康有害的事物病理學化，特別是激情。而斯多噶主義給予健康生活方式的指示類似於醫囑：「在整體生活方式中反覆無常，並且與自身不和諧的特徵或人格是不正確的……；它們是迷惑——亦即……紊亂又激動的精神活動——之根源，背離了理性，並且是精神與生命平靜的極大天敵。因為它們帶來勞苦又艱辛的擔憂、對精神造成壓迫，並且透過恐懼使之癱瘓；它們還以過度的欲望予以煽動……，這種精神的軟弱無力位在適度與克制的極端對立面……。這些禍害的治療祕訣唯獨在於美德當中。」[125]

任何不照著理性規定生活的人都有病。醫師蓋倫寫道，克律西波斯曾說過，那些受自己激情擺佈的人的靈魂，「就像在某些無關緊要和偶然時機之下傾向發燒或腹瀉或某種其他症狀的身體」。[126]柏拉圖曾經聲稱，靈魂的衝突是因不同的靈魂部位相互鬥爭而形成；相對地，對斯多噶主義者來說只存在一種絕無僅有的靈魂能力——亦即處於領導地位的理性；而不能與之配合的事物純粹就是缺陷，與理想典範的路線背道而馳。

管控不住自己的情欲、渴望及恐懼的人，便是在漫無節制之中違反了交通規則。這些肇事者之中包括了憤怒、性欲、對愛的渴望與需求、追求享樂、對財富之熱愛、沽名釣譽、幸災樂禍、滿足感（！）、故弄玄虛、躊躇不決、驚慌失措、羞恥心（！）、困惑不解、迷信、恐懼、惶恐不安、嫉妒、同情心（！）、悲傷（！）、煩惱憂愁（！）、惱怒、疼痛（！）以及厭惡。[127]斯多噶主義者為他們的智者所描繪的形象，不僅嚇人地充滿自我中心意味，而且顯然還有鐵石心腸。法國人布萊茲．帕斯卡（Blaise Pascal）在十七世紀時曾寫下：斯多噶主義者知曉人類的高度，卻不識自己的悲哀。

很難想像斯多噶學派裡只有一位哲學家如此崇尚自己的理想，以至於他實際上過著不帶一絲憐憫的生活。如此一來，其中幾位斯多噶主義者應該清楚知道，斯多噶學派的方式不是什麼實用的模範，只是一種理想化的典範，因為有誰真的能控制自己所有的情感、克制自己全部的激情，並且完全活得安分守

[330]

己又沉著鎮定呢？

自然本能、道德要求

斯多噶主義存在的時間越長，其智者的理想典範也就越符合人性和社會。斯多噶主義者們開始意識到，他們的哲學極其難以實踐。問題始於，人類的自然道德本能與平等對待所有人的道德斯多噶主義理想並不相容，亦即人類天生會將近親的順位擺放在陌生人之前，任何面臨拯救自己孩子或十個陌生人生命抉擇的人，都會選擇自己的孩子。

我們在道德上會判斷自己的親屬比陌生人更有價值，這是人類的天性使然。自一九六〇年代起，這種生物學上的仁愛甚至有了一個相對應的理論名稱——「整體適應度」。根據這個理論，比起基因上遠不相干的人，人類更珍視生物學上與自己相近的人，這種現象不只在於人類的內心，而是刻印在基因裡。然而，許多手足鬩牆及失和的親子關係都在在證明了，這套理論在人類的實踐當中不總是也不一定有效……

現在姑且不論出於基因與否，和陌生人相比，我們確實更重視被我們當作自己人的人。照這樣說來，從根本上對每個人一視同仁的崇高要求根本不是**按照**我們的天性而提出的，而是**違背**了我們的天性。但是斯多噶主義者早就表示，所有人在道德上的平等是理性的規定。就這方面來說，所有人類的平等固然**違反**了我們的感覺，卻同樣（完美地）**符合**理性的見解。這種內部的衝突是開啟關於道德智慧思索的起點，而該衝突事實上就是由斯多噶主義開始的。

與平等的理想相關的部分，斯多噶主義者的立場令人印象深刻地始終如一。諾傳芝諾在自己關於**國家**的書裡所寫的內容，其極端程度連柏拉圖都望塵莫及。據推測，書中包含的許多內容源自於他的老師克拉特斯，後者曾經想像過一個由不擁有權力中心、和平又無欲無求的人們所組成的國家。芝諾批評當時主導的教育課程安排，並且認為寺廟毫無價值，甚至想要取消貨幣經濟：「不管是因為貿易還是考慮到外地旅行，不應該將準備好錢幣這回事視為必要。」128而說到女性的角色，他為性別平權辯護，並且以類似毛澤東思想（Maoismus）的方式規定了相同的衣著：「最終，他命令男人和女人應該穿著同樣的衣服，而且身體的任何部位都不得被完全遮蓋。」129

[332]

和柏拉圖的美善之邦不一樣的是，芝諾的國家並不是具有三種不同階級、除此之外還與外界隔絕的等級制國家。依據普魯塔克的記載，芝諾腦海裡浮現的是一種對所有人皆平等的國家集體，而且「我們應該將所有人視為我們團體的成員與同一國人，還應該存在一**種**生活方式與一**種**秩序，就好比被放牧的一群羊，牠們一同吃草並被同一套法則餵養。」130芝諾不但抨擊君主政體，還對政治機關部門提出批評；由於在保存下來的流傳內容中，通篇不見一字針對政府的建議，只提及了法律，因此他被許多人視為**無政府主義**——沒有統治者的政體——之先祖。因此，芝諾必定也譴責過奴隸制度，只不過對此我們少了他的說法。他思想上的傳承者在那幾個世紀中越趨保守，遺憾的是，他們很少覺得奴隸制度有什麼問題，並且以斯多噶主義式的從容態度予以忍受……

在那些流傳下來的不光彩細節中還包括，據說芝諾竟然接受同類相食與近親相姦。在這部分，克律西波斯還跟隨他提出一個連當今最處事不驚的社會生物學家都聞之色變的論點：如果說動物界存在著同類相食的情況（比方說貓科動物或鱷魚），那麼同類相食就是一種自然的特性；該理由也同樣適用於近親交配，只有少數幾種動物之間存在著亂倫的禁忌。為什麼實屬人類動物天性一部分的事情是錯的？儘管芝諾和克律西波斯並沒有大力提倡同類相食或近親相姦，但他們找不到反對的論點——雖然其實不難看出，沒有人願意充當這類風俗習慣的受害者；再者，他們與斯多噶主義者所捍衛的「人道」相違背。

[333]

不出所料，後來的斯多噶主義者不再理解這些陰森黑暗的玩笑，而且大概不喜歡被當面提到這些話題。就這樣，雖然他們——像是愛比克泰德（Epiktet）——以「世界公民」131的身份自居，但他們卻避免以平等主義式（egalitär）與解放的要求來反抗當權者，這也難怪斯多噶主義者到後來經常屬於乃至王室的統領上層階級。而在此同時，這個上層階級也不再生活在越來越不重要的雅典，而是在另一個全新世界裡的新都會……

合法化與蠱惑人心

- 一種新思想的前兆
- 新都會
- 羅馬的崛起、雅典的遺產
- 柱廊哲人的轉變
- 對天意的質疑
- 摩西，全哲人之師！
- 變神聖吧！
- 在單純裡冥想

一種新思想的前兆

[334] 在大約西元前二五〇年左右的某個時刻，希臘世界裡發生了一場地震，而這場地震帶來的後果是當時任何一個人都無法像像的。它發生在一個八十年前還是沙漠的地方，此地在空前的崛起之後躍居為世上最大的城市——亞歷山大城！

我們曾將伯里克里斯治理的雅典比擬為紐約，實際上這個比喻用在亞歷山大城上更貼切得多。這座新興城市是亞歷山大大帝在他的埃及遠征過程中所創建，棋盤式地座落在靠海的一處岬角地帶。不只是 [335] 計劃中要建立的一座都市，在最短的時間內，亞歷山大城內擠滿了來自世界各地的人們，其中有許多來自黎凡特地區貧瘠沙漠地的猶太移民。就跟希臘人、色雷斯人、亞美尼亞人、敘利亞人以及該城市的所有其他新住民一樣，他們也將自己的宗教信仰一同帶了過來。

大約在西元前二五〇年，亞歷山大城裡的猶太族群著手將希伯來文聖經《妥拉》❶（*Thora*）翻譯成希臘文，這可能是受馬其頓國王托勒密二世（Ptolemäus II.）的親自委託，至少好幾個史料源頭都如此記載，而這位統治者對猶太人的興趣也並不讓人意外。亞歷山大曾徵召許多猶太移民成為他遠征埃及的士兵，猶太人與希臘人之間的關係良好。在世俗與宗教的事務上，猶太人是臣服於托勒密王朝的好子民，他們將國王的事交給國王；順帶一提，他們與巴勒斯坦地區的猶太人相反，後者和繼承亞歷山大的塞琉古王朝有關，並在其統治之下感受到嚴重的民不聊生。

據傳，有七十二位猶太學者在亞歷山大城同心協力將《摩西五經》翻譯成希臘文。四捨五入成七十

❶ 譯注：《妥拉》為猶太教之希伯來聖經《塔納赫》中三部分的第一部分，共五卷，一般被稱為《摩西五經》。

位譯者後，便產生了《七十士譯本》（*Septuaginta*）這個名字，該名字很快就成為希臘文版本《妥拉》的專有名詞，雖然七十二位譯者的故事不怎麼正確。乍看之下，聖經的翻譯意義不大，畢竟一群生活在相當不重要地帶的遊牧民族，被非利士人和其他聚落與大海隔絕，他們的宗教經典有什麼特別？這個民族不曾擁有過一個真正的王國，頂多幾個後來被刻畫為君王的軍閥，像是掃羅（Saul）、大衛（David）及所羅門（Salomo），儘管歷史學家幾乎找不到關於他們的蛛絲馬跡。除此之外，亞歷山大城裡的猶太人只不是這個迅速發展城市中無數宗教社群的其中之一罷了。

然而，《七十士譯本》卻是排山倒海而來的文化濫觴，這股文化洪流在接下來的幾個世紀中席捲了東西方世界的文化：這是亞伯拉罕一神宗教（Abrahamitische Religionen）銳不可當的進擊！它們的起源不明，不過諸多線索顯示，最重要的引燃點源自於埃及。據推測，一神論（Monotheismus）隨著自稱為「易肯阿頓」（Echnaton）的法老阿蒙霍特普四世（Amenophis IV.）進入了文化史之中——相信唯一真神的存在與萬能！這個嘗試施行任何一類一神教的作法最終宣告失敗，但一神論的概念卻在世上留了下來。可以假定，來自埃及的移民將此一新宗教的觀念帶進了近東與中東——這可能是摩西與希伯來人《出埃及記》（*Exodus*）的歷史範本。這些移民顯然在黎凡特地區及美索不達米亞建立起一神論的思想，為日後人類歷史上最強大的信仰潮流的亞伯拉罕一神諸教埋下了種子。

我們並不清楚以色列人當初從埃及出逃的事件意味著什麼，但是他們在托勒密王朝的時代遷返埃及，這對世界史產生了重大的以影響。當然了，《妥拉》在亞歷山大城內被翻譯的時候，這當然不可能是談論的話題。我們面對的仍是光芒四射希臘世界裡一個相當不重要的閃族（semitisch）信仰，希臘奧林帕斯十二神的古老多神論在民間信仰裡持續活躍，並迅速與埃及的諸神世界連結在一起。為知識份子提供意義的希臘哲學此時正回顧著一段超過三百年歷史的傳統，這一切發展悠久，並且還會繼續存在很

[336]

長一段時間。然而，最終卻沒有什麼人招架得了亞伯拉罕的啟示宗教。

宛如海嘯一般，猶太宗教及其私生子女——基督教與伊斯蘭教——長期淹沒了西方、近東與中東的整體文化，希臘人所供奉的那些包裹在畢達哥拉斯主義及柏拉圖式文字外衣裡的邏各斯宗教，都無法經受住這波衝擊。就像基督徒將會從希臘人與羅馬人的神廟開採用來建造他們教堂的石材一樣，古代哲學也供應了賦予基督徒和穆斯林信仰穩定與優雅的思想建材。即使是斯多噶主義——希臘哲學高級訂製服的最後一件長袍——都只面對著一番不高不低的成就；儘管奧古斯丁（Augustinus）仍然相信使徒保羅和斯多噶主義者西尼加（Seneca）之間有過（後世編造的）書信來往，但斯多噶主義的光芒依舊只剩下微弱依稀的殘光。

[337]

古老的哲學缺少一神論的簡單明瞭、慷慨激昂、啟發性力量，以及一種由上而下宗教改革的清新舒爽，那些對希臘哲學家來說本來就比較陌生又可疑的民族，他們的心靈深深被亞伯拉罕一神宗教打動。然而，隨著如同在亞歷山大城的人民越來越多，共同生活的歷史前提越來越少並且共處得越來越混雜，希臘哲學的精華就越是自食惡果。蔑視民意的人——好比許多自赫拉克利特以來的哲學家——無法打動民心，還目睹了自己突如其來地被沖刷到邊緣。雖然說到基督徒改變、替換和獨佔哲學將還要等上好幾個世紀，然而基督教會在過程中獲得哲學式的上層建築，西方世界最著名的哲學家都會搖身一變成為基督徒。於是這座各方面都有別於雅典，並建立了一種全新文化的亞歷山大城，已經為此埋下了種子……

新都會

亞歷山大城的確切居民數如雅典一樣不明，少了居民戶籍管理機關就沒有可靠的數據，但現在還是可以順利推估出孟買、開羅或墨西哥城一共住了哪些人。西元前一世紀歷史編纂學者狄奧多羅斯住在這

[338]

裡，他提出有三十萬自由公民，亦即全盛時期雅典公民數量的大約十倍之多，再加上女人、奴隸以及無自由的服苦役者，據此亞歷山大城肯定曾是個人口少說百萬的大城市。遠處可見的法羅斯島燈塔，位於亞里山大城前方的離島之上，迎接著即將抵達的船隻——宛如古代世界的自由女神像；該塔高度超過一百公尺，是世界上第一座摩天大樓，也是展現托勒密帝國影響力的象徵。

亞歷山大城創建後不到短短幾年的時間，便已經成為世界第一的經濟大都會；無數載著糧食作物的船隻駛離埃及，航向地中海的眾多港口，該城的居民獲得地中海世界的各式貨品作為回報。稅收與關稅使托勒密一世（Ptolemäus I.）與其繼承者成為當時代最富有的人，資金都投資在建造商船及越發富麗堂皇的戰艦。一場與其他繼業者君王的海上軍備競賽開始了，然而黎巴嫩、賽普勒斯和安納托利亞半島南部的部分地區的森林被完全砍伐殆盡。

不過，托勒密王朝的統治者同時也是慷慨大方的文化贊助者。亞歷山大城的大小圖書館包含了古代世界裡最廣泛全面的藏書，據說這裡曾存放了介於四十萬到七十萬的著作卷軸，即那個時代的知識總匯。不能在市場上購得的書籍，也能透過搶劫和詐騙取得。順帶一提，第一任圖書館館長是來自法勒魯姆的德米特里——這位舊識先前以雅典執政官的身份，負責取得居民與馬其頓當局之間的艱困平衡，而他現在找到了一份無憂無慮的夢幻工作。

步步高升的帝國提供了取之不盡的財源，手上握有這些資產的托勒密王朝下令在宮殿不遠處另外建造一座學院與研究機構——**博學院**（Museion）。很快地，聖殿裡（原意為「繆思神廟」）湧入了來自半個世界的學者與科學家；資金流向哪裡，人流就往哪裡去，學者也不例外。然而，博學院在哲學裡卻沒有什麼為後人樂道的豐功偉業，亞歷山大城的眾多哲學家最終也只是作為意外的收穫而走入哲學史。

自然科學家的功績更為重要。據說著名的**科斯島的普拉克撒哥拉斯**（Praxagoras von Kos）曾經在亞歷山大城活動過一段時間，他是傳奇人物希波克拉底的繼承者之一，並且與**卡魯斯圖斯的狄奧克勒斯**（Diokles von Karystos）並列共享了當時最具盛名的醫師封號。在數學的領域裡，**歐幾里得**（Euklid）從雅典轉移陣地到亞歷山大城，關於他的各種傳說甚囂塵上；只不過這位推測為古典時期最偉大的數學家，卻和有史以來最偉大的醫生希波克拉底一樣是個魅影。我們對歐幾里得的生平乎一無所知，他甚至很可能是後世捏造的人物。無論如何，歐幾里得的幾何學不是他單獨所作，著名的《幾何原本》（*Elemente*）——包含了古典時期全體數學知識的的最偉大數學經典之作——更不是了。

相對地，**昔蘭尼的厄拉托西尼**（Eratosthenes von Kyrene, 276/273-ca. 194 B.C.）才是經過歷史上書面認證的全方位天才，據說他在雅典師從斯多噶主義者**希俄斯島的阿里斯頓**（Ariston von Chios），以及阿爾克西拉烏斯。厄拉托西尼領導亞歷山大圖書館幾乎近半世紀，他在這段時間裡系統化了將近全數的古典知識，並且研究過所有可能的領域。他是一位思想與柏拉圖接近的哲學家，但與後者相反的是，他認為靈魂是物質性的，而不是純粹精神性的；他撰寫了關於道德的著作，以及一部關於財富的豐富作品，遺憾的是這些全都沒有留存下來。和斯多噶主義者相同，他也是公開承認的世界主義者，基本上對所有國家的所有人一視同仁。厄拉托西尼以「語言學家」的身份聞名，這個概念明顯是他自己創造的；他專門研究文法、文學史，進行文學研究並自己寫詩，其中包括一首關於諸神使者赫美斯（Hermes）的作品，它涉及宇宙、柏拉圖式的自然哲學，以及畢達哥拉斯主義者的天體交響樂。

厄拉托西尼為宇宙撰寫詩篇並非巧合，因為他以物理學家、地理學家及天文學家的身份達成了自己的最大成就。可惜的是，從他分為三冊的《地理學》（*Geographie*）當中，我們只擁有他的剩下殘篇。與其他詞彙一樣，這個概念「地理學」似乎也源於厄拉托西尼本人，意思是「對大地的描述」。這位亞歷山大圖書館館長熟稔整個地中海地區以及直到印度為止的亞洲世界，他在北邊列舉出不列顛，和一個位在相當北邊名為「圖勒」的島嶼；他是根據**馬薩利亞（馬賽）的皮提阿斯**（Pytheas von Massalia〔Marseille〕）所寫的遊記，後者陳述自己曾乘一艘迦太基商船遊覽北海。然而，「陳述」一詞在這裡應照著字面上的意思來理解，皮提阿斯是否真的經過直布羅陀海峽航行到不列顛和「圖勒」，這點有所爭議，只有詩人才知道這件事的真相。有人聯想到阿諾．施密特（Arno Schmidt）精彩絕倫的短篇小說《加地爾》（*Gadir*），在這個故事裡，他讓年老的皮提阿斯悶在迦太基的一處監獄之中，並且夢想著最終脫逃至北方。

厄拉托西尼在計算出地球的圓周長時達成了最大的成就；他和自畢達哥拉斯以來的許多希臘人一樣假定地球是一個球體，並且根據大量證據與深思熟慮的推測計算出其周長。出於一個簡單的原因，他計算出來的結果難以驗證：我們不知道他的測量單位「斯塔德」（Stadion）是多長。不過人們認為，他計算出的結果驚人地很接近實際為四萬公里的周長。

薩摩斯島的阿里斯塔克斯（Aristarchos von Samos, 310-230 B.C.）的研究同樣引人注目，他可能也在亞歷山大城待過一段時間。他被視為日心說之父，他認為是地球圍繞著太陽轉，而非相反；也許他受到畢達哥拉斯主義者菲洛勞斯的啟發，我們曾詳細探討過後者的宇宙發生論，而他的理論是朝著相似的方向進行思考。儘管在他死後，阿里斯塔克斯有了一位充滿熱忱的學生**塞琉西亞的塞琉古**（Seleukos von Seleukia），但很遺憾地，他的（世界）觀點並沒有得到普遍的認同。

幾世紀以來，亞歷山大城維持著世上最大城市的地位，並且擁有任何大都會都會有的狀況，像是財富與貧窮、皇宮與貧民窟、高度文明與街頭生活、市場叫賣與犯罪現象。不過，這座城市的文化全盛時期卻是發生在厄拉托西尼的時期，因為很快冒出了其他城市與其相互較勁。

亞歷山大城最古老的競爭對手也是西元前三世紀地中海最大的超級強權，也就是迦太基，它是位在今天突尼斯附近的腓尼基殖民地。據說它在這個時期的人口數多達四十萬，並靠著商船與戰艦控制著整個西地中海地區。政治上，這座城市由寡頭政治家及軍官統治；在古代歷史編纂學者的眼裡看來，它們供奉城市之神巴力哈們❷的宗教顯得陰暗又殘暴，用小孩來獻祭也時有所聞。我們對迦太基的哲學所知不多，它在這種情況下大概也找不到好的溫床，唯有一則記載宣告了哲學的可能，即迦太基人**克萊托馬庫斯**（Kleitomachos, 187/186-110/109 B.C.）在他的家鄉進行過哲學研究。後來，克萊托馬庫斯在雅典加入學院，並且在那裡扮演著關鍵的角色。

亞歷山大城的新競爭者中包括了帕加馬，許多德國人都是因為位在柏林的帕加馬博物館才知道這座城市，那是一座彷彿佇立在自身之中的博物館；儘管如此，該城在小亞細亞北部曾經是一股強權，並在約西元前二〇〇年時統治了幾乎整個今日土耳其西部的疆域。由哲學史的角度來看，它被認為是二等城市，雖然我們認得幾位來自帕加馬的哲學家。根據一個有名的傳說，羊皮紙是在這裡發明的：據此，在帕加馬曾經計劃要建造一棟規模龐大的圖書館，用來與亞歷山大圖書館較量。於是嫉妒心重的托勒密六世（Ptolemäus VI.）採取了經濟制裁，下令禁止出口莎草紙到帕加馬；在這燃眉之急下，羊皮紙被發明了，這是一種由刮下的動物皮製成的書寫材質。就算這段故事不是真的歷史，帕加馬也可能自西元前二世紀開始成為製造逐漸取代莎草紙的羊皮紙的中心。

位在今日土耳其與敘利亞交界的安塔基亞，重要性不亞於帕加馬。這座城市是托勒密王朝的死對頭塞琉古王朝的首府，並且在後來的基督教歷史中扮演重要的角色。一直到古羅馬時期，它的居民人數激增至五十萬。

❷ 譯注：巴力哈們（Baal-Hammon）為古迦太基神話中的主神，也是天空之神與植物之神，形象是一位長有鬍鬚和公羊角的老人。

然而從長遠來看，新興勢力中最重要的是一個相對較小的城市，該城市在西元前四世紀的進程中成功掌握了將近整個義大利半島。它在文化上幾乎微不足道、從海上無法抵達，在西元前三世紀初還只是個次要的商業集散地。但是這座城市將在西方歷史上留下獨特的印記並改變一切，我們所說的正是羅馬！

羅馬的崛起、雅典的遺產

「迦太基發動了三次戰爭。第一次戰後，強盛依舊；第二次，宜居如昔。第三次之後就被夷為平地，再也找不著了。」雖然布萊希特❸這則關於三次布匿戰爭的概要，旨在警告第三次世界大戰，不過它中肯地總結了羅馬與迦太基之間，為了爭奪地中海霸權地位而延續了幾個世紀之久的紛爭。這兩個大國在西元前二六四年陷入了三場戰爭中的第一場，夢遊般的天真態度就跟歐洲列強進入第一次世界大戰時一樣涉世未深。二十五年的征戰過後，羅馬人給了迦太基人致命的一擊，並且將自己的統治區域向外擴張至西西里島、薩丁尼亞島與科西嘉島。

第二次戰爭是第一次導致的結果：蒙羞的迦太基人在他們的將軍漢尼拔（Hannibal）領導之下，試圖擊敗佔據自己位在義大利家鄉的新海上強權羅馬。經過十七年的戰爭之後，羅馬人佔了上風，並且將迦太基的重要性侷限在地方勢力的程度。第三次戰爭是一場處心積慮要殲滅早就一蹶不振對手的滅絕行動，戰爭在短短三年後結束於西元前一四六年，迦太基被摧毀殆盡。

藉著第二次布匿戰爭的勝利，羅馬人佔領了西班牙，並因此得到西班牙南部礦坑裡滿坑滿谷的白

❸ 譯注：Bertolt Brecht，1898-1956；德國戲劇家、詩人，創立了風格獨特的「敘事劇」，其劇作在世界各地上演。曾獲頒蘇聯的史達林和平獎。

[343]

銀；擁有了財寶與大量軍事資源，羅馬如虎添翼地繼續推進自己的擴張政策。戰爭結束之後，羅馬人開始插手繼業者王國之間的衝突，並征服了希臘以及小亞細亞的大部分地區。與此同時，在西元前一五六至一五五年間發生了一件值得紀念的派遣公使事件，這件事先前已經稍微提過了；為了逃避羅馬人強迫給付的罰金，雅典派遣了三位哲學家到羅馬去：斯多噶主義者**塞琉西亞的狄奧根尼**（Diogenes von Seleukia）、柏拉圖主義者**昔蘭尼的卡爾內阿德斯**以及逍遙派學者**克里圖勞斯**（Kritolaos）。儘管這三位金頭腦沒有在羅馬達成期盼的成果，但他們對該帝國的許多決策者仍然產生了影響。當時羅馬人持續進行他們的擴張政策，在第三次布匿戰爭之後，連強大的帕加馬也都成為了古羅馬帝國的一部分；最終，塞琉古帝國的最後殘餘領地被併吞合併成行省敘利亞。

羅馬人打了一場又一場的勝仗，並且將贏得的大片土地納入自己帝國的名下，然而他們的內政卻始終不如表面上看起來的風光。羅馬農村人口的尤其不穩定，因為徵兵制而被迫在全地中海地區連續作戰的農民，荒廢了自己在義大利的田地；而西班牙、希臘以及小亞細亞新征服的土地，都毫無例外落入有錢人的手裡，而且他們自行判斷徵稅。如此看來，野心勃勃又富有的統帥所領軍的羅馬士兵，都不是為自己的利益而戰。當羅馬的貴族與大地主變得無比富有的同時，他們底下百戰百勝的步兵卻被迫傾家蕩產，或者陷入債務奴役制度之中。如同希臘，羅馬的上流階級也不需要他們的底層人民作為消費者；除此之外，幾十萬奴隸作為免費的勞動力待命著，因為他們都是征戰之中的俘虜。

難怪在西元前二世紀時，羅馬發生了暴動與內戰；軍事上迅速崛起為強權的羅馬帝國，需要很長的時間才能應對和消化完全改變的內部局勢。當提貝里烏斯與格拉古（Tiberius und Gaius Gracchus）兩兄弟透過土地改革推動新的社會交易時，極端保守的羅馬上流人士卻激烈地抵抗任何改變；溫和保守的元老院議員小希庇阿（Publius Cornelius Scipio Aemilianus der Jüngere）佔有特別的關鍵地位。他是大希庇阿（Publius Cornelius Scipio Africanus）的過繼孫子，後者在札馬戰役中讓漢尼拔吃了關鍵性的軍事敗仗。藉著第三次布匿戰爭中迦太基滅城者的身份，小希庇阿建立起了自己的名聲。欣賞他的西塞羅不顧他慘無人道的毀滅迦太基，將他描述成審慎又有教養的男子。

[345]

小希庇阿大部分的教育歸功於一名來自伯羅奔尼撒半島的希臘人，該名希臘人在希臘被攻陷之後，在西元前一六七年以羅馬人質的身份輾轉來到羅馬：**梅格洛玻利斯的波利比烏斯**（Polybios von Megalopolis, 200-120B.C.）。出身高貴世家的他很快就在羅馬引人注目，並且引起羅馬貴族對希臘文化的興趣。作為回報，他撰寫了一本關於布匿戰爭的內容廣泛的歷史著作，這部作品之所以格外顯眼，是因為他站在羅馬人的這一邊。在今天的我們看來，波利比烏斯作為歷史學家進行的所有工作，都像是在想方設法為羅馬人作為世界強權的合法性找理由，並為之辯護。

世界史中的暴發戶羅馬對辯護的需求應該不小。波利比烏斯花費了許多力氣，將羅馬帝國在歷史上的哲學及文化定位得更深也更精確，遠比希臘各城邦所認為的更必要；因為相較於亞里斯多德將希臘城邦以外的族群都認定為蠻族，波利比烏斯將羅馬的發展一併畫進更大的歷史與地理景色裡。如果說文化史演變的巔峰是羅馬，而非富有傳統的雅典或閃亮的亞歷山大城，那這便需要一個全面的解釋。在他針對歷史所撰寫的四十本書中，波利比烏斯鑽研了廣泛的論點、有關人類天性（人類學）的普遍考慮，乃至憲法的問題。最後，正是憲法使羅馬在波利比烏斯眼中成為法律認可的世界強權——一個由君主、貴族與民主元素組成的奇特混合體，根據波利比烏斯的說法，根本不可能有比這更好的了。

[346]

頗具諷刺意味的是，波利比烏斯替羅馬人美化他們的國家，然而內部的一切卻正為了其矛盾而精疲力盡，並導致一場為了爭取土地、財產和參與決定權之公正分配的激烈內戰。只不過，他不是唯一一位在這個時期成功服侍新東家的希臘人，和波利比烏斯同樣著名的還有**羅得島的巴納底烏斯**（Panaitios von Rhodos, 180-109B.C.）。他一樣出生於貴族家庭，並且曾在帕加馬和雅典留學。西元前一二九年，他在那裡成為斯多噶主義學派的領導人。他和羅馬影響力的圈子關係相當好；巴納底烏斯認識波利比烏斯，而且他曾陪同小希庇阿前往埃及和亞洲。他在哲學史上的成就是為斯多噶主義哲學帶來一番變革，他的作風大膽得令人目瞪口呆。

柱廊哲人的轉變

為什麼會有人類？他們在世界裡扮演什麼角色？又是誰在一旁想出來的主意？這些問題不但是希臘哲學各代表人物腦子裡所思索的事，也是所有哲學和宗教的代表所關切的重點；可是，只有少數人能像斯多噶主義者一樣，構思出一個專門為人類量身打造的世界。斯多噶主義的世界觀是以人類為中心，甚至達到了像諷刺漫畫的程度，因為連整個自然只為了人類而存在！這麼一來，按照克律西波斯的說法，就連豬的靈魂都是神贈予人類的禮物；牠們的靈魂好比鹽巴，協助肉的保存與調味，以便我們能夠更好食用之。[132]

人類是世界的法定統治者，而它是屬於他們的，根據巴納底烏斯的理論也是如此。除此之外，斯多噶主義的人類中心主義（Anthropozentrik）現在仍被從文化理論的角度切入，進行更進一步的研究和評價。亦即，符合目的的世界所含有的神聖天意——世界邏各斯——有一個計劃，依照這個計劃，人類不只身為至善生物，也應該要讓其他所有生物臣服於自己。不只如此，人類當中的佼佼者應該也對那些比較不優秀的人這麼做才對。而那些人中豪傑就是戰無不勝並享有盛名的羅馬人！有誰會對此感到意外呢？

巴納底烏斯著名且學養甚佳的學生——**阿帕米亞的波希多尼**（Poseidonios von Apameia）也和自己

的老師一鼻孔出氣，他也為最強大、因此同時最有智慧之人的統治地位辯護，因為世界邏各斯只會把力量給予那些思想特別優越的人。往後，詩人味吉爾（Vergil）會將羅馬的統治任務，藉神話中的羅馬創建人艾尼亞斯（Aeneas）之父即特洛伊人安科塞斯（Anchises）的口中說出：「羅馬人，記住，你要以統治姿態操控萬國人民。這將會是你的本領：使文明與和平的種子增長、對臣服的子民有寬宏大量，但讓反叛份子卑躬屈膝。」[133]

根據巴納底烏斯與波希多尼的看法，在希臘的城邦居民眼裡看起來的野蠻人，對羅馬人來說就是剩下的世界，縱使前者和後者分別是希臘人與敘利亞人！對他們而言，自己在羅馬人底下的功成名就，比他們的出身更重要。要是芝諾和克律西波斯在地下聽到了他們的學說，肯定會氣急敗壞地敲打自己的棺材以示抗議，這點對他們來說似乎也是不痛不癢。第一代的斯多噶主義並非統治的意識形態，而且也永遠不願意成為統治者。回想一下芝諾的羊群比喻，其中所有人類都應該彷彿不受統治地生活；同樣也想想看，芝諾的國家烏托邦並不是針對未來，正好相反，它是經歷腐敗又貪權的文明帶來的考驗和磨難之前，回到假定的自然狀態。芝諾的人類社會理想狀態不是帝國，甚至連「黃金時代」都稱不上，而是一片寧靜安詳的牧羊草地，雖然必須承認上面可能有幾個有亂倫傾向的人以及一兩個食人族……

另一方面，到了巴納底烏斯與波希多尼這裡，斯多噶主義就變成了**那唯一的**羅馬帝國統治意識形態；不論何時，所有位處統治地位的羅馬人、元老院議員或皇帝（除了凱撒〔Julius Cäsar〕以外）公開信奉的某種哲學都是這種帶有新特色的斯多噶主義。巴納底烏斯與波希多尼所傳授的內容不再含有任何造成動盪的因素，它在政治上有助於羅馬政權的合法化、捍衛家庭（這違背了柏拉圖和芝諾等批判者的意思）與私有財產。在這過程裡，從前嚴格的斯多噶主義倫理學獲得了人性的並且太過人性的特性，新一代的斯多噶主義者巧妙地將之照著日常心理學（Alltagspsychologie）的挑戰作調整。

[348]

此外值得注意的是，巴納底烏斯和波希多尼對自然科學的技術與實際應用滿懷熱忱，早期斯多噶主義者理論中連附屬品都算不上的東西，現在成了哲學反思的焦點：人類是具有雙手的創造者與自然的統治者。巴納底烏斯將人類變成「第二的」、自行創作的自然的創作者，而這種創作的媒介是手、工具與技術。「讓土地臣服在你們之下！」這就是羅馬式斯多噶主義的創作任務。在這裡，柏拉圖主義者的精神世界觀和逍遙派學者的經驗看法不加思索地融合在一起。

「掌握自然」的精神兼經驗任務有一個相當重要的部分，那就是**自然財產權**。巴納底烏斯與波希多尼知道財產權「天生」就不存在，財產權只不過是短暫易逝的要求，克律西波斯不就是這麼強調的嗎？而且，他還痛斥那些富有人家：「有錢人就像某個在戲院裡佔了一個位子，還驅逐所有姍姍來遲的人的傢伙，自以為是地覺得為了所有人存在的東西只為了他一個人存在；因為他們在先前佔用了共有的事物之後，便藉著這種捷足先登將之變成自己的財產。假設每個人都只拿取剛好滿足自己必要需求的份量，並且將剩下的留給其他同樣有需要的人，哪裡還會有富人，哪裡還會有窮人？」[134]

但市，巴納底烏斯為財產找到了一套新的亦即心理學的辯解理由。對他來說，人類文化歷史中的一切都始於我們的祖先想要保護他們的財產，從這點出發而發展出了城市的庇護空間。相對地，只要有人想將一切歸零，並將代代相傳的財產重新分配，那麼這個人就是在造孽。巴納底烏斯如此論述，他很可能是反對格拉古兄弟的土地改革。

所以，財產權是一種習慣法，先來先得的人也就得以將之保留。這並不是一個特別有說服力的理由，因為羅馬人搶奪了整個地中海地區幅員廣闊的土地，這又該如何說得通？希臘人、色雷斯人、帕加馬人、敘利亞人等等的區域先前也都物各有主，為何適用於羅馬之內的，在城牆以外就對羅馬人不算數了？

中生代與新生代的斯多噶主義者提出的財產根據還少了一個概念，這個概念後來成為自由主義的核心，即「功績」的概念！從自由主義的角度來看，我的財產之所以屬於我，是因為那是我根據某種工作表現（或是說根據我祖先的工作表現）所應得的；因此財產很大程度上是以能力為根據，精明能幹的人應該得到和保留他應得的。然而，羅馬人以及希臘人缺乏的正是這種工作表現的想法，在此工作的並不是公民，而是如前所述的女人和奴隸；幹練是在有紀律道德的環境中靠自身培養，而不是靠著任何工作裝置。

對巴納底烏斯與波希多尼而言，適用於財產的事物也就適用於政治：一切應該維持原樣子，少數幾個強大的領導者應該率領生活在羅馬帝國裡的人民，在所有可能世界中維持最佳的選擇；**西塞羅**（106-43B.C.）這位年輕的羅馬人在羅得島上的波希多尼哲學學院裡所學到的也沒什麼不同。身為貴族後代的西塞羅先前曾在羅馬和雅典讀書，所有我們已知關於巴納底烏斯和波希多尼的事蹟都要感謝他的記載。將近二十年的時間，西塞羅主要投身於哲學之中，撰寫了大量著作，並且將許多書籍從希臘文翻譯成拉丁文。作為高雅的文體學家以及修辭學家，他的絕頂聰明在羅馬屬一屬二，直到他變化多端的參政人生將他帶上了執政官的位置，並在日後置他於生命危險之中；在凱撒眾繼承人的迫害之下，他在西元前四三年自盡而亡。

西塞羅成了歐洲修辭學最重要的導師，他的巨大影響是基於他知道如何言簡意賅地定義。就此而言，他將智慧與說服力相連結，因為無法辯才無礙的智慧毫無用處，而徒有口才卻沒有智慧則會引發諸多危害。

從哲學上來說，西塞羅很接近斯多噶主義，不過也和柏拉圖的許多信念相似。這為他帶來了「折衷主義者」（Eklektiker）的名號，亦即跳過親身參與的過程，直接從所有事物當中挑選出適合的各部

[350]

分。然而對羅馬文化來說，他的影響極其重大：西塞羅更新了柏拉圖兼亞里斯多德式的人類學，他就這麼向羅馬人解說，人類是一種自我移動的精神。他喚醒倫理與政治中的自我責任，在這麼做的同時，他承接了柏拉圖在道德及國家哲學方面的考慮；西塞羅所著關於國家與法律的書籍（《論共和國》〔*De re publica*〕以及《論法律》〔*De legibus*〕）分別採納了《理想國》和《法律篇》內的中心思想，但是他的國家理論比起柏拉圖更為現代。對西塞羅而言，國家是基於法律協定以及利益共同體而誕生的，而且它建立在對「什麼是公正而什麼又是有益」的共識之上。他的政治哲學的盡頭並非任何夢想中的美善之邦，也不是幻想出來的馬格尼西亞，而是羅馬共和國。他和先前的巴納底烏斯一樣，激動地宣告它的憲法是一切可能中最佳的版本。

對天意的質疑

長久以來，中生代與新生代的斯多噶主義致力為帝國當前的現狀作哲學上的辯護，這使它成為不折不扣的羅馬式政治哲學；只不過，對斯多噶主義有必要對此作出重大的改變。人們背離了原則，而倫理學幾乎完全轉移至私人的領域。我個人認為正確與榮譽的事情，不需要適用於我所有的政治活動！對事物以及我在某個特定情形下的舉止態度，兩者並不需要合理一致地相符。羅馬的斯多噶主義者擁有出奇彈性的準則，正是這點讓他們適合政治生活。

同樣在羅馬站穩腳跟的伊比鳩魯主義者，只扮演著了次要的角色。從斯多噶主義者的角度來看，伊比鳩魯學派在大眾哲學上是小菜一碟，這對伊比鳩魯學派當然有失公允，畢竟在凱撒的周遭就有過好幾位伊比鳩魯主義者，他自己很可能接近過伊比鳩魯的學說，就連味吉爾與賀拉斯（Horaz）等詩人都鍾情於伊比鳩魯的哲學。伊比鳩魯哲學在當時最具影響力的代表人物是**伽達拉的斐洛德穆斯**（Philodemos von Gadara, 110-40B.C.），他由今日的約旦地區來到羅馬，他的著作被公認易於理解；斐洛德穆斯撰寫了捍衛伊比鳩魯的哲學辯護文以及文學文章，被流傳下來的特別是一本部分帶有情色內容的詩集。斐洛德穆斯如此鉅細靡遺地為伊比鳩魯學派辯護絕非偶然，而是因為其他的哲學學派——尤其是斯多噶主義者——可說是無所不用其極地在打擊伊比鳩魯的學說。

這也是有充分理由的：說穿了，伊比鳩魯主義者從未將人類理解為神聖天意的目標，也未將羅馬帝國理解為歷史應得的結局。相反地，著名的伊比鳩魯主義者**盧克萊修**（95-55B.C.）的文學作品《物性論》（*De rerum natura*）中，發展出一種極為現代的、演化論的自然觀念。據此，早在人類誕生之前，我們的世界便已經經歷過動物與植物物種持續不斷的來來去去，沒有什麼是永久的；「就這樣，時間改變了整個宇宙的本質，一個又一個狀態掌控了大地，以至於它不再有能力產生曾經可產生的事物，而現在可以產生以前沒有能力產生的事物。」[135]盧克萊修所談的並非單只為人類效勞的大自然之母，而是「**大自然繼母**」。對盧克萊修來說，財產和作為支付手段的黃金也都不是什麼設想周到的天意要件，而是爭端、妒忌和衝突的源頭。

[352]

不將任何狀態視為永恆與最終，並且列舉出每項成就的弊端的自然與文化觀察，很難和國家哲學相容；它甚至會形成一種潛伏的威脅，使得人們持續對羅馬式的世界秩序產生。伊比鳩魯主義對所有可能世界中最佳選責的質疑，其說服力就連像**西尼加**（Lucius Annaeus Seneca, 1B.C.-A.D. 65）這樣出名的斯多噶主義者都無法擺脫。據推測，這位在羅馬飛黃騰達的富有西班牙人，是有史以來最廣為流傳的斯多噶主義者。他公開擁護**心境和平**與**沉著鎮靜**的理想典範、為理性先於情感的優先地位辯護、一貫主張人人平等，並且謹慎地批評奴隸制度。命運使他必須承擔起尼祿（Nero）王子的教育者角色，負責教養史上最殘暴又最瘋狂的羅馬皇帝，這大概是西尼加沉著鎮靜能力的最嚴苛的要求了。

在被自己的學生逼到走上自盡絕路之前，西尼加不忘在眾多信件之一，異常批判斯多噶主義者所主張的自然神聖天意。如同芝諾與克律西波斯，他也認為在技術進步與世界經濟滲透毀壞了這麼多事物之前，一切都是更好的：「你說什麼？哲學教導人們使用鑰匙與門閂？除了表示貪婪之外，還會是什麼呢？哲學建造了這些對其居民有如此巨大風險的高聳建築？所以說，用隨機的方式保護自己，並且不靠技術又毫無困難地找到一個自然的住處，這樣還不夠嗎？相信我，在建築師與水泥匠出現之前的時代才叫幸福快樂。」[136]在科技與文化的進展方面，相較於普遍的歷史樂觀主義，西尼加沉浸在一種深沉的悲觀主義當中——帶著這種態度，一千七百年後的一名來自日內瓦的鐘錶匠之子，也就是盧梭，在哲學的領域中引發了轟動……

[353]

在尼祿猛烈地迫害好幾位著名的斯多噶主義者之後，曾在羅馬風靡一時的統治意識形態迅速失去了意義；雖然後來的斯多噶主義者，例如來自今日土耳其中部的佛里幾亞、被釋放的奴隸**愛比克泰德**（50-138）持續完備斯多噶主義的倫理學，然而他們在政治上卻無法出頭。最後一位大斯多噶主義者是皇帝**奧理略**（121-180），他以希臘文撰寫成的《沉思錄》（*Selbstbetrachtungen*）並不是為了廣大的讀者群而寫，而是只為了他自己；那些在今天的名言佳句集錦之中少不了的精煉詞句，督促著世人在世界的浩瀚之前要懂得謙卑、恭順與從容。

諷刺的是，面對斯多噶主義者與伊比鳩魯主義者之間幾世紀之久的世仇關係，皇室的筆記到最後竟然近似伊比鳩魯的眾格言，幾乎到了以假亂真的地步：「快樂就是擁有良好的人格」[137]、「這條黃瓜很苦？那就把它扔了吧！一路上滿布荊棘？那就繞道避開它們呀！就是這樣，別再追問世界上為什麼會有這些東西存在？」[138]、「人們在鄉間的田野、海濱、山中尋找孤獨，然而這種心願是從多麼侷限的觀點之中產生的啊！你明明就可以退回你自己的世界，要幾次就幾次，隨你高興；到處都找不到任何比人類

[354]

靈魂更安靜又更不受打擾的避難之處了。」[139]還有那句雋永不朽的智慧箴言：「你最常思考的想法是怎麼樣，你的心態也就完全是那樣。」[140]

斯多噶主義的思維走過了多麼長的一條路啊！從「在天然、『無政府主義』的世界裡改善自己」這個嚴苛、沒有妥協空間的教條，經過羅馬的技術性與政治性統治任務，一直到奧理略的《沉思錄》裡寂靜的憂愁！起初斯多噶主義曾是一套社會計畫，為了改變世界的計畫。最終存在的卻是在心理學上敏感且有智慧的私人哲學，其中不再存有任何統治任務，「因為有誰能改變人們的準則呢？」[141]只不過，仍然有些些微淡淡的恐懼伴隨著這些感受細膩的語句，奧理略身為皇帝，必須為自尼祿以來對基督徒的慘無人道迫害負起責任！而他下令執行迫害的時候，他正在日耳曼尼亞的多瑙河邊，於羊皮紙上寫下自己多愁善感的《沉思錄》。

這段迫害與隨之而來的血洗行動可能有很多原因：羅馬的人民需要為瘟疫以及皇帝最後幾年統治裡的帝國財政危機找到代罪羔羊。除此之外，各競技場上正鬧著一股罪犯荒，為了使斷斷續續的馬戲謀殺盛況能夠維持運作，基督徒來得可正是時候。不過在西方的思想史上，奧理略對基督徒的迫害特別代表了一件事：對未來稱霸思想和意義世界中的意識形態勝利，再次造成持久傷害的最後一次偉大的防禦嘗試之一。

基督教在西元二世紀崛起成為排除或吸收一切的西方主導文化不過只是時間早晚的問題。同時為了一點一滴地滲透學者們的頭腦，它特別利用了一條微妙的哲學遠路——柏拉圖主義！

摩西，全哲人之師！

正當斯多噶主義在西元前一世紀的羅馬成為某種類似非官方的國家哲學之際，羅馬將軍蘇拉

（Lucius Cornelius Sulla Felix）所帶領的軍隊使位於雅典的學院一帶變成廢墟一片。西方世界之最古老思想工廠的這段三百年歷史，就這樣結束於西元前八六年。該歷史的遺產由一位來自今日以色列南部的男子繼承：**阿什凱隆的安條克**（Antiochos von Askalon, 130-68 B.C.），他在約西元前一一〇年生活在雅典，並同時在那裡的學院和斯多噶學派讀書與進行研究。在羅馬人進逼雅典的千鈞一髮之際，他遁逃至羅馬的軍營陣地，並與蘇拉底下的一名軍官盧庫魯斯（Lucius Licinius Lucullus）成為朋友，不久後在那之後安條克便陪同盧庫魯斯前往昔蘭尼與亞歷山大城。

回到雅典之後，他在這裡創建了自己的哲學學派，並將它設定在學院的傳統之中，並且將之命名為「舊學院」。這個學院的名聲很大，為了在安條克底下學習而前往雅典的上流羅馬人數量相當可觀，連西塞羅也曾選擇「舊學院」作為讀書研究之地。儘管教學活動繁忙，安條克卻挪得出時間，陪同自己越來越有影響力的朋友盧庫魯斯進行更多出征，更確切地說是前往亞美尼亞與美索不達米亞，而這位哲學家在那裡死於不明情況下。

安條克的雄心壯志是將希臘哲學統一在唯一的空間與思想屋頂之下。他於學院學習期間擔任過懷疑論者的角色，在「舊學院」創立之後他轉而激進地反對任何形式的懷疑主義，阿爾克西拉烏斯與其各世代的學生都成了他公開宣稱的敵人。安條克指控他們背叛柏拉圖哲學的深不可測，並且打定主意要再次恢復古老思想精神中的柏氏哲學，因此學院名稱才會叫作「舊學院」。

但是，該如何恢復「原來的」柏拉圖呢？在他的接班人先以不可靠的方式將他完整化與系統化（色諾克拉底），並且接著將他攪個粉碎（阿爾克西拉烏斯）之後，西元前一世紀時的柏拉圖其實在思想上已死，然而安條克卻鬥志高昂地開始動工。在這個過程中，如同他不把逍遙學派當作競爭敵手，他一樣不怎麼將斯多噶主義理解為競爭對手，因為這一切原本不都源於柏拉圖的思想嗎？對安條克來說，斯多噶主義者在許多方面比學院裡那群懷疑論的叛徒更接近柏拉圖，他甚至也對逍遙學派伸出援手，為的就是將掉落在離柏拉圖主幹有些太遠地方的蘋果再度撿拾回來。

只不過，安條克聲稱如假包換的柏拉圖主義哲學內容，卻是由某篇在許多方面都更近似斯多噶主義而非柏拉圖的手抄本所示。斯多噶主義者是唯物主義者，他們的出發點、世界的物質性基本結構（物理學），以及他們的目標——心境上的和平——都和德謨克利特的而非柏拉圖的哲學相同；芝諾（和伊比鳩魯）皆以些微的修改，引用了德謨克利特學說的類似引言和結尾，只是替中間的部分作出不同詮釋。

就連安條克的物理學很大程度上也偏向唯物主義，而不是如柏拉圖理論中的精神性。充滿了一股作用力量之後，物質便按照著神聖的天意將自己形塑成我們所活在的世界，柏拉圖偶爾會援引的世界之外的理型，並不在安條克的認知裡。這一切的讓安條克再後來得到了如此稱號：戴著面具偽裝成柏拉圖主義者的斯多噶主義者。

事實上，所有偉大的希臘思想流派都有一個共同點，那就是它們都追求一種獨立自主又從容不迫的狀態；德謨克利特與芝諾主張的心平氣和，和皮羅懷疑主義者與伊比鳩魯主義者支持的沉著近似，就連柏拉圖兼亞里斯多德式的優越的靈魂平靜典範也差不了多少。無論他們在細節上再怎麼相互敵視，針對「值得嚮往的心態應該是什麼」的問題，希臘哲學家們的看法倒是相當一致；相反地，「成功的人生包含了多少集體、社會與政治」產生了意見分歧，「有智慧的人類應當給予或容許自己享受多少肉體上的愉悅和舒適」同樣引起了爭議。

在這一點上，安條克與已成慣例的哲學理想路線明顯有所偏離：肉體怎麼會沒辦法根本地促進人類的幸福快樂呢？對他而言，良好的健康狀況、端正的體態以及優雅的步態都絕對屬於靈魂的和諧狀態；類似的平衡也適用於社交及政治的問題上，給予靈魂和平的既不是名譽和政權，也並非完全的深居簡出。

當安條克在美索不達米亞遠征之中死去時，他可能相信自己以稍微現代化的方式拯救了柏拉圖的舊有學說，這個新的綜合體被他的弟弟兼學生**阿里斯托**（Aristos）在雅典傳授了二十年的時間。在那其中，受他指導的學生有以謀殺凱撒之兇手留名歷史的布魯圖斯（Marcus Iunius Brutus）。然而，隨著阿里斯托在西元前四五年左右辭世，這個繼續將「貨真價實」的柏拉圖主義傳達於世的平衡行動也就戛然而止；因為，在當時接下來的幾個世紀裡，聲名大噪的「柏拉圖主義」和柏拉圖之間的共同點，通常不會多過於唐老鴨與綠頭鴨之間的共通之處。

「柏拉圖主義」最具影響的薪火相傳並不是發生在雅典，而是在亞歷山大城，它在這裡很快地便與猶太人從他們家鄉帶來的新思想相連。西元前一世紀時，亞歷山大城也喪失了其獨立地位，並且連同整個埃及變成了羅馬的行省。羅馬的掌權者龐培（Gnaeus Pompeius Magnus）、凱撒以及安東尼（Marcus Antonius）在最段時間內相繼來到這座城市，就連托勒密王朝的公主克麗奧佩脫拉七世（Kleopatra VII.）與凱撒和安東尼之間的濃烈情事都阻止不了羅馬人軍事掌控該地，並且最終在西元前三〇年將之併入屋大維（Octavian）的統治之下。在這場動亂之下成為了犧牲者的不只有托勒密帝國，還有一部分的亞歷山大圖書館，直到今天都無法確定，西元前四八年起火燃燒的港邊倉庫裡頭究竟有多少圖書。

儘管如此，亞歷山大城的經濟與文化重要性仍舊不變，作為羅馬的糧倉，這座城市餵飽了廣闊帝國的人們。**亞歷山大城的歐多路斯**（Eudoros von Alexandria）的影響活動落在這個轉換至羅馬掌權者的時期，他自認為是「畢達哥拉斯主義者」。歐多路斯在自己的影響中參照了眾多關於畢達哥拉斯所稱生活的流行著作，這些著作自西元前二和三世紀就反覆流傳在古代世界裡。在一無所知的情況下，歐多路斯宣稱畢達哥拉斯是所有西方哲學的真正始祖；不論柏拉圖、亞里斯多德或者斯多噶主義作出了什麼意義重大的闡述，全都不過是在模仿那位真正的大師而已。

歐多路斯主張要剖析出「真正的畢達哥拉斯」，這厚臉皮的程度比安條克宣稱復興了「真正的柏拉圖」還更上一層樓；然而，這一切在另一位亞歷山大城的哲學家即**亞歷山大城的斐洛**（Philon von Alexandria）尋找這位人人都該將一切歸功於的偉大名師之時，才變得更加荒腔走板。他出身於一個富有的猶太家庭，並且活在西元一世紀的前半段，和亞歷山大城裡許多富有影響力的猶太人一樣，斐洛受的是希臘式的教育。相較於此，《七十士譯本》對他來應該很陌生，而且一開始顯得極為黑暗；不過隨著時間的流逝，斐洛在自己的腦海中植入了一個想法，就是決定要將《摩西五經》裡的黑暗世界與在亞歷山大城內顯然廣受喜愛的畢達哥拉斯故事作結合。最後，他在埃及的沙上畫出了一套混亂而難以理解的譜系圖，依照該譜系圖，站在所有哲學之源頭的是受到聖靈感動的摩西，偉大的畢達哥拉斯為他的學生，而他後來將自己的知識傳授給柏拉圖。這套哲學的要點不只是猶太教與希臘哲學被蠻橫地融合成一體，在面對藉由希臘哲學的魔幻智慧來傳達自身的獨一猶太真神時所持的哲學宗教屈服姿態裡，它也同樣登峰造極。

斐洛或許是個夢想家，但將摩西與希臘哲學融合的主意絕對並非只是他個人的主意。西元二世紀時，**阿帕米亞的努梅紐斯**（Numenios von Apameia）這位敘利亞人把柏拉圖列入一種強大的宗教流派，此宗教流派起源於印度的婆羅門，經由猶太人、查拉圖斯特拉（Zarathustra）❹的追隨者及至埃及人的宗教概念中；他認為這些宗教都是唯一真實真理的見證，而柏拉圖只是這種智慧的一**名**傳話者，一位「說著阿提卡希臘語的摩西」。

❹ 譯注：查拉圖斯特拉（意為擁有駱駝者），又名「瑣羅亞斯德」（Zoroaster），生卒年不詳；相傳為瑣羅亞斯德宗教的創始人。尼采的名著《查拉圖斯特拉如是說》內容便是假借此人物之名而講述。

歷史上的柏拉圖對斐洛與努梅紐斯而言，已經是比歌德對今天的我們來說還要更久遠以前的人了，而畢達哥拉斯跟他之間所相隔的世紀，則是比將我們與馬丁・路德隔開的當今時代還要多，然而他們尤其對柏拉圖在接下來幾個世紀的形象一同造成決定性的深遠影響。尤其是那在許多方面皆問題重重的《蒂邁歐篇》，配上其畢達哥拉斯主義式的宇宙發生論，就從這時候開始作為柏拉圖的遺囑繼續留存下去；在這種解讀方式下，他顯得像是一位天與地的大神祕主義者。柏拉圖的造物神——形塑物質的建築師——到了斐洛就變成了全能的世界創造者，與《妥拉》中的創世紀之神相提並論。而在柏拉圖的認知中全部分成精神和物質兩種原始原則的情況下，在斐洛的思想裡被以畢達哥拉斯主義的傳統一分為三，正如直角三角形對畢達哥拉斯主義者來說是所有知識的起始點一樣，世界也像斐洛看到的那樣瀰漫著三合一式。這是一個營想重大的思想形象，因為從這裡到基督教的三一論，只剩下一小步之遙……

變神聖吧！

在基督誕生前後的幾個世紀中，每個哲學家都形塑出他們自己的柏拉圖，許多人只把柏拉圖式的清單拿來當作舞台佈景使用，因此我們所謂的「柏拉圖主義」就這樣將各種混亂不明的概念糾纏在一起。特別有影響力的是一名位於德爾菲的阿波羅神廟祭司，他的勤學與博學程度教人難以置信：**喀羅尼亞的普魯塔克**（Plutarch von Chaironeia, 45-125）。作為歷史學家，他是這行專業裡數一數二的泰斗，也是歷史以及哲學史最重要的資料來源之一，畢竟在他號稱撰寫的兩百五十部的著作當中，有一半保留至今。他前後在雅典、亞歷山大城和羅馬留學過後，一輩子的時間都待在德爾菲，他最重要的老師似乎是一名叫作**安莫尼烏斯**（Ammonios）的埃及人，我們僅能透過普魯塔克的寫作認識他；普魯塔克經由他成為一名柏拉圖主義者，帶有對埃及傳統典型的強烈精神宗教氣息，亦即人生的目標不再是得到蘇格拉底式智者的至高無上權力，而是要盡可能地變得更像神。

柏拉圖的著作中恰好有兩個段落都談到了智者應當使自己「與神相等」，其一出於《泰阿泰德篇》，而另一個處出自於《理想國》。[142]然而，不論柏拉圖的意思為何，他的想法裡都不存在任何人格[361]化的神，頂多是「神聖的事物」。相對地，安莫尼烏斯和普魯塔克則是將絕對的神性視同阿波羅（Apollon），人生的目標是要力效仿祂並變得和祂一樣。儘管沒有證據顯示普魯塔克如何接觸基督教，不過他的神與其神聖的美德都和基督徒相當接近：和氣的性格、敦厚、寬恕、善良與仁慈博愛。

但是，普魯塔克不只將這些美德保留給人類，他也將美德延伸至和動物的交流之上！他遵循畢達哥拉斯主義者的傳統，過著素食人生，並猛烈斥責對斯多噶主義者而言理所當然的吃肉：「你真的想知道為什麼畢達哥拉斯沒有吃肉的意願嗎？我倒是更納悶，一個人是在什麼情況以及什麼樣的心智狀態下，才會第一次用口接觸兇殺之血、用自己的嘴唇叼住死去生物的肉、將死亡又腐敗的身體端上桌，並且將這些沒多久前還在悽厲慘叫、發出聲響、動來動去並眼睜睜盯著這個世界看的部位稱為配菜和食物。他的視覺怎麼能夠受得了遭屠宰、剝皮和大卸八塊之生物的血腥景象？他的嗅覺怎麼有辦法經受得住那惡臭？這污穢怎麼可能不會阻礙他的味覺去碰觸不知名的傷疤，並從致命的傷口中吸取肉汁與液體？」[143]

與畢達哥拉斯主義者不同的是，普魯塔克並不是以靈魂的輪迴轉世為由而制定不准吃肉的禁令。他認為這個學說可以想像，但是卻無法證實。他摒棄吃肉的理由是同情心與對眾生的慈悲，此外人們也應當洗滌身心，將思想從過度放縱的惡習與享樂掙脫，藉此讓自己更接近神，並且變得更加完美。這種自[362]我節制在柏拉圖主義者之間有悠久的傳統，據說學院的兩屆領導人即色諾克拉底及帕勒蒙就曾這麼為素食主義提出辯護。在普魯塔克的同時代人以及他思想的繼承人之中，都找得到信念堅定的素食主義者，例如**提亞納的阿波羅尼烏斯**（Apollonios von Tyana, 40-120）、**普羅丁**（205-270）以及**波菲利**

（Porphyrios, 233-301/305）。有關於後面兩者，我們將會有更詳細的探討。

出生在義大利坎帕尼亞一處莊園的普羅丁，被許多人視為是古典時期繼柏拉圖與亞里斯多德之後最重要的哲學家。可以肯定的其中一個原因是，他的五十四部著作全數都留存至後世——與這麼多其他哲學家相較之下，這真的是個僥倖的例外！普羅丁那位命運在許多方面皆與他密不可分的學生波菲利，依照事物類別為他整理手稿，除此之外還對普羅丁的生平有著詳盡的描述。如今，撇開零星幾則有關神聖普羅丁的奇蹟故事不看，該作品在許多方面都被視為可靠的資料來源。

普羅丁在二十八歲時前往亞歷山大城，成為**安莫尼烏斯・薩卡斯**（Ammonios Sakkas）的學生，他是亞歷山大城裡眾多的柏拉圖主義者之一。除此之外，據說安莫尼烏斯至少在年少時期曾是個基督徒，或許後來他也繼續維持著這個身份。西元三世紀的亞歷山大城是一座基督教的堡壘，卻也上演著激烈的迫害。我們從安莫尼烏斯的哲學就只知道，他和眾多柏拉圖主義者一樣，盡心盡力想要撫平各學派方向之間的衝突與矛盾，為的是要揭開唯一的、真正的哲學。普羅丁跟著安莫尼烏斯在亞歷山大城待了十一年的時間，他在西元二四三年陪同年少的羅馬皇帝戈爾迪安三世（Gordian III.）遠征至行省美索不達米亞；然而，該場為了平息波斯人起義的戰爭卻以悽慘的失利作結，皇帝喪命，而普羅丁則經由安塔基亞抵達羅馬，並在那裡度過餘生。

身為帝國首都的一名教師，普羅丁很快就證明自己是個人類捕手，身邊簇擁了像**阿米利烏斯・根提里阿諾斯**（Amelios Gentilianos）和波菲利這類才華洋溢的學生，元老院議員、執政官，甚至是加里恩努斯（Gallienus）和薩洛尼娜（Salonina）這對皇帝伉儷皆為他的聽眾成員。隨著時間的流逝，普羅丁經常進出城市裡最高雅的圈子，並結交了許多朋友，根據波菲利的記載，他還曾擔任過仲裁庭上的法官、多名監護人以及資產託管人。他最初只用口頭傳授，直到十年後才開始撰寫著作；普羅丁使用希臘

[363]

文來書寫、只向他自己的聽眾報告所寫的東西，並且有很長一段時間拒絕公開發表自己的著作。他的每部作品都探討不同的主題，但它們是廣泛整體系統中的一部分。透過這種手法，普羅丁將自己視為柏拉圖的繼承人，就與許多其他柏拉圖主義者一樣，他也認為自己是「正牌」柏拉圖的忠實可靠解釋者，他想要擬出柏氏之不成文的理論，也就是隱藏的整體系統。

普羅丁清楚知道，西元三世紀的希臘哲學並非所向無敵，儘管基督教被猛烈迫害，卻還是取得了越來越多的優勢。不同於柏拉圖主義者、斯多噶主義者、伊比鳩魯主義者或者逍遙派學者，基督教以無所不包的整體與關心每個人的上帝而引人入勝。基督教的上帝是一位仁慈的父，不單只是一名「不動的原動者」、一種形而上的原則、一股作用力量，或甚至是一群如伊比鳩魯所主張的漠不關心的天上紈褲子弟。

如果普羅丁想要把柏拉圖式的哲學變得更有吸引力，那他便不能對這個競爭敵手視而不見。因此他會花費許多時間逐一反駁自己的對手，或者委託他的學生這麼作；他最喜歡的敵人為宗教流派，我們今天將它們總結為**靈知**（Gnosis）——這個詞在普羅丁的時代被用於所有可能的學說及知識觀點。靈知派信徒（Gnostiker）（諾斯替教派）之間的共通目標是追求一種從肉身受限世界中釋放的宗教性解救，這個願望我們已經從畢達哥拉斯主義者與柏拉圖那裡認識了，因為普羅丁的重點同樣也在於一種可相比的精神性救贖，他便將靈知派信徒視為競爭對手。他覺得特別惱火的是，靈知派信徒竟然不認為地上世界是精神思想世界的不完美仿製品，而是完全搞砸的結果；「世界上存在著失敗」的說法對普羅丁來說完全無法接受，對他而言，世界的組成是好到不能再好的渾然一體，不完美的地上世界只會隱約透露出這件事。因此，他給予他的對手相對應的猛烈斥責。

普羅丁將反基督教的修辭性戰役留給了他的學生波菲利來執行，對後者來說，相對於柏拉圖式哲學清晰的概念，基督教信仰就像所有宗教性的流傳內容一樣，不清不楚又雜亂無章；對波菲利和普羅丁而言，宗教只是認知的初步階段，缺少真正受啟發的見解。

然而，令人感到吃驚的是波菲利反而將另外一種胡思亂想視為純粹、未經污染的知識源頭，亦即**迦勒底的神諭**。相傳神諭的作者神通師朱利安（Julian der Theurg）是名魔法師，關於他有許多奇妙的軼聞，不過神諭的原創作人卻應該是源自於努梅紐斯的圈子，就是那個將柏拉圖置入所有東方宗教傳統的柏拉圖主義者。西元二世紀末的奧理略統治時期，神諭正大大地流行，它們含有回答人類最重要問題的答案，此外它們還提供一種畢達哥拉斯主義的三合一式，就如同我們從斐洛與努梅紐斯所認識到的。迦勒底神諭的神是一種由父、權與智所結合的三位一體，波菲利以柏拉圖式的措辭將之變換為存有、生命和精神，並藉此打擊基督教；「上帝在耶穌之中化身為人」的說法，與他的新柏拉圖主義式的三一論並不相容。重要的是，基督教在後來採用源自波菲利反駁言論的核心思想，當今天的基督徒提到作為上帝之三種顯露形態的父、子及聖靈時，他們便是站在對自己懷恨至極的敵人的肩膀上——那個著作被他們燒毀的敵人……

波菲利的老師普羅丁距離三一論非常遙遠，對他來說，世界上所有的現象和過程都可以回溯到唯一一個原則，即**太一**。太一凌駕在所有其餘事物之上，而其他事物全部都是由它之中產生。太一的思維（**同源**）構成了普羅丁式哲學思考與人生的方法和目的，剩下的一切——宇宙論（Kosmologie）、「心理學」、倫理學、神祕主義（Mystik）以及美學都從屬於它。

普羅丁和柏拉圖一樣，將超越經驗的精神性世界與所有感官可感受的事物區分開來。這個**精神性世界**（kósmos noētós）是由最高階的太一、處於次位的**絕對精神**（Der absolute Geist）和處於第三位的**靈魂性實體**（Das Seelische）所組成。相較之下，感官可經驗的世界——由精神所塑造的原始物質——在普羅丁與柏拉圖的思想之中都是劣等的。

在普羅丁的哲學裡，太一所處的是如我們從亞伯拉罕一神宗教所認識到的一神論上帝的位置，但是普羅丁卻反對將神聖的特質強加到太一之上，他也不把太一與善或者絕對的存在相提並論。根據普羅丁的說法，這些特質的描寫都太少了，因為它們將某些特定的特質歸給太一，但太一擁有的卻不是某些特質，而是**全部**。因此，人類在思想道路上的經驗完全無從接觸到太一，太一不只凌駕在事物之上，也凌駕於思考之上，它就是完全地「高於一切」。唯一能夠接近太一的路是冥想，為了感受到太一並——至少暫時地——與之連結，人們都必須傾聽自己的內心、克服感官與思想的阻礙；因為，所有哲學追求的目標都是與太一合而為一！

在單純裡冥想

普羅丁採用柏拉圖作為自己哲學結構的建材，但後者可能作夢也沒想過，絕對的智慧最終只得以藉由冥想來窺探，而不是透過針對概念的不斷辯證來訓練。那些被普羅丁斷然拒絕的東方宗教與智慧教義影響顯而易見。

稍微接近大師柏拉圖的部分應該是，普羅丁嘗試將柏拉圖式的理型論有條理置於自己的宇宙中，就像太陽灑下自己的光芒，卻不會在這過程中遺失任何物質一般，太一之中同樣流出**睿智**，隨著睿智，「存在著」（seiend）這個謂語所形容的現象世界有了開端。睿智在其中是絕對的存在，其餘的存在並不那麼完美，而且只在有限的程度上「存在著」。睿智完美地存在著，因為它與思考相吻合。如同巴門尼德已經知道的那樣，只有一個不變的存在，而且這個存在顯露於和自己一致的思考之中——沒有思考就無存在，而少了存在便不會有思考——這是一幢影響深遠的思想建築，將會在十九世紀早期強烈激發起謝林與黑格爾的「德國觀念論」（Deutscher Idealismus）。

如果人類在思考的過程中超脫感官表象的世界，並且往前挺進至抽象概念的話，他們便會進入睿智的領域。對普羅丁而言，這是個完整因而善良又真實的世界，比我們感官能夠經驗的事物還要更原本，對比我們通常生活在一個比較不真實的世界，這才可以說是一種真正的現實。普羅丁解釋道，只有太一被帶入與多人相關聯的狀態時，我們才能夠思考它。這是在亞里斯多德理論湊被忽略的**關係**領域，少了他者便無法思考太一。

在這個如此難以思考的絕對領域裡，有思想的人辨認得出位在所有表象基底的理型，這和柏拉圖提出的主張沒什麼不同；理型是絕對的存在所含有的精神內容，絕對的存在甚至只由理型組成。就好比睿智自太一流出，睿智之中同樣也會流出世界靈魂；它是純粹精神性的，也因此永垂不滅，這就與斯多噶主義者的物質靈魂相異。同柏拉圖之主張，世界的靈魂被具體化為星斗、植物、動物與人類，靠著理型，它按照天上的模範來形塑物質。除此之外，靈魂在塑造生物時接收了有機體的操控裝置，它必須與使自己脫離完全極樂的地上世界條件，和侷限性糾纏扭打。總體來說，物質性世界是個相當低劣的世界，和天上的世界相比，它短暫、糟糕又醜陋。這就難怪靈魂嚮往著返回天上的太一，而不是分散地活在地上的身體裡，還要靠著這副身體努力。

如果靈魂是天上的植物，而其真正的生長群落位在天上的話，那問題就來了：究竟為什麼靈魂要下凡來到塵世間，還進入一副包圍自己的地上肉身呢？這個難題令普羅丁頭疼不已。對靈知派信徒來說這很簡單，對他們而言，創世是某位糟糕的造物神所搞出的失敗行為，因此靈魂皆處於出沒在世俗事物之中的不舒服處境。然而對普羅丁而言，世界是一個無法超越的最佳狀態，由完美的太一流出；在這樣的世界裡，一切都是良善又充滿意義的。

[367]

普羅丁認為，我們不能由靈魂的角度來思考這件事情，而是要從宇宙的角度思考。雖然靈魂在轉為世俗存在的道路上損失了許多，但作為替代，塵世的存在卻透過靈魂能量的存在而至少獲得天上事物的微弱反光；出於這個原因，靈魂循環地徘徊在天地之間，並轉世化為人類、動物與植物，它的任務是賦 [368] 予地上世界生命力，並同時改善自己。所以一方面，靈魂一再大膽地在天地之間交替，這是有意義的，它在這個角色中享有「厚顏無恥的」自主權，可以自由決定一副身體的命運；另一方面，靈魂也同時在為自己最終的釋放而努力，為了在遙遠將來的某一天的美麗的神聖世界中靠近太一，以作為對其賦予生命力的公平回報。

普羅丁大多以「色彩繽紛的圖片」（黑格爾）將靈魂的下凡描繪為「溢出」和「湧出」，上升相對是一條從感官到超越感官的漫漫長路，在這條路上人類必須學習對理解的事物敞開心胸。這種靈魂學說對人類的實際生活帶來巨大的影響，因為既然靈魂構成個人——身體作為物質不過是醜陋的累贅——，人類的義務就是要幫助自己的靈魂奮發向上。為此，他們必須進行自我訓練，以獲得理型的本質直觀，特別是美的理型。缺乏理解而無法成功做到這點的人類，反之汲汲營營於物質性的財產；無法感知到美的理型的人，就得讓自己被美麗的事物團團包圍，他之所以這麼做是為了至少獲得對美的理解，但顯然除此之外什麼都做不了；這便讓零星（男人）或規律的（女人）內部渴求「用美麗的事物填補靈魂空洞」，這是最初的形而上理由……

相較之下，為了感受其中美的理型而創作出來的藝術作品應該獲得更高的評價。某種來自天上之美的東西在藝術之美當中顯現，這是在〈金錢或名譽？柏拉圖的理想國〉一章提及的普羅丁的開創性思想，它對藝術中「理型的感官顯現」造就了深遠的影響，尤其是對於黑格爾以及後來阿多諾的美學。 [369]

為了理解為什麼美如此強烈影響著我們，那就因此必須更仔細地闡明人類的心理；普羅丁式哲學的心理學細膩程度無疑值得讚賞，他因此對「潛意識」作了詳盡的研究。普羅丁屬於內心世界的早期發現者之一，這個發現後來被奧古斯丁、佩脫拉克（Francesco Petrarca）和艾克哈特大師（Meister Eckhart）等思想家採用。

根據柏拉圖的理論，我們靠著我們的靈魂回憶自己在天上的前世以學習某些抽象的事物。普羅丁從中發展出一套錯綜複雜的潛意識學說，據此，我們的潛意識一方面是由反射與自然的直覺、另一方面是由我們靈魂對天上事物或另一個前世的記憶所構成：「……當時間朝著死亡邁進，對於更早生命歷程中的其他生存記憶也有可能出現（在靈魂中），以便靈魂學會輕視一兩個來自今生的記憶並將之放下，因為它已經變得更不含肉體的成份了，並且還可以再次從記憶中取出它在這個人世間所沒有的（記憶）」。144

由於真正的存在位於精神思想和思考的事物當中，因此對普羅丁來說，諸如物質世界因果關係的世俗遊戲規則幾乎沒什麼影響；就此而言，他是少數在聲稱人類擁有某種自由意志時，不會陷入矛盾之中的古典哲學家之一。與斯多噶主義者不同的地方是，他堅信靈魂可以自發又自由地決定自己想要或不要什麼；作為天上的植物，它並不受限於原因與結果的因果關係——這種論點有時甚至還會在今天被援引，用來反駁以自然科學角度辯論的自由意志的批評者。

令人遺憾的是，由於人類的理性太過薄弱，自由意志似乎沒什麼用處；和美的情況一樣，人類在對善的眼光也常常顯得無能為力，堅持精進自己美德的事僅僅保留給人中翹楚。難怪在策劃那齣根據普羅丁的說法被稱為我們人生的「舞台劇」時，常常會導致邪惡和惡意。因為惡如果不是善的缺如，還會是什麼呢？「惡——這句話是千真萬確的——始終是人們放棄行的善。」這句威廉・布希（Wilhelm Busch）筆下虔誠的海倫娜所說的名言的倒裝句，可以藉普羅丁之口說出來。

[370]

與伊比鳩魯、犬儒以及早期的斯多噶主義者所見相同，普羅丁也認為物質性的財產對成功的人生並不重要，他所推崇並先行示範的人生是禁欲中的生活，始終旨在「接近太一並且**合而為一**」的偉大目標。伴隨著謙虛面具而來的當然是自我中心主義的典範。為了嚴肅起見，讓我們想像一下：如果所有人都遵照普羅丁式的理想，那將沒有人願意工作得更多，而人類將會滅亡。「這種深奧的哲學是柏拉圖所謂的盡善盡美」的主張備受懷疑，它甚至比較像是柏拉圖思想中某些特定精神元素的諷刺漫畫。

與柏拉圖之間最重要的差別很容易就能講出來：普羅丁的哲學不再提出任何統治的要求，最多就是一種自我控制的要求，只有在非常零星的情況下，普羅丁才會對政治發表看法。他表示，嚮往聰明統治者的被統治人民通常都太笨了，要是統治者實際上有些智慧，首先會引起懷疑和嫉妒。沒有聰慧的人民便不會有聰明的政治，因此大多數人上頭的統治者都是他們應得的。根據波菲利的記載，普羅丁在皇帝的支持下甚至想要建立一個理想的國家。然而，他想要將坎帕尼亞一處荒涼定居點改造成**柏拉圖諾波利斯**（Platonopolis）的作為並不是什麼政治計劃，僅是一座靜修處；普羅丁更像是召集開悟的孩子在自己身邊的薄伽梵，而不是柏拉圖因為他美善之邦內的共產主義專制而可以含糊比擬的列寧（Lenin）。

所有古典時期的先驗概念之中，普羅丁的太一哲學可能是最有才智的：它是不依靠任何地中海與東方宗教的苛刻要求都行得通的信仰。這樣子看起來，普羅丁發展的其實不是哲學，而是給知識份子的高級替代性宗教，伴隨著某種永恆的誘惑力，因為普羅丁的哲學是沒有救世主的救贖宗教，只保留給一個小圈子。然而，少了社會與政治的層面，柏拉圖的哲學同時就被削弱與減小。新柏拉圖主義鼓舞人心卻不以革命性的方式，他們針對奧祕的競爭對手耗盡了自己的雄辯潛能，卻不是為了對所有人來說都更美好的人生之烏托邦。

伴隨著普羅丁和他的學生，柏拉圖主義的漫長之路就此結束了。這是最後一次有人大規模地嘗試，設法用柏拉圖積木組裡相同的磚塊來建構整體系統。畢竟，除了絞盡腦汁用舊有庫存不斷更新的變體一再重新聲稱，現在這個才是拍板定案的最終真理之外，「柏拉圖主義」還能是什麼呢？在這個過程中，普羅丁在柏拉圖主義裡加上了一種嚴格的倫理學，他所表達的重要新思想是，太一無法用人類的言語描述；如同我們還會看到的，這種「消極的神學」會經由一名自稱亞略巴古的狄奧尼修斯（Dionysius vom Areopag）的男子，繞道傳進中世紀的世界裡。對中世紀而言，普羅丁是除了亞里斯多德之外最重要的哲學家，就連近代也強烈地受到他的啟發；要是沒有普羅丁，諾瓦利斯（Novalis）、歌德、黑格爾、謝林和柏格森（Henri Bergson）的許多思想便永遠不會被想到。

新柏拉圖主義哲學的命運是，這些精美的紙牌屋是在四周的地面出現龜裂時建造起來的。當普羅丁在西元二七〇年去世時，羅馬帝國以北的日耳曼人拆毀了帝國的邊境城牆，一個特殊帝國出現在高盧，它宣布要脫離羅馬獨立，必須費盡全力才可能再次收復它。在近東和中東，薩珊王朝對羅馬人造成了龐大的威脅，縱使皇帝戴克里先（Diokletian）最後一次穩定了帝國，帝國的衰落從長遠來看卻無法再阻擋。西元三〇八年，帝國暫時分裂為西帝國與東帝國；在五年後的米蘭敕令當中，君士坦丁（Konstantin）和李錫尼（Licinius）兩位皇帝都正式承認基督教為宗教。

新的信仰在整個帝國內迅速發展，靠著其獨攬大權的資格，它急速排擠掉其餘的宗教及哲學競爭。西元三八〇年，東羅馬的皇帝狄奧多西一世（Theodosius I.）簽署了一份文件，使基督教成為帝國的國教，並坦率地要求消滅所有其他宗教：「我們柔性又節制統治之下的所有人民，都應當……皈依神聖的使徒彼得流傳給羅馬人的宗教……，這位使徒彼得，為大祭司達瑪穌（Damasus）還有亞歷山大城的大主教彼得（Petros I. von Alexandria）明確聲明信奉的……」[145]

奧古斯丁或上帝的恩典

- 耶穌、保羅、基督教與它早期的信徒
- 一門新宗教的生成
- 懷疑、閱讀與一段虛構的經歷
- 罪責與罪孽
- 時間、意識、愛、啟示
- 天上與地上的國度
- 羅馬的毀滅與慰藉

耶穌、保羅、基督教與它早期的信徒

大約在西元三〇年，又或在那之前不久，一名年輕的巡迴佈道者在迦百農附近活動，那是一個位於加利利海北部的加利利之內的漁村；他在這一帶來回遊走了好一段時間，並匯集了一小群追隨者在自己身邊。在加利利這個規模不到盧森堡一半的羅馬行省，很少發生什麼非比尋常的事情，這一帶人煙稀少，荒涼又貧瘠。一兩年後，這名佈道者突然動身踏上一段更長遠的旅途，他想前往約一百五十公里外的耶路撒冷。他恰好趕上了猶太人最高的宗教盛事逾越節，他與他的追隨者們魚貫往城裡移動。對羅馬的佔領勢力與猶太人來說，他是眾多想藉著城內的熱鬧氣氛博得注意的其中一名神棍，而這也正是他在做的事。在一場難以解釋的行動裡，這名來自加利利的佈道者突然在所羅門聖殿前惹事生非，並將擺設獻祭牲畜的攤商架子都弄翻。在冷酷嚴厲的行政長官龐提烏斯．彼拉多（Pontius Pilatus）統治之下繃緊神經的羅馬當局，沒有遲疑多久，便緝捕該名佈道者到案，並判處他死刑。

耶穌基督的生平可能是類似這樣上演的，這裡著重在「可能」，畢竟無法確定他的實際生活，任何西元一世紀的羅馬史料皆對他一無所知，就連亞歷山大城的斐洛——多虧了他，我們才能詳盡想像這個時期在以色列的各宗教派別——也沒有在任何一處提及他，而且，最早的史料並非出自於他的任何信徒，顯然被人篡改和「造假」過。

這個史料來源是羅馬猶太歷史學家弗拉維奧．約瑟夫斯（Flavius Josephus）的「見證」：「耶穌大約活在這個時期，他是個充滿智慧的人，**如果我們可以將他稱為人類的話**。也就是說，他做了相當不可思議的事情，並且是那些樂意接收真理者的老師，所以他吸引了眾多猶太人與眾多異教徒。**他是彌賽亞**（Messias），儘管彼拉多為了回應我們之中猖狂之人所提出的指控，判處他被釘死在十字架上的極

[374]

刑，但以往愛戴他的人現在也不會對他背信忘義。**而他也在第三天復活在他們眼前，正如上帝派遣的先知在宣告千件奇妙事蹟之餘所預告的**。直到現在，繼承他的名號的基督人民仍然尚未停止。」[146]

約瑟夫斯是一名虔誠的猶太人而非基督徒，對他而言耶穌並不是猶太教心心念念的彌賽亞。正是這點將基督徒與猶太人區分開來：他們將耶穌視為《舊約聖經》中先知所預告將來臨的救世主，猶太人則不這麼看。所以，約瑟夫斯寫下了那幾句（在原文中不是）粗體字的句子，這個說法幾乎令人難以想像；就連這位歷史學家對於這個問題的資訊來源，他很可能只透過福音書而非其他它來源知道到那些資訊。

[375]

也就是說，我們實際知道關於耶穌的一切都來自於所謂的福音書，而這意味著我們什麼都不確定。因為馬可、馬太、路加及約翰的福音書全都不是、也完全不會是歷史記載，四位記錄耶穌生平記事的作者全都是不知名的人物。我們認為他們是受過良好教育的人，並且用希臘文寫作，他們發明了一種特殊的自白文學形式，在西方傳統中可能前所未有。雖然畢達哥拉斯主義者也同樣曾將他們的大師美化成一位類神聖的人物，並虛構出圍繞他的神蹟與傳奇，然而這四位傳道者在介於西元六〇年至一〇〇年間某個時刻記錄下來的，卻是一種全新的文學類別。

西元三〇年左右，來自加利利的佈道者耶穌以約三十五歲之齡在耶路撒冷被羅馬當局處死——儘管資料來源少得可憐，但這個史實並沒有太多懷疑。他很可能留下了一群困惑的信徒，他們從加利利海追隨著他來到耶路撒冷，並一直到他死為止都將他當作彌賽亞來崇拜。如今，那個他們大師預告來臨的上帝的王國沒有來，他自己卻死了，被釘在十字架上活像名罪犯；那一小群信徒與他們的「運動」敗得一塌糊塗，在道德上也應該差不多失敗了。

[376]

接下來所發生的事是一個奇蹟，至少從一位不信教的人的角度來看是如此。沒有錯，這可能是西方歷史上最大的奇蹟！出於某些至今仍猜不透的原因，耶穌一行人的信仰發展成世界上最龐大的宗教運動；三百年後，基督教將會成為擁有好幾百萬人口的偉大羅馬帝國的國教，而今天正式有著超過二十億的基督教徒。

為這場巨大成功奠定基石的男子，為一名受希臘教育的猶太人：**塔爾蘇斯的保羅**（Paulus von Tarsus, 5-65），他來自奇里乞亞，即今日土耳其東南部安塔基亞以北的一個地區。這名出身位於奇里乞亞猶太散居地區的猶太家庭後代，可能原名掃羅（Saulus），後來卻以希臘羅馬化的名字保羅自稱；這種名字的變更對其他民族的羅馬公民而言並不罕見，就連弗拉維奧・約瑟夫斯也不是他出生時的名字，約瑟・本・馬賽厄斯（Joseph ben Mathijahu）才是他的本名。毫無疑問地，那已成俗語的「掃羅變保羅❶」的皈依經歷是一個傳說；不過，「保羅曾對基督徒進行過嚴厲的迫害，後來成為其原本的宗教創始人」的說法卻是有可信度的。身為**法利賽人**，這位受過訓練的妥拉導師是猶太教最強大知識改革運動的成員，而且顯然不容忍任何競爭；他所屬的領導單位可能是猶太公議會，位於耶路撒冷的最高猶太理事會。

我們所知道關於保羅的大多數事蹟，都歸功於他寫給新創立基督教區的書信。只不過，《新約聖經》裡的十三封保羅書信當中，卻有六封在當今被認為是偽造的。同時，保羅約在西元三五年改變陣線，從基督徒迫害者變成基督傳教士的原因，從歷史的角度來看依舊完全不明朗。路加（Luke）所寫的散發著宗教光輝的《使徒行傳》（*Apostelgeschichte*）裡，保羅在前往大馬士革的路上經歷了一場幻象與一段皈依經歷，他在那之後到西方進行傳教旅行，穿越希臘直至雅典和科林斯，在東方橫跨整個土耳

[377]

❶ 譯注：這句俗話現今在德語被用來形容人遭逢某種劇烈經歷，導致未來生活方向有了極端改變。

其西部抵達腓尼基城市西頓和提爾，最終朝著耶穌影響活動的原始地點耶路撒冷前進。

比傳教之旅更重要的是，保羅重新詮釋耶穌教義的幹勁與才智，從而孕育了被我們稱為基督教的宗教。如果耶穌說過，上帝的王國將在不久後來臨，那麼這件事如今可以說是完全被遺忘了；取而代之地，我們現在談論的重點是基督精神的持續影響。倘若耶穌曾要求人們過著簡樸、沒有物欲又無限憐憫的生活，那麼保羅很快地緩和了這套激進的倫理學。死後復活的耶穌的含義取代了活生生的耶穌教導，被轉移為新宗教的核心焦點；雖然據說歷史上的耶穌常常提及自己是被揀選之人與上帝之子，不過對於保羅在基督教的神學範圍內將他升格為神祇這件事，他是否真的會感到高興呢？

耶穌的歷史原貌所引發的興趣明顯減少，原因是保羅不只將他重新詮釋，還在基督徒的信仰中添加了全新的成份，這些成份和耶穌的教導與佈道沒有或者甚少有關聯。根據福音書，過著簡樸、上帝所喜愛生活的人便得永生，但是「人類是否在死後獲救」這點在保羅看來，並不必然是良善又虔誠人生的回報；這是神的恩典的問題，而恩典只有遵從新創教會之遊戲規則的人才體驗得到。保羅發明了基督教會神職人員、使徒或教師的職業，並——違背耶穌與婦女為伍的傳統——確定了女性在教會裡的次等角色。

然而，這名來自塔爾蘇斯的傳教士不僅是一位優秀的組織者與政治家，同樣也有技巧地將其他宗教誘人的傳統與哲學片段融入於基督教。透過柏拉圖闖入希臘哲學上千次的、赫拉克利特的美好古老神聖**邏各斯**，對受希臘教育的保羅而言再熟悉不過了。若是他想要說服雅典、科林斯、塞薩洛尼基與其他地方的知識份子，那他就必須將基督與邏各斯融合在一起。事實上，他似乎成功完成此一壯舉了，因為被推測最後一卷的福音書《約翰福音》（*Evangelium nach Johannes*）多次將基督與邏各斯相提並論。正式從這裡確立了確立了，隨後導向柏拉圖基督教三一論並奠定基督教世界地位的道路。

保羅採用了**瑣羅亞斯德宗教**中的另一種革新方法，該宗教為一種古老的波斯宗教，在他的時代正值發展的高峰，後來在薩珊王朝的統治下，它甚至成為中東的主流宗教。依照瑣羅亞斯德教徒的觀點，世界上存在著善與惡之間的古老之戰，不只存在神聖的原始之善，還有同樣古老的原始之惡或原始之罪。我們不清楚保羅從何處認識到這種思想，以及他所認識的是何種版本；也許有些是他摘引於同樣受瑣羅亞斯德宗教啟發的猶太教，也許他還直接了解瑣羅亞斯德宗教流傳的內容，無論如何，他為基督教採納了善與惡的二元對立。保羅將瑣羅亞斯德宗教的原始之罪變成了**原罪**——被證實為對基督教極為重大的新構思！猶太教裡雖然有亞當吃了禁忌之果的過錯，不過卻沒有自那之後被傳承下去的罪孽。然而對保羅來說，耶穌是為了他所稱的亞當原罪而受難於十字架上，並且以這種方式拯救了人類：「在亞當裏眾人都死了，照樣，在基督裏眾人也都要復活。」第一封給科林斯人的信裡這麼寫道。儘管人類作為整體得到救贖，然而並非每個人都能被長久被拯救。每個人都必須親自在上帝面前為自己**辯解**，**和解**才能實際影響並涉及自己。

依照保羅所發明的，基督教的其他元素同樣也透露出瑣羅亞斯德宗教的影響；因為，跟猶太人一樣，瑣羅亞斯德教徒早在以前便引頸期盼著**彌賽亞的來到**，即便他們一盼就是三回。對此，救世主的到來被與善擊敗惡的勝利畫上等號。瑣羅亞斯德教徒的認知裡有一場伴隨著天堂與地獄的死後審判，以及一場最終結算的**末日審判**。對保羅而言，這場末日審判成為新宗教的關鍵，因為在最後的審判日，不只會有一個新王國降臨，這個王國還會將得到救贖的基督徒與只配下地獄的非基督徒分開。有了末日審判，新信仰便獲得了一種恐懼的腳本和強制手段，兩者皆是在以往的宗教歷史當中前所未見的……

一門新宗教的生成

「當世界末日腳本的信徒們不得不認清世界末日沒有來臨的事實，他們的腦子裡會發生什麼事呢？」針對這個問題有一系列廣泛的社會心理學研究；[147]根據那些研究，在自己先前所相信的以及無法與信念一致的新事件之間，人們會經歷「認知失調」。我們可以假定，那些一路跟隨耶穌來到耶路撒冷的信眾們所感受到的就是這樣的失調。上帝的王國沒有降臨，取而代之的是他們的彌賽亞竟被判刑而死了，除此之外什麼都沒有發生。

不過依據社會心理學的認知，人們在這種情況下卻鮮少承認自己的錯誤；他們反而很快會想方設法**重新詮釋**自己希望的落空，並且再度鞏固他們的舊信仰。許多證據皆指向這正是基督教的開端，讓人留下印象深刻地斷定的是，歷史上沒有任何可比的例子，像基督教這樣個成功地將其信仰完全重新詮釋的失敗教派。

宗教的誕生從來都不是渾然天成，它們始終是由許多影響結合而成的混雜物。就連保羅所打造的基督教，雖然它只擁有很短的歷史，卻已經有一段很長的傳統。但是，這門新宗教不可思議的魅力在於什麼地方？誘使一起規模小又暫且失敗的運動能夠接任幾世紀以來西半球世界霸權的力量是什麼？

基督教在頭三百年發展成長的世界，範圍從西邊的羅馬一直延伸到接近東方的印度。西元二〇〇年左右誕生的《多國律法之書》（*Buch der Gesetze der Länder*）說明了幅員有多遼闊。該書的作者是著名基督教學者**埃德薩的巴戴珊**（Bardaisan von Edessa）的一名學生，他在其中描寫了他所熟知的文明，其涵蓋的範圍從印度的種姓制度，到位於今日巴基斯坦和阿富汗的貴霜帝國的馬術文化、深受瑣羅亞斯德宗教影響的波斯、幼發拉底河畔與佩特拉的阿拉伯民族，再到希臘人、羅馬人、凱爾特人及日耳曼人，直至北大西洋的粗糙海岸線；而基督教將逐漸在這個世界的範圍裡傳播。

首先最為成功的教區近東、中東、希臘與義大利。就和世界各地一樣，基督徒在這些地方遇見了既有的宗教、祭禮及習俗，它們在多個世紀的推進下於不斷翻新的局面當中歷經混合。許多宗教都是地域性的，有些僅由數個小規模的信仰社區組成，而這些社區的特色都不盡相同，存在的神有家神與農神、城邦之神及民族性的神祇，大多數的文明裡都存在著好幾位神明，一神論尚屬例外。就連哲學也存於整個東方與希臘羅馬的世界之中，它就像某種留給統治知識份子階級的高品味宗教替代品，對此只需要聯想到整個地中海東部地區內，那些由多少帶有宗教色彩的柏拉圖主義所衍生出多樣變種。這同樣也適用於其最有智慧的變體，亦即神祕的新柏拉圖主義，它只在少但特別優秀的數圈子內流傳。[381]

相較於哲學家們從一開始就是在角逐唯一的正確世界體系，亦即「真理」，這卻不適用於宗教之上。大多數的信仰團體皆不傳教，他們並不覺得其他文化以不同的方式崇拜自己的神祇有所冒犯或擾人，也不若哲學家那般強調真理的意義。宗教創造了集體與團結，它們保障風俗習慣及傳統的存在，而且莊嚴地紀念對死者的追思。難怪羅馬人對自己帝國內的多種宗教沒有異議，只要它們在其禮拜之中謙和地承認羅馬皇帝就好。

然而基督教徒卻不一樣，他們帶著一種普遍的真理主張出場，這一出場便讓古代與東方世界在那之前所識得的一切蒙上陰影。這門新的恩典宗教的顯著標記就是，對於其他宗教時零容忍的冷酷無情。基督教團體裡當然存在著慈愛又關懷備至的人，甚至為數眾多。福音書所佈道的耶穌的社會教導，以慈悲、寬容、博愛、謙遜和忍讓宣揚最崇高的價值，基督教在此同樣近乎所向無敵，頂只有多普魯塔克主張的柏拉圖主義提供了可以比較的博愛。但是，基督教的博愛——完全誤解了耶穌的教導——卻只適用於基督徒的團體，而不適用於其他人。[382]

只要基督徒單僅生活在沒有政治權力的分散小社群裡，對不同信仰者的不寬容並不會帶來什麼戲劇性的影響，反倒是早期的基督徒屢屢成為殘暴迫害的受害者。儘管保羅曾在給羅馬人的信件當中，要求基督徒尊敬當權者並承認羅馬政權，但是基督教團體卻拒絕崇敬皇帝個人，這惹毛了在宗教的議題上通常寬宏大量的羅馬人。在西元四一與三一一年之間，基督徒連續遭受了好幾波毫不留情的迫害；戴克里先在西元二九三年改革萎靡不振的羅馬帝國，在他重新組織了行政部門並增強皇帝的權力之後，基督徒遭受的打擊特別嚴重。在那過程中，羅馬人摧毀基督教堂、焚燒基督教典籍、禁止基督徒在羅馬的國家內擔任任何職務、執行集體處決，並且將無數的基督徒流放至礦坑與礦山。

重要的是，迫害並沒有削弱基督教團體，反而增強了他們的凝聚力；殉道展示了信徒的堅定決心，如同模範般的影響力擴散到其他基督徒身上。打從一開始，他們就建立起具有強烈凝聚力的團體，他們的圈子不若哲學家那般菁英主義，組織原則上為所有人開放，宗教應該所有人來說都可以理解。就算前三百年的基督教堂大多只是小規模到中等大小的集會廳堂，它們照樣形成了強大的教育中心。基督徒將宗教置放在自己人生的重心，他們的倫理與道德全然由宗教決定。崇拜祭禮、措辭表達和符號標誌使得日常生活儀式化，而真理的內容由主教說了算，除此之外沒有其他人能有所置喙。如此一來，基督教並非文化之內的宗教，而是文化內容由宗教決定。

基督徒將他們的上帝想像成一位仁慈的父，這點也是新的概念。猶太人的神喜怒無常，祂的寬容與憤怒都沒有底線，祂就和其他東方的神祇一樣如同獨裁暴君，其恩寵能夠獲取也可能輕易失去。但基督教卻是一門「父權宗教」，虔誠的基督徒與他們的上帝之間的關係是一種強烈的心理關係，和家庭關係沒什麼不同。

在這個與上帝和教徒團體如「家庭般」緊密連結的世界裡，並不是只存在著善。教堂同時是基督徒

[383]

洗刷自身罪過的地點，亦即不同於許多其他宗教，與上帝或諸神的交流並非主要是私人的，而是公共的。主教驅逐罪惡是一種常規儀式，在柏拉圖及亞里斯多德的學生完全為了自己而錘鍊自身的美德，還有斯多噶主義者和伊比鳩魯主義者默默追求個人的完美，基督教會以驅魔的形式舉辦公開的大型淨化場面。人類會受到不可控的**靈體**（daimonen）迫使而作出不受控的行為舉止，有些柏拉圖主義者以及某些東方宗教也相信這一點，然而直到基督徒出現，那一點才變成驅逐儀式與供教徒團體觀看的場面。西元二五一年起，羅馬每三個基督教神職人員的就有一個是驅魔師。

不過，基督教會的鞏固不只是靠著宗教的團結，連金錢也扮演了一個重要的角色。教徒團體內的每個成員都認為自己有捐獻給教會的道德義務，人人不論貧富皆向社群付出金錢，基督教會便以此獲得其他宗教團體時常缺少的穩固經濟基礎。基督徒同樣以這筆錢來製作**手抄本**形式的書籍，要製作這類書籍必須以木質書封將鑲了邊的莎草紙或羊皮紙一張張裝釘在一起；手抄本比傳統捲軸來得小又輕便得多，時時刻刻都能隨身攜帶。因此，基督教成為一門書卷宗教，具有編纂成冊的教義；與那些沒有約束性經典的異端宗教不同的是，基督徒能夠把一本被永久寫下的真理隨時帶在身上。雖然說猶太教藉著《妥拉》有了文字基礎，但是直到神聖的經文透過手抄本多次傳播，才創造出處處都以文本中揭示的真理為依據的典籍宗教。

究竟是什麼因素促使君士坦丁和李錫尼這兩位羅馬皇帝，自西元三一三年起對長久被羅馬視為眼中釘的基督教寬容以待，這個問題備受爭議，動機應該有很多種。要對抗薩珊王朝這個新出現的強大敵人，帝國東部的基督徒是很好用的力量。關於君士坦丁這個帝國中新強人的個人動機和信仰有諸多猜測；在他攝政的時期，基督教成為帝國最重要的宗教，儘管當時大概只有十分之一的人口為基督徒。

基督教甫在帝國內取得自己新的權力地位，教會內部就已經爆發了一場激烈的鬥爭，導火線為關於迦太基新任主教人選的爭執。由君士坦丁官方認可並支持的教會並非沒有爭議，其最有影響力的反對者為**多納圖斯派教徒**（Donatisten），該名稱是依據他們的暫時領袖多納圖斯（Donatus）而命名的；在非洲富裕的羅馬行省中，他們佔全數基督徒的多數，而他們不承認皇帝在教會中的新角色。對他們而言，聖禮是否神聖並非取決於教會，而是取決於施予聖禮的神職人員的正統性。一言以蔽之，多納圖斯派教徒認為聖潔的不是聯合了皇帝的教會，而是其立場一貫、未受世俗讓步之擾亂的信仰。

君士坦丁無法容許多納圖斯派教徒表現出的不歡迎，於是他授權自己在迦太基的主教凱其里安努斯（Caecilianus）採取一切強硬的手段來對付異議人士。當基督教會可以使用帝國的權力時，它所表現出來的行為也確實不比其餘的權力機關更符合基督教價值。它毫不留情地迫害多納圖斯派教徒，而後者根據他們的自我理解，成為第一批反對自己教會而亡的殉道烈士。

另一個麻煩來自於**亞流**（Arius）對基督教的三一論提出質疑，他是來自亞歷山大城的基督教監督。亞流對柏拉圖主義有很豐富的研究。依照官方正式的基督教思想體系而言，父、子與聖靈同樣永恆又神聖的這個構思，在他看來顯得荒謬不合邏輯；對他而言，被理解為邏各斯的聖靈不可能具有父親的特質並生下任何兒子。照他的看法，耶穌並非神聖三位一體的一部分，單單只是一個相當特別的人類。然而，皇帝並不准許這個分歧的看法，並且在西元三二五年的尼西亞公會議之後下令將亞流流放。雖然他在三年後獲得赦免，但獲得廣大認同的卻是他的對手**亞歷山大城的亞他那修**（**Athanasius von Alexandria**），後者是一位老謀深算的強權政治家。自那時起，基督在教會中的神性便正式地不存在於任何容許質疑的地方。

西元四世紀，基督教的第三座大型建設工地是對抗**摩尼教徒**（Manichäer）的鬥爭。在西元三世紀中葉，波斯人**摩尼**（Mani, 216-276/277）用類似從前耶穌的口吻，宣稱自己是上帝的先知與彌賽亞教義

[385]

的最終完成者。他的宗教概念是一種由基督教、靈知派思想與瑣羅亞斯德宗教的新融合。同時，摩尼引用並塑造了一種靈知派的觀念，即古典時期晚期的人類所生活的世界，只不過是一個既不真實又被搞砸了的世界而已。相對地，那個邪不勝正的真實的世界即將來臨，這顯然是緊貼著潮流、極具誘惑的希望。多年的佈道以後，摩尼被波斯當局以和耶穌被羅馬人處死的相似動機判刑，並且死於牢獄之中。

然而，這個新宗教卻擴散得如過去的基督教一樣快速，基督徒在面對摩尼教徒時，發覺自己身處於和往昔面對基督徒的猶太人相同的角色；他們用盡渾身解數，企圖阻撓亞伯拉罕宗教記憶體成功執行最新版本的升級。「摩尼教徒」這個詞急速地與「異端份子」畫上等號，這群危險的勁敵受到嚴酷的迫害，直到西元五世紀期間，他們在歐洲和近東都被殲滅為止。摩尼教唯獨在東方倖存了更長的一段時間，甚至在某個時期成為位在今天的蒙古一帶的回鶻汗國的國教。

儘管在政治上取得了成功，基督教的內容在接近西元四世紀末時仍未建立牢固，並且面臨了分崩離析的威脅。消弭這個缺陷，並同時在最高知識水準上鞏固基督教教義，這些便成為古典時期尾聲最重要的基督教哲學家——奧古斯丁——終其一生的任務！

懷疑、閱讀與一段虛構的經歷

「從我十九歲那年讀了西塞羅的《荷爾頓西烏斯》一書引起我對智慧的愛好後，多少年月悠然過去了，大約十二年，我始終流連希冀於世俗的幸福，不致力於覓取另一種幸福，這種幸福，不要說求而得之，即使僅僅以嚮往之心，亦已勝於獲得任何寶藏，勝於自踐帝王之位，勝於隨心所欲恣享淫樂。可是我這個不堪的青年，在我進入青年時代之際已沒出息，那時我也曾向你要求純潔，我說：『請你賞賜我

[386]

純潔如節制，但不要立即賞給。』」❷ 148

以上敘述自己在歡愉的渴望與對自制力的追求兩者之間天人交戰的人，是一位三十二歲的修辭學教師，從位於現今阿爾及利亞的塔加斯特城因緣際會來到了米蘭，他是**希波的奧古斯丁**（Augustinus von Hippo）。他出生於西元三五四年，父親是娶了信仰基督教的柏柏❸女子為妻的羅馬官員；奧古斯丁終其一生都與自己的母親莫尼加（Monnica）保持密切的關係。他的母語是拉丁語，當他在迦太基研讀修辭學的那段期間，更精進了這門語言。他很早便認識了一位女性，與這名女性共同生活了十五年並有一個兒子。他閱讀的西塞羅《荷爾頓西烏斯》是一部現已佚失並只因為幾句引言而為人所知的著作，它作為哲學概論探討的是典型的「協助理性戰勝情感」的希臘式主題。對於受到這類教育的奧古斯丁而言，自己母親信仰的基督教也沒有什麼用處；在他看來，摩尼教顯得更引人入勝，知識性也更令人滿意，於是擁護了該信仰社群九年之久。

在這個情況下，他在西元三八四年突然受到西羅馬帝國王室的徵召，當時帝國正風雨飄搖。君士坦丁在西元三二四年於新建立的君士坦丁堡設立了自己的政府所在地；四十年後，出於行政技術性的原因，皇帝瓦倫提尼安一世（Valentinian I.）將帝國分成東西兩個帝國。相較於東邊總體來說維持著經濟與政治上的成功，西帝國陷入了大量的內政與外交問題；富有的人口從都市逃往鄉間，羅馬進入頹勢，稅收負擔達到最高點，而帝國的經濟陷入了衰退之中。同時間，帝國在北部、不列顛、高盧和日耳曼尼亞都開始失控，邊界不再固若金湯，軍隊的人員配備不足而且所得低落。西元三八三年，居住在特里爾與米蘭的皇帝格拉提安（Gratian）在高盧被羅馬士兵活活打死。

❷ 編按：引文中譯見：《懺悔錄》，臺灣商務，一九九八，頁156。

❸ 譯注：柏柏人（Berber）是非洲西北部之眾多生活型態相似的土著統稱，並非一支單一民族，以農牧為主，使用語言為各種柏柏語方言。

[388]

在這個世界歷史上千鈞一髮的危急情況下，奧古斯丁這位有才幹的修辭學家的政治要務，便是根據所有辯論術的規則為年僅十三歲的皇帝瓦倫提尼安二世（Valentinian II.）以及其政治背書，並且讚揚他。米蘭皇帝背後的強者是**安波羅修**（Ambrosius），他是一位充滿權力意識的主教，與追隨亞流的信徒之間勢不兩立；天主教會將他奉為四大教父中最年長的一位（其他三位分別為耶柔米〔Hieronymus〕、奧古斯丁與教宗額我略一世〔Papst Gregor I.〕）。

奧古斯丁擺脫了自己母親的影響，與他的情人先是一同搬到羅馬，緊接著遷至米蘭；然而，莫尼加卻尾隨在後，不讓自己的兒子離開視線半步。在安波羅修和朋友的耳濡目染之下，奧古斯丁開始閱讀新柏拉圖主義著作的拉丁文譯本；他並不熟諳希臘文，僅是靠著閱讀波菲利的通俗著作才輾轉認識普羅丁。

這名來自非洲的修辭學教師拋棄當時令他印象深刻的一切知識，包括摩尼教與阿爾克西拉烏斯領導的「新學院」的懷疑性著作。向波菲利與普羅丁學習，便意味著要認清理性的使命、帶有思辨地返回其神聖的根源；感官世界則相對而言不原本、非真實又虛假的。奧古斯丁同時也學習到，根本不存在與反神聖原則同等級的惡；如同前述，對普羅丁而言，惡只不過是善在人類之內的缺乏。奧古斯丁擺脫摩尼教將世界一分為善惡兩邊的激進思維，從此時起，他的看法就和新柏拉圖主義者一樣，只有太一存在。而太一就是善，也就因此是上帝；相反地，惡不過是人類之中神的遠離，這應該被克服。由此看來，新柏拉圖主義似乎是幫助奧古斯丁從摩尼教徒轉向基督教的橋樑。

柏拉圖主義的文獻會被誤解含有某種深層宗教的意涵，已經不是什麼新鮮事了。正如我們見看到的，亞歷山大城的斐洛就曾將柏拉圖放進猶太教的信仰中作解釋。西元二世紀與三世紀之時，**亞歷山大城的克勉**（150-215）與**俄利根**（185-254）這兩位偉大學者皆透過基督教的有色眼鏡閱讀柏拉圖主義的著作；後者尤其將基督教與柏拉圖主義大力融合，以至於後來在奧古斯丁的時代出現了，是否該讓伋利根的理論背負異端惡名的激烈爭執。

我們無從得知，當奧古斯丁向基督教敞開心胸時，內心到底經歷了什麼事。他的《懺悔錄》（*Bekenntnisse*）是一種全新的文學型態，是以禱文形式寫成的關於他人生經驗的報告；它呈現了奧古斯丁陷入各種劇烈的內心交戰，他對母親的愛以及對女人的強烈情色欲望都讓他感到迷惘；他所應該做的，是禁欲退出世界，還是應該開創出一番事業？救贖在哪裡？他應該遵循什麼準則？是什麼支持著他？

奧古斯丁後來在《懺悔錄》當中寫道，他「已經成為讓自己想破頭的大疑問」。他為什麼不快樂？是因為他的靈魂離上帝太遙遠嗎？我們只能從一段嚴重美化過的壯麗皈依經歷得知他改信基督教的過程，據說他在自己米蘭居所的院子裡經歷了幻象：我「帶著滿腹辛酸痛哭不止。突然我聽見從鄰近一所屋中傳來一個孩子的聲音，我分不清是男孩子或女孩子的聲音，反覆唱著：『拿著，讀吧！拿著，讀吧！』……我壓制了眼淚的攻勢，站起身來。我找不到其他解釋，這一定是神的命令，叫我翻開書來，看到哪一章就讀哪一章……我抓到手中，翻開來，默默讀著我最先看到的一章：『不可耽於酒食，不可溺於淫蕩，不可趨於競爭嫉妒，應被服主耶穌基督，勿使縱恣於肉體的嗜欲。』我不想再讀下去，也不需要再讀下去了。我讀完這一節，頓覺有一道恬靜的光射到心中，潰散了陰霾籠罩的疑陣。」[4] 149

我們沒有理由相信這則記載的真實性，因為奧古斯丁先前在《懺悔錄》裡便提到，閱讀新柏拉圖主義者的著作如何開啟了他對基督教的眼界。就連他在所謂的皈依經歷之後寫下的頭幾部作品之一——

[4] 編按：引文中譯見：同前揭，頁164。

《論幸福生活》——裡頭，也不見關於皈依經歷的任何一個字，而是只有閱讀的經驗與安波羅修講道文是他改信基督教的動機。

然而，奧古斯丁顯然認為自己必須編造一段特殊的經歷。因為，教會的重要人士不若柏拉圖主義者、逍遙派學者、伊比鳩魯主義者或斯多噶主義者，是靠著反覆思辨而成為基督徒的。啟示宗教的特色之一就在於，信仰是揭露於一段皈依經歷之中——通常是一場幻覺或幻聽。這讓我們聯想到保羅在前往大馬士革途中的改宗、君士坦丁在米爾維安大橋戰役前夕的十字記號幻象，抑或是聖安東尼（Heiliger Antonius）透過一席上帝話語而轉向今後在沙漠中的隱士生活。

奧古斯丁沒有遷往沙漠，但他離開了米蘭，為的是與母親、妻子及孩子一同在某個附近名叫開西齊亞根的村落定居。他在這個地方開始活躍地寫作，可是卻在不到一年後便返回米蘭並受洗。莫尼加在那之後不久便逝世了，爾後奧古斯丁渡海來到塔加斯特城，為了以修道士的身份在那裡生活。然而，教會對他卻還有更遠大的打算。西元三九一年，他在離塔加斯特城不遠的希波被授予神父的聖職，並在四年後成為主教。他最重要的任務是增強富有的北非教會，以對抗眾多異端份子……

罪責與罪孽

主教新職位的重責大任令人如坐針氈，但是伴隨奧古斯丁發生的事情卻令人感到吃驚。到目前為止，他的思維就和新柏拉圖主義者一樣，適用於個人以及其通往靈魂救贖的獨立道路，然而自從他上任以來，奧古斯丁卻將自己的神學重心轉移到作為機構的教會上。這時，個人便不再應當效仿希臘哲學企圖找到通往真理的途徑，而是由早已知道真理的教會專制統治予以管理。自此以後，新主教以鋼鐵般的嚴厲態度對付一切危害教會權力的事物。他自己過去這麼久以來對基督教抱持著懷疑態度，並認為其知識性低劣，現在竟偏偏是他在激烈迫害摩尼教徒這些他從前的信仰弟兄。而他也以同樣的堅毅決心與多納圖斯派教徒作對，這些人更重視自己的信仰而視教會制度如無物。他禁止所有人自由思考，並規定了一套普遍的教徒法領（disciplina catholica）。

除此之外，西元四一〇年左右又出現了另一個反對他的對手。羅馬不列顛的修道士**伯拉糾**（Pelagius）在羅馬大力斥責基督教羅馬社會的道德墮落和腐敗，他一心想回到耶穌曾以身作則的禁欲苦行生活。在伯拉糾的眼裡顯得特別奇怪的是是原罪的教義，以及上帝良善創造中竟然有邪惡的存在。對他而言，為了將耶穌在十字架上的受難詮釋為人類的救贖，而被保羅編織進基督教瑣羅亞斯德宗教傳統，與福音書互不相容。福音書裡究竟哪裡提到人類生而有罪？

相反地，奧古斯丁是因為出於權力政治因素而無法放棄原罪教義。被視為「原罪」的亞當墮落與被當作「救贖」的耶穌十字架之死，兩者之間由保羅所點出的關聯，被他有系統地擴充成一種罪的教義。根據該教義，人類的救贖是神的恩賜，信奉基督和教會便有可能經驗到。只不過重點在於「可能」，因為沒人知道上帝接受誰進入祂的恩典，而且也沒有人能主動獲得這個恩典。

伯拉糾並不接受這種說法，因為到目前為止，基督徒的重點都在於過著上帝所喜愛的人生。和斯多噶主義及新柏拉圖主義沒有差別的地方在於，這意味著轉而專注於自己的內心；外在友善、沉著而富有同情心，內在傾向於精神心靈層面，基督徒用這樣的身體力行來為自己的救贖努力。與之相對地，奧古斯丁則在西元三九七年左右徹底斷絕了和畢達哥拉斯主義兼柏拉圖式兼基督教之傳統路線的關係。此時，救贖不再如所有相信靈魂不滅的希臘哲學家所認為的那樣，是善良又正確生活的直接結果。根據奧古斯丁的說法，最終只有上帝自己的決定。

這讓伯拉糾感到震驚：如果到頭來重要的僅僅是信仰和上帝的恩典，那麼誰或什麼能確保我的生活

[392]

行為得體？難道我最後根本無法藉由我的生活方式獲得天堂裡的永生嗎？又甚至更慘的是：要是我的得救最終必須仰賴某種神聖的恩賜，那麼顯然我能否找到正確的信仰甚至還不在於我自己——這是聽任上帝的隨心所欲呀！哪裡還留有我的自由？

任意區分自己和他人的上帝是一位殘酷又不道德的神。面對伯拉糾同其信徒——**伯拉糾主義者**（Pelagianer）——提出的質疑，奧古斯丁確實碰上一個嚴重的問題：要是他屈服於批評，教會便會失去作為唯一能救世的機構的重要性；如果他維持自己的「上帝根據自己的喜好決定人類的靈魂救贖」立場，就會讓號稱胸懷永恆之愛和無限憐憫的上帝變得令人難以信服。

[393]

最後，奧古斯丁採取了一個略為敷衍的折衷辦法。他堅持認為，個人無法根據充滿美德的人生而得到救贖的資格。由此，人類被完全剝奪了權力，並且因為上帝的偉大而變得渺小！但是，被賦予自己意志的人類至少可以自由改善加強自己接受信仰與否的那份「決心」，而上帝在考慮是否賦予一個人救贖時，也許這份決心會讓他更加分。

值得注意的是，奧古斯丁竟然為此犧牲了所有哲學上的嚴謹。因為，我為何能感受到自己信仰的決心，這是為什麼？我難道不是上帝的傑作嗎？上帝難道沒有賦予我或多或少的決心嗎？基本上，一切都已經事先決定好了，那對奧古斯丁而言如此重要的自由意志就是一場可笑的鬧劇。不過，對奧古斯丁來說，思想的嚴謹性不比教會的權力地位來得重要，這意味著：沒有教會就沒有救贖！像伯拉糾如此重視道德生活的人也可能會捨棄教會，而這件事不准成真。所以，必須交由一個恩典的體系結構亦即經由教會來考慮虔敬人生的個人艱辛。

[394]

奧古斯丁的恩寵說是西方思想史上最重大的命運轉變之一。我們只能推測，可能是什麼動機促使他激進地剝奪人類的權力，又讓他非同小可的攻擊自由。我們在與神學全然無關的領域裡，也就是在西羅馬帝國的經濟發展中找到了一個可能的答案。已經有好長一段時間不再有任何外國領土被征服了，也因此富裕人家愁著沒有奴隸可使喚。結果就演變成城裡的貴族移居鄉野，並在短時間內迫使各地的農民淪為奴僕。軍事力量不再提供防禦哥德人這類入侵者的保護，農民就這樣迫不得已放棄自己的田地並轉而為新地主效勞。無論是在荒廢的城市裡，還是在日益封建的國土上，如同城邦內的那種的自由與自治在哪裡都不再有。到頭來是由土地貴族的判斷還是上帝的恩典所擺佈，也許根本沒有多大差別——真是好一張再熟悉不過的命運籤。

我們不知道奧古斯丁在發展他的宿命論恩寵說時，受羅馬帝國的政治和經濟情勢影響有多深，不過很難想像他不受影響。無論是在米蘭或是後來的希波，他都位處政治事件的中心。無論出於何種動機，在超過一千年的時間裡，恩寵說將成為一種教會的控制手段，使西方的信徒們維持著卑微渺小又惘然不安的姿態。

時間、意識、愛、啟示

像奧古斯丁這樣，為了自己的目的而盡可能地掠奪哲學中「無限」思想寶藏的西方思想家，大概沒有第二位了。如同保羅為了讓基督教能首先成為一門宗教，因而獵取其他亞伯拉罕一神宗教中的元素一樣，奧古斯丁同樣也在所有他認為適合之處採納了柏拉圖主義、新柏拉圖主義和某些斯多噶主義的哲學黃金。與此同時，他還撰寫了超過一百篇的大量論文，至於書信和佈道文就更不用提了。在他手上，哲學成了神學的供應商，或者就如本篤會修道士彼得・達米亞尼（Petrus Damiani）在將近七百年後所說的，哲學的使命為「神學的女僕」。在許多個世紀裡，何謂基督教以及成為基督教徒代表什麼，都是由奧古斯丁規定的，無人能與他比。而要是依照保羅的意思，如果有一位確立了教堂的靜力學、施工計畫及組織的建築師存在的話，那這名建築師就是奧古斯丁。

然而，教會將會帶來救贖這點卻沒有出現在福音書裡面。據推測，耶穌甚至沒計劃要建立一個自己的教會。有鑒於即將來臨的神之國度，他更多是想將猶太教改革一番，即便有謠傳他曾宣告彼得是他教區的中流砥柱。相對地，唯一能救世的教會則拋出了許多難題，舉例來說，所有生活在耶穌之前的虔誠人類，他們發生了什麼事？上帝為什麼這麼晚才派遣耶穌來？如果說，唯有受他啟發的教會才能給予救贖的話，那麼在他以前的人們該如何擁有哪怕一絲獲得救贖的機會？這些難題令人辛酸、痛苦，而且與善良的上帝互不相容。別無他法的奧古斯丁只好訴諸下列解釋：早在耶穌之前基督徒就已經存在了，他們只不過還不清楚自己的基督徒身分罷了。

諸如此類的問題應該就是奧古斯丁詳盡鑽研時間難題的理由，因為正如在基督教裡會出現關於以前的問題，在一般情況下，追究上帝創世以前的問題也同樣會出現：在創世以前有什麼？上帝又在創造世界之前做了什麼？奧古斯丁給的答案簡明扼要，在第一時間也令人目瞪口呆：「天主在創造天地之前，不造一物。」[150]存在者唯有因為某物存在才會存在，不過要是只有創世才導致某種東西來到世界上的話，那麼在那之前也就沒有任何存在的事物了。但時間卻受限於存在，而且更重要的是，它也受限於感受時間之生物的意識。

依據奧古斯丁的意思，事實上只有當某人擁有某種時間的意識時，時間才會存在。順帶一提，這種主觀的時間感受一直都只是一種時間，也就是當下。即便我心裡想著過去或未來，我也是現在想著過去或未來。時間始終是現在，或照奧古斯丁的說法，有「時間分為過去的現在、現在的現在和將來的現在三類，比較確當。這三類存在我們心中，別處找不到：過去事物的現在便是記憶，現在事物的現在便是直接感覺，將來事物的現在便是期望。」❺。151

奧古斯丁的時間定義對哲學史有極高的重要性。希臘的「時間」概念幾乎都屬於存有學，亦即時間被理解為某種「本身」存在的東西，就算亞里斯多德不得不承認，這種客觀的時間總是只能相對地經驗到而已。當奧古斯丁將時間解釋為一種純粹主觀的東西，也就是一種意識的內容時，他甚至還超越了亞里斯多德一大截。對奧古斯丁而言，這個觀察有一個神學上很重要的核心就是，並不存在塵世現有的及永恆神聖的兩種時間，只有一邊短暫易逝的主觀時間體驗與另外一邊的神聖永恆性。將兩者區隔開來的鴻溝，其所分開的不只是兩個世界，它分開的是世間人類生命的稍縱即逝和非本質性，以及上帝超越一切時間的永恆完全性。

奧古斯丁是一位感覺敏銳的心理學家，他對人類靈魂內之心理過程的探討並不僅限於時間這個主題，他的整部知識論都是圍繞在那些當我們領會並理解事物的時候，在我們之中進行的微妙的內在過程。和柏拉圖及其許多接班人一樣，他也試圖了解我們如何可能認識那些在感官世界裡沒有範本的事物及其關聯。對此，奧古斯丁早期引用柏拉圖的「回憶」（anamnesis）理論解釋，依照該理論，我們之所以會知道我們並非由經驗認識的事物，是因為我們的靈魂會以自己的前世回憶起這個知識。這樣一來，每個人用不著看過就都能想像出一個三角形。而我們能夠建構出諸如「永恆」、「無限」或「完整」這類沒有任何感官經驗為依據的概念，是因為我們的靈魂先前在天上已經歷過這一切了。

關於天上記憶的一個特別精闢的例子就是數字，奧古斯丁花了很多時間說明在經驗世界裡毫無一席之地的數字的神聖性。為了知道數列的無限性，一種源自天上的靈感是必要的。跟柏拉圖一樣，他也熱

❺ 編按：引文中譯見：同前揭，頁260。

[397]

中於將世界凝聚在一起的數學之可理解性，因為上帝建構世界並不是漫無計劃，而是遵循數學的遊戲規則去創造。如同畢達哥拉斯主義者認為的，以及根據部分柏拉圖的理論，一切對奧古斯丁而言，都是數字，沒有什麼感官的、空間的與時間的法則無法用數學加以描述。它是一切存在的普遍文法——一個就連今天仍會引起幾乎全體數學家共鳴，並使他們熱血沸騰的說法。

使柏拉圖的跳脫時間的理型擺脫它們有問題的事物特徵，這件事新柏拉圖主義者就已經努力過了；對他們和奧古斯丁而言，世間之外的理型並非事物而是原型，甚至純粹是數字。它們存在於上帝的思想裡——一個奧古斯丁很樂意採用的想法。「理型究竟該棲身於何處？」的批判性老問題因此有了一個基督教的答案：理型存在於上帝的思想、祂的理性、祂的智慧以及神啟的話語之中。

不過，還需要解釋的是，理型如何從上帝的意識進到人類的意識裡。就像前面已經說過的，柏拉圖認為這件事的發生是靈魂重新回憶起自己過去曾逗留過的神聖、可理解的天上。但是在基督教裡卻沒有靈魂重生的設定，更別說是靈魂輪迴了。儘管如此，神聖的天上與人類的思想之間，仍然必有某種關聯。

奧古斯丁首先勾勒出一幅人類記憶的複雜圖像。在記憶的幫助下，我們不僅能記得畫面、經歷和概念，而且我們的記憶還具有非凡的生產創造力。它對世界進行分類、重塑及詮釋。記憶宛若**靈魂的胃**，一切皆於其中翻攪和消化吸收，它最不可思議的效能，是我們透過記憶想像自己的方式——我們實際上如何知道我們是誰？當我們的感官明明根本察覺不到我們自己時，我們的記憶怎樣產生一種我們自己的印象？

沒有什麼比我們的自我意識更為直接了當。奧古斯丁一再用一個觀點來證實這點——該觀點是哲學史上最出名的思想之一，因為它預料到了另一個更加有名的觀點。根據奧古斯丁的看法，我們無法認真懷疑自己的意識，也無法欺騙自己我們存在：「因為如果我欺騙自己，我便存在。意思就是，不存在的人是無法欺騙自己的；所以如果我欺騙自己，那我正是存在的。由於照這樣說來，當我欺騙自己時，我便存在，那麼在『當我欺騙自己時我便存在』這件事千真萬確的情況下，我該如何欺騙自己我存在呢？那就是說，因為如果我欺騙自己的話，我就會是受騙者，所以毫無疑問地，我欺騙不了自己我存在。」

152 一直到超過千年以後，這一敏銳細膩的觀點才被人熱烈地提起，並在哲學領域中演變出一種全新的方法。我們說的是笛卡兒與他的名言「我思故我在」，謠傳在三十年戰爭前夕的某個農舍客廳裡，這位法國人藉著沒有任何前提的反思而靈光乍現地領悟到這句話的真義。藉著這句話，笛卡兒把哲學放置在一個全新的、劃時代的——即主觀的——基礎上。相對地，奧古斯丁想強調的重點則絕不是任何主觀思維的全新自我授權。他只是想說明，人類可以透過密集的自我思索來接近真理，就如同新柏拉圖主義早已主張的那樣，而這個深深隱藏在我們靈魂之中的真理就是上帝！

好消息是，想要實際認識上帝的欲望，就存在於人類的天性之中。我們可以感受到一種想認識我們自己，並到達我們原來本質的渴望。奧古斯丁將這種渴望很有代表性地稱為愛，對我們自己的愛是我們一切意願的濫觴，以致這種愛甚至可以與意志上等號——我們愛我們想要的，而我們想要我們所愛的。就算恩寵說為意志自由設定了狹窄的界限，並實際上使之變得不可能。在把意志當作自愛的思想中，一個非常現代的念頭卻在奧古斯丁的腦海中閃現。比起任何希臘哲學，奧古斯丁將個人的內心交戰和矛盾描述得更加具有心理學上的透徹度：在柏拉圖的馬車駕駛者例子中，野馬是不同的靈魂部位，它們因為尋覓的道路分歧而難以馴服；相對地，在奧古斯丁的觀察裡，裂痕從中間貫穿意志本身，不曉得該往哪邊駛去的就是駕駛本人——對此保持冷靜客觀的希臘哲學所不包含的一種矛盾衝突。

[399]

隨著奧古斯丁越來越年長，「對善與正確事物的認識是一種重新回憶以往見聞的流程」的這個想法，在他眼裡變得越發可疑；對他來說，越來越重要的是，要是少了上帝，任何更高等的認知及重大的意志決定便一點也不可能。就這樣，他在數篇文章裡以異常現代的方式對語言提出了質疑——我們究竟能不能依靠言語來認識真理？經過一番透徹的分析後，他獲得的結論是，言語無法讓人獲得接近真理的特有權利，它們頂多只有「提醒」或「勸告」的用途，因此，所有更高等的知識都留給了某種神聖的靈感，並且無從領會和掌握。這正是問題——理型如何從上帝的意識進到人類的意識裡——的最後答案：透過光照！只有受到上帝光照的人，才有能力接近真理。雖然神聖光照的火花出現在每個人之中，但是，唯獨被選中之人才能適當地利用知識的神聖光照，大多數人卻都敗在這點，而受光照的洞察見解始終是一種罕見的財產，讓被選中者與劣等之輩相較之下，高下立判。

羅馬的毀滅與慰藉

奧古斯丁去世時，汪達爾人的日耳曼部族圍困了希波，不出十年，汪達爾人便統治了整個羅馬行省阿非利加。在時代的動盪中，自西元三九五年以來便處於分裂狀態的東羅馬帝國挺過了這波紛擾，西羅馬帝國卻是瀕臨瓦解。西元五世紀初，匈奴在中歐肆虐，並且將眾多日耳曼部落趕出他們祖傳的領土；日耳曼的各軍事將領從北方侵入帝國，並一路長驅直入義大利，軟弱的西羅馬皇帝們便與他們結盟，這種局勢不斷更迭。最晚在五世紀中葉，西羅馬帝國不再是帝國了；汪達爾人在西元四五五年將羅馬洗劫一空，這是這座城市第二次被毫無保護地交付到日耳曼侵略者的手裡。

在從前帝國版圖的北部，高盧和日耳曼尼亞，法蘭克人與哥德人的新帝國各自成形了。後者於西元四八八年在國王狄奧多里克（Theoderich）的統治下移居義大利，並打敗了十二年前推翻最後一位羅馬

皇帝的日耳曼將領奧多亞塞（Odoaker）。狄奧多里克是一名基督徒，可是和其他改宗的日耳曼部落領 [405]
袖一樣是**亞流派教徒**，他不接受耶穌的神性。作為位在拉溫那的羅馬第一公民，這名哥德人在東羅馬的狐疑容忍下，統治了西羅馬帝國超過三十年的時間。

在出身高貴的羅馬人**波修武**（Boethius, ca. 480/485-524/526）身上，他找到了帶領政府的最重要支柱之一，此人學養在此時代數一數二。他也許是我們所見最後一位認識且幾乎精通整個希臘哲學的古典時期學者，程度更遠遠勝過奧古斯丁。他的目標是將全數保存下來的柏拉圖與亞里斯多德哲學翻譯成拉丁文，不過這個目標受到他的高級官職所阻礙，無法如願以償。最終，翻譯的進度只停留在亞里斯多德的邏輯著作，因而在接下來的七百年內，亞里斯多德只會辛酸地以邏輯學家的身份為人所知。

雖然波修武和他的國王狄奧多里克同為基督徒，但他卻生活在柏拉圖主義及新柏拉圖主義哲學的精神裡，他想要將之與亞里斯多德的哲學調和。波修武立場一致地反對奧古斯丁的恩寵說，為此，他致力於研究關於耶穌神性的爭議性問題。對東羅馬而言，耶穌是三位一體的一部分，對西羅馬的教宗來說，耶穌既擁有人類的天性，也具有神聖的本質；而對坐在羅馬王位之上的西哥德國王來說，耶穌只是一個出類拔萃的人。這些看似枝微末節的事情，卻會導致敵我之分和政治上的對立，這與當今伊斯蘭世界中什葉派和遜尼派之間的衝突並無二致。

波修武用邏輯的精細刀叉來剖析這個難題，定義「人」與「自然」，並再次拉近了東羅馬和教宗之間的距離。從狄奧多里克的角度來看，這個新的結盟等同於叛國罪，使他的權力受到威脅。當糾葛及風
波紛至沓來，這位哥德國王猶豫的時間並不久，他下令逮捕波修武，並把自己的單人智囊團送上法庭受 [406]
審。

在被處決前悶在牢裡的那幾個月內，波修武提筆寫下了一部名著：《哲學的慰藉》（*Consolatio*

philosophiae）。像這部作品一樣傳誦一時、被翻譯成如此多種語言，以及影響時間如此長久的古典時期晚期書籍，應該是再無第二本了。它是一本很不尋常的書，面臨死亡，波修武撰寫了一部極為風格化的仿古典風格作品。「哲學」譬喻性地以人物的角色登場，並且有辦法安撫滿腹牢騷的波修武。就算世界可能被人類惡劣又狡詐地支配著，不過具有哲學思維的人卻還是凌駕在事物之上啊！透過拋開世俗煩惱、欲望和激情，並且一心一意專注在自己本身，專心致志於自身內部的更高之物，他們尋找並尋獲與自然和理性的一致性。無論地上發生什麼事，最後人類都會看見自己被保留在一個善與愛的神聖世界之中。

波修武的《哲學的慰藉》是一套希臘哲學的精選合輯：關於宇宙的柏拉圖式想法，連同亞里斯多德對形式與質料的考慮，以及斯多噶主義者所自豪的冷靜沉著，全都匯流在一塊。而這場交織，便為一種新的柏拉圖式哲學錦上添花，在這種哲學中，人類透過內省而往神聖的太一奮發圖強。對基督徒而言，這是一本極不基督教的書，遠遠更接近普羅丁而非奧古斯丁。波修武避開全數的基督教暗示，而且不使用任何《聖經》的引文。因為，我們再強調一次，救贖自己的是人類自己的思考，而不是僅只影響到被選中者的上帝的恩典。

即使波修武生活在一個幾乎沒有新哲學思想之證明的時代和世界裡，他仍在許多方面影響了中世紀的哲學，他的邏輯著作在後來引發了所謂的共相之爭，這將會在下一章節談到。另外，波修武也嘗試——以普羅丁為借鑒——論證上帝的存在，這激發了坎特伯雷的安瑟莫（Anselm von Canterbury）之更為出名的論證。他也彙編出一種四個數學科目的**四術**（Quadrivium，意為「四條道路」）：算術、幾何學、樂理以及天文學。這種四術後來構成了中世紀大學學習研究的基礎。

波修武與一名不為人知的同時代人共享他對中世紀的巨大影響，此人以**亞略巴古的狄奧尼修斯**

[407]

（Dionysius vom Areopag）之名隱藏自己的真實身份。狄奧尼修斯是一位雅典人的名字，根據《使徒行傳》的記載，他在保羅至該地講道時受其感動而改信基督；不論這個事件是否為真，這名於五世紀晚期或六世紀初自稱為「亞略巴古的狄奧尼修斯」的作者反正是另有其人。多虧了他，教會才能擁有關於其地上與天上職員的詳述。「狄奧尼修斯」將所有的宗教職業分類並分級，甚至也將天使帶入一種垂直的排列系統，該系統在整個中世紀裡神出鬼沒，甚至作為聖多瑪斯（Thomas von Aquin）等偉大思想家的藍本。

這位可疑的「狄奧尼修斯」極富影響力又意義重大，因為他用《聖經》引言來點綴、修飾新柏拉圖主義者普羅克洛斯的著作，並由此搭建起一座通往基督教的橋樑。過程中，他以一種不尋常的方式將普羅丁的「太一」與基督教的上帝融合。對普羅丁而言，「太一」如此完美、不可言喻，無法用任何形容詞來描述。它既非「善」也非「公正」，更非單單是「有智慧」，所有這些詞彙相較於「太一」都太微不足道。正是這點被「狄奧尼修斯」轉移到基督教的上帝之上，上帝也懸浮在一切之上，以至於沒有任何描述符合祂。快速瀏覽一下《聖經》，上帝在其中的舉止就宛如一個人在生氣、發火、祭出懲處、給予寬恕、將自己的兒子派遣到地上等等，這清楚顯示了「狄奧尼修斯」就此而言，距離基督教有多麼遙遠。透過他談論到一種無特徵的上帝，普羅丁的「否定神學」便被大膽轉移到基督教上，而「否定」無非就是指「無法確定的」。九世紀時，「狄奧尼修斯」成為中世紀無意間的發現，而不少偉大的思想家都在後來採用他的否定神學。

即便對奧古斯丁恩寵說的質疑還沒有完全消散，而且除了神聖的啟示以外，還有更具人性的救贖希望在閃爍著，不過，「基督教」在接下來幾個世紀裡的內容定義，在六世紀時就差不多拍板定案了：它是基督教和其教會對真理的**唯一代表權**；是**唯一一位善之上帝的統一性**，而非善與惡的二元對立；是說明聖父、聖子及聖靈為三個人，同時也是一個人的聖三一**論**；是使耶穌不單只是個出類拔萃之人的**基督的神性**；是主張亞當的墮落使人類腐敗，而基督為他們帶來救贖的原罪教義；是堅信何人得救只能聽憑上帝決議的**恩寵說**；以及那與新柏拉圖主義的差別，認定人類應該**無法憑藉自己的力量**接近神聖的太一。尤其還有奧古斯丁將世界分為天上及地上**兩個王國**的觀點。

然而，教會在地上的世界應該扮演什麼樣的角色？有了羅馬倒臺的前車之鑒，它是不是應該由世局紛擾中抽身，並敬而遠之？它應不應該與人世間的國家攜手合作，以致力於自己的事務？還是說，它根本就應該爭取在地上的統治霸權？藉著這一連串的問題，一個新的時代預告著它的來臨，而當時沒有人知道，該時代有朝一日將被視為一段為期千年的龐大「之間」：中世紀……

天上與地上的國度

西元四一〇年發生了件意想不到的事情。奧古斯丁正處於他權力與影響力的至高點，基督教作為羅馬帝國的國教已經有三十載了，而教會在神學及政治上皆顯得比以往任何時候都要來得穩固——然後羅馬就垮臺了！哥德人的將領亞拉里克一世（Alarich I.）偕同他的戰士入侵了這座城市，並將之洗劫一空。

好一個沉重的打擊，不僅是對羅馬帝國，對它的基督教會亦然！教會的思想家不都對永恆基督教的「永恆」之城讚不絕口嗎？比方**該撒利亞的優西比烏**（Eusebius von Caesarea）以他所撰的《教會史》（*Kirchengeschichte*）對此歌功頌德，還有在他之後的教父耶柔米亦然。基督教才終於貫徹了自己在帝國內的唯一代表權沒有多久，該城市就衰敗了——被基督徒的善良上帝完全遺棄了。如果說，羅馬的諸神保護了該首都超過八百年的歲月，那麼基督徒的上帝顯然在面臨第一次重大挑戰時就失靈了。

[401]

儘管羅馬的衰落並沒有終止基督教會在帝國內的勢力，不過它卻需要一個神學上的解釋，奧古斯丁也接下了這個挑戰。首先，他委託自己的學生**奧羅修斯**（Orosius）書寫一段人類災難的歷史；他想要證明，羅馬的衰敗並非個別情況，而是無止盡系列事件的一部分。奧古斯丁本人花費十四年之久創作一部巨作，為了從精神權力到世俗權力，以及從天上王國到地上帝國來澄清教會與羅馬的關係。這本西元四二六年完成的書籍為《上帝之城》（*De civitate dei*），內容是關於上帝的子民，以德文書名「*Der Gottesstaat*」為人所知。它如今作為一部國家哲學論著，與柏拉圖的《理想國》並駕齊驅，儘管準確來說，它的內容根本不含任何國家烏托邦。不管是上帝的天上王國，還是人類的地上帝國，都沒有從奧古斯丁身上獲得一套憲法，因為上帝的國度「耶路撒冷」完全不是國家，而是一個沒有國家機器的完美天堂；相對地，地上諸國「巴比倫」則是如此卑劣又無足輕重，以致其憲法的設計絲毫無關緊要。

如同伊比鳩魯、西塞羅及一些斯多噶主義者，奧古斯丁同樣認為地上各國是基於「契約」而誕生；正如前述，這是一個非常近代的想法。然而，這位希波的主教所說的契約，卻不像近代政治哲學的契約基礎般正直、正義或理想；我們在奧古斯丁這裡碰上的不是唯心主義，而是他對人類國家形成的傲慢嘲諷。因為對他來說，世界上並不存在真實正義的機會：「要是欠缺正義，那麼帝國除了是一大幫土匪之外，還會是什麼呢？土匪也無非就是小型的帝國，就連在那種情況下也有一群人聽命於一位指揮者，透過約定而團結形成一個群體，並且依照堅定的協議瓜分戰利品。如果這種卑劣的組織體因為墮落的人類遷入而大幅擴張，乃至村莊被侵佔、殖民地四起、城市被佔領、人民被征服的地步，它便即刻取得帝國之名。會被冠上這個名號顯然不是因為組織的貪欲減低了之類的原因，而是因為它堂而皇之獲得了免於受罰的資格。」[153]

在一般情況下，地上的帝國都是由掠奪他人領土的犯罪與侵略性群體所建立——有哪個研究羅馬帝

[402]

國、封建時期歐洲國家或者美國崛起的歷史學家會反駁這點？像位在敘利亞和伊拉克的「伊斯蘭國」這樣的新興恐怖主義國家，與諸如沙烏地阿拉伯這類更久以前出現的恐怖主義國家，它們之間的差別難道不是僅僅在於，沙烏地阿拉伯的侵略者幾十年前就罷手了伊斯蘭國聖戰士正試圖做的事？

地上國家的建立一直都是暴力的行動，奧古斯丁在這一點上也許是正確的。與此同時，他站在卡爾內阿德斯等新學院知識份子以及如西塞羅這樣的斯多噶主義者的肩膀上，只不過無論是卡爾內阿德斯或是西塞羅，都沒有像這位希波的主教那樣訴諸原罪來解釋為何地上的各國缺乏正義。對他而言，地上群體生活的道德敗壞純粹歸因於亞當偷嘗禁果；否則上帝設想得如此周全的世界為什麼要像真實存在的國家世界那樣，被不公正地劃分呢？儘管如此，在審視地上諸國時，就連奧古斯丁也辨別得出惡的細微差別。就算真正的正義是保留給天上的耶路撒冷，人類也應當努力實踐至少其中的一部分。統治者應當奉行基督教的價值，保有智慧及慈悲，並且永遠不忘傳播基督教，以及使所有反叛它的人三緘其口。

如同許多其他事物，地上帝國與天上王國的兩國教義並非奧古斯丁的發明。就連耶穌和早期的基督徒顯然都相信神的王國將會在短時間內來臨，順著**末世論**（eschatologisch）的觀點，他們的希望都集中在這樣臨近的救贖上。另外一個靈感來源應該為摩尼教徒；任憑奧古斯丁對他們的迫害再怎麼狂烈，過去身為摩尼教徒的十一年歲月在他身上也留下了痕跡。他一次又一次地把善與惡、救贖與罪孽當作乍看之下平權的力量來相互對比。相對地，奧古斯丁將生命的意義挪移到死後世界的極端程度則是新的概念。就算羅馬有可能毀滅，上帝的王國是無法被任何地上的暴力撼動的，天上耶路撒冷的城垛永不碎裂也永不燃燒。謠傳這位教父曾因此從容地用從普羅丁那裡借來的話評論羅馬的滅亡：「認為木頭與岩石掉落以及終將一死的人事物死亡是大事的人，並不是什麼了不起的人物。」

西元四三〇年八月，奧古斯丁以將七十六歲之齡死於他位在非洲希波的家鄉。在那之前，他還在自己的《上帝之城》中設法憑藉性愛來捍衛自己備受爭議的恩寵說。如此，他再次聚精會神地鑽研自己的個人人生課題：肉體意志與靈魂意志之間的衝突。除了性以外，再沒有其他事物可以看出人類是墮落的，老主教如此寫道。當亞當與夏娃吃了來自知識樹上的蘋果，他們意識到自己如此赤裸。然後他們做了什麼呢？他們感到羞恥！由此可見，羞恥心必然是由性愛所導致。

據奧古斯丁所表示，要發現這件事的原因並不困難：我們之中的一切意志皆可以受理智掌控，但我們的性欲和性器官卻不是如此。我們受到刺激而性欲高漲，儘管我們沒有這個意願；有的時候我們想要性致勃勃，卻偏偏性趣缺缺，事與願違。這股在我們體內不順服也不受支配的力量是原罪的遺產，也是證明原罪出現在人類之中的鐵證。沒有其他基督教神學家用相當於奧古斯丁的暗示將性愛譴責為惡，可能也沒有任何希臘哲學家這麼作。而他的原罪教義變成了基督宗教的原罪：在重覆了上千遍的肉體妖魔化之中，伴隨著那一切直至二十世紀間數以百萬計的人們所承受的心理創傷……

[404]

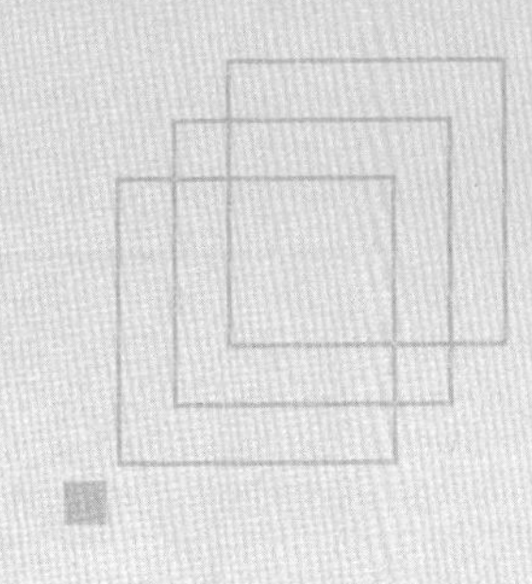

中世紀哲學

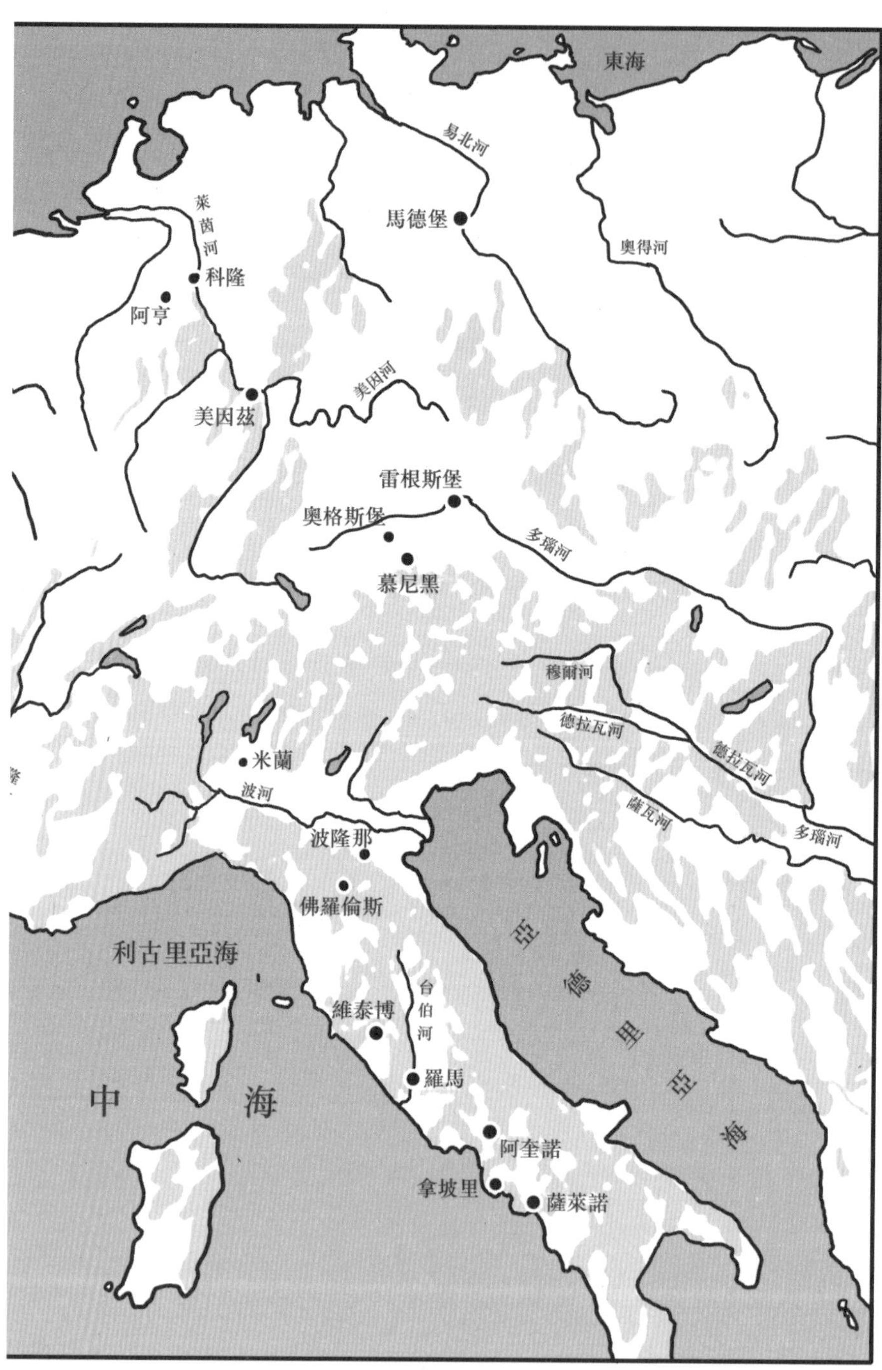
東海
易北河
萊茵河
馬德堡
奧得河
科隆
阿亨
美因河
美因茲
雷根斯堡
奧格斯堡
多瑙河
慕尼黑
穆爾河
德拉瓦河
德拉瓦河
米蘭
波河
薩瓦河
多瑙河
波隆那
佛羅倫斯
利古里亞海
亞德里亞海
台伯河
維泰博
羅馬
中海
阿奎諾
拿坡里
薩萊諾

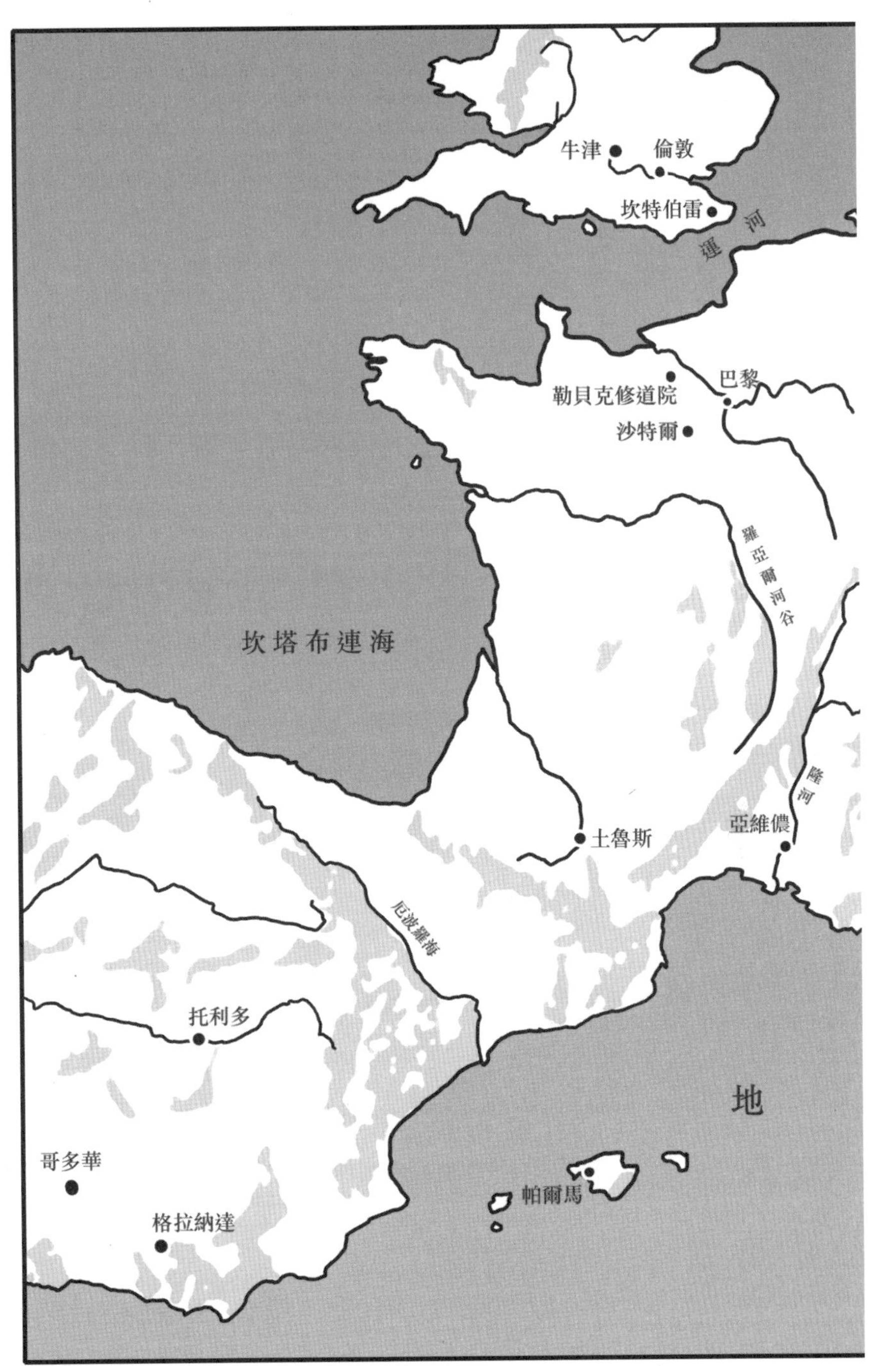
牛津
倫敦
坎特伯雷
運河
勒貝克修道院
巴黎
沙特爾
羅亞爾河谷
坎塔布連海
隆河
亞維儂
土魯斯
厄波羅海
托利多
地
哥多華
帕爾馬
格拉納達

中世紀哲學家年表

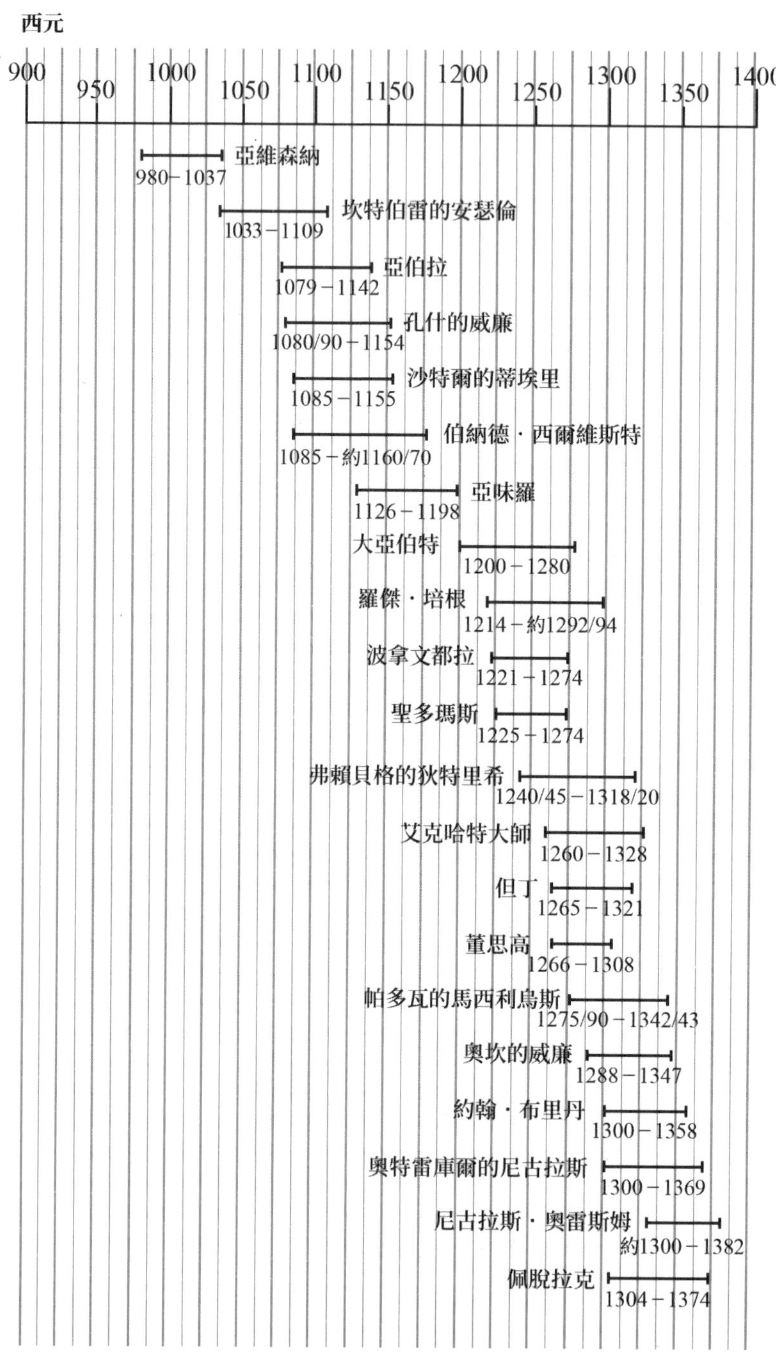
西元
900
950
1000
1050
1100
1150
1200
1250
1300
1350
1400
亞維森納
980－1037
坎特伯雷的安瑟倫
1033－1109
亞伯拉
1079－1142
孔什的威廉
1080/90－1154
沙特爾的蒂埃里
1085－1155
伯納德．西爾維斯特
1085－約1160/70
亞味羅
1126－1198
大亞伯特
1200－1280
羅傑．培根
1214－約1292/94
波拿文都拉
1221－1274
聖多瑪斯
1225－1274
弗賴貝格的狄特里希
1240/45－1318/20
艾克哈特大師
1260－1328
但丁
1265－1321
董思高
1266－1308
帕多瓦的馬西利烏斯
1275/90－1342/43
奧坎的威廉
1288－1347
約翰．布里丹
1300－1358
奧特雷庫爾的尼古拉斯
1300－1369
尼古拉斯．奧雷斯姆
約1300－1382
佩脫拉克
1304－1374

在教會的陰影之下

- 修道士、教宗、聖人
- 國家建立南與北
- 俄利根或自由意志
- 邏輯與信仰
- 能不能證明上帝的存在？
- 亞伯拉
- 玫瑰的名字

修道士、教宗、聖人

西元五三七年十二月二十七日，查士丁尼一世（Justinian I.）踏進世界上最大的教堂；在史無前例的短短五年時間內，這位東羅馬的強人就讓聖索菲亞大教堂於君士坦丁堡落成。在直徑長達三十三公尺的巨大穹頂屹立於充滿光線的中央建築上方很久以前，他便讚美他的神說，是祂賜予他超越耶路撒冷的所羅門傳奇聖殿的恩寵。這位皇帝沒有機會知道的是：他的「神聖智慧」教堂如今被視為古典時期晚期、時代變革前不久的最後一座偉大建築物。

歷經了多次崩塌以後，當半圓屋頂終於在西元五六二年的平安夜橫跨在這座**宗座聖殿**之上時，查士丁尼已經年屆八十。他以殘燭之力統治著地中海地區最大的政權，這個帝國從君士坦丁堡出發，涵蓋現今的土耳其、敘利亞、黎巴嫩、以色列、埃及、利比亞、突尼西亞、阿爾及利亞、南西班牙、義大利、克羅埃西亞、馬其頓與希臘；只差今天的摩洛哥、西班牙北部以及法國南部的海岸，就完整地把地中海環繞起來。

只不過金玉其外，敗絮其中，表面上的光鮮亮麗是唬人的。雖然說，這名皇帝為他的帝國領土創造了一部統一的新法律——《查士丁尼法典》（*Codex Justinianus*）；直至今日，這部法典形塑出我們對「羅馬法律」的印象。但是，查士丁尼在地中海地區的佔領據點——迦太基、西西里島、羅馬和拉溫那——長期下來皆是守不住的。特別是在義大利，東羅馬的軍隊在現實中僅控制了東北一塊一覽無遺的地區；該國的廣大部分都讓給了東哥德人以及剛剛越過阿爾卑斯山脈發動襲擊的倫巴底人。在希臘北部，阿瓦爾人對邊界虎視眈眈，他們是斯拉夫遊牧民族一支，控制疆域從波羅地海一直延伸至伏爾加河；東南方有羅馬人永遠的勁敵波斯人伺機而動，還有鼠疫在帝國所有地區蔓延開來，使沿岸大城市人口銳減。

就連在內政上，帝國也面臨嚴峻的考驗。由於世俗權力與宗教權力相安無事，東羅馬帝國的基礎建設發展得宜；近兩千名基督教主教居住在他們那些空氣中充滿乳香的巴西利卡式大教堂中，他們在管轄疆域內的所有行省代表著皇帝的權限。然而，教會本身卻深陷分歧。主教越是被牽連進世間的紛爭之中，他們便越來越不被視為宗教的模範。在帝國的東部，真正的大師都是苦行者，他們生活在沙漠與荒野中城市的大門口——恬淡無欲、出世而「聖潔」；他們的基督教生活方式讓他們得永生。奧古斯丁的恩寵說從來不曾到達敘利亞的沙漠、安塔基亞的山區以及加薩的沙丘。

官方教會的權力受到限制，這樣還不夠，關於「耶穌究竟是神、人，或是兩者皆是」的永無止盡的老爭論同時使之挫敗；分別在西元四四九年和四五一年通諭耶穌的神人雙重本性的以弗所及迦克墩公會議，同樣無法息諍。埃及和敘利亞的**基督一性論者**（Miaphysiten）繼續宣誓耶穌的那一個本性為神；循著亞略的傳統，依照從前的**牧首聶斯脫里**（Nestorius）而取名的**聶斯脫里主義者**（Nestorianer）照樣將耶穌視為人類。情不得已的查士丁尼在兩個立場之間搖擺。兩種教派都持續存在很長一段時間，聶斯脫里主義一直到十三世紀間，而基督一性論甚至直至**科普特教會**❶以及好幾個自治東正教會的現代。

不管怎麼樣，查士丁尼的王國至少仍還是個帝國，這位皇帝的煩惱可是西邊基督教界的主要代表很樂意擁有的。自從四世紀以來，羅馬的主教便自稱「父親」或「教宗」；這個頭銜長期遭到濫用——就連其他主教也會如此僭稱自己。在教宗身邊給予支持的並不是什麼穩固的人間王國，而是個正在瓦解的國家；在這樣的情況下，他便必須勉強妥協接受狄奧多里克這名亞略派教徒三十年之久。查士丁尼的軍

[417]

❶ 譯注：科普特教會乃埃及最具規模的基督教會，屬於東方古老教會（AltorientalischeKirchen）的一支，因教義獨特而與其他教會有所區別。教會語言為科普特語（由古埃及語演變而來）。

隊和哥德人以及倫巴底人的戰爭血流漂杵，儘管他們取得勝利，卻並沒有在西邊創造出任何新的中央權力。短短十五年後，義大利大部分地區都落入倫巴底人手中，自此義大利不再是帝國，而是倫巴底軍閥懷柔的轄區。

當東羅馬的士兵於五六八年永久從義大利撤離之際，**額我略**（Gregorius）這名年輕的羅馬人正好是羅馬元老院議員；七年過後，這位名門望族的後代將在政治上舉白旗投降，然後在清幽的西里歐山上的家族別墅裡住下來。在羅馬中心的此地，他以**努西亞的本篤**（Benedikt von Nursia, ca. 480-547）為模範建立本篤會修道院。在西羅馬帝國領土，脫離世俗生活的基督徒避世者很少會孤獨地棲身在曠野；他們多半會聚集起來形成小團體，以便以修士的身分過生活，即便「monachos」本是從「monos」（單獨）衍生來的。這類的修士團體並不是聖本篤的發明，但是他為修道院制度增添了嚴格會規，而這些會規成為許多修道院的典範。

額我略的修士身分並沒有維持很久，西元五七九年，他成為了教宗派駐君士坦丁堡的特使。那裡的官方語言為額我略不熟悉的希臘語，儘管如此，他還是在東羅馬的朝廷待了六年。額我略在五九〇年成為教宗——從此以後，這個頭銜就專屬於羅馬主教。在額我略的領導下，教宗的權柄以前所未聞的方式日益壯大。他們以殘忍的暴力強迫異教徒改宗，而傳教士被派遣至仍然蠻荒的不列顛。在此期間，額我略在高盧和西班牙要對付處理兩個滿懷自信的日耳曼王國。法蘭克人國王們已經歸信了九十年，而在額我略成為教宗的前一年，西哥德國王雷卡雷德一世（Rekkared I.）在西班牙的托雷多宣誓放棄亞略教派，並聲明信奉羅馬的**天主教**（katholisch，意為「整體的」）教會；兩個王國皆富裕又穩固，而且不怎麼聽從教宗的諭令。倘若這位羅馬的主教想要維持對至少西邊基督教界的控制的話，他就必須加強自己各主教的地位。

[418]

後來將會獲得「大帝」這個別名的額我略，為教會的身居要職者撰寫了一部法規集（《牧民規章書》〔*Liber regulae pastoris*〕），外加上一部信徒靈魂如何接受神職人員引導的說明書（《牧靈指南》〔*Regula pastoralis*〕）；尤其後面這部著作的影響甚大。[419] 額我略指派主教統治靈魂；聖人的目的地並不在於獨善其身，而是在於主教管區內具體的權力運用！藉著《牧靈指南》，教會鞏固了對於人類靈魂的支配，也就此統治世間紛擾的任務；作為行事世俗的靈魂牧者，神職人員具有成聖的能力，甚至比離群索居的手段更方便。

由於這個新的詮釋，多數教會的達官顯貴遲早都會封聖。到目前為止，聖人崇拜一直是殉道者和具有群眾魅力的出世者，每個區域都有自己的聖人和守護聖人。教會對這類的聖人予以承認，並且經常盡力促進這種崇拜，它以此滿足人類對多神論（Polytheismus）顯然未乾枯的需求——那其實是「異教」的殘留物，當中也包括了隨處可見的巫術聖物的敬拜。教會發現並發明了一種聖人遺骨形式的對應物——聖髑（Reliquie），並從中取得巨大的經濟效益。然而，額我略卻造成一種聖人大量湧現的現象。從此時起，每個靈魂牧者都因公而該享有至少定額的神聖性，就連額我略本人不出所料的也被封聖。

藉著職權的神聖性，前西羅馬帝國地區的各地教會職員都被大加吹捧。正如在本篤的會規中，修道院長以嚴厲的、監督一切的父權管控修道士的精神生活，依照額我略的意志，就連主教也同樣應當統治自己的教區。教宗的著作是廣為流傳的教會權力運用指南，也是教會行使權力的合法證明。

自從奧古斯丁以來，便不曾有人像額我略這般深刻地影響教會的自我理解。不過，不同於兩百年前的希波主教，這位在宗座上的高尚羅馬人卻不再是個博學多聞的人了；儘管就連奧古斯丁也不諳希臘語，但至少曾以拉丁文翻譯研讀過希臘哲學。對整個西方世界來說，希臘的（近乎全部）的學識傳統止 [420]

於波修武，在他之後的許多世紀，西方世界幾乎遍尋不著任何熟諳希臘七百年哲學傳統的重要思想家。

從波修武到十一世紀間的這段時期，何謂「哲學」？它不外乎閱讀少量拉丁文經典作品，比方說西塞羅和西尼加，再加上由波修武翻譯的亞里斯多德的邏輯著作。除此之外，被認為是「哲學性」的也許還有修道院中的默觀，以及閱讀奧古斯丁作品中的章節片段——僅此而已。從這個時候起，西方世界必須順應的不是哲學，而主要是諸如額我略撰寫的那些樸實而堅定的教會意識形態著作，真是一場災難性的損失加上知識的沙漠化！在西方歷史上，這種沉淪空前絕後。

無論如何，教會努力多方且有系統地散播自己的新信仰指示。修道院是製作書籍的地方，修道士學習讀寫拉丁文的教學語法，而他們也學習製作羊皮紙。私人圖書館不復存在，書籍都是在修道院裡面生產的，通常也都會繼續留在那裡。即使是七世紀和八世紀位在高盧、西班牙及不列顛的最大圖書館，收藏的書加起來居然只有幾百本；我們回想一下過去把世間知識儲存於亞歷山大圖書館裡的數十萬卷著作，相較之下，教會命令下的書籍製作的進度極為緩慢。一座修道院需要兩千一百張羊皮紙，才能夠謄寫集結的額我略著作——中世紀早期最常見的書籍。而這些大尺寸手抄本的總體重量將近一**公擔**❷，大開本的《聖經》亦然。

拉丁文這個西方神職人員的書寫語言，對幾乎所有人來說都是外來語，它是教會與行政部門的語言，人民講的是凱爾特語、法蘭克語、哥德語或者倫巴底語。沒有一個希臘或羅馬的哲學家面臨過相似的難題，他們不必從頭開始學習自己的語言，就可以對其他學者清楚表達自己的想法；在這個情況下，難怪七世紀和八世紀在哲學上幾乎都沒有什麼重要的產物。文化上，我們在西歐處處看到發展中國家，

❷ 譯注：「公擔」（Zentner）在德國等於五十公斤。

[421]

那些是瓦解了搖搖欲墜的帝國卻無法繼承其遺產的遷徙民族留下的歷史遺產，因此這個時代最宏大的帝國也就不是由基督教會創造的，而是由它迄今最強大的競爭者……

國家建立南與北

額我略大帝逝世於六〇四年。約在同一時間，在地中海域另一端之阿拉伯世界的麥加，有一位家世顯赫的古萊氏族經商家族之子見到異象：天使長加百列（Erzengel Gabriel）顯現在**穆罕默德**（Muhammad）的眼前，並對他啟示說，他肩負宣講神話語的宗教任務。再一次，亞伯拉罕一神教的肥沃溫床產生了新的被揀選者。和耶穌一樣，穆罕默德也成為眾多蒙召者之一，而且又一次，成功的機會乍看來相當渺茫。這個時期的麥加是個著名的朝聖地，各式各樣的信徒來到城市，就為了在**卡巴天房**敬拜他們各自的神明。靠著這股朝聖旅遊熱潮，古萊氏族可是發了大財；穆罕默德相當不以為然，並且只接受安拉（Allah）為唯一真神，他在自己的家鄉立即成了人人喊打的過街老鼠。

穆罕默德連同他的追隨者一起避居四百公里外的綠洲雅特里布，也就是後來的麥地那。這名古萊氏族之子建造了一座清真寺，並創立了他的新信仰**伊斯蘭教**（Islam，意為「奉獻」）。他首先以友善的態度對待在雅特里布的猶太人與基督徒，但仍然自認為是他們信仰的完成者；直到一陣子之後，才演變成紛爭，穆罕默德下令處決五百名反抗他的猶太人。

不過大多數的時間內，這位「神的使者」都是在從事軍閥的工作。他以安拉的名義，聯合跟隨他的**穆斯林**（Muslim，指「獻身於神者」）突襲往來於麥加的商隊，在此同時，他也打擊自己的部族。這場阿拉伯民族內戰持續了八年，期間穆罕默德與他的輔士以及結盟的貝都因人打家劫舍，使得古萊氏族人心惶惶；靠著約兩千名穆斯林，他在六三〇年突襲攻佔麥加。在阿拉伯半島上，這類部族反目成仇的情形天天上演，對整體的政治氣候也很少造成牽動。

西元六三二年穆罕默德死後，情勢才有所改變，他的繼任者迅速意識到局勢大好。在無止盡的對戰之後，東羅馬和薩珊王朝雙方強權大幅減弱，穆斯林便利用了權力真空，自阿拉伯半島的沙漠出發，那在其歷史上首次透過新宗教而勉為其難團結起來的各部族開始向北方挺進。他們之所以勉為其難，是因為穆罕默德的繼任者**阿布・巴克爾**（Abu Bakr）與**阿里・賓・阿比・塔利卜**（Ali ibn Abi Talib）兩人相互仇視——一場時至今日仍使他們各自的信徒遜尼派與什葉派不共戴天的紛爭。阿布・巴克爾的接班人**歐瑪爾**（Umar）是個驍勇善戰的軍事將領；作為第二任**哈里發**（Kalif，意為「穆罕默德的繼承人」），他出兵巴勒斯坦、埃及、敘利亞及伊拉克。薩珊王朝在穆斯林的征討之下土崩瓦解，就連東羅馬也慘遭重創，國家財政收入的四分之三都落入了這群信仰戰士之手。穆罕默德死後才十年而已，歐瑪爾就已經支配了一個帝國，一個恐怖組織演變成了強權大國，而地方信仰也躍居世界宗教之列。

相較於基督徒，穆斯林卻是相對寬容。其他宗教的信徒只要在面對他們的新主子時謙恭順從並且繳納稅金，便可以保留自己的信仰。深信自己的宗教與軍隊擁有自然而然的優越性，穆斯林繼續向亞美尼亞推進，並且奪走東羅馬的控制權；這群阿拉伯人拿下摩洛哥，後來也取得整個北非。西元七一一年，他們橫渡地中海來到西班牙，摧毀西哥德王國，建立安達魯斯哈里發國，後來成了哥多華酋長國。直到這群信仰戰士越過了庇里牛斯山脈行經南法的時候，才遇上勢均力敵的對手——在圖爾戰役之中，法蘭克人**查理・馬特**（Karl Martell）於七三二年戰勝了一支擄掠的阿拉伯軍隊。除了征服了巴利阿里群島與西西里島之外，阿拉伯的版圖在接下來的時間裡不再有所擴張。儘管如此，它仍將有數世紀的時間是世上最大的帝國，比殘餘的東羅馬大上十倍。

然而，宛如是在這場阿拉伯風暴的背風面，還有另一個規模小得多的新帝國誕生了——由在法國阻擋了阿拉伯人的法蘭克人建立的王國。自四一八年至八一四年期間，從克洛維一世（Chlodwig I.）到查理大帝（Karl der Große）等法蘭克統治者攻城掠地，併吞整個現今的法國、德國和北義大利地區；在這過程中，基督教成了他們的思想引導，和作為阿拉伯人主導思想的伊斯蘭教如出一轍。法蘭克王國的富有主教堂區及修道院都被國王身邊的忠臣與親信佔據，並且接管各地區的權力。當異教迷信和基督教會合而為一，他們的財富便如他們的機智一樣大；就這樣，基督教在帶有拉丁書寫文化的日耳曼國家裡獲得了一種別出心裁的樣式。

[424]

教宗別無選擇，他不得不指望法蘭克人作為西邊基督教的新保衛者。西元七五一年，基督徒的宗教首領為法蘭克國王**矮子丕平**（Pippin der Jüngere）祝福。按照舊以色列習俗傅油以後，該名法蘭克國王就是教會的贊助者了；作為回報，他把從倫巴底人那裡掠奪來的義大利北部和中部廣大領土送給教宗。藉著對倫巴底人、薩克森人與阿瓦爾人發動冷酷無情的征伐，丕平的兒子與繼承人**查理大帝**不斷開疆拓土。結果，比這更困難的是同樣在內政上鞏固**法蘭西亞**（法蘭克王國之拉丁名）的這個任務。他的領土鞭長莫及，而且由大片森林所覆蓋；大多數的農民生活條件困苦，飢餓和苦難支配著日常生活。王宮在阿亨並於西元八〇〇年在羅馬被加冕為羅馬皇帝的查理，投入了許多精力在農業耕作方法的改善及修道院的擴建上。他的繼任者**虔誠者路易**（Ludwig der Fromme）在位時，法蘭克王國裡有一百八十處主教區和七百座大型修道院。

最重要的任務當中包含了為神職的新生力量建立一套採用相應統一語言的統一教育體系，查理在**約克的阿爾琴**（Alkuin von York）身上找到了貫徹其教育改革的適合人選，他以阿亨為起點，規劃了這個重大變革。他致力推行整個王國通用的清楚易讀的標準字體；儘管「卡洛林小草書體」並不是阿爾琴的發明，卻是直到他才標準化。重要的還有，所有修士都要書寫同一種文法以及拼寫正確無誤的拉丁文；

阿爾琴希望以此維持官方基督教信仰的純正性並避免誤解。同時他也推廣個別的羅馬語系及日耳曼語系國家語言，若是想要向凡夫俗子解釋上帝的話語，那麼它們便不可或缺——重要的是，它們差強人意地和拉丁標準語混合在一起。只不過如此一來，教會和行政部門的語言和人民慣用語言的隔閡是史上僅見的。

在後來所謂的反聖像之爭（Bilderstreit）當中，阿爾琴發現了一個民眾教育的折衷辦法。關於聖人畫像是否准許崇拜的問題，在君士坦丁堡早就吵翻天了：對聖像的敬仰是不是如同**反聖像者**（Ikonoklasten，意為「搗毀偶像者」）所說的偶像崇拜？還是像**聖像保衛運動者**（Ikonodulen，指「崇拜偶像者」）聲稱的完全合法，因為神的神性也會在聖像中顯現？對務實的阿爾琴來說，這場辯論並不值得費多大的力：只要不把聖像和它所描繪的事物視為同等的東西，為什麼會有反對聖像的理由呢？他透過《卡洛林書》（*Libri Carolini*）——一部受皇帝委託的鑒定報告——而得到對自己立場的支持；有邏輯又合理地，《卡洛林書》把描繪的內容與被描繪的客體分開，照這麼說的話，聖像便不可能是神聖的。儘管如此，只要它們對宗教的傳播與傳達有利的話，那它們便合法——這是一個在西邊到處貫徹的概念。

相較之下，阿爾琴在另一個爭議話題中則不怎麼寬容。就連西方教會也知悉關於耶穌神性問題的古老爭論；西邊的聶斯脫里主義者自稱為**嗣子論者**（Adoptianisten），並且循著亞略的傳統繼續質疑耶穌不單只是個受上帝表揚、類似「被收養」的人。阿爾琴在雷根斯堡、法蘭克福和阿亨發動教會會議中，將這群令人心生不快的信仰弟兄判處為「異端」。基督教的品牌認同這個大問題之中終於出現了寧靜，即便離和平尚很遙遠，因為下一個甚老又全新的信仰之爭並不會讓人等太久……

[425]

俄利根或自由意志

[426] 西元八五〇年，基督教法蘭克世界裡發生了空前絕後的思想醜聞，導火線為宮廷御用語法學家**約翰・司各脫**（Johannes Scottus）的一本書，他自稱為**俄利根**（Eriugena）——意思是愛爾蘭出身者。法蘭克王國在此期間分裂了，而在西邊，也就是今日的法國扣掉西部不列塔尼，統治權由**禿頭查理**（Karl der Kahle）所掌握。他的主教——蘭斯的辛克馬爾（Hinkmar von Reims）——委託司各脫書寫針對某個爭論的鑒定報告，而該鑒定書很快便引發一場新的爭議。

倒是讓我們一一照順序來說明。在兩年前的西元八四八年十月，美因茲教會會議的成員對修道士**奧爾拜的哥特沙爾克**（Gottschalk von Orbais）發出譴責，原因為哥特沙爾克對天意，也就是對**預定**的觀點。這名修士完全照著奧古斯丁的意思聲稱，神自始就在一種雙重的天意中預定誰會上天堂誰會下地獄，該觀點不僅傳統拘謹，甚至還是教會的信仰準則。只不過，時代在法蘭克王國之內改變了，而奧古斯丁把神視為武斷、有成見、不公正的、凌駕任何人之上的審判員的恩寵說，其嚴格形式是不太受高級神職人員喜愛的；如果是進步、積極向上的抱負以及道德的生活方式，到頭來還是無法稱義，那麼該如何宣講這一切呢？顯然，法蘭克的聖職之中激起了一點舊時伯拉糾對希波主教之宿命論的異議。美因茲的教會會議召開了，哥特沙爾克被判處終身監禁並且遭到當眾鞭笞。

然而針對哥特沙爾克的案件，各主教的看法卻分歧不一。只是因為正確地複述了奧古斯丁便遭到判刑，這在許多人看來似乎是對信理傳統過大的侵害。有些鑒定報告出爐，就為了減輕哥特沙爾克的罪責。[427] 在這樣的情況下，主教辛克馬爾委託了人在拉昂的宮廷御用語法學家俄利根書寫另一份鑒定報告以平息爭議，俄利根作出的決定正如主教和皇帝所希望：他宣告哥特沙爾克的定罪合情合理。只不過，他的佐證卻駭人聽聞；因為就他的時代來說，俄利根的論證出人意料地哲學性，而非神學的；他既不從《聖經》引經據典，也不以教父的權威作證。儘管他採納還沒有那麼獨斷的年輕奧古斯丁的理由，但也只是為了反對後期的奧古斯丁而援引它們，並且自由地藉著它們作哲學思辨。

與新柏拉圖主義相似，神對俄利根而言是無限完全的存在，祂因此脫離一切人性。這樣的神並不會自始就預定誰獲得拯救或受詛咒，而祂也不會在事後評判。因為一個完全的神首先是永恆的，而第二則是非任意專斷的，任性是被我們不當投射到神身上的俗世特質。所以，決定救贖的並不是神，而是人類自己——更確切地說，是藉由他們的生活方式。因此，神賦予人類一個自由的意志。因為要是人類沒有自由意志，那麼他們便完全不會有意志，而是會宛若受到遙控；但由於他們明顯並非如此，他們便是自由的。如果人類行為坦率、忠誠又耿直，他們便會接近神；要是他們舉止不道德又「罪惡」，那他們就會回到遠離神的距離。這讓我們聯想到普羅丁，對他來說惡就是善的缺如；就連俄利根對詛咒的想像也差不多是這樣：不是一個到處都是火湖、鞭笞者和行刑者的地獄，而只是令人悲嘆的神的遠離。

俄利根於西元八五〇年前後為自由意志的辯護，就一個我們原本不會相信出了這類思想的時代而言，是一部令人印象深刻的文獻；對可憐的哥特沙爾克來說，是一篇不利的文章，可對人類而言卻是「啟蒙」又具前瞻性的著作。它當然沒有成為像是額我略大帝的著作那麼普及，今日流傳到我們的只有一篇殘稿。對此我們知道，主教特魯瓦的普魯登修斯（Prudentius von Troyes）與副主教里昂的弗洛勒斯（Florus von Lyon）盛怒地駁斥俄利根犯下了「招致死亡的錯誤」，並且建議盡早阻止他手上正在幹的好事。要不是禿頭查理袒護這位在拉昂的自己人的話，他的下場不會比倒楣的哥特沙爾克好到哪裡去。

然而，俄利根卻可以不受打壓地繼續作下去。距他那充滿醜聞的自由意志之辯護十七年後，他於八六七年前後發表代表作《論自然》（*Periphyseon*）。這本書是一部想法和引言的集子，一名老師與他的學生討論創世與世界秩序，教會的權威再次僅是作為自身想法的擋箭牌。俄利根是他當時極少數通曉希臘語的學者，靠著這項才能，他把**拜占庭**皇帝致贈的亞略巴古的狄奧尼修斯手抄本翻譯成拉丁文。新柏拉圖主義對他主要作品的影響因而也相當大：如同狄奧尼修斯，俄利根也認為神是無法定義的，任何試圖為祂加上俗世屬性的作法都會挫敗。神是言語道斷的，只能憑著我們心裡**靈光乍現**的神性事物去體會祂。

到目前為止，一切都相當符合新柏拉圖主義。更重要的是對俄利根來說，就連人類也無法輕易被斷定；他們難道不是神的肖像，因而也難以理解嗎？難不成整個世界都沒有出現在我們的意識之中、我們的理性以及我們思想的力量之中？與其說是可憐的罪人，我們原本不是神所讚美的受造物嗎？俄利根大費周章要讓人們拋棄所有神學的桎梏：暗示人類宿命論的恩寵說被駁回了，作為行刑室的地獄被廢除了，而希臘人那具有自我意識的人類形象復甦了。就算我們因為亞當的墮落而成為被逐出伊甸園的流離失所者，我們的精神思想卻努力以自然的方式重新站在神的面前，並且能夠心甘情願地實現之。超過三百五十年的時間裡，這個看法在基督教世界中被允許閱讀與默默分享——即便這很少發生。直到一二二五年，教宗才對俄利根的觀點作出干預，並因為死灰復燃的舊爭論而下令焚毀他的著作。

邏輯與信仰

俄利根對人類和其自由的現代性看法終究為德不卒。在我們看來，他的思想在黑暗中的光明和清晰，宛若令人驚慌失措的鬼火。中世紀早期與中期的教會絲毫不想要讓人類擺脫罪人的強迫性糾葛，它要面對迥異的煩惱。分裂的法蘭克王國解體了，薩克森人**鄂圖大帝**（Otto der Große）在中歐創建了一個新王國，後來被稱為神聖羅馬帝國。有幾十年的時間，中歐和西歐大抵上維持著平靜，卻接著爆發了新

[429]

王國接連建立的風暴。

西元一〇〇〇年左右，年輕的國王鄂圖三世（Otto III.）於中歐在位統治。他皇冠中的八角形環圈包圍了整個世界，八代表著「天」與「地」，而每顆寶石都包含一種美德。他權傾一時，就連教宗都是他的人；這個人正是他從前的導師——聰明又伶俐的學者**歐里亞克的葛培特**（Gerbert von Aurillac），現在自稱思維二世（Silvester II.）。身為數學家的他發明了算盤，而且還是最早使用阿拉伯數字的人；就連星盤他也有研究過，還建造了一個天球儀。然而，皇帝和他的教宗卻皆在短暫的統治時期過後相繼去世了。

同時間在北邊與歐洲文化圈的東半部，一整群「偉大」又「神聖」的國王創建了他們各自的大王國。他們來自諾曼第、斯堪地那維亞半島、波蘭、波希米亞與匈牙利、俄羅斯與保加利亞：征服者威廉（Wilhelm der Eroberer）、聖奧拉夫（Der heilige Olaf）、聖克努特（Der heilige Knut）、波列斯瓦夫大帝（Der große Boleslav）、聖弗拉基米爾（Der heilige Wladimir）、聖溫塞斯拉斯（Der heilige Wenzel）、聖史蒂芬（Der heilige Stephan）以及西美昂大帝（Der große Symeon）。他們在十與十一世紀也都長袖善舞地和教會達成協議，並在自己的領土上首次創造類似「國家」的實體。

要建立王國就要有犧牲者。戰火的肆虐蔓延開來，身穿鎖子甲帶著厚重盾牌、長矛並頭戴鐵盔的全副武裝戰士，將這片土地變成了人間煉獄。然而，慘死在沙場上不過就是一種普遍存在的下場罷了。預期壽命的平均值大約落在三十至三十五歲之間（而且在歐洲直到十九世紀、其他地方直到二十世紀都會維持這麼低），年屆不惑之人便是老人。教宗依諾增爵二世（Innozenz II.）於一一九五年左右修改了《詩篇》（*Psalm*）第八十九篇第十節「人會活到七十至八十歲」的陳述：「現在很少人活得到六十歲，非常少人活到七十歲」——並且以五十六歲之齡辭世。

死亡的無所不在支配著生命，生了病的人便會預料到自己不久於人世，這種對人生的態度烙印在哲學與神學裡。自從十二世紀開始，城市裡的主教座堂學校與那些常常地處農村的修道院陷入競爭。那是一個急速城市化的時期，正當鄉下的農民在封建制度之下唉聲嘆氣，新的群體型態在城裡成形了，商人和工匠贏得了影響力與權力。如同在將近一千五百年前的雅典，舊有的封建體系與城裡的新財產公民之間產生了衝突；聖職人員以及貴族和志得意滿的新興中產階級有時會展開腥風血雨的權力鬥爭。[431] 就像在古希臘一般，商販與工商經營的新階層同樣也把理智的**目的理性**當作操作基礎；正如買與賣、貿易與利潤的精打細算一樣具有邏輯，理想上就連社會的運作也應該要如此合情合理。

邏輯、理性、透明度：正當神聖羅馬帝國的日耳曼皇帝與教宗在「聖職敘任權之爭」（Investiturstreit, 1076-1122）當中相互爭奪歐洲的霸權地位之時，一〇八六年，征服者威廉下令以地圖經界領土內的地產，《末日審判書》（*Domesday Book*）依照其概念永遠地斷定了權利關係。大約五十年後，一名來自波隆那的大學教師，嘉瑪道理會的修士格拉提安（Gratian），起草了一部普通宗教法：《格拉提安教令集》（*Decretum Gratiani*）。從現在起，在財產、管理與政治的問題上什麼事情正當或不正當，都必須**運用論證**並引用有意義的書面準則來**說明理由**。

面對這股逐漸高漲的商人與法學家的理性潮，教會幾乎難以與之抗衡，因為它的整個體系都是建立在反理性與信仰的基礎上，而非邏輯與理性。教會裡只有少數人感覺自己有能力並且有資格將信仰與邏輯連結在一塊，但這樣的人確實是存在的，而他們之中最著名的正是來自義大利阿爾卑斯山腳下奧斯塔的貴族子弟。

坎特伯雷的安瑟倫（ca. 1033-1109）並不是如名字所暗示的英國人，他其實成長於薩伏依這個伯爵領地。他在二十三歲時徒步橫跨法國來到位於諾曼第的勒貝克本篤會修道院，修道院副院長**蘭弗朗克**

（Lanfrank）同樣是義大利人，而且還是個聞名遐邇的人。和多數的神職人員一樣，蘭弗朗克並不看重**用辯證法**來深入研究信仰的作法。辯證法在中世紀就意味著爭議性的對話、對論據的理性斟酌考慮，以及邏輯的使用。除了文法、修辭學、算術、幾何學、音樂與天文學之外，辯證法也同屬博雅教育（artes liberales）——**人文七藝**——的一環。在處理人文七藝的這一方面，教會內部相當分歧，有人認為那是每個神職人員都不可或缺的要素，卻也有人把那些當作魔鬼的傑作而反對。

蘭弗朗克屬於保守派，他的對手是圖爾的貝倫加爾（Berengar von Tours）。雖然兩者都師事沙特爾的福爾貝（Fulbert），但是在辯證法方面，他們卻是針鋒相對。具體而言，他們的爭執關於聖體聖事（Eucharistie）的餅酒會**以物質的方式**化為基督的體血、或只會**以屬靈的方式**。蘭弗朗克用物質性的觀點來理解餅酒的體變，他堅信餅酒體變成基督體血事實上就是血肉的，因而自此以後都不再是餅酒。相較之下，貝倫加爾則並不視之為信仰，而是迷信；他認為聖餐的餅酒就只是屬靈上的代表性意義罷了，但物質的實體卻不受其影響。

蘭弗朗克以較為謙遜的立場獲得廣泛認同，不過貝倫加爾的辯證性論述卻顯然在安瑟倫心中留下了很大的印象，調和信仰與理性、並且使神學合乎邏輯，成為他的人生計劃。

能不能證明上帝的存在？

在進入勒貝克的修道院後不到三年的時間內，安瑟倫便成為那裡的修道院副院長。在此同時，蘭弗朗克被調到康城；他在一〇七〇年在新任英國國王征服者威廉的號召下成為坎特伯雷大主教。安瑟倫利用在勒貝克的時光，不受干擾地用辯證方法從事論證；情況對此是有利的，如果不是在修道院裡，十一世紀世界上哪裡還存在哲學思考的空間呢？在查理大帝位於阿亨的宮廷裡，知識早就不再舉足輕重，一切都已往修道院的方向推移。然而，神職人員所有的哲學典籍卻是屈指可數；古典希臘的傳統幾乎是完全不得其門而入，安瑟倫這位思想家可以引據的，就只有奧古斯丁、波修武還有亞里斯多德的邏輯著作。安瑟倫打算憑著這點資源，以邏輯又理性深入剖析基督教信仰，因為對他而言，邏輯與理性是上帝所賜的絕佳天賦，使人類得以分受神性。

哲學史的讀者都道古典理性如何於中世紀中、晚期在西方文化史裡漸漸被普遍接受，而安瑟倫的哲學就像是完全合乎邏輯的一步，但是安瑟倫生活和思考所在的世界對此卻一無所知。在我們的生活世界裡無處不在的理性，仍然像是穿過門底縫隙的細窄光線。時間與空間尚不如今天這樣被估測與丈量，直到十四世紀，如果要測量時間，人們都是運用日晷、沙漏與水鐘來進行。一個世紀、甚至是一個千年的時間計量單位概念，對中世紀的人們而言是很陌生的；時間和「天氣」為一體，時間的計算是根據周而復始的自然現象、春天之始、月相盈虧圓缺或日出。人類生命的長度就像是可以一目瞭然的最大時間單位，祖父母人生之後再往前不遠處便已鋪著歷史的神話地毯——偉大英雄與聖人的交織物，在時代和王權的織錦裡中密不可分。

唯獨神職人員關照著歷史年代。八世紀間，本篤會修道士**比德**（Beda）細緻入微地確認世界開端的日期為公元前三九五二年三月十八日，並藉此修改了教父耶柔米西元前五一九八年的時間計算。然而，儘管比德採用至今慣用的紀年「基督誕生後」作為歷史時間的測量標準，可是以世紀為單位的思考對中世紀而言依然沒有意義。

關於時間，安瑟倫時代人們的印象並不抽象，而是具體的；希望、願望與擔憂並不涉及赤裸裸的數字，而是很好想像的事件。諸如「末日審判」或者「基督再臨」的概念都屬於日常生活的一部分。在對自己的歷史沒有任何想法概念的時代裡，現實和虛幻草率地混在一塊。一旦最後存活的見證人都逝去，時代便失去了其跨度，宛如折疊收起的蝙蝠翅膀。佔據了中世紀幻想的不是時代，而是空間；生活作息就發生在通往樂園的大門之前，而樂園另一方面又和中世紀的景色、果園或是城垛保衛的城市相像。

即使是修道院內的地圖學家都幾乎不會質疑他們的地圖是否符合計算或是微不足道的經驗知識；地球表面的自然狀態並不是課題，他們的地圖都只是象徵性的地圖，忠於尺度絲毫不在思考的範圍。在中世紀就沒落的迦太基也和新創建的呂訥堡一樣被畫進地圖；**赫斯珀里得斯**❸的諸神花園座落在西南方非洲另一端的某處，「極樂之島」位於愛爾蘭西邊，而到處都是教會林立。地圖上的世界是人類的經驗世界，夢境與現實不分。

在這個摻雜著神話與宗教的世界裡，安瑟倫這樣的一個人掏出了理性的解剖刀。身為勒貝克修道院副院長以及後來的院長，他書寫的內容涉及真理、公平正義、惡的起源以及意義和指涉的區別。在過程當中，他幾乎從未引用其他著作；其他神職人員都是針對傳統獻撰寫「註解」，安瑟倫書寫的方式就彷佛任何哲學或神學的傳統皆完全不存在似的。他的兩部早期作品尤其著名：《獨白》（*Monologion*）以及《論證》（*Proslogion*），特別是後者將會被載入哲學史冊，因為安瑟倫為理性與信仰的關係發現了一種新的表達方式：「我相信，以便我理解。」如果說耶穌對不信神的多馬（Thomas）說道：「那沒有看見就信的有福了！」（約翰福音第二十章第二十九節），那麼安瑟倫便是在期盼信仰最終會讓他獲得洞見以及正確的知識。

以辯證法探究真理的令人嘆為觀止的嘗試，是安瑟倫在《論證》的上帝存在證明。對此的基本想法源自於普羅丁，只不過他思考到的不是基督教的神，而是涵攝一切的「太一」。普羅丁認為，由於這個

❸ 譯注：在希臘神話中，「赫斯珀里得斯」（Hesperiden）為三到七位居住在位於世界西方盡頭的花園內替赫拉（Hera）看守著一棵金蘋果樹的歌唱精靈，有時亦被稱為「非洲姊妹」（AfrikanischeSchwestern）。

太一是絕對完全，它也就必須存在，否則它就不會是完美的了。該想法讓波修武印象深刻，他重覆了這則「上帝存在論證」並且引進中世紀世界裡；安瑟倫認識波修武的論證，並且開展成四個步驟的思想路徑。在開始之前，安瑟倫藉著普羅丁和波修武，把神定義為沒辦法設想比祂**更偉大又更完美事物的東西**。從我們今天的角度來看，這並不是什麼無預設的假定，因為其中蘊含了關於神的本質的特定印象。沒有一位多神論者會這麼定義一個神，那其實是普羅丁對於完美太一的想像，這個太一在早於安瑟倫的七百年前滲透進入了基督教神學之中。

然而，神的完整性對安瑟倫而言卻是沒有什麼好懷疑的。這個完美的上帝作為那無法設想有更偉大事物的東西，首先就只是我的想法、一個存在於我的理解中的想像。我怎麼知道在我的思維之外也有個真實上帝和這個完美上帝的想像相對應？很簡單，安瑟倫這麼陳述理由：如果上帝不存在，那祂便不會是所能想像出的最完美事物，因為完美包括了具有全數完美的性質。而一個不存在的完全完美的東西算什麼呢？那就算是不完美了！所以，如果上帝是所能想到的最完美的存有，那麼邏輯上來說，祂的完整性也就包含了上帝存在的事實。

安瑟倫的上帝存在證明是哲學史上的里程碑，若干相似的論證——比方說聖多瑪斯及笛卡兒的——都隨之而來。不過與此同時，安瑟倫時代的人卻也已經有幾個看出問題的癥結：「上帝是那無法設想有更完美事物的東西。」那是**我的想法**，而「其中包括了上帝的存在」，**同樣是我的想法！**不論我對上帝的想像有多麼可信，我怎麼知道外界有個這樣的上帝和我的想像對應？上帝是怎麼從我的「祂必然存在」的思想世界躍入祂「事實上該存在」的現實中的？我頭腦裡的所有定義都始終不多不少是**我頭腦內的**定義！

安瑟倫多次為自己的上帝存在證明辯解，不過他人的質疑卻依舊存在。這段期間內，蘭弗朗克在一

○八九年去世了。四年過去了，征服者威廉的兒子威廉二世（Wilhelm II.）把這位聰明的理性主義者從勒貝克請到坎特伯雷，並讓他成為大主教。該職位自此之後變得更加重要，就連在蘭弗朗克時期尚不是什麼富麗堂皇建築的主教座堂，也打算被擴建為一座宏偉的禮拜堂。那個「坎特伯雷的」安瑟倫在位期間鬱鬱寡歡；聖職敘任權之爭——教會權力與世俗權力之間的龍爭虎鬥——也在英格蘭翻騰起來，並且使得在這件事情上一向不讓步的安瑟倫被迫兩度流亡外地數年。最後，這位驕傲的羅馬利益擁護者在外國的時間就和他在英格蘭的任期一樣長。

儘管如此，安瑟倫在他身為大主教的任期開頭仍然找到了閒暇，以針對最難纏的信仰問題撰寫一篇論著：《神為何成為人？》（*Cur deus homo?*）。相信上帝犧牲了自己的兒子來使人類擺脫原罪的重擔，這向來都是基督教最重要的主張。保羅與奧古斯丁等人在截然不同的歷史背景下的闡述，對許多個世紀後的安瑟倫來說不再有說服力。對他而言，特別異樣的就屬瑣羅亞斯德宗教和摩尼教主張「善與惡為相互抗衡的原始原則」的遺產了；保羅與奧古斯丁把亞當的墮落解釋為魔鬼所幹的好事，而安瑟倫以及那個（與他並不認識的）俄利根，卻認為思想世界裡根本沒有魔鬼。

[437]

安瑟倫為墮落與耶穌十字架之死之間的關聯所尋獲的新印象源自於他的中世紀生活世界。根據該印象，亞當因為自己的原罪而褻瀆了上帝，就好似一名不忠的陪臣侮辱了自己的領主；該侮辱唯有當領主獲得賠罪時才得以補償——而基督的十字架苦刑正是實現這件事情。這樣的英雄事蹟當然沒有任何普通人做得到，因為所有凡人皆為罪人。於是，神便必須親自干涉，無罪的耶穌以神性的方式死去，讓他的父不會拒絕罪孽深重的人類，反而是原諒他們。現在，善與惡之間的古老之戰披上了中世紀封建時期社會問題的外衣，顯現為名譽和妨害名譽的問題；這下子重點便不再是任何人類內外的權力角力了，而是贖罪（**補償說**）。

[438]

安瑟倫死於西元一一〇九年。在時間的拂掠之下，他對原罪與十字架之死的詮釋漸漸被淡忘，他那個還經過一番長久議論的上帝存在證明亦同。而在今天的我們看來，這位聰穎秀異的北義大利人卻成了人稱「經院哲學」（Scholastik）之新思想的開端。該詞彙在中世紀不是這樣使用的，可是對我們來說，它在此後標記了某種以辯證法論證的「科學性」證明的大獲全勝，該種證明逐漸襲捲整個學術神學領域。只不過，安瑟倫必須和當時另一個博學雄辯者分享「經院哲學之父」的這個頭銜；為了了解後者以及他的世界，就讓我們前往十二世紀間世界的新文化首都，當時那個蓬勃發展、閃亮耀眼又熙熙攘攘的大都會——巴黎！

亞伯拉

以中歐當時候的標準來說，西元一一三〇年左右的巴黎是一座大城市；塞納河中的城島上的定居點成長規模遠遠超出河岸，居民數直逼三萬人。這與雅典、亞歷山大城、迦太基和羅馬等古老大都會相比算是少的，而相較於巴格達和君士坦丁堡好幾十萬的居民數，亦然是不多，不過這對十二世紀的中歐和北歐來說卻是很大的數量。

諾曼人在九世紀間對這座城市造成威脅、並且向皇帝禿頭查理及胖子查理（Karl der Dicke）勒索高額贖金的時代早已遠去。自十世紀以來，巴黎便是國王雨果·卡佩（Hugo Capet）之後裔卡佩王朝所偏愛居住的城市。即使要一直持續到十二世紀末，這座塞納河上的城市才會成為法國的首都，它卻在先前就已經是最重要的城鎮。一段長久不間斷的和平期使得貿易繁榮昌盛，塞納河的河流貿易尤其造就了富裕的商人階級；食品商、酒商、鹽販、軍火商與布料商提升了自身和城市的繁榮。日復一日，船隻於城市的許多港口之一送達煤炭以及用來建造房屋的木材與岩石。早在一一三七年，第一座固定式的大型市

[439]

場，**巴黎大堂**，也就是知名的「巴黎的肚腹」，便在巴黎開幕。

在中產階級興起的過程中，皇室與高級貴族同時剝奪了城內與該地區低等貴族的權力。現在，這個空缺由文士遞補填滿，因為王權與高級貴族為了城市與國家內的許多重要機能而需要受過良好教育的人才、演講稿撰寫人、行政專家、公證人、稅務專家與銀行家。各修道院以及新創建的聖母主教座堂學校之中，知識的活力蓬勃旺盛；任何在十二世紀初來到巴黎求學的人，皆得以選擇於主教座堂學校聆聽知名的**尚波的威廉**（Wilhelm von Champeaux）講課、拜訪聖維克托修道院的法政牧師學校、在聖哲曼德普雷修道院的寫字間裡或是在塞納河左岸的聖女日南斐法山上的學校進修；後者將會在後來形成巴黎大學，泛稱索邦，以神學院創始人羅貝爾·德·索邦（Robert von Sorbon）命名。

不過，這個時期最引人入勝又最閃爍耀眼的教師，無庸置疑就屬**亞伯拉**（Abaelard）了。西元一〇七九年出生於布列塔尼半島上的南特附近，他師事當時最有名的辯證學家，最後在主教座堂學校拜尚波的威廉為師；很快地，天賦異稟的亞伯拉便駁倒自己的老師並使之黯然失色。他創辦起自己的學校，首先在默倫，接著在科爾貝。一一〇八年，我們在巴黎再次發現他的蹤影，在那裡他又一次和威廉鬧翻了；他想要求教於拉昂的安瑟倫（Anselm von Laon），可是這位導師的下場也像威廉一樣，遭到他的大肆抨擊。西元一一一四年，年屆三十五的他愛上了自己的巴黎學生哀綠綺思（Heloïsa），還讓她懷孕；對自己的叔叔福爾貝感到害怕至極的哀綠綺思，避居亞伯拉鄉下的家，並在那裡生下一個兒子。亞伯拉和哀綠綺思想要結婚，與福爾貝協定的結果是：這樁婚姻得保密。哀綠綺思進入了阿讓特伊修道院，她的叔叔福爾貝認為亞伯拉背叛了他，因而派人突襲並閹割了他。

受到屈辱與唾棄的亞伯拉繼續過著馬不停蹄的人生；他在巴黎的聖但尼修道院成為修士、再次與其他神職人員鬧不合、離開該城並且退居位於**香檳區**的僻靜住所。他在西元一一二七年成為布列塔尼半島上聖吉爾達德呂伊斯修道院的院長；在他的同事弟兄抨擊他的生活之後，亞伯拉在六年後回到了巴黎，這個時候可以在聖女日南斐法山上的修道院裡發現他的身影。他在聖依雷爾教堂內開班授課，短時間內便使無數的學生為之如癡如醉，並對他們的一生產生了深遠影響：**沙里茲伯里的約翰**（Johannes von Salisbury）與**弗萊辛的奧托**（Otto von Freising）以政治學家和史學家而聞名，**彼得・塞勒**（Peter von Celle）成為沙特爾主教座的主教，而且一下就有三位後來上任的教宗為亞伯拉的忠實聽眾。

他們聽取到什麼教誨呢？這名來自布列塔尼半島的善辯又好鬥的辯證學家，他的思維有何新奇之處？首先格外顯眼的是他接受了當時非同尋常的哲學教育，他不僅讀過柏拉圖和波修武，還讀過波菲利以及亞里斯多德的邏輯著作。透過這種方式熟悉了對知識的哲學性搜索，亞伯拉駁斥「教會絕對擁有真理」之說，因為真理除了是思考的人逐漸領悟的事物以外，還能是什麼呢？想要獲得真理與知識的人，就必須反覆思索、討論與論證。他必須依照邏輯的規則為自己的觀點提出根據並且發展，以及按照辯證法的藝術而主張之並且為之辯護。安瑟倫的理性計劃遇上了亞伯拉被擴充至極，後者的信條並不是「我相信，以便我理解」，而是「若非理解，無事能信。」

亞伯拉的思想對當時的教會而言是很危險的，因為他認為沒有什麼東西可以永久完全肯定；一切皆必須就其邏輯性接受檢驗，而所有習以為常的傳統都要有個證明。在這個方面，亞伯拉將新的公民自我意識轉移到了神學之中。他追問著觀點、立場與價值的根據與合理性，對他來說，傳統不會只因為古老就有份量，權威的撼動力也並非源於某個人的權力。「理由根據」才是關鍵，而不是「傳統習俗」。

這就難怪亞伯拉的「革命性」思想樹大招風地召喚了強勁對手登場。西元一一二一年，他的著作《至善神學》（*Theologia summi boni*；又名《論聖三一》）在蘇瓦松教務會議上受到嚴厲譴責。亞伯拉過於自由地以柏拉圖主義解釋聖三一；依照其說法，聖父的意義相當於善的力量，聖子相當於奠定世界基礎的智慧，聖靈則為愛；三者合起來構成神性。為了讓信仰更加合理而比附柏拉圖的作法，在亞伯拉的時代並不是太特別，然而他在面對教會權威的好辯性格與目中無人的無理態度卻導致他在蘇瓦松被判為異端。亞伯拉被迫親手焚毀自己的著作。

那場審判並沒有澆熄亞伯拉的滿腔熱血。他想要將基督教帶向時代的高峰，他想要使之變得具有論證性，而非權威獨斷。在那本他於西元一一二二至隔年間撰寫成的主要作品《是與否》（*Sic et non*）當 [442] 中，他列出兩千句來自教會各權威人士的引言，從《聖經》到教父一直到當時主教和神學家。在這過程中，他把引言以下的方式編排，針對一百八十五道信理問題，並陳完全對立的觀點。整個傳統——說穿了無非一堆矛盾啊！在這種情況下，便是該在傳統的整體矛盾性裡謹慎而辯證地探究傳統的時候了。不過，唯有把修道院學校裡的啟示知識相對化，並且致力尋找埋藏在眾多矛盾當中的真理才行得通。不應該**照字面上的意思**來理解《聖經》的內容以及教父們的話語——而是要**慎重其事**！

靠著這類的講授內容，亞伯拉在西元一一三〇年代於巴黎吸引到自己的一群求知欲旺盛的聽眾。他駁斥原罪使每個人都有罪的說法，亞當犯了罪，其他人怎麼會因此受到牽連而擔罪？罪又不會遺傳。就連安瑟倫的補償說也無法讓亞伯拉信服：人類把耶穌釘到十字架上的行動怎麼會滿足上帝的尊嚴呢？對他來說，基督的死並非贖罪補償，而是上帝之愛的跡象、某種新的關係的象徵，因為把人類和上帝連結起來的不是原罪和報復的債奴制度，而是個體自由決定是否分受神性的愛的力量。

面對其他宗教，亞伯拉相當心胸寬闊；儘管他認為基督教是唯一全真的信仰，卻承認就連猶太人與伊斯蘭教也都分受了真理。如果神聖的智慧只不過是邏各斯的話，那它到底是什麼？關於這點，這位出身布列塔尼的辯證學家站在柏拉圖的肩膀上。眾所周知地，這個邏各斯不僅僅出現在基督教裡，而是已 [443] 經在希臘哲學以及所有由其中獲得靈感的一神論宗教當中出現過。

玫瑰的名字

對於在哲學史書裡稱為**共相之爭**、並且困擾學界整個中世紀的問題，亞伯拉的看法相當精闢。眾所周知，柏拉圖在自己的理型論中預設感官世界所有事物都有理型，這些理型是塵世之外的原型，相較之下，它們的具體感官形象則不過只是個映像。依此而言，每一條有形的狗都是「狗」這個理型的個別映像，而每個人都是「人類」這個理型的具體映像；兩種理型又被歸納進「生物」之類的更高等級的理型當中。如前所述，亞里斯多德在這個問題上有別的看法，他並不贊同塵世外的理型的構想。對他而言，固然也有「人類」與「生物」，可是它們並不是**抽象的事物**，其次，它們**不會脫離**具體的狗或者人類而存在。

如同我們接下來所看到的，中世紀早期和中期大抵上跟隨了柏拉圖的腳步。理型論成為基督教神學的一部分，中世紀的學者們相信上帝的三位一體以三種精神性實體（Substanz）的形式存在：父、子與聖靈；所有這些皆為真實，並且有形地存在著，就如同「善」與「惡」、「罪」、「恩典」、「正義」、「愛」等等。甚至坎特伯雷的安瑟倫這麼聰明的邏輯學家兼辯證學家，都對此深信不疑。不過，當時學者之間倒是流傳著一部著作，它激發了些許疑問。這裡說的是波修武對於波菲利的亞里斯多德**範疇**著作導論的批評；當中，**屬**實際上是否存在，還是其實只存在著**種**，波菲利與波修武皆讓這個問題懸而未決。

被視為首位偉大懷疑論者的，是亞伯拉的老師**貢比涅的約翰・羅塞林**（JohannesRoscelin von Compiègne, ca. 1050-1124）。就我們從他的反對者的著作推斷出的，他採取的批判性觀點為，普遍概念（共相）並不真的存在；對羅塞林而言，它們只不過是我腦袋裡的想像。人確實存在，人類這個普遍概念則只存在於幻想之中。由於普遍概念不應該為事物，而僅僅是名字，這派見解便被稱為**唯名論**（Nominalismus）。

相對地，亞伯拉第二位重要的老師尚波的威廉（ca. 1070-1121）則是擁護傳統觀點。對於他以及當時大部分的人來說，普遍概念實際上是存在的；它們是徹徹底底真實的，也就因為這樣，這個立場稱為**唯實論**（Realismus，該術語很容易造成混淆，一位現代的實在論者並不會將「愛」與「人類」當作某種真實存在的東西；所以說，「唯實論」的中世紀時期含義簡直是和現在正好相反！）

這個問題爭論了數世紀，從今天的角度看起來，可能會令人感到奇怪，為什麼它在中世紀這麼重要？它不就是專家的問題、邏輯學家的入門練習題嗎？但偏偏不是這樣。它涉及的是整體：中世紀的人們——簡樸的農民、工匠與神職人員——皆活在一種想像裡，以為此世是「非原本真實的」、是死後世界前的預備階段或者資格賽；他們是被這樣教養的，而幾乎所有人都這麼想。不過，對於人類的認知，這代表著什麼意思？世上的現實有多真實呢？無論如何，在一切之上還有第二個、一個更根本的現實。然而，這個神聖的現實有多少部分是人類可經驗到的呢？又是以何種方式？人們可否以邏輯的方法破解它，還是說必須等待偉大的啟示？

當學者們爭論著他們的抽象和普遍想像中存在多少現實時，這些問題有個山雨欲來的時代背景。教會正統代表一再重申他們所說的都是真實的，他們宣稱真的有**唯一的**真理、**唯一的**正義以及**唯一的**世界神性秩序，宣稱這一切純粹就是現實。教會的整個支配權在於，它以一種對大多數人來說為無字天書的拉丁語掌握若干概念，而那些概念則足以揭示並體現不真實的世界裡的真實事物。

相較之下，聰明的懷疑論者們則是不厭其煩地再三質疑，教會是否真的享有特權，得以獲得知識份子以邏輯手段都無法領悟的更加真實的實在。他們因此認為普遍概念只是個語言的習慣；這是教會當然要反對的觀點，因為，要是普遍概念真的除了人類的想像之外什麼都不是的話——那誰抑或什麼能夠保證，不會就連神也只是人類的想像呢？什麼？世界上並不「存在」罪惡？正義並不「無所不在」？而神的愛並不「存在於世上」？

針對普遍概念的質疑是對中世紀神學的一記重擊，而關於意義和指涉的邏輯反思顯然導向教會永遠無法接受的結果。所以說，當亞伯拉踏入該領域的時候，無非是地雷密布。他小心翼翼地對「唯實論」提出批評：如果人類、動物與植物是不一樣的實體，「生物」該怎麼作為實體存在？人類不同於草桿，而且與動植物相反，他們具有理性。普遍概念因此首先是字詞，如同羅塞林正確判別的。基於相似性，我們的思想由感官知覺中抽取並主動形塑出抽象的意義。

到目前為止看起來都算是唯名論的主張。然而，這真的就是激進的唯名論的決定了嗎？羅塞林顯然聲稱過，我們的想像**僅僅**存在於語言之中；我們看見事物，並接著運用我們的想像力形塑出我們的普遍概念，它們因而只在思想上存在，並且不像柏拉圖與唯實論者所說的「先於物」，而是「在物之後」。可是，難道因為這樣它們便算不上真實了嗎？難道不會是神的聖靈在幫助我們「運用普遍概念來充分認識世界」嗎？我怎麼有辦法在我的思想中分辨，「人類」這個概念真的是指涉真實的事物，也就是所有人的總和，而我想像的**奇美拉**❹卻並不意指任何真實事物而在現實中根本不存在？普遍概念的有效性顯然是「在於事物自身」，亞伯拉如是推論道。就算萬一不再有任何玫瑰存在了，「玫瑰」這個名字仍然有意義，而「花」這個概念也同樣依舊是充滿意義的；玫瑰的名字固然是一種我想像力的產物，不過顯然不是什麼偶然的產物，而是具有事物基礎的產物。

❹ 譯注：「奇美拉」（Chimäre，也可依不同語言音譯為「喀邁拉」、「凱美拉」等等）原為希臘神話中一種噴火怪物之名，不過在近代已演變為混合不同生物部位的神話幻想生物之泛稱。

[446]

讀者在看到這章的標題時，很可能已經猜到它和**安伯托・艾可**（Umberto Eco, 1932-2016）的小說《玫瑰的名字》有關。事實上，小說裡真的談到共相之爭，我們將在下文探討那個該段落。小說的大主人翁**威廉・達・巴斯克維爾**是一位概念論者（Konzeptionalist），和亞伯拉或者被艾可當作人物原型的**奧坎的威廉**（Wilhelm von Ockham）一樣；概念論者雖然認為普遍概念是個名詞而不是真實存在的事物，卻不因此就認為它們是任意的。就連小說的結語似乎都在提醒著，一切終究都是語言，僅此而已：「**昨日玫瑰徒留名，吾等僅能擁虛名。**❺」不過此言卻並非源自亞伯拉或威廉，而是摘自莫爾萊的伯納（Bernhard de Morlas）——一名克呂尼的修士的某篇文學作品。

在共相之爭的複雜磚牆裡，亞伯拉的概念論式解答當然不是最後一塊磚。宛如一條主軸一般，該討論貫穿了往後數個世紀的知識論，而我們會一再遇到該問題。即便在現代，其中若干問題也還有爭論空間，比方說物理學的自然律究竟是真實存在的，還是說它們只不過是人類的構思，以便使難以理解的事物更易於理解。

無論如何，至少亞伯拉為敵對的雙方陣營提供了調停的解方。然而，下一起醜聞卻不會讓人久等。西元一一三〇年中期至末期，他撰寫了《倫理學》（*Ethica*），又名《認識你自己》（*Scito te ipsum*）。該作品是一枚危險的炸藥，因為他在那裡頭堅決反對教會的官方觀點。某件事是好是壞，那不只是正確或錯誤價值的問題；大概就是說，沒有什麼「邪惡的」欲望或「壞的」意志。對亞伯拉而言，關鍵在於我用什麼方法、能否使我的行為和我的良知一致。如果我的行為符合我的良心，那麼我的行為在道德上便是好的；如果我的行為違背我的良知，那它便是壞的。也就是說，關鍵性的倫理問題不是表面上的，

❺ 譯注：引文中譯見：《玫瑰的名字》，倪安宇譯，皇冠出版社，二〇一四。

而是個內部問題。

我們記得，斯多噶主義者認為，如果行為可以在理性的衡量中得到**同意**，它便是好的——亞伯拉也認同這個說法，而引用為自己倫理學思辨的軸心；他的倫理學是奠基在主觀同意的存心倫理學，而且就[448]和所有這類的倫理學一樣，它著重於內心混亂、自我矛盾又擁有良知的個人，而非由一大堆必須遵守的僵固而神聖的規則所構成。

也就是說，一個合乎道德的生活意味著我要認清自己的缺點，若能做到這點，那麼我就可以學習克己復禮。如果我的行為招致惡果，只能說咎由自取。唯有**有意識的**的決定作惡才是有罪的；只有存心和良知才能決定行為的道德價值，而且只有我自己才是我的行為的道德裁判。在這點上，亞伯拉追隨柏拉圖和斯多噶主義者的腳步——並且難免捲入與教會的下一波衝突：如果說信徒只對自己以及自己的良知負責的話，那麼教會該怎麼支配他們的靈魂？

意圖讓亞伯拉啞口無言的對手是個危險的男人：**聖伯納**（Bernhard von Clairvaux, ca. 1090-1153），他在中歐可以說是呼風喚雨，而在教會的爭議問題上多半是主張保守派，他在歷史上以冷酷無情的教會權力政治家著稱，並在基督教界發起聖戰討伐穆斯林與文德人，在易北河和薩勒河以東的斯拉夫民族。

一一四一年，聖伯納把亞伯召至桑斯教務會議並指控他是異端，判決早在被告來得及為自己辯護前便確定了，亞伯拉在走投無路的情況下向教宗求助，然而就連依諾增爵二世都受夠了這位布列塔尼的特立獨行者，判處他終身監禁於修道院內並且永遠保持緘默。抱著重病又帶著該譴責的汙點，亞伯拉進入克呂尼修道院，隨後搬到索恩河畔沙隆旁的聖馬塞爾，他在一一四二年四月於此與世長辭。在此期間於[449]香檳的聖靈會修道院擔任副院長的哀綠綺思，讓人把他的遺體送來身邊並安葬他，往來如織的通信證明了他們之間的愛情不曾中斷。二十二年後，哀綠綺思也葬在愛人身旁，一八一七年，這對生前被拆散的比翼鳥合葬在巴黎的拉雪茲神父公墓（新哥德式的小教堂）裡。

亞伯拉與哀綠綺思——現在看來是中世紀典型的愛情故事；早在十三世紀，亞伯拉的傳記《痛史》（*Historia calamitatum*）就被翻譯成法語並且大受歡迎，他的愛情故事也是**《玫瑰傳奇》**[6]（*Le roman de la rose*）的原型。從那時候起，該題材的改編作品累積超過五百部，其中有一部出自盧梭之手。哲學史上，亞伯拉在今天被視為中世紀的偉大人物，他對抗教會權威而捍衛主體自由，並協助理性思考取得應有的權利。他在十二世紀以亞里斯多德的邏輯著作為依據，卻無緣看到波修武無力迻譯的亞氏存有學和自然哲學。就這點而言，亞伯拉的反叛思維在今天看來只是一場前震，一場劇烈得多的地震即將接踵而至：和亞里斯多德的物理學以及形上學的重逢。不過這個重逢卻不是沿著直接的道路，而是宛若捲曲蜿蜒阿拉伯式花紋的迂迴路徑……

[6] 譯注：《玫瑰傳奇》（*Le roman de la rose*；德文譯名：*Rosenroman*）乃十三世紀法國的一部關於愛情的長篇敘事詩，由讓·德·默恩（Jean de Meung）與吉洛姆·德·洛利斯（Guillaume de Lorris）所作，為中世紀西方流傳最廣的文學作品之一。

創世的意義與目的

- 亞里斯多德回來了！
- 基督教的時間、物理學的空間
- 亞伯特
- 聖多瑪斯
- 新的上帝存在證明

亞里斯多德回來了！

西元九五三年，日耳曼的鄂圖大帝決心進行棘手的任務，他想要和阿拉伯人，強大又極為成功的宗教與世俗競爭對手結盟；原因是，駐守在普羅旺斯弗拉克西涅圖姆的摩爾士兵一再對於領土的南方造成威脅，他們於九世紀末在那裡建造了一處橋頭陣地——一個海盜的奴隸與木材集散地。希望在自己所保衛的勃艮第王國內維持安定的鄂圖，派遣洛林的修士戈爾茲的約翰（Johannes von Gorze）擔任談判代表，前往晉見哥多華的哈里發。

當約翰於兩年後歸來時，他見識到一個在所有方面都更加優越的文明：新式的石造建築取代木屋、前衛的排水系統與灌溉技術、高度發展的數學和不同於當時基督教世界的、名聞遐邇的醫學；他也與**後奧米亞王朝**[1]領導階級的穆斯林、猶太教及基督教知識份子齊聚一堂。約翰於九五六年再次回到洛林時，他攜帶來自所各式各樣知識領域的無數阿拉伯文書籍，一個等著被基督教世界發掘的寶藏。

不過，經過一百多年，才出現堪擔大任的男人：人稱「非洲人」的**康士坦丁**（Constantin）是迦太基的柏柏人，他的人生有將近四十年的歲月都在東方度過，其中包含巴格達與開羅。他研讀過醫學及更多其他事物，並學過好幾種語言，回到迦太基後，他便迅速崛起。一〇七七年，康士坦丁出走至義大利，進入薩勒諾醫學院，早在康士坦丁以他傑出的醫學知識技驚四座之時，這所本篤會的醫學旗艦大學早就享有盛名。在鄰近的卡西諾山修道院內，他把希臘醫生希波克拉底和蓋倫的著作從阿拉伯文翻譯成拉丁文，外加上阿拉伯人的醫學論著。

[1] 譯注：「後奧米亞王朝」（Kalifat von Córdoba，直譯為「哥多華哈里發國」）乃摩爾人在伊比利半島上建立的政權，建立者為被推翻了的阿拉伯帝國奧米亞王朝的倖存後裔，故名。

幾十年又過去了，終於才有大量的阿拉伯文本譯成拉丁文。十二世紀，托雷多是這些翻譯工作的重鎮，阿方索六世（Alfons VI.）在一〇八五年從摩爾人手中奪回這座從前屬於西哥德的城市，在文化上也信任在阿拉伯統治下的基督徒；這些所謂的**莫扎拉布人**在雙邊文化的斡旋扮演關鍵角色，交流主要由 [452] 由大主教托雷多的雷蒙德（Raimund von Toledo）推動。阿拉伯人、猶太人和莫扎拉布人於交流中攜手合作，他們翻譯了《古蘭經》（*Koran*）和各種神學論著，不過也包括數學、天文學和醫學的文獻；但是，中世紀基督教界裡最大的震撼無疑是數部亞里斯多德著作的發現，特別是形上學、物理學、倫理學和政治學的作品，真是**詭異的第三類接觸**啊！

阿拉伯的學者對於亞里斯多德可以說如數家珍，不過他們認識的主要是敘利亞和波斯譯本的阿拉伯文翻譯，而不是希臘文原稿。穆罕默德的聖戰軍隊在他過世九年後征服波斯，波斯大量的珍貴古希臘文獻於六四一年落入他們手裡，穆斯林有系統地翻譯這些文本，於是接觸了柏拉圖、亞里斯多德和普羅丁等哲學家，不過也包括《希波克拉底全集》（*Corpus Hippocraticum*）的醫學文章以及蓋倫。

相較於東羅馬帝國大多只認識染上新柏拉圖主義色彩的亞里斯多德，並且對於他不屑一顧，他的著作卻被阿拉伯人完完整整地拜讀了；對他們而言，他是古典傳統最重要的哲學家。只不過，就連他們也在亞里斯多德的著作裡混雜了許多新柏拉圖主義的思想，阿拉伯學者對此並不介意，他們和許多後期的柏拉圖主義者看法類似，認為柏拉圖和亞里斯多德的思想互為表裡，他們要探索的不是兩者的差異，而是兩者的共同點與互補性；在這方面助力最大的是，據說包含了亞里斯多德的神學、其實是新柏拉圖主義著作的《論原因》（*Liber de causis*）之類的作品。

在這整件事情當中，貨真價實的亞里斯多德有如一塊菊石化石，在多層文化流傳的沉積物及大量翻譯的汙染底下，它僅僅是露出不完整的部分。此外，就連**鏗迭**（Al-Kindi）與**法拉比**（Al-Farabi）等等 [453]

九、十世紀的阿拉伯裔亞氏註解者，也都留下了自己的印記：鏗迭把亞里斯多德的理性論拆卸成看似不特別有理的四個部分❷；法拉比則把亞里斯多德的理性概念和占星術的宇宙學湊在一塊，認為（上界的）理性操控著（下界的）月球，而月球則控制自然的過程。❸它以前是很清楚的希臘思想，現在卻在亞里斯多德無法抗議的情況下變成了沙漠居民的神祕主義。

波斯人**伊本・西那**（Ibn Sina）的亞里斯多德詮釋也特別有影響力，他在哲學史裡叫作**亞維森納**（Avicenna），諾亞・戈登（Noah Gordon,1926-）的暢銷小說《神醫》（*The Physician*）的讀者應該對他不陌生。經過大半輩子的四處遊歷之後，亞維森納於十一世紀初在伊斯法罕成為名醫，他也和伊斯蘭世界眾多哲學家一樣，試圖調和亞里斯多德、天文學和神祕主義。比起丘陵、群山與森林環繞的中歐城市居民，星星、太陽天球與月亮天球的世界更接近在蒼穹下一望無際的阿拉伯文明；於是對阿拉伯學者而言，兩者都有強大的魅力：亞里斯多德百科全書式又對萬物的有趣解說和系統化分類，以及新柏拉圖主義對天體的探究和沉思。對亞維森納而言，真主一方面是涵蓋一切的太一，就如普羅丁一樣；另一方面，這個太一不只是在天上的，而是真實存在於萬物之中：它全然就是存在！

亞維森納認為**必然性**是關鍵概念，只有絕對必然的事物才會擁有絕對的存在，也就是真主；因為在真主之中，「本質」與「存在」為一致的。宇宙裡其他事物都是由必然事物所衍生，其中又可分成必然的以及偶然的衍生物，理性是核心的必然衍生物，它自真主流出並產生世界眾多事物。由於就連人類只要思考也可以分受神聖的理性，於是和真主緊密連結，這點可以從以下事實看出：人類總是先注意到事

❷ 編按：「理性」（'aql, nous）被分為四類：一、永存的理性，指安拉；二、人類靈魂的潛能；三、應用性的才能，如書寫能力；四、人類表意的能力。

❸ 編按：理性指真主，月球是最低的天體，月球以下的世界皆受一切天體之影響。見《回教哲學史》，臺灣商務，一九七一，頁139-144。

物的共相，稍後才會察覺到其殊相。和亞里斯多德意見一致的亞維森納如此說：我們會立刻認知到某個人是人類，但是直到近距離打量時，才能認出他是哪個人。

從物理學的角度來看，被想像成絕對必然性的神擁有許多魅力，因而類似支配一切其他事物的恆定的自然常數；可是，由各種亞伯拉罕一神教的角度看起來，這樣的神卻都是一種挑釁！如果說神是必然的，那麼就連祂所創造出來的萬物也都是必然的，而新柏拉圖主義所謂自神「流出」的事物也是必然的——講到這裡，神創造人類的壯舉究竟是不是自由決定的？上帝在物理學上的意義越大，祂在心理學上的意義就越小；原因是，一位「物理性的」神就和亞里斯多德的「不動的原動者」的先例那樣，並不會干預人類的生活，也不會引導或評論人類的靈魂。對伊斯蘭教的風俗保衛者來說，亞維森納的說法是個挑釁，對基督教而言也是一樣。早在十二世紀中葉，他的許多著作便已於托雷多被翻譯了，對中世紀的思考影響甚大。

不過，在信仰保衛者的眼中顯得更加挑釁的卻必定是**伊本・魯世德**（Ibn Rušd），以**亞味羅**（Averroës）之名著稱於世；他生活在十二世紀下半葉，於哥多華從事醫生與法學家的工作，並且長期受到哈里發❹的器重。作為堅定的亞里斯多德擁護者，他評註其全數作品，直到他於一一九五年遭到伊斯蘭聖職人員起訴並判刑放逐。在此期間被**征服者**❺的軍隊困擾得厲害的摩爾掌權者，在這種政治危險的局勢下不再經得起玩笑，並且打破了他們的容忍，就連在他們的世界裡，人們都會因言賈禍。儘管亞

❹ 編按：指艾卜・葉爾孤白。

❺ 譯注：「征服者」（Konquistador）指的是過去西班牙及葡萄牙帝國的騎士、軍人與探險家，隊伍一開始大多由一四九二年終於成功討伐伊比利半島上之摩爾統治者而收復失地的退伍軍人所組成，在航海家哥倫布（Christoph Kolumbus）於一四九二年抵達美洲大陸之後，他們在十五至十七世紀的地理大發現時期陸續航海至南美洲、非洲、亞洲及大洋洲的多處，以建立西葡殖民統治並開啟貿易路線。

味羅兩年後便被赦免了，卻在不久後死於馬拉喀什。

他被判刑的原因很快就被找到了：亞味羅比亞維森納更加堅定地區分宗教和哲學，而且他毫不掩飾「光是哲學和自然研究便能促進思想並將真理公諸於世」的信念。相對地，亞味羅在宗教裡看見的則是一種象徵性的藝術，該藝術把哲學精闢分析的事物裝扮成色彩斑斕的比喻和想像，宗教因而就像是高唱入雲的哲學的大眾普及版，適合平民百姓的方便信仰。這點就連在與他同時代的猶太人**摩西・邁蒙尼德**（Moses Maimonides）眼裡也並無二致，此人於十二世紀中葉趁著年少時逃離了哥多華，並在後來於開羅寫下了他的《迷途指津》（*Führer der Unschlüssigen*）。

宗教是給百姓的，哲學是給學者的。然而事情卻沒有那麼簡單，這點伊斯蘭的信仰守護者很快就注意到了，因為亞味羅也和亞維森納一樣，宣稱許多牴觸伊斯蘭宗教的事情。特別是關於創世的問題注定意味著紛爭：對亞味羅來說，世界也是永恆的，而不是由神出於莫名其妙的原因而決定創造出來的事物。他用亞里斯多德式的思想堵住了通往創世、救贖與復活的古老歷史道路，人們面對的只是一部普世的自然史，而不是個人的救贖史，而神學也成了宇宙發生論。

亞味羅在他的自然史中並不駁斥神的存在，這點並沒有讓他得利，對伊斯蘭法學者來說，真主在他的主張裡扮演的角色太微不足道了。此外，亞味羅的主張裡（如同亞維森納的主張）欠缺「靈魂」的概念，而這相當令人惱怒。兩位阿拉伯醫生兼哲學家談論的都是理性，它完全就像希臘的邏各斯，把人類和彼岸的、絕對的和神聖的事物連結在一起。但是，在柏拉圖與亞里斯多德的主張中，每個人都有個別的靈魂，其不朽性分別受到宣稱及否認，甚至是普羅丁的神祕主義哲學，如果少了渴望進入太一領域的靈魂便行不通；而在亞維森納與亞味羅的主張裡，這個靈魂卻不再出現了，這樣便少了那作為個人的載體可以進入死後世界的基質、實體或**以太**❻。

以自然史取代救贖史？一種不用靈魂的永垂不朽？初次閱讀亞味羅的作品的基督教神職人員心中的震撼不容小覷，應該不亞於一個和外界隔絕的獨裁國家的人民第一次瀏覽網際網路。自從一二三〇年起，亞味羅著作的拉丁文譯本便被存放於巴黎神職人員書房內、薩勒諾與波隆那大學的講堂裡以及別的地方，翻譯者麥可・司各脫（Michael Scotus）是奉皇帝腓特烈二世（Friedrich II.）之命在巴勒摩工作的蘇格蘭人或愛爾蘭人。

早在那之前，就已經有勤奮的譯者一點一滴地把亞里斯多德的自然哲學著作和他的倫理學翻譯完了，我們確切知道，在一二一〇年以前的巴黎有開設關於亞里斯多德自然哲學的課，因為在那年的桑斯的教務會議禁止私下或公開閱讀該著作。不過，巴黎的人文學院（法學家、醫師與神學家的基礎課程）卻對此相當不以為然，出於這個原因，教宗的使節於五年後重申該禁令。

亞里斯多德的再發現，剛好在哲學在西歐最早的大學裡獲得社會地位的時期：巴黎、土魯斯、牛津、拿坡里還有帕多瓦；整個歐洲的學者對於聖經詮釋、寓言、教父格言與教條以外的古代文獻的好奇心擋也擋不住，在巴黎聽不到亞里斯多德的形上學與自然哲學，那就到土魯斯，那裡的人膽子比較大。一二三一年，教宗決定不只禁止閱讀文本，他打算認真檢驗，以刊行一個審查過的版本。一二四五年出現了下一次禁令，然而早在一二五五年時，該戰役對基督教的風俗保衛者而言就已是一場敗仗了。巴黎的人文學院把亞里斯多德的邏輯學、倫理學、形上學與自然哲學升格列為必讀書目，而再也不接受任何阻撓，牛津大學很快就跟進。鍋爐上的壓力爆表，從現在開始，任何思想都沒有辦法迴避亞里斯多德和

❻ 譯注：以太為亞里斯多德在恩培多克勒與柏拉圖主張的四大元素（火、氣、水、土）。

他的阿拉伯裔註解者，而深受基督教影響的中世紀哲學正面臨一個全新的開端……

基督教的時間、物理學的空間

情況怪異得令人不寒而慄。書房和講堂外面的世界依然如故，不斷加速擴增的城市、市場的人聲鼎沸、髒污與下水道、新舊財富的陰影之下的新舊貧困；無數疾病肆虐，無數人們因瘟疫而喪命，也在連續不斷的劫掠與戰爭中死去；人們為了建材與木柴而開墾的林地愈來愈多，並且建造更加雄偉的大教堂。社會幾乎是在一夜之間失去其世界觀的根基。人類是上帝的仁慈創世的目標，他們在祂的恩典裡出生和死亡，他們依照祂的意志而復活，教會是救贖史的人間代理者，這一切再也不那麼理所當然了。歐洲及別處的人們在這種奧古斯丁式的確信當中活了七個世紀。他們的生活以它為基準，並且任由希望翱翔於蔚藍或蒼白的天空。但是對於當時的知識份子而言，這種理所當然卻喪失了其可理解性，他們眼裡理性、有邏輯又真實的是一位古希臘人的思想，他是一千六百年前的人，而現在就宛如不講情面的啟蒙者，把他們從信仰的層層雲霧中拽出來。

對十三世紀的哲學家來說，亞里斯多德的思想與從事活動幾乎如同奧古斯丁或波修武對今天的我們而言這麼久遠以前啊！而且不同於今日，人們幾乎對於文化、政治局勢以及當時的生活世界一無所知。要不是以前在信仰的屋架中就嘎嘎作響，亞里斯多德的形上學和自然哲學應該沒辦法在中世紀吹皺一池春水。正當亞伯拉於巴黎及別處使用理性對抗教條式信仰的同一時間內，孔什的威廉（Wilhelm von Conches）、沙特爾的蒂埃里（Thierry von Chartres）和伯納德．西爾維斯特（Bernardus Silvestris）等人正致力在基督教史上第一次用數學和因果關係來解釋創世。

關於**孔什的威廉**的生平，我們幾乎一無所知，據推測他在沙特爾和巴黎教過書。如同他還不認識其自然哲學著作的亞里斯多德，威廉早在一一二〇年代便試圖以百科全書的形式來掌握並仔細思考當時的知識，其成果就是一段以柏拉圖的《蒂邁歐篇》為藍本的關於世界的物質和精神起源的敘述。「聖靈」[459]變成了柏拉圖式的世界靈魂，而任何不適合放進自然科學說法中的內容，都會被當作比喻而剔除。根據威廉的說法，神不是用亞當的肋骨造出女人的。對於認識非洲人康士坦丁的醫學著作的他來說，那是不切實際的想像。和亞伯拉一樣，威廉也決定不以字面意義詮釋《聖經》，而是要鄭重考慮。

沙特爾的蒂埃里也以理性的方法思考創世的問題，他也在巴黎教課，卻可能從來不曾如其別名所暗示的任教於沙特爾。他既不認識比他年輕的亞味羅，也不受其影響，蒂埃里於一一四〇年到一一五〇年間把《聖經》的多彩繽紛印象世界和哲學認知的冷冰冰鋼鐵分開。上帝並不是在六天內從虛無中創造世界，而是如同孔什的威廉主張的，祂僅僅施予了火、水、氣與土四種元素，接著開展出所有其他事物。恩培多克勒應該心有戚戚焉，而聖經的創世觀則會大搖其頭。蒂埃里把許多事物都歸於斯多噶主義者的物理學概念，此外他還認為人類屬於動物界，而最重要的是，蒂埃里的主張裡，創世是依據嚴格的數學規則和理想的數據實行的——一種就連今日的數學家與物理學家都會渾然忘我的想法，該想法醞釀於十二世紀，就連對於自然研究興趣缺缺的亞伯拉也都斷定世界是上帝「用幾何學的方式」建構而成的。

十二世紀的自然之理性解釋者聯盟當中的第三位為可能來自圖爾的**伯納德・西爾維斯特**，就連他也被（也許不恰當）分派到沙特爾的主教座堂學校。他的《宇宙誌》（*Cosmographia*）依照其文學形式其實並非哲學性論著，而是詩歌，於一一四七年左右寫成，以寓言形式訴說世界的誕生。和威廉與蒂埃里[460]的主張一樣，柏拉圖的《蒂邁歐篇》也是靈感來源，再加上豐富的新柏拉圖主義思想。據此，上帝創造的世界渴望回到只能以理性理解的天上起源，而世界表面的混亂背後有著更高的宇宙秩序為基礎。這部老嫗能解的創世史的特點應該是，伯納德明確認可人類的性器官和性欲是繁殖的完美生物工具。既沒有原罪的陰影，也沒有如同奧古斯丁的那種難堪，會使我們的繁衍歡愉黯淡無光——以十二世紀中葉來說，這是個大膽的宣言。

當亞里斯多德宛如炸彈一般襲擊中世紀世界，基督教的物理學最前衛的思想家大概就到這裡為止。不過，現在的問題是，他的形上學和自然哲學的再發現到底是什麼意思？關於世界起源和定律，它提出了什麼令人驚慌失措的事實嗎？

基督教世界的思想家讀到，人們可以藉由科學的手段來解密自然，更確切地說，是以經驗為依據的自然研究。威廉、蒂埃里和伯納德的物理學解說，相較之下，則是柏拉圖式的臆想。到目前為止，教會一概沿襲奧古斯丁的傳統，反對以經驗為基準來探討自然。神的作工不容窺伺！假如有誰像那些阿拉伯醫生那樣解剖屍體，他就有變態的嫌疑；然而，阿拉伯醫學的優越性卻是不可否認的，而薩勒諾那些以新的基礎執業的醫生的成功也是一樣。有益身體以及靈魂的東西，卻不一定符合教會及修道院的倫理。「沐浴、美酒和愛情會損耗我們的力量；但是沐浴、美酒和愛情也會讓人恢復生氣。」薩勒諾裡的規定裡這麼寫道。奧古斯丁應該會激烈抗議！

基督教世界的思想家在亞里斯多德的著作裡又讀到：世界是永恆的，而這個世界裡的一切事物都由絕對有效的自然法則交織而成，既不存在任何創世，也沒有神蹟的餘地。亞維森納以及亞味羅因為這個思想而使得他們自己宗教裡的衛道人士對他們產生猜忌，因為一種永恆的創世在各方面都和基督教的時間觀互相矛盾。

中世紀的讀者對這種說法會有什麼看法呢？如前所述，中世紀的時間感受和現今不可同日而語，雖然阿拉伯人發明了機械水鐘，但是齒輪裝置的時鐘卻直到十四世紀才掛在鐘樓上。計時法只會用一個鐘頭或一天這種比較小的單位來定義生命，時間是人類互動時產生的東西。世界（儘管亞里斯多德認為沒有開端）在時間上延展，並擁有自己的歷程，這已經超出中世紀人們的想像世界；他們對任何超越人類的時間的唯一期待，就是或早或晚盼望著新的神聖時代到來，即卡拉布里亞的修道院長**菲奧雷的約阿希姆**（Joachim von Fiore）對當時人們說的「第三王國」即將來臨。接續在聖父的王國、舊約時代的是聖子的王國，即自基督誕生起的時代。然而現在這個時代即將終結，而聖靈的時代作為真理和愛的時代而展開。和耶穌及其使徒的主張相似，天堂不是死後世界，而是完全真實的地上時代。約阿希姆的想法在整個歐洲造成轟動，而且被樂意相信。那沒有了恩典和救贖的壓榨工具便擔心權力不保的教會感到非常遺憾。

對於相信約阿希姆的想法的社會而言，一種沒有意義和目標、不干預人類命運的自然史是全然陌生的，元素、運動和生物的物理世界，以及信、望、愛、個別救贖的基督教世界，完全是牛頭不對馬嘴。可是對於中世紀最博學多聞且機智敏銳的思想家來說，卻產生了一項艱鉅的挑戰：要怎樣才能夠調和亞里斯多德和基督教？亞里斯多德主張裡有什麼東西可以被接受，而哪些又不行？信仰可以容忍多少理智清醒的成分？而新的「自然科學家的」世界觀和基督教的救贖之間有可能和解嗎？十三世紀時，許多人嘗試完成這項任務，而其中最出名的是來自多瑙河畔的施瓦本以及來自義大利拉丁姆的貴族：大亞伯特（Albert der Große）與聖多瑪斯。

亞伯特

法國有巴黎，而英格蘭有牛津；然而日耳曼長久以來卻沒有一個最高的知識重鎮。話雖如此，科隆在十三世紀初至少就面積和人口而言是一座大都會，大約四萬居民住在四百公頃的土地上，以雄偉的城牆保護著，也就是當時工程最浩大的防禦設施。有一份禮物對於該城市的發展特別重要：在征服米蘭之後，皇帝紅鬍子腓特烈（Friedrich Barbarossa）於一一六四年把當地奪得的**東方三博士**的遺骨轉交給科隆，遺髑當然不是真的，但是它們為科隆人招來蜂擁而至的朝聖者。一夕之間，萊茵河畔這座的城市便成了聖地亞哥德孔波斯特拉（相傳耶穌的使徒雅各葬於此，為天主教朝聖城市）和羅馬之外的中世紀最重要朝聖之地，於是科隆熱切地蒐集遺髑，直到聖人遺髑達到難以想像的八百具。具備現代規模的大教堂於一二四八年奠基。當科隆於一二五九年取得**強制貨棧權**❼時，萊茵河上每一艘船的貨物都不得不在該城卸下。

科隆不僅變成經濟中心，更成為學術重鎮，而幾乎是託唯一一人之福：**大亞伯特**（Albert der Große, Albertus Magnus）。他在一二〇〇年左右出生於多瑙河畔的勞英根，並在一二二三年於帕多瓦當博雅教育的學生。有兩件事情在那裡改變他的人生：他認識了薩克森的若堂（Jordan von Sachsen），他是創立於一二一五年的道明會獨具魅力的修會總會長，亦是修會創辦人聖道明的繼任者，亞伯特立刻加入該修會。他也第一次讀到亞里斯多德的著作，不久後成為傳授這些著作最重要的老師。他在科隆擔任見習修士，接著於弗萊堡成為修院神學哲學教師，他持續鑽研自己的學問；一二四三年，聲名遠播的他到巴黎索邦求學五年，他取得碩士學位並教授亞里斯多德和阿拉伯哲學家的課程。他也有一些不太光榮的事蹟，包括在一二四八年簽署下令燒毀猶太教**《塔木德》**❽的公文。

亞伯特在同年回到科隆，並在建立道明會的通識研究，那是後來的科隆大學的根基。在此期間，他

❼ 譯注：「Stapelrecht」，中世紀時用來授予某些河上港都的權利，當載著貨物的商船途經持有強制貨棧權的城市時，就必須在指定港口或其他場所卸貨，接著將貨品陳列在特定的貨棧或市場以向市民銷售一段時間（一般為期三天）；只有在經過這一道程序之後，貿易商才被准許重新裝貨載著未售完的貨物繼續航行。在某些情況下，商人得以通過繳納一筆費用來規避這一道麻煩的流程，從而變成一種貿易稅收。

❽ 《塔木德》（Talmud）被認為是猶太教中地位僅次於《塔納赫》的經典，源自公元前二世紀至西元五世紀間，記錄了猶太教的律法、條例和傳統。

是教會的重要人物，在科隆市民和大主教激烈爭執時兩度出面調停，不管怎麼樣，他至少讓爭端直到他死後才在沃林根之戰中升級擴大。一二五四年，亞伯特成為道明會的省級長並以視察員的身分至各地巡視，三年後他回到科隆，再次短暫停留。他有兩年的時間是雷根斯堡的主教，接著教宗伍朋四世（Urban IV.）召他擔任當時第七次十字軍東征的仇恨傳播者，教宗於一二六四年離世，亞伯特免除了這個義務；從這時起，他便可以把大多數心力奉獻在研究上，先是在符茲堡和史特拉斯堡，接著於一二六九年回到科隆，他在一二八〇年以高齡長眠於此。

亞伯特為什麼對於哲學如此重要？首先是七十多部論著的包羅萬象的創作，他為大多數的亞里斯多德作品撰寫釋義和評註，其中包含《論原因》這部他並不曉得其實不是源自偉大導師的著作。亞伯特以基督教世界熟悉的方式，區分神學的領域和自然研究，對他而言，兩者是並行不悖的。作為神學家，他承認象徵、奇蹟和未經證實的事物；相對地，作為自然研究者，他堅持排斥這類事物。

儘管如此，正如當時習以為常的，亞伯特也把天文學和星象學混為一談，他相信從星座可以推論出預言。在化學以及沒有被區分開來的煉金術領域裡，他也有開創性的成績：他並沒有煉出黃金，卻把化學物質蒸餾、昇華並分離。亞伯特是研究礦物結構的先驅，一直以導師亞里斯多德以及阿拉伯人的知識為指引。而且自羅馬人普林尼（Plinius）以來，他是第一個記錄動植物界知識的歐洲人，並且依照亞里斯多德式的分類法分辨出四百七十七種動物種類。

然而，亞伯特卻不僅僅是以自然研究者的頭銜而聲名大噪，他一再埋首思考當時的哲學和神學問題，大抵上都是亞里斯多德自然哲學的復甦產生的問題：世界是永恆的，還是創造出來的？我們的理性是普遍的天體原理，還是說在每個人心裡都存在著某種類似個人理性的東西呢？靈魂是非物質且天界的，還是有實體並終將逝去的呢？尤其是：人類是透過神的恩典而幸福快樂，或是必須透過正確的生

[464]

活？

[465] 大多數的問題，亞伯特都在尋求折衷方案。世界是永恆與否的問題，這位萊茵河畔的施瓦本人以科隆式的輕快口氣擱置了：**你問我，我問誰？**在靈魂和理性的問題上，他有個混合的解方：對亞伯特來說，理性是靈魂的一部分，並且因此是個別的；不過，理性卻也被獨一無二的普遍性充滿，因為只有這樣才有辦法解釋，為什麼在談論普遍事物時，我們能相互理解，也就是說，我們的理性既是個人的又是非個人的、是個別獨特的又是普遍共通的。在我們理性的普遍層面，我們可謂超越自身，我們共享一個普遍而神性的領域。亞維森納承襲希臘傳統而認為我們的理性是神性的，而亞伯特在這點上贊同他的意見。只不過，他把理性和靈魂結合起來，並使靈魂獲得在亞維森納與亞味羅的主張裡頭沒有提及的不朽性。

這類的考慮同樣也幫助亞伯特找到「人類怎樣才能幸福快樂」這個問題的答案：我們的主動理性為我們的認知理性（被動理性）提供養份，並（透過與他人對話等方式）幫助它越來越了解世界上的事物。而我們的理性越是提升到普遍性，並因此於自身中察覺和吸收越多神性，我們的人生就會越幸福快樂。所以說，人類並不像奧古斯丁主張的那樣透過神的恩典而幸福快樂，他們之所以喜樂，是因為他們理性的努力使他們和神聖領域漸漸融合在一起。聰明又正確的思考和理解使人感受到真福。

亞伯特史無前例地讓亞里斯多德的自然哲學著作在中世紀世界裡再度被社會接受，但是過程裡，他也必須小心謹慎並善於交際。在極短的時間內，道明會變成了守舊的組織，而公然唾棄亞里斯多德主義 [466] 者與「亞味羅主義者」的例子並不少，處決以及把人和書籍公開焚燒的情況皆存在著。在巴黎，這波浪潮分別於一二七〇年與一二七七年延燒到人文學院著名的教師，**布拉邦的西格爾**（Siger von Brabant）和**達其亞的波修武**（Boethius von Dacien），他們被指控是「亞味羅主義」，因而丟掉了教職，後來更在羅馬不明喪命。

教會高層的限制性條款並非平白無故，因為亞里斯多德主義者和「亞味羅主義者」讓基督教的救贖史看起來像是無稽之談，對他們而言，自然史並不如對菲奧雷的約阿希姆和其他人那樣，是一齣分成長短各為千年的三幕劇，而是遷流不息並且穩定的不平衡（如同現在的生態學家使用的語言）。可是如果真是如此，那麼信仰為何物呢？想像與幻覺嗎？最多就是個適合平民百姓的繽紛比喻故事堆積起來的大雜燴，如亞味羅所宣稱的？

探討亞里斯多德的可能性範圍相當廣闊，相較於布拉邦的西格爾和達其亞的波修武幾乎沒有考慮到基督教神學，亞伯特則是試著使雙方和解。針對此問題，他給十三世紀的解答都是複雜的平衡動作，設法調和神啟和亞里斯多德形上學、基督教神學和哲學理性。那些並不是特別傑出的作法，因為亞伯特其實一點都不想使神學和哲學、信仰和自然研究融合，而是想要分別協助雙方獲取其權利。就好比他的世界劃分，並沒有使他拒絕奉教宗之名而號召十字軍東征阿拉伯異教徒，一個他因為其知識而深深讚賞的文明。然而，宗教與政治處於硬幣的一面，而哲學與自然研究位於另一面。在這點上，他最著名的學生卻堅決和他唱反調，而這名學生就是**聖多瑪斯**。

聖多瑪斯

一二二五年，許多人眼中十三世紀（若非整個中世紀）最重要哲學家出生於拉丁姆的阿奎諾附近。身為貴族家庭的小兒子，多瑪斯早在五歲時便進入知名的卡西諾山本篤會修道院；一二三九年到一二四四年之間，他在皇帝腓特烈二世剛剛創立的拿坡里大學完成人文七藝的通識學程。十九歲時，他進入道明會，這件事讓家人對他很不諒解，有一段時間，他們把他監禁在阿奎諾附近的家族所在地。一二四五年，多瑪斯搬往巴黎，師事亞伯特三年；亞伯特於一二四八年到科隆，多瑪斯也以助理的身分跟隨他。一二五二年，他獲得於巴黎大學任教資格，迅速以教育學家的身分崛起，以出色方法深入淺出闡述複雜事物。他的老師亞伯特擔任道明會視察員行遍日耳曼，多瑪斯則是以自己的課程風靡巴黎的學生。他很早便擬定計劃，打算把迷人的亞里斯多德思想盡可能完美而無矛盾地融入基督教神學，多瑪斯心裡浮現的並不是如同亞味羅、邁蒙尼德或亞伯特所主張的雙重世界模式，而是最理想化的融合。

在整套融合雙重世界的計劃上，多瑪斯的事蹟豐富和多樣性，在此僅能擇要描述：他假定人類基本上可以完全洞察世界，對多瑪斯來說，萬事萬物理性又有意義地相互配合，而神賜予的人類理性一樣可以領會這整套理性的秩序。我們固然看不見凝聚整個世界的不可見原理，卻認得出它們在可見世界裡的作用和影響，因此「神學作為科學」的任務便很容易界定：它在於從可見事物反推背後的普遍原理和隱藏的必然性。

多瑪斯理解下的科學，不需要經驗觀察和實驗，也不進行測量，而僅僅是從事演繹。他依據亞里斯多德的說法撰寫早期著作《論存在與本質》（*De ente et essentia*），用哲學的方法釐清「存在者」的世界。首先，「存在者」有兩種型態：一是**合乎邏輯**者，即有理據的命題。如果我們的思想正確認知到事態，那麼這就表示我們的理性和神性理性相符，而我們的判斷也因此為真。

存在者的第二種型態為**實存者**（real seiend），不同於邏輯性存在者，現實存在者具有一定的大小、數量、位置等等。多瑪斯在這裡遵循亞里斯多德的形上學：真實存在者擁有**本質**，而且要麼是**實體性的**，要麼是衍生來的並因而是**偶性的**。在下一個階段，多瑪斯區分出現實存在者的三種不同實體：有個不可分割、不朽、無限而純潔的單一實體，這個實體就是神，絕對形式的存有；相較之下，其餘所有存在的實體則沒有絕對的存有，它們都是等而下之的，因為它們是聚合而成的。這裡頭有**非物質性**的合成物，像是不朽的天使和靈魂，還有**物質性**的聚合物，例如剎那生滅變化、瓦解或死亡的人類、動物或石頭。

要講出這套模式的要點可是輕而易舉：對多瑪斯而言，只存在著一**個**絕對的存有，也就是神，而一切其他事物都只是以不同的方式存在著，卻不是絕對的存有。藉著這個方式，他於一個亞里斯多德式的思維宇宙中確保上帝的超越地位；相對的，存在者的世界則不是那麼真實。亞里斯多德認為，只有**真實** [469] **存在者**具有本質；相較之下，多瑪斯則是主張，就連天使也擁有本質，就跟「人類」這個種屬一樣。多瑪斯的本質概念更為廣泛：一切我所能夠想像（也就是我能夠**定義**）的事物都是存在的和本質性的。

多瑪斯據此自認沿著類亞里斯多德式的路線工整地塑造神的角色，以及連帶的神學的角色。如同那位希臘哲人，對這位中世紀神學家來說，神也是「不動的原動者」，並因此是世界的**動力因**（causa efficiens）；但是和亞里斯多德不同的是，多瑪斯在這個「不動的原動者」當中同時看見世界的**目的因**（causa finalis）。在亞里斯多德的主張中，對於「世界整體是徹頭徹尾有意義的冒險行動」隻字未見，唯獨個別生物的生命會朝著特定目標進行，卻非整個世界；然而，在亞里斯多德那裡的**目的論**，到了多瑪斯這裡卻變成**神學**、變成無所不包的目標明確的救贖計劃——「不動的原動者」是個強迫亞里斯多德和奧古斯丁這兩個水火不容的思想泰斗在概念特技的儀式裡被送作堆的啟示。

多瑪斯在巴黎證明了自己的實力之後，便在拿坡里任教，接著從一二六一年至一二六五年於奧爾維耶托擔任道明會的修會教師，隨後以碩士身分在羅馬和維泰博授課三年。在這段期間裡，他繼續對亞里斯多德作註解並研究認識的問題，他的倫理學與政治學文獻稍後還會提到。一二六八年，多瑪斯返回巴黎，並加緊自己的寫作活動。他撰文反對亞味羅主義者，依據和他們相斥的看法：理性不可分割地和每個靈魂連結在一起。亞味羅認為不存在什麼個人理性，只有人類分受自共同的神聖理性；相反地，對多 [470]

瑪斯來說，理性不可以從個別靈魂分割出來的，它是「靈魂的一部分」並形塑著它，理性形塑靈魂，就如同靈魂形塑著身體，而一切同屬一體。對多瑪斯來說，唯有如此才可以解釋為什麼每個人的靈魂都是不朽的。因為，一個小心翼翼地從神聖理性分離的靈魂會變成何物呢？它會像動物的靈魂那樣倏忽生滅，而不是如天使一般不滅？

令人訝異的是，多瑪斯宣稱自己在此是繼承亞里斯多德的說法；然而，這位希臘經驗論者不可能會談到任何個別靈魂的不朽性。儘管他和多瑪斯類似，把理性活動和靈魂活動連結起來，他卻沒有認為理性和靈魂是不可分割的。就像他的註解家亞味羅一樣，對亞里斯多德而言，唯有共同的理性才是不朽的，個別的靈魂則不是。

多瑪斯的野心簡直是無邊無際，他不僅想要證明該不朽性，還必須解決那在過去二十個年頭內引發激辯的問題——世界抑或創世是不是永恆的？對亞里斯多德來說，並不存在一個世界從虛無中誕生的時間點。多瑪斯用一番更為長久的思索來對待該問題，他思考著「形成」究竟應當是什麼意思。正常情況下，形成乃是指某種先前不存在的東西產生，就連在亞里斯多德的主張中，形成也是一種帶有改變物質之動力因的時間上的過程。在這過程裡必然存在著前與後，而基督教也是這樣照猶太教的傳統想像著創世：起初沒有世界，然後上帝在六天內創造了它。與之相比，多瑪斯所談論的則是某種形成，也就是一種沒有時間於其中流逝的創世。有這種東西嗎？在人類的經驗世界裡肯定是沒有的——但是，為什麼適用於人類想像力的事物就應該要符合上帝的全能？多瑪斯認為，上帝有能力曾在祂的創世之舉中完成過某件人類所不認識的事情：某物在以往不存在的情況下誕生，而該物因此同時為永恆的。這樣的情形我們當然沒辦法領悟，不過我們只要鑽研這個問題便可以經驗到它們——我們必須拋棄哲學並仰賴我們那所知超出知識世界的信仰。

新的上帝存在證明

這類的思考可見於多瑪斯的主要著作《神學大全》（*Summa theologica*）。一二六六年到一二七三年的七年間，他都在創作該作品，卻沒有完成；他也引用亞略巴古的狄奧尼修斯的《論聖名》（*De divinis nominibus*）的新柏拉圖主義思想。依照其形式，《神學大全》是為學生編寫的教科書，就和多瑪斯的多數作品一樣。簡潔明瞭地，他把關於世界內部構造的問題拆解成百餘則問題，大學裡的神學家們辯論的方式並無二致：他們將各式各樣的立場並陳對照並釐清。以前多瑪斯也以該方法撰寫《問題論辯集》（*Quaestiones disputatae*）。

在他的《神學大全》中，多瑪斯於兩條戰線上努力不懈：他想要促使保守的神職人員擺脫塵世的空想並實際正視世界的本質。創世並不是墮落不潔的事情，而是神的細膩建築藝術，而知識也不是透過神啟而取得，而是憑著密集的思想工作，研究自然的法則和規律性。同時，多瑪斯卻也想替基督教對抗在他眼裡過於傾向唯物主義的亞里斯多德擁護者，巴黎人文學院及別處的亞味羅主義者。他的《神學大全》的主張恢宏壯闊，正如他一開頭就澄清的，他打算以哲學性論述為輔，把神學建立成科學。

如果神學應該是科學，那麼就表示信仰和理性不得相互矛盾，畢竟使人類超越感官事物並導向真理，正是神的普遍理性的意義，神的普遍理性也在多瑪斯的主張內以新柏拉圖主義的方式由神流出。這種理性不可能和啟示信仰有出入，因為信仰和理性都指向同一個神性的源頭，如果信仰和理性之間看起來仍然存在著矛盾，那就只是看起來如此而已，而化解這個表面的矛盾，就是多瑪斯的任務。

用哲學的方法探究世界，對多瑪斯而言，它代表一個不間歇的訓練。憑藉我的理性，我從感官知覺到的事物培養出普遍性，並同時使我的理解力越來越敏銳；於是我便漸漸認識到世界的自然秩序，在感官性領悟和思想性深究的交替之下，我的理性使之廓然分明。在流程當中，特殊的技藝在於抽象化，從個別事物「抽取」出普遍的形式。所以，正如亞里斯多德的看法，多瑪斯認為柏拉圖式的理型並不在感官世界之外，而是作為神性的形式包含在其中並且有跡可循。最後，我得以窺見由上帝形塑出來的建築，他是由個別事物以及種屬、由殊相以及位階更高的共相構成的。

然而，我們怎麼知道整座世界的建築是出自神的作工呢？多瑪斯以五路論證加以說明，沒有了神便無法解釋我們的世界。支持上帝存在的第一個證明是**運動**：世界到處都有事物在形成和消逝，而潛態會變成現實——不過，這種運動的源頭在何處呢？是誰推動它的？用亞里斯多德的話來說，多瑪斯談到的就是「不動的原動者」，除了上帝之外，便別無他者了。多瑪斯的第二個論點也非常類似，即**因果關係**：世上一切事物皆是照著因果法則發生的，然而那個本身沒有原因的第一個原因為何？依照多瑪斯的說法，就連這個也只能夠是上帝。

第三個論述圍繞著**偶然事物的存在**：世上許許多多的偶然事物是從何而來呢？就算它們不存在也明明不會有差，不是嗎？但它們終究還是存在，而且不是沒有理由的，每個偶然的存在都是出於另一個存在。我們最終會回溯到一個所有存在都賴以存在的非偶然存在，也就是上帝。在他的第四個論證中，多瑪斯轉而談到世上事物都能按照它們善、美或真的程度而**分級**。但是如果萬物沒有一個我們用以分級的理想值的話，那怎麼可能呢？這個理想值在我們的感官世界裡是找不到的，因而就只能是上帝了。

這些論證都說明了為什麼少了上帝，宇宙現有的樣貌便根本不可能存在，我們因此稱之為「宇宙論的上帝存在證明」；然而，多瑪斯依據賴亞里斯多德的說法更進一步，也就是「目的論的上帝存在證明」。如同亞里斯多德證明過的，自然的設計是**按照目的**的，生物都設定成完美適應其環境，就連物理學和化學也都充滿聰明的定律及協調性。可是如果沒有一個構想出這一切的卓越理性的話，這種秩序怎麼可能存在？若是沒有一個規定一切的理性訂定目的、目標、演進和圓滿，根據多瑪斯的意思，那便是不可能的，而這個規定一切的理性，我們便稱作上帝。

神學和哲學都將會長久致力於探討多瑪斯的上帝存在證明，就連萊布尼茲和康德都要費盡心思。然而，我們不應該認為《神學大全》就只是那些證明而已。在該作品三大部的前兩部裡，可以發現到許多具有哲學重要性的思考；也就是說，多瑪斯所探討的不僅僅是形上學，還有人類學，並且廣泛研究倫理學和道德哲學，從哲學的共相轉向許多實際上的社會問題，下文會有詳盡的討論。

只不過，我們首先要談到對於多瑪斯結合哲學和神學的作法的質疑，他們各自有區分信仰和知識的方法：他們的性格以及愛好在這件事上迥然不同的，他們是科技的先驅、激進的懷疑論者、經驗主義者或邏輯學家。他們通通都從事著鑿牆者的工作，一磚一瓦地鑿開了多瑪斯式體系的高牆，最終使之倒塌……

[474]

世界的除魅

- 對技術的讚嘆
- 意識決定存在
- 意志與個體性
- 奧坎剃刀
- 沒有任何事是必然的
- 在我們裡面從事思考的物質

對技術的讚嘆

不同於巴黎或者科隆，牛津只不過是王國裡地處偏僻的小鎮，但是當國王亨利二世（Heinrich II.）於一一六七年短暫禁止英格蘭人赴巴黎求學後，牛津便迅速崛起。很快地，該城市便因為其教會法庭吸引到世界各地的未來法學家到此求學，自一二一四年以來，其大學也擁有著足以媲美巴黎的相對自由。其首任校監，諾曼人**聖羅伯特．格羅斯泰斯特主教**（Robert Grosseteste）是方濟會修士與神學家，以自然研究者著稱。他是卓越的邏輯學家和數學家，翻譯亞里斯多德並且研究光學、天文學，更因此研究星象學。一種大抵上沒有摻雜神學的自然研究——這個作法在牛津蔚風尚。

在格羅斯泰斯特成為校監的同一年，他最重要的學生出生了：**羅傑．培根**（Roger Bacon, 1214-1292）。他在牛津求學，當時格羅斯泰斯特主張，只有用希臘文閱讀才能正確理解亞里斯多德，於是培根開始學習希臘文。後來他在巴黎的人文學院任教一段時間，一二四五年回到牛津，便研究數學、天文學、煉金術以及光學，並且投身獨立的自然研究。

一二五七年，培根成為一名方濟會修士，然而他對該修會的期望卻落空了。這位滿腔熱血的自然研究者想要對人類有所貢獻，他要透過數學、物理學及技術來促使他們進步，他和亞里斯多德以及阿拉伯哲學家一樣，認為奠基於經驗研究的自然研究理解有利於人類的實際生活。然而，成立尚未滿五十年的方濟會卻脫離了聖方濟（Franz von Assisi）催生的巨大改革動力，相反地，培根在弟兄眼裡成了質疑基督教救贖史的可疑人物。每下愈況的是，自一二六〇年起，方濟會作者的全數著作皆必須通過修會高層的審查。培根在該年居留於巴黎，但是情況並沒有不同於牛津，甚至方濟會總會長**波拿文都拉**（Bonaventura）都下令禁止培根授課。照這樣看來，他的修會裡並沒有自然科學知識的空間。

但那就只是看起來是這樣。一二六五年，這位深感沮喪的經驗主義者接獲令人驚喜的消息：**樞機主教**吉・富爾克斯（Guy le Gros de Foulques）對於他的研究很感興趣，培根精神為之一振，他暗地裡為樞機主教伏案寫作。樞機主教不久後被選為教宗時，情況更是錦上添花。他以克勉四世（Clemens IV.）之名登上聖座，而培根也把自己的作品呈遞給他：《大著作》（*Opus maius*），外加一部摘要，即《小著作》（*Opus minus*），以及作為導論的《第三著作》（*Opus tertium*）。

《大著作》這部培根的主要作品內容尤其蒼勁有力。如同格羅斯泰斯特，培根認為想要正確理解傳統的知識世界，就必須通曉多種語言，特別是希臘文；相較之下，數學則是自然的文法，它決定了一切的邏輯思維，而且只有它會為清醒的頭腦供應純正無雜質的知識及最終的確定性，因此宛如「神性的思維」。

[477]

培根不是唯一這麼想的人。自一二六三年開始，有另一個高瞻遠矚者在歐洲與阿拉伯世界中遊歷，他來自馬約卡島帕爾馬，是個博學多聞的加泰隆尼亞人，除了自己的母語之外，還會說希伯來語、迦勒底語及阿拉伯語：**拉蒙・柳利**（Ramon Llull, ca. 1232-1316）。柳利也醉心於跨民族性的數學和邏輯語言，唯一一種知道如何工整區分謊言和真相的語言。身為那位英國方濟會修士的屬靈弟兄，他甚至設計了一部「邏輯機器」，那是七個不同大小的旋轉圓盤，每個圓盤的周邊都寫有概念，會根據圓盤的交會而組成有邏輯的概念串；在許多後輩的主張裡，這部機器大概都是首次釐清語言邏輯的嘗試。

但是讓我們回到培根和他的《大著作》。這位遭受抨擊的自然哲學家把邏輯、文法、外語、數學、物理學、光學及煉金術的全體知識量總結於八百四十頁之上。他一再補充自己的主張和嘗試：創造出「自然律」的概念，而且依據希臘哲學，認為地球是個球體。培根斷定基督的出生年代有誤，並且以天文學的正確思考而主張改革**儒略曆**；在光學上，他認知到凹面鏡包含視覺上的像差，為海市蜃樓、光線折射、彩虹及潮汐尋找解釋；在化學方面，他證實火並不是元素，而是燃料和氧氣的反應產生的現象；在醫學上，他修正了阿拉伯醫學的知識，並以水銀和血液進行實驗以製作藥品；生物學的方面，他研究眼睛的視力及其解剖構造。早在數年前，他就已經認知到後來所謂的火藥會爆炸，並且思索著眼鏡的製造方法。他的研究包括了顯微鏡、液壓系統、汽船、潛水鐘和飛機的前身，因此成為傳奇。

這一切的知識和研究，對培根而言都只有一個意義：促進基督教界的進步、改善人民的生活，以及讓教會在面對信仰不同者和敵對的民族時可以開疆拓土，那顯然有迫切需要。培根撰寫《大著作》期間，繼承成吉思汗的欽察汗國雄踞現在的羅馬尼亞和波蘭東部，到處都在談論即將到來的世界末日——基督教文明將要被「韃靼人」消滅。就連培根也深信不疑，對他來說，唯一的問題是，這個時代轉折點會是什麼，是徹底的毀滅，還是約阿希姆鼓吹的千年王國的開頭呢？

培根想要盡一己之力而不是挑釁，要他承認神學為最高原則是沒有問題的，只要人們不要愚昧地拒絕接受經驗事實、盲從錯誤的權威、出於習慣地墨守成規，或是不加思索在似是而非的格言中尋找慰藉；然而，他以自然科學的進步拯救人類的大計劃，卻沒辦法實現。儘管教宗面對哲學性問題依舊是表現出開闊的心胸——他把聖多瑪斯接到位於羅馬以北八十公里處的維泰博的宮廷；但是，他的重大革新的時間卻所剩無幾。克勉四世於一二六八年過世，在他上任的三年後。培根的著作湮沒無聞，這名失望的救星從此滿腔怒火地痛斥經院哲學家，並且大量樹敵。他在一二七八年被冠上「亞味羅主義」的罪名，再一次遭到軟禁，直到一二九二年死前不久，他才重新獲准離開自己的房子；不過，身邊卻已鴉雀無聲，而他也很快就被人遺忘了。

[478]

[479]

意識決定存在

培根研究得最勤快的自然科學問題當中包含光學的問題，在某種意義下，它們至少可以比喻作物理學和形上學之間的鏈結。中世紀的整套神學都充斥著光的隱喻，從全視的上帝的眼睛到思想和靈魂的照亮，存在和表象、可見的和不可見的，既是光學問題也是哲學問題。

天空的大氣現象讓學者們搜腸刮肚地思索，這並不讓人感到意外。培根曾問道彩虹是什麼，是表象還是存在？當時最好的答案在他過世幾年後是由厄爾士山脈的薩克森人提出的：**弗萊貝格的狄特里希**（Dietrich von Freiberg, 1240/45-1310）。年事已高的他用一塊六角形的水晶、兩顆水晶球和露珠作實驗，他得到接近正確的解答：是光線的折射以合乎自然法則的方式產生彩虹的光譜。

不過，狄特里希卻沒有以物理學家的身分名留青史。他的著作很快就被忘卻，而且對於光學的演進影響不大；他的元素學說以及宇宙論也都沒有什麼成就，但他的天體論卻是鏗鏘有力。在對於亞里斯多德及新柏拉圖主義《論原因》的密集研究之後，狄特里希提出一項當務之急：把中世界天體力學的知識和古典宇宙學結合起來。

在天體物理學的領域裡，聖多瑪斯只是玩票性質，他的強項和興趣都在別的地方。在多瑪斯的理論裡所有推動天體的天使和幽靈，狄特里希把他們一掃而空，就連一次性創世的想法，他也認為是胡謅。如同普羅丁和他的學生所說的「流出說」（Emanation）的不斷創造論才更加合理。總的來說，狄特里希在教會准許的限度內，熱中於新柏拉圖主義，對他而言，神也是「太一」，而宇宙乃其完整的流出物。沒有偶然、也沒有混沌不清的虛無瀰漫於這個完全符合邏輯的世界，萬事萬物，從行星的軌道到人類的精神，皆充滿著上帝的完美智慧。而就像普羅丁和他的學生所主張的，這個精神渴望回到其神聖的源頭，被上帝賦予生氣的它，不斷追求著祂。到目前為止看起來，都和奧古斯丁及教會一致。但是，奧古斯丁任憑上帝恩典任性地決定誰要和神同在，而狄特里希卻認為每個人都有獲致真福的機會，他們只要憑著思考就可以找到早就住在他們心裡的真福。

無論狄特里希從事著什麼研究，光學、宇宙學、知識論或神學，他總是會提出重要的革新。滿腔熱忱的他駁斥亞里斯多德主張裡的一個中心思想，提出一個老問題：我怎麼知道我對於一件事的想法實際上符合該件事的本質呢？因為事物的感性直接接觸我的理性，並為它**規定了**正確的印象，這是亞里斯多德的回答；更因為上帝不會蒙騙我，多瑪斯補充道。

[481]

然而狄特里希想知道得更詳細。他根本質疑我們的理性在自然中遇到的事物有辦法規定我們的理性。可以規定、描述和定義其性質的應該是**理性**，而不是自然物，石頭、時間或法國國王不會為我們的心智預定感官印象，而是我們的心智在確定著何謂石頭、時間和法國國王。這個想法是哲學史上最重要的概念之一！許多名聲比狄特里希還要響亮的大人物都沿襲了這個思路，並且在哲學裡推動了影響深遠的轉向。

從中世紀教會的角度來看，這個轉向是個炸藥——即便教會高層很久以後才見識到其爆炸威力；而當他們終於領會到那威力時，並沒有指責狄特里希，反而是找上他最親近的同伴之一。狄特里希自己不僅是倖免於難，儘管一二七七年的「亞味羅主義」禁令讓人不安，他並沒有失去巴黎大學的教職，並且他也不動如山地在道明會的日耳曼堂區位居要津。

這一切皆非比尋常。我們要知道狄特里希在著作中如何嚴詞批評前人和同儕！幾乎所有人的命題，他都認為不合邏輯而且有矛盾。矛頭一會兒指向亞里斯多德、一會兒又指向亞味羅，這對教會高層而言，只能說再正當不過了；然而，狄特里希偏好的爭辯對象卻偏偏是聖多瑪斯，那他是該修會的思想領

[482]

袖，而狄特里希則是副會長。

多瑪斯整個體系的成敗完全取決於一個主張，上帝用以創造世界的理性，同樣寓居在每個人心裡；但是狄特里希卻深表懷疑，對他來說，事物的「本質」並不是人類的理性在自然裡**發現**到的，而是他們**構想出來**的。在我的心智認識事物的當下，它對我而言是什麼東西，我就把它們塑造成什麼東西；心智定義它們的性質，而且只是依照它自己的神啟理性的遊戲規則。狄特里希合理地和亞里斯多德及多瑪斯等思想家唱反調，認為實在界並不是現實**事物**的面目，相反地，實在界是事物**真實**的面目；而它們真實的面目是由我們的理性來定義的。

對許多沒上過哲學課的人而言，這個想法讓人找不到頭緒，即使是沒有人目睹它們、把它們當作岩石並定義為月球的岩石，它就不是月球上的岩石了嗎？狄特里希不否認這點，不過他認為岩石是直到人類的心智在觀察它們的時候才成為認知的對象，唯有這樣，它們才在真正意義下成為只能用理性把握的世界事物。據此，這個道明會修士以寬大的胸襟打開了哲學思考的主觀向度，即便他並沒有大步邁進。

如果有人因為狄特里希的主觀性轉向而誤解他，他們會說他是個神祕主義者。可是他偏偏不是；他自視為得出唯一正確結論的冷靜邏輯學家。由於這個世界的事物無法告訴我們任何事，我們就必須對這個世界的事物說它們是什麼，狄特里希據此相信自己正在發掘世界的真實面目，正如多瑪斯以其方法的嘗試。然而，他的前輩假定世界和理性之間進行著對話，狄特里希卻認為那只是理性的獨白，人們唯有承認這點，才得以認識世界的隱藏法則。

當然，就連狄特里希的精神和世界的理論裡沒有了上帝也行不通。儘管這位薩克森的邏輯學家嚴格區分哲學和神學，但並不是為了擺脫神。和多瑪斯不同的是，對狄特里希來說，神不會擔保我的理性認知到的事物符合真正事實；狄特里希要神擔保我的理性工具優秀到根本不必和事實一致。我用來主動認

[483]

識事物的主動理性，嚴格遵守邏輯，可以如神一般正確地**建構**事物。

不過，如果由神灌注在人心裡的理性基本上能認識並把握萬物的話，那麼為什麼不是所有人都是完美的洞察者和天才呢？為什麼世上有這麼多愚蠢、無知和一知半解呢？嗯，這顯然是因為大多數人沒有好好訓練他們的理性以認識世界和自己。思考是持續不斷的邏輯功夫，而雖然我們的理性是神灌注的，真理卻不會倏地飛到我們眼前，我們必須費心把這些寶藏從「心靈深處」挖掘出來。

哲學的自我認知的寶藏則是特別難挖掘。為了成為優異的工具，理性必須認識自己。依照狄特里希的說法，大多數人在這點都不是特別成功，否則聖多瑪斯就不會把理性當作是灌注到物質性靈魂的靈性質料了。要是我們依照邏輯操作，那麼我們（根據狄特里希的說法）便會認知到，我們並不**擁有**理性，而應該說我們**就是**這個理性。我們並不是具備優秀理性的靈魂，因為沒有理性的人類靈魂和沒有靈魂的理性，到底是什麼東西呢？靈魂和理性都不是指涉事物，相反地，對狄特里希來說，兩者是密不可分的、無實體的、非物質的，並且僅能主觀理解。當理性探究自己時，它並不會認知到任何對象，它把自己認作是一種非物質性的實在者、是所有意識內容的主觀源頭。

狄特里希的觀點前後一致，而且很激進。他甚至認為時間不是既有的自然事物，亞里斯多德約略提到的、而由奧古斯丁闡明的想法，狄特里希把它充類至盡：我們並不是生活在「時間」裡，時間反而是我們的意識以想像力展開且延伸的東西，它不是存有的範疇，而是個「直觀的範疇」（Kategorie der Anschauung），如同康德於五百年後（他沒有引用狄特里希）所說的。

然而狄特里希卻並不怎麼成功。他的思維顯得如此不合時宜，以至於他的思考方式要到幾世紀後才流行了起來。事實上，儘管他在修會裡位高權重，在他過世五十年後，他便被世界遺忘了，和培根沒有兩樣。至少，他思想裡的革命性質沒有對他造成危害，這很可能是因為他並沒有從中得出任何政治性的結論。

意志和個體性

對狄特里希而言，物理學和形上學是一體兩面；但是在他研究光學並解釋彩虹的同時，兩者卻分離了。就算培根的偉大計劃藏諸名山，至少牛津大學漸漸推崇自然研究的地位；數學、物理學及醫學在大約一千三百年間成為流行話題，而且不限於英格蘭。哲學在許多大學裡和神學分開，這個事實產生了特別有益的影響。它在制度上加深的裂痕，正是聖多瑪斯幾年前想要一勞永逸地填補的。

領域一分為二，從此井水不犯河水——看來，神學家和哲學家的書房及講堂的戲碼和，和大時代的政治沒有什麼差別。整個歐洲突然間支離破碎，在歐洲中心的德意志民族的神聖羅馬帝國殘破不堪，在義大利統治該帝國的腓特烈二世於一二五〇年去世，帝國陷入沒有皇帝的群龍無首時期：「大空位時代」（Interregnum）。直到一三一二年，亨利七世（Heinrich VII.）即位而再度出現一位德意志皇帝，可是他的權力卻不再是世襲的，從現在開始是由選帝侯推選皇帝，顯示權力從皇帝轉移到諸侯身上。

人們乍看之下會有個印象：在世俗政權和神性的權力的永恆拉扯當中，教廷看似大獲全勝。然而表象總是不可信，在皇帝和教宗反目成仇的陰影之下，法蘭克王國趁機壯大。教宗波尼法爵八世（Bonifatius VIII.）於他的訓諭《一聖教諭》（*Unam sanctam*, 1302）中要求所有君王都得臣服教宗，情況便更加怪異了：「於是我們接著宣告：即使他們的靈魂失去了至福，所有人類也必須臣服於羅馬教宗；我如是告訴你們且諭令你們。」不過教宗的命令只是虛張聲勢的紙老虎，法國的美男子腓力四世（Philipp IV. der Schöne）不假思索地下令捉拿教宗，並判定他是異端！教宗竟然會是個異端？波尼法爵不久於一三〇三年死於羅馬，自此便由腓力決定誰可以擔任教宗。波尼法爵的繼任者克勉五世

[485]

（Clemens V.）不出所料地是個法國人，在里昂被祝聖為教宗！羅馬對腓力而言已該退役了，從現在開始，亞維儂成為教宗的所在城市。

十四世紀初，歐洲政治的座標幾乎是在轉瞬間產生位移；皇帝和教宗，一切再也不可同日而語！而以前神聖、不可侵犯又不朽的，現在都煙消雲散：遷流不息取代了恆久性。法國是新興超級強權，但是作為競爭對手的英格蘭早在暗地裡虎視眈眈；近六百萬居民住在不列顛群島，經貿蒸蒸日上，而牛津和劍橋大學都享有盛名。

[486]

這些是中世紀一位機智敏銳的思想家**董思高**（Johannes Duns Scotus）的歷史背景。他的出生年分不詳，就如「司各脫」（Scotus）這個別名所透漏的，**董思高**是蘇格蘭人。一二九一年，他在北安普頓的方濟會成為神父。大約在這個時期，他同時在牛津求學，或許也在劍橋，就如當時流行的，他廣泛鑽研亞里斯多德。一三〇二年，也就是教宗頒布訓諭的那年，他動身前往巴黎，卻在他支持教宗而反抗美男子腓力的時候，不得不再次離開。一年後，他返回法國首都並在此地任教三年。他的最後一站是科隆，在短暫停留過後，他於一三〇八年長眠此地，享年四十到四十五歲。

早逝使得董思高沒留下任何一部大作，然而他仍在哲學史上佔有光榮的一席之地，儘管根據他的自我理解，董思高根本不希望成為哲學家，而是神學家，不過這點讓他（如同我們會看到的）成為中世紀最有智慧的亞里斯多德批判家。摒除任何宗教的狂熱，董思高以冷靜的興致把手指伸進亞里斯多德形上學的傷口裡：亞里斯多德和他的擁護者們怎麼知道那些他們自以為的知識？董思高問道，如同先前的弗萊貝格的狄特里希一樣。正如亞里斯多德主義者的真知灼見，這個世界的所有知識皆源自於經驗——但如果我現在從我的具體感知和觀察推論出一個共相、種屬、不可見的世界結構和秩序，那麼這便不是知識，而是臆測；原因是，我根本沒辦法擁有關於普遍概念的任何確切知識，我看見的只是結果，而不是

[487]

原因。於是對董思高來說，亞里斯多德式的哲學是偏離了事實的堅實地面所撐起來的，就好像在不可見的世界裡擁有支點似的。可是這個支點卻是未知且不確定的，我無法一步步地推論出來，而我也永遠沒辦法斷言，在這個普遍概念和抽象想法的世界中，有哪個事物面目是必然的。

董思高辯論的方式可說是超乎尋常；因為，神學家們對於亞里斯多德主義者有諸多指控，卻絕對沒有譴責他們主張非感官經驗之外的事物是不可知的，因為整套神學本身正是以對於不可見的普遍事物大膽又自以為是的斷言所構成！董思高的所作所為卻完全讓人跌破眼鏡：他以其人之道，還治其人之身。他用亞里斯多德主義者反對神學的論調反過來攻擊亞里斯多德：他不相信他們有辦法提出任何有力的證據，以證明自己知道那些他們自以為知道的知識，而且他把亞里斯多德的形上學降級至臆測的層次！在董思高的面前，亞里斯多德主義者再也不是為了研究自然的感覺現象而辯護，他們反而必須為所謂事物背後的隱藏存在法則提出正當理由。

如果這麼論證的話，最終得以被視為知識的便只剩下經驗可以檢驗的事物。但這不是董思高的本意，他完全相信有個龐大不可見的萬物的結構存在，只是該怎麼確切認識它呢？董思高也無意牽扯到神學家和亞里斯多德主義者相互指責無知的僵局，他想要就哲學和神學對於每個人及其靈魂救贖的**功能**加以區分兩者。

對董思高而言，受到亞里斯多德主義激發的哲學，其實就是自然研究。不過，就連神學也並不是真理的推論。正好相反，它對董思高來說就好比生活指引。人類渴望尋求意義和目的，它遠超出動物的生物性目的，亞里斯多德的主張裡不僅不存在救贖，人類根本沒有救贖的需求！董思高則生活在以救贖的渴望作為普遍存在話題的世界裡，他認識的人都想知道，既然死後有生命，什麼對他們這輩子的人生來說是正確的。哲學卻沒辦法給予他們任何有保障的答案，因為關於這方面，它也一樣一無所知。由此可見，人類就只剩下信仰了。這種信仰根本笨認為神的理性和人類理性有什麼直接接觸，那只是阿拉伯的童話和聖多瑪斯的主張。不，這種信仰是直觀知識，它是對神的愛，而且它相當實用。我所信仰的價值會協助我擬定並正當經營我的人生，它們賦予我對於存在的熱愛以及架構和意義。而比起閱讀聖經，有什麼可以讓我更容易找到這一切呢？

對於中世紀的神學家而言，這是相當大膽的定義。他從哲學家身上剝奪了形上學的領域，但是也不想把它讓渡給神學。只不過他留了一道後門：因為誰知道人類對於天地之間事物的無知是否會持續下去？人類難道不會不斷向上演進，而上帝卻沒有一道又一道地為他們撩起自己披風的皺褶嗎？對亞里斯多德來說，人類是一旦確定便永不變動的動物，他對人類文明的印象不含任何活動力，而他的「政治動物」宛若於玻璃罐裡的標本，沒辦法產生任何變化。但董思高受到當時動盪的激發，卻認為人類是有演進能力的，特別是在自我認知能力方面，會漸趨完備。

相較於弗萊貝格的狄特里希，董思高的方向正好相反。狄特里希授予人類理性成為世界建造者的權力，董思高則是根本質疑人類理性的有效範圍。他否認我們的心智會以思考而產生出事物的性質，他在這件事上和亞伯拉的傳統為伍。他極度懷疑諸如「人類」或「動物」抑或「善」之類的普遍概念能表明我們確切認識的事物。根據董思高的說法，我們其實只能談論個別事物，而無法對共相發表意見。就此事而言，他並不像那些認為「人類」和「善」都只存在於語言之中的「唯名論者」那般激進，不過他卻懷疑怎麼可能提出關於「人類」及「善」的有效命題。我們所認識的就只是個別的人和特定的善行而已。

我們僅只認識個別與特定的事物，這使得董思高更加仔細地鑽研個體。事實上，他有別於以前的中世紀思想家（也許除了亞伯拉以外），而強調並闡明**人的個體性**。在該過程中，他使用大量的邏輯理性證明，人類於日常生活中幾乎沒有使用到邏輯理性。大多數事物在我們看來都是生活中顯而易見的，它們清楚明白又看似有理，卻不因此就經得起檢驗。人類**意志**似乎也並無二致，它不受任何邏輯和計算的左右。

對亞里斯多德而言，人類的意志都有個目標：過一個盡可能合乎道德因而幸福的人生。聖多瑪斯由此制定了一套神聖的規劃，根據該規劃，每個人都努力追求肖似上帝並且自己提升。相對之下，董思高則是斷定我們的意志游走在和我們的理性相異的道路上，此外，在對於享受的渴望以及對於公正與善的渴求之間，意志似乎也難以抉擇。董思高身為教士，儘管出現各種懷疑聲浪，他依舊重視善和公正勝於享樂，一個積極進取的人會設法抑制追求享樂的意志，這和柏拉圖及其他希臘哲學家所說的沒有兩樣；只要是愛上帝的人，都該這麼做！他會自我克制，不會毫無節制地屈服於享樂的欲望。儘管如此，董思高卻和先前的奧古斯丁一樣，認為那是一場無止境的拉扯。在聖多瑪斯眼裡完全不成問題的事，理性和意欲的一致，董思高卻認為那是艱難的任務，而經院哲學中期的冷靜邏輯在他這裡就變成心理邏輯！

奧坎剃刀

董思高於巴黎對亞里斯多德的形上學及神學家的形上學提出質疑，在三百五十公里外的倫敦，有個人剛剛領了教會的祝聖，卻更激進地質疑我們關於上帝和世界的知識之可能性：奧坎的威廉。一三〇六年，這名年輕的方濟會修士在從前南華克的濕地，即今天倫敦市中心，成為副執事。

小到幾乎看不見又隱蔽，該座哥德式的主教座堂位於歐洲最高辦公大樓「**碎片大廈**」，也就是卡達的執政家族的一座銳角金字塔的附近，被倫敦市那些現代化的銀行大樓奪去光彩，很難想像這座詩情畫意的教堂以前是控制西方信仰的重鎮。大教堂和銀行大樓的畫面顯示理性和效率思維的大獲全勝造成的巨大權力轉移，而「碎片大廈」內大概沒有一位財務經理會知道，「思考的經濟原則」（Denkökonomie）這個和奧坎的威廉密不可分的概念就是以這裡為起點。

在董思高過世的一三〇八年，威廉轉學至牛津大學；一三一七年，他成為神學學士，卻永遠不會攻讀碩士。在大學就讀的期間，他便寫下這樣的句子：「神學並非科學。」就一位十四世紀早期的神學家而言，真是好大膽的一句話啊！然而，威廉的意思卻不是在說神學家思想神學的方法有誤。原因根本得多：對於威廉來說，人類的心智發展並不足以掌握神學的題材，上帝、創世及世界的起因；所以說，「神學並非科學」不能怪罪神學家，那是由「人類的認知能力有限並且對超越感官的事物一無所知」這個事實推論得到的邏輯結論。距皮羅與阿爾克西拉烏斯一千三百年之後，哲學再度來到對於人類認知之可能性的懷疑和不信任。

一三二〇年，我們再度於倫敦的方濟會發現威廉的蹤跡。他在那裡研究邏輯學和自然哲學，並且提出基本論點，第一個論點涉及邏輯。我的天哪，威廉的前輩們在玩什麼概念遊戲，他們創造了什麼樣不切實際的形上學空中樓閣！然而聖多瑪斯等人如何得知他們所謂的知識？他們內心的把握從何而來？許多概念會被他們用到，難道不是因為有這些字詞的存在嗎？關於「必然性」的談論有必要嗎？為了說明我們為何以偏概全和一概而論，我們是不是必須假定「共相」的實際存在？自那幾名阿拉伯人以來的經院哲學家都在談論的各種不同理性，它們真的全都存在嗎？在完全無法以感官經驗到它們的情況下，我怎麼知道柏拉圖的理型是存在的呢？那一大堆「原則」，那些也許在人類語言之外便一無是處的傳統、臆測和無的放矢，把它們全數刪除不是更好嗎？

威廉的建議很極端：他要求「以符合思考經濟原則的方式」操作並刪去一切和**具體經驗**無關的或是**有矛盾**的事物。這個方法在十七世紀以「奧坎剃刀」之名列入哲學史。

如果遵守這套思考的經濟原則，我們對於現實的想像會有顯著的成果。我們生活在什麼樣的現實裡？我們要怎麼就這方面來想像世界？對威廉來說，就人類理解的世界裡，不存在**任何必然性的事物**，我們所能理解的任何事物都不是必然的，而是偶然的，它們也可能會有所不同。對一位哲學家而言，這是個相當難堪的領悟。自從柏拉圖和亞里斯多德以來，不是幾乎所有人都在世界眾多殊相背後發掘不可見的必然性以及隱藏的秩序嗎？而且他們不都假定了這種秩序是理性的或至少是符合目的的嗎？要是不再信任人類的認知能力可以揭露世界的隱藏架構，那還剩下什麼呢？

無論如何，威廉至少並不懷疑上帝是根據理性而設計了世界，他也相信世界是合乎邏輯的；在這點上，他就是中世紀的神職人員。威廉所想像的神不可能作出不合邏輯的行為，邏輯終究是神聖的，而且可以假定上帝遵守祂自己的邏輯。這時候當然可以爭論說，如果說神被迫遵守祂自己的邏輯理性，並且不做出任何矛盾的事，那麼神怎麼會是全能的。因為全能的神當然也有辦法推翻祂自己的邏輯，這麼做的話固然不合邏輯，不過就如我們所見，這裡出現了一個貓咬尾巴的因果不明窘境。於是威廉認為，相較於邏輯和物理的謬誤，上帝犯罪（！）或許比較容易想像；也就是說，我們可以假定上帝不會停止或倒轉時間，而祂也不會創造出無物質的物體和氣態的脊椎動物。

不過我要怎麼樣才可以在此前提下認識任何事物呢？亞里斯多德和聖多瑪斯都主張我們是因為適應世界事物才認識它們的，我們探究一個對象，並在我們內心的眼睛之前勾勒出代表這個對象的意象，一個對象的印象。我們的理性適應該對象，因而洞察它並認識其共相。對多瑪斯來說，這是把神性理性和人類理性連結起來的行動，就好像是上帝的電力在點亮我們頭腦裡的燈泡。

弗萊貝格的狄特里希駁斥這種人類心智和外在世界符應的說法，對他而言，認知的戲劇並不發生於理性與自然事物**之間**，而是在神性且內在於人的理性本身**之中**；相較之下，威廉則是從另一個側面提出批評，狄特里希對理性讚不絕口，而他以盎格魯撒克遜人的冷靜理智貶低它。他無法想像人類會真正接觸到神的理性，就連董思高也質疑這種神啟的理性，如果說神會照亮人類內心的某個東西的話，那便是感覺、想像和希望，但不會是理性。出於這個原因，威廉同樣也認為事物的共相是不可知的，我們僅能領悟以感官經驗到的殊相。我們另外還能做的唯一一件事，就是用合乎邏輯的、即沒有矛盾的命題把這些事物串連起來，而這正是科學的工作：以和諧而符合邏輯的連結來創造知識。

[494]

這個和過去的決裂不容小覷。在哲學和神學的傳統中，命題符合事實本身便為真。但在威廉的主張裡，我們必須在現實的個別事物中以感官掌握現實，才會符合現實；相對地，在提到共相的命題裡，我們對於現實一無所知，什麼都不能做，除了遵守普遍的邏輯法則和組成符合邏輯的命題以外，抱持著「雖不中亦不遠矣」這個無法證實的希望。

這樣一來，威廉在無止息的共相之爭當中站在哪一邊，也就很清楚了：他同樣束手無策，不過比起當時已知的答案，他更著重於問題本身。以他的角度來看，該問題是介於我們所能知道的和不得而知的事物之間的裂縫中。

真是再清楚不過了：如果我們的理性完全沒辦法適當掌握共相，那麼就不應該聲稱「人類」與「善」是真實存在的，因為我們並不是真正認識「人類」和「善」，認為「人類」真正存在的「唯實論者」，都是在主張一種他們根本**不可能擁有**的知識。威廉認為，唯獨世界上的個別事物才是我們有辦法真正領悟的，我們當然可以用我們的理性把握這些個別事物。我們可以就其到共同點有意義地談論「人類」，也就是說，與唯名論者不同的是，「人類」對威廉來說不僅僅是個詞彙而已，更是一個非這麼說不可的有意義的概念。所以說，就像亞伯拉一樣，威廉也可以算是「概念論者」：普遍概念僅存在於語言之中，可是它們的存在卻並非偶然。

[495]

威廉觀察事物的清醒眼光，並不符合當時教會高層的看法。聖多瑪斯不是創造一套不僅證明上帝、更解釋神職人員如何獲取世界真理並宣揚之的美好體系了嗎？現在威廉竟然跳出來說這種知識基本上是不可能的？這些問題以及和牛津大學校監的個人齟齬，使得威廉不得不於一三二四年身入險境，他被召到亞維儂，親自在教宗面前為自己的異端論點辯護……

沒有任何事是必然的

在我們探討威廉接下來的命運之前，先看一下其他人如何闡揚他的思想。其中一人為**奧特雷庫爾的尼古拉斯**（Nicolaus von Autrecourt），他出生於一三〇〇年前夕，並於一三二〇年到一三二七年之間在巴黎念神學，他成為中世紀晚期承襲董思高和奧坎的威廉傳統的第三大知識批判者。尼古拉斯對威廉的學說如數家珍，即便他可能從來沒有見過他，不過，他卻覺得「唯獨邏輯上無矛盾的事物才為真」很有道理。然而問題在於，如此一來，被過濾掉的不僅是任何不合邏輯的命題而已，更包括我們日常經驗的可靠性。

威廉沒有質疑我們可以靠著感官的確定性認識個別事物，然而尼古拉斯卻意識到，這種確定性本身就值得懷疑。因為我的感官可能會騙我，我常常不曉得自己是不是弄錯了什麼。只要想想聖體聖事的例子：教會要大家相信餅酒會化成基督的血肉，儘管這個信念牴觸了所有感官的證據。如果說個別事物的感官知覺才是真實的，那麼兩者便有一方不會是正確的：要麼就是我在聖體聖事這回事上搞錯了，因為我的感官領會不到餅酒變成基督的血肉；要不然就是教會的「體變說」（Transubstantiation）是錯誤的。

對於個別事物的感官認知，我沒有任何判別真偽的準則。「沒有矛盾者才有效」這個命題僅適用於邏輯關係，但當我辨識某物為白色、灰色或紅色時，則沒辦法以邏輯檢驗它。矛盾律掠過我的感官知覺而無法理解它們。

剩下來的就只有邏輯了。但是如果它只能在命題層次上進行，而我們卻沒有任何完成符合現實而非錯覺的東西，那麼邏輯又有什麼價值呢？任何邏輯結論和由結果回溯原因，從來就不會披露任何準確無誤的真理！因為「用一種基於最高知識原則或是其可靠性的證據，我們還是沒辦法『我們認知到某物的存在』明確推論出『該事物存在』」。[154]

尼古拉斯對因果關係提出質疑，這是在哲學史上大有前途的想法。舉例來說，蘇格蘭的休姆也在十八世紀提出疑問：我知道有兩件事物有因果關係，但是我如何知道這個關係是**必然的**呢？我們所謂的因果必然性，事實上不就只是源自經驗的觀察嗎？我難道不是因為看見某個特定的因果順序一再地重覆出現而已嗎？而康德也竭盡全力向尼古拉斯和休姆證明，事物的時間順序也是合乎邏輯的。

尼古拉斯對十四世紀大致說明了，我們所謂的因果關係只是基於有規律地被證實的經驗而已，也就是習慣。在這個意義上，他可以說是「規律論」（Regularitätstheorie）的鼻祖，根據該理論，因果關係並非必然，僅僅是我們習以為常的相互作用罷了。然而，哲學史上的這個位子卻不曾被尼古拉斯給真正地佔據過。

當他於一三四〇年如同先前的威廉那樣被召到亞維儂，他的事業便戛然而止。一個不存在著必然性的世界不可能是聖經和教會心目中的世界。就因為這樣，尼古拉斯招致教宗和羅馬教廷的猜疑，在幾年折騰的審查和辯護之後，他終究遭到起訴。尼古拉斯宛如驚弓之鳥，知道要收斂的他回到辯證法思考的階段，他公開收回自己所有的論點；但是教宗卻仍然不信任他，於一三四六年禁止他終身不得任教。他必須在巴黎當眾燒掉自己的著作，實際上尼古拉斯保留下來的就只有一道論辯題、一篇論著和三封書信，其餘的創作都躲不過銷毀的命運。尼古拉斯隱退至梅斯，讓他得以喘息，並於一三六九年辭世。

超過一世紀之久的時間，亞里斯多德一直被視為真正的哲學家而被討論、頌揚及反對；最終，他的支持者和註解者們不是在神學裡替他爭取權利，就是把神學問題除魅成哲學問題。不管怎麼樣，亞里斯多德式思維的輝煌勝績有目共睹：十四世紀初，此岸的世界再次回到人間，反之，彼岸的世界則是被拋到九霄雲外。人們探究死亡前的人生，死後的生命漸漸從哲學的視線裡消失不見。[498]

然而，隨著他的大獲全勝，亞里斯多德卻也正在失去光彩。他的形上學和他的物理學對中世紀晚期的學者們而言越是理所當然，他們也就越是以批判的態度對待它們，像是董思高、奧坎的威廉及奧特雷庫爾的尼古拉斯，都試圖揭露亞里斯多德形上學的臆測性。不過尼古拉斯等人也批評了他的物理學，在他看來，亞里斯多德把時間與空間想像成天體的連續性，顯然不符合自然科學。時間和空間不是持續運動中的嗎？為了運動，它們難道不必由極細的原子之類的物質組成嗎？不過，若空間真的是由原子所組成的，那麼這個空間以外大概也必須存在著什麼——一種虛無。亞里斯多德否認有這個虛無，尼古拉斯則認為可以想像。然而，這種虛無在物理學取得一席之地，卻要借助許多世紀的時間，以及愛因斯坦（Albert Einstein）的相對論（Relativitätstheorie）。

對尼古拉斯來說，那些對於自然的物理學解說都設想得太靜態了。儘管亞里斯多德式物理學的所有內容都圍繞著運動，但細看之下，這種運動卻不怎麼有活力；相反地，自然事物都像是設計好了的，它們都有改變的潛態，如果它們實現這個改變並達成目標，那便是亞里斯多德所謂的運動。但是導致這種運動的碰撞是從何而來的呢？針對這個問題，亞里斯多德沒有很好的答案；就連尼古拉斯也找不到答案，不過他宣稱要導致運動，就必須存在造成撞擊的推力。

[499] 即使尼古拉斯沒有提出物理學的新理論，他也是最先將兩種全新思考引進中世紀物理學裡的人：如

果不再像亞里斯多德所言有一套內建程式的話，那麼是什麼導致物體的運動呢？文藝復興時期的新興物理學以此作為開端。而至少同樣重要的一點：如果時間與空間是由原子所組成，那難道不是**所有事物**都由原子組成的嗎？我們的心智是什麼樣的實體？應該是精神性的而不是物質性的吧。可是不管以哪種方式，不是就連精神性的實體也都必須同屬物質性並且由原子組成嗎？在他的論文《通用論著》（*Exigit ordo*）裡頭，尼古拉斯談到「原子的和精神的存有者」（entia atomalia spiritualia）。[155]就算尼古拉斯以自身的探究得到的結論，早期自然哲學家、德謨克利特、斯多噶主義者和伊比鳩魯主義者也就說過了，他的方法對中世紀而言還是新東西。我們精神的物質性除魅要展開勢如破竹的逆襲……

在我們裡面從事思考的物質

堅持奧特雷庫爾的尼古拉斯的觀點的男人，是來自法國北部皮卡第的農民之子，**約翰．布里丹**（Johannes Buridan）。一三二〇年左右，他獲得獎學金在巴黎的勒莫萬樞機學院就讀，隨後便轉到大學；一三二七年，他於人文學院取得碩士學位，同時被選為校長。布里丹以亞里斯多德註解者的身分大為出名，像布里丹這樣對亞里斯多德如此瞭若指掌的，中世紀的哲學家裡沒有第二位了。不管是亞伯特、多瑪斯、董思高還是奧坎的威廉，都難望其項背。

布里丹在巴黎加入威廉擁護者的圈子，然而，他對於到亞里斯多德的註解和論辯題卻遠遠超越自己的導師，只不過若是提到共相之爭，他和威廉的看法倒是非常接近。布里丹也只承認殊相的真實性，共相對他來說並不是「真實的」，而只是語言上的概念。亞里斯多德（還有亞維森納）有個關於共相概念先於殊相認知的觀察：當我遠遠看見某個東西，理性馬上認得出來是人類還是動物，而直到走近才認得個別事物，也就是某個特定的人或某條狗。因此對亞里斯多德而言，「動物」與「人類」屬於更高的概

[500]

念領域，它們比殊相「更真實」。

然而，亞里斯多德的觀察卻也可以用截然不同的方式詮釋：我們會使用普遍的概念，是否只是因為我們對個別事物的認知不夠？布里丹就是這麼辯駁的，而艾可於《玫瑰的名字》也安排他的主角威廉．達．巴斯克維爾提出這個說法：「**你若遠觀一樣東西，無法理解那是什麼，只要約略歸類就滿意了。當你趨近，便會界定那是頭牲畜，即便你不清楚那究竟是一匹馬或是一頭騾子。等你再靠近一點，就可以說出那是一匹馬，即便你還不知道牠是勃內拉或法未羅。等你走到適當距離，就會發現牠是勃內拉（不管你決定叫牠什麼名字，牠只會是那匹馬，而非其他馬）。那就是全然認知，對獨特性的直觀。**❶」156

艾可在寫這段話的想到的是布里丹，他讓熟諳中世紀哲學的讀者明白，他把那匹馬命名為「勃內拉」並不是偶然，因為這個名字也在布里丹的文字裡出現，也就是當他解釋如何從殊相推論到共相時：由於柏拉圖和亞里斯多德相似，我們便可以把他們一概稱為「哲學家」和「人類」；柏拉圖和「驢子勃內拉」卻沒有那麼相似，兩者只有在「生物」的上層概念裡才會湊在一起。布里丹想要說的，幾乎使整套西方形上學除魅：共相並不是什麼更高的知識！它們不是某種更高的理性，它們不是像柏拉圖所說的理型，它們不是像亞里斯多德所說的那種世界的結構預設值，它們也不是像亞維森納和多瑪斯所說的那種神性理性的表現。

對布里丹而言，共相之所以存在，是因為人類覺得抽象化以及概括化是很實用的作法，於是我們用概括的詞彙把相似的事物歸為一類；這個相似性依照布里丹的意思來說並非偶然，因為一般來說，由同一個或類似的起因產生的事物會特別相像。這種對事物的看法不再提升到神的高度，而是橫向演變成一

❶ 編按：引文中譯見：《玫瑰的名字》，倪安宇譯，皇冠出版社，二〇一四。

套「自然的秩序系統」，如同十八世紀的自然研究者為不計其數的動植物找尋的，就連在他們的時代，對於「動物界的屬、目及門是否符合真實的自然秩序，或者只是有幫助的慣例而已」，都仍然有激烈爭論。直到十九世紀的演化論才在這個方面更加明確，並把真正的親緣性作為分類的根據，只不過，就連今天的生物學家也不得不承認並不是真的有個「智人」、「鷹形目」或「喬木」的存在，而是只有符合「智人」、「鷹形目」或「喬木」特徵的各個物種。

所以對布里丹來說，共相並不是原本就存在的東西，而是人類基於實用性而創造出來的。唯名論者早已提出這個說法，然而布里丹卻遠遠超越唯名論者的主張：如果我們的思考在認識共相時沒有任何神性理性的灌注，那麼這種理性或許根本就不存在。大多數的唯名論者在這點上都很小心翼翼，因為要是不是神性的灌注或啟發的話，非物質的人類心智到底是什麼？這個思想的流體必定有源頭，因為自然中找不到任何和人類理性比擬的東西。

相較之下，布里丹審視該件事的眼光則是出奇地清醒：他不承認人類的理性具備任何超越感官的性質，而且他也是優秀的物理學家，他甚至認為它是物質性的。比不幸的奧特雷庫爾的尼古拉斯還要堅定不移，布里丹談到純粹物質性的靈魂和純粹物質性的理性，我們的心智宛若一部生產思想的機器。

這種對事物的看法的挑戰很清楚：如果不只是肉體是物質，連心靈都是物質，那麼心靈便不可能不朽。逍遙派學者**阿芙羅迪西亞的亞歷山大**（Alexander von Aphrodisias）在二至三世紀之交就提出這個主張，布里丹堅定地沿著這條路走下去；只不過，在古代主張「心靈是物質而且會朽滅」，和在十四世紀說同樣的話，那是完全兩回事。擁護這種觀點是很危險的，而且必須相當有智慧。

無論如何，布里丹都必須說明，物質性的理性怎麼有辦法思考諸如共相之類的非物質物和抽象物，不過布里丹卻不以為意：火焰渴望的東西是什麼？它渴望一塊特定的木柴——或普遍而言——渴望某種可以燃燒的易燃物。當口渴的馬面前沒有任何特定的水源，那牠所渴望的東西為何？牠渴望喝水、某種一般來說會解除口渴的東西，渴望某種看不見的事物。然而，如果就連沒有靈魂的火焰和相對無知的馬兒都會渴望不明確的以及普遍的東西，為什麼人類心智不行呢？他想說的很明確：要追求共相，不用任何更高等的智慧和非物質的裝置就可以做得到！ [503]

有個根本不是他說的比喻，讓布里丹死後留名，那是「布里丹之驢」（Buridans Esel）的比喻：當兩堆一樣高的乾草堆距離相當，一頭驢子該如何決定要吃哪一堆才好？這麼一頭驢子根本就不存在於布里丹的主張中，牠在三個世紀後才走進哲學裡，不過大致上還是依據這位中世紀晚期的哲學家的看法。布里丹想要弄清楚理性和意志相互依賴的程度。董思高不是說過意志和理性只會在門廳裡匆匆相遇嗎？不是說過意志過著自己的生活嗎？相較之下，布里丹則是引用亞里斯多德的說法，亞氏早就證明過兩者相互依賴到什麼程度：當一個人（而不是驢！）要在兩個被理性視為等值的可能性之間作抉擇時，就連我們的意志也不曉得該怎麼做才好，照這樣看起來，我們的理性早就設定了意志的界限。然而，布里丹卻比亞里斯多德更進一步，並作出他自己的結論：人類決定做或不做某件事的自由，既非無邊無際，也不是全能的，它就這方面而言是非常世俗而非神聖的，而且它總是受到種種具體可能性的束縛。

所有被亞里斯多德視為形上學的東西，到了布里丹這裡就變成了物理學，就這點來說，他有很好的理由被認作是現代經驗主義思考的先驅，在他對於亞里斯多德的《論靈魂》的註解裡，布里丹也認為若干動物擁有智慧，並且把人類和猴子一起歸類為特別有智慧的一群！人類與猴子同在一邊，比較沒有智慧的動物在另一邊——這個對於十四世紀教會高層的挑釁可以說再大膽不過了。 [504]

我們不曉得是什麼樣的背景讓布里丹得以全身而退，尼古拉斯於一三四〇年不得不到亞維儂，布里丹卻在該年再次成為巴黎大學校長，並且於一三六〇年左右安祥辭世。他的影響和反響相當巨大，而且他也啟發了眾多學生，他身處的那個世紀大概沒有其他哲學家的學術影響力能與他差堪匹敵。

布里丹始終如一地把哲學建立在經驗主義的基礎上，只不過在過程中，亞里斯多德的物理學比較像是絆腳石，就如妨礙了奧特雷庫爾的尼古拉斯那樣。尼古拉斯和布里丹等學者不再像以前神職人員相信神啟一般地相信亞里斯多德學說的真理性，對他們來說，這個希臘人再也不是學者們心目中的替代彌賽亞。就這樣，就連布里丹也質疑他的運動學說、質疑「每個運動都預設一個目的」的想法。和尼古拉斯一樣，布里丹假定每個運動都需要一個引發它的外部碰撞：**推動力**，就好比「不動的原動者」碰撞了世界，並且導致天體物理和地球物理進行的運動。陀螺一旦轉動，會自動旋轉很久，而就連風車的葉片在陣風停止之後也還會繼續轉動一段時間。

布里丹的力學並不是物理學的終極解答，卻醞釀著和文藝復興時期、哥白尼以及伽利略等名字連結在一起的新思維。而中世紀的宇宙發生更多事情：理性變成了物質並喪失其靈性，救贖史被放逐到私人信仰領域，自然成為注目的焦點，超自然則是排擠到邊緣地區。

這一切都是對教會的自我理解的沉重打擊，並且預示著一個新時代；然而，它們卻都只是更為全面的變革的預兆而已，天空和人類的新物理只是龐大社會變革的一部分。不管是羅傑·培根、奧坎的威廉還是約翰·布里丹，都不認為自己的自然哲學和他們時代的社會和政治挑戰脫鉤，他們都意圖在貧富懸殊、戰爭和瘟疫不斷肆虐的時代裡改善人們的生活。然而，社會批判卻並不是教廷樂意看到的，相關的討論也往往會招致刀劍和械具加身。在這個世界裡，在人間應許天堂的人是個義人，但有意使地上世界變得更人性的人卻要顛沛流離……

諸神的黃昏

- 權力的黑暗面
- 統治的正當性
- 事物的靜止狀態
- 被統治者的權利
- 人心裡的神性
- 新的座標

權力的黑暗面

位於亞維儂的教宗宮是一座令人心生畏懼的老舊石磚建築，這座淺色的砂岩建築物只有乍看下（以觀光客的眼光）才像是地中海城市的宜人城堡。有句非洲俗諺說：「高大的猴麵包樹倒下後，一隻隻小山羊便在其上又爬又跳。」每年七月在亞維儂藝術節期間，都會有演員、舞者、雜耍藝人、默劇表演者及歌手在宮殿及其周邊到處蹦蹦跳跳、大聲吶喊、引吭高歌。唯有近看堅實陡峭的牆面，審視其歷史，才會發現城牆和鐵門仍舊不斷散發某種陰沉的氣息。毫無疑問，亞維儂教廷的歷史是基督教文化和歷史的黑暗篇章。

自從美男子腓力於一三〇九年把教宗的住所遷到該地，從前基督教王國的俗世領袖便成了法國王室的附庸，國王強迫教宗不得干預他無情迫害聖殿騎士團。聖殿騎士團是十字軍東征的最大牟利者，他們形成一個組織嚴謹的權力機關、坐擁萬貫家財，而且不在任何世俗統治者面前卑躬屈膝；作為放債者，許多攝政者都被他們控制，就連法國國王也欠他們大筆財產。腓力花費五年的時間，動用到唯唯諾諾的教宗，才把騎士團解散、處決其弟兄，並吞沒了他們的錢財。

作為回報，國王准許自己的教宗鋪張揚厲和任人唯親，一三四八年，教宗克勉六世（Clemens VI.）把亞維儂這座城市整個買下來。然而，表面的壯觀發展卻只是硬幣的正面罷了，因為飽受屈辱的教宗在教會政治裡表現出罕見的喜怒無常、威脅性和強硬態度。顧不得一切光鮮亮麗，普羅旺斯的教廷認為自己被逼到了牆角。

這就是奧坎的威廉於一三二四年到亞維儂時的局勢。他的牛津大學校監**盧特瑞爾**已經在那裡好整以待，準備好對於威廉的起訴書，這個對手從他一部部著作整理出五十六條斷言，為了譴責他是異端。教宗的委員會把那張勘誤表縮減成五十一條，並認證其中二十九條是異端，而二十二條是有爭議的。那些指控都有讓人慘遭祝融的危險，因為委員會認為威廉是個伯拉糾主義者，認為人要為自己的救贖負責，並且是不承認奧古斯丁的恩寵說的異端。而教宗人馬若是認為某件事有慘遭祝融的危險，那他們的言下之意便是名副其實的玩火自焚！

教會早已當眾燒死了不計其數的異端，然而他們卻讓威廉在亞維儂的方濟會修士集會進出自如，年復一年遲遲不執行他們的判決。一三二七年五月，威廉待在亞維儂兩年半了，此時有另一個頗具聲望的嫌疑份子來到這裡：霍赫海姆的艾克哈特（Eckhart von Hochheim），圖林根的高等道明會修士、聲名遠播的巴黎大學碩士，更以**艾克哈特大師**之名著稱。由於科隆大主教一行人的指控，他和威廉一樣，必須在教宗面前為自己的言行辯護，而他手上握有的也並非一副好牌。

當方濟會的修會總長**切塞納的米歇爾**（Michael von Cesena）於一三二七年十二月來到亞維儂，局勢並沒有好轉。米歇爾是教宗的激烈反對者，並且效忠於修會創始人聖方濟（1181/82-1226）。米歇爾想要率領過去百年內極其世俗和繁榮的修會回到初衷：回到一種簞食瓢飲、粗茶淡飯的生活。縮衣節食如使徒，才是修會弟兄應當生活的方式，是的，整個教會都應該以基督身無長物的人生為榜樣才對。這個信念使米歇爾再度現身於亞維儂的雕欄玉砌的宮殿之內，是教宗若望二十二世（Johannes XXII.）召他來的；這個教宗是個因為缺乏風骨節操而聲名狼藉的**竊盜統治者**❶，在他為期十八年的宗座期間成為歐陸富可敵國的人，而任何主張「正直的基督理應過著身無長物之生活」的人都被判處為異端，這位基督的代理人可是不手軟的……

[508]

❶ 竊盜統治（Kleptokratie）又稱「盜賊統治」，為一政治學術語，用來指某些統治者或權力階級透過擴張自身政治權力來侵佔人民的財產與權利，以增加自己的財產及權力。

統治的正當性

威廉和米歇爾所屬的，是個原本一心要廓清教會的所有世俗奢華和虛榮的修會，身為沒有收入的托缽修會成員，這兩名方濟會修士應當關懷國內乃至城裡的窮苦人家；在這麼做的同時，他們應該要過著「使徒的」人生，布衣粗糲猶如耶穌及其門徒。不同於本篤會、加爾都西會和熙篤會，亞西西的方濟各的繼任者們終其一生都不住在特定的修道院內；更確切地說，他們以佈道者和心靈輔導者的身份生活在各城市中心，而且隨時都可能被調到另一個地方。[509]

托缽修會的迅速席捲歐洲，是一段不可思議的成功故事。在方濟會成立之前，道明會就創建了；同方濟會一起，就連加爾默羅會也訂了一套會規，而後來又加上奧思定會。但是方濟會和道明會特別成功，他們在西歐和中歐的各地照顧街頭巷尾的貧苦人家，方濟會更對他們預示不久會得到救贖；道明會更找到婦女族群，接納她們到修會。托缽修會接觸市井小民，並使他們堅固信心，在中世紀新興城市裡，他們很快成了市容不可或缺的風景。同時，辛勤的修道士變成一個經濟因素，在城市內購買地產並且遷入他們的教學房舍。

然而，在經濟上越是成功，修會也對教會更加妥協讓步；成立後短短幾十年間，方濟會和道明會的反叛和革命衝動就不復存在，他們變成了自己當時原本要消滅的權貴集團之一。在梵蒂岡和地方教會之間持續不斷的權力鬥爭當中，托缽修會的成員自視為教宗底下的男男女女，由於他們的生活優渥，方濟會便樂不思蜀地停止宣告新的地上時代的到來。他們的烏托邦理想越來越無害而軟弱無力，儘管他們最初反對大學的學術生活，不久後卻為此汲汲營營。在他們的**體制內的長征**[157]過後，道明會修士與方濟會修士自身都在學院教授神學，尤其在巴黎，這些修會還為了爭奪教職而引發激烈爭執。[510]

這一切都是道明會修士聖多瑪斯在從保守的神學和「新興的」亞里斯多德哲學設計出自己的偉大綜合體時的背景；在那過程中，他並不侷限於當時談論的知識論和自然哲學問題。大約在一二六〇年，道明會修士穆爾貝克的威廉（Wilhelm von Moerbeke）也把亞里斯多德的《政治學》翻譯成拉丁文，中世紀的知識份子現在可以帶著激動的心情讀到，人類天生就是「政治的動物」。這裡所討論的是自覺對公眾福祉有責任、有選舉權和被選舉權的城邦成年公民，亞里斯多德還談到理性者的統治。這一切內容都必然在中世紀讀者當中引起極為不同的感受，對城裡的居民來說，這聽起來著實讓人心動。他們一直以來不就都在向教會和封建領主竭力爭取自己的自決權嗎？難道他們不應該像亞里斯多德的城邦公民那樣，擺脫一切「非理性的」管束嗎？

聖多瑪斯很快就意識到這會引爆什麼樣危險的炸藥：不再談論封建領主，不再提及主教和聖職人員，連基督教在實現一個美好國家這件事上，看來都不是必要的。因為規定什麼才是公正秩序的，並不是神，而是人類的天性，一種形成國家並尋求自身幸福之動物的生物和政治本性。

多瑪斯知道要得到對於這部爆炸性文本的解釋權，時間至關重要。在他擔任教宗的鑑定官並撰寫著的《神學大全》期間，他抽出時間向賽普勒斯的國王遞交一部政治性方針著作：《論君主政治》（*De regimine principum*）。大多學者認為這是一部倉促又不幸的急就章之作，但不管怎麼樣，它仍然是經院哲學的傑作：儘管通篇都引用亞里斯多德，多瑪斯最終卻是要為教宗的絕對統治權辯護。

多瑪斯的依據包含《尼各馬可倫理學》和《政治學》的某些片段，即便是亞里斯多德的頭號崇拜者，也都會認為那些段落是古希臘文化的問題遺產而來抵制：奴隸制度與奴役的正當化以及對女性的打壓。在《神學大全》中，多瑪斯認為女人只有在生物學上為必要，在其他情況下則是劣等的。亞里斯多德對幸福的追求變成對神的追求，在希臘哲學家的主張裡應當終身致力提升的美德，到了多瑪斯這裡就

[511]

成了神的禮物，而我們只需要收下來就好。宇宙的神聖秩序也是同樣的道理，它是以自然法則的形式替人類預定了的，作為至高無上的立法者，神自始就確定了一切並予以階級架構。人類若接受這套秩序，便會有個美好又正確的生活；要是不接受，那就是犯罪並且必須受到懲罰。

遺憾的是，對人類而言，要完全理性地洞察永恆神聖的自然法則是不可能的。正因為這樣，我們必須遵守上帝在《舊約》與《新約聖經》中向我們啟示的內容。就算我們覺得某些道德誡命、禮儀規定和律法不合邏輯。

和他的知識論和自然哲學一樣，就連在人類的共同生活、法律、政治及經濟的問題上，多瑪斯也以神聖秩序為出發點：最理想的條件是預定了的，關鍵在於認識它並且實現它。於是，上帝把每個人都擺到他們在世界裡的預定位置：農民、工匠、商人、封建領主與神職人員。萬物皆為它們所呈現的樣子。這件事是由神聖的**自然法**所決定，人類的「萬民法」（ius gentium）——多瑪斯引用西塞羅的概念——旨在將這部自然法轉化成公法和民法。個別政治團體的法律、城市或是國家，則是適用「市民法」（ius civile）：就各自特殊需求而對「萬民法」的特定詮釋。

藉著這一切，多瑪斯承接起皇帝查士丁尼統治下編纂的羅馬法。然而，他的法律和正義的概念，卻都不是人類的協議，而是上帝意志的表達。對當時的人們來說，多瑪斯也並不單純是個神學家或哲學家而已，而是擁有更高理性能力的教士；多瑪斯宣告的並非意見、觀點或立場，而是揭露上帝隱藏決定的邏輯推論系統。像多瑪斯及其他經院哲學中期的哲學家，被當時人們視為權威的，古典哲學家裡大概無出其右，哪怕是柏拉圖。而且，後來也沒有任何近代哲學家擁有對世界的定義權和政治影響力，不管是盧梭、康德還是黑格爾。

原因很簡單：撇開正在波隆那崛起的法學家不談，教育是神學家的領域，幾乎所有學校和大多數的大學都是教會的機構。而那些在巴黎、牛津及其他地方的碩士們從事的是，並不適合清客的深奧思想藝術。他們旨在為教會的統治效勞，鞏固且宣揚其權力主張，向諸侯及當權者建言，並把教會的訓諭和智慧轉告世俗政權。連共相之爭本身就是在這種背景下所產生，「『人類』是否真的存在」並不是沒有意
[513] 義的爭論，因為要是以下兩者都只是字詞、語言的約定成俗的話，那麼「人類」怎麼會因為「原罪」而墮落呢？我在哲學上如何看待世界，它就決定了世界是什麼：意識決定存在！

因此，多瑪斯在自己的眾多著作當中闡明的倫理學、政治學和法學概念，不僅是為了愛智而已，它們有個明顯實際的目標。這位天使博士的結論都是相應嚴厲和殘酷的：異端和猶太人皆必須以一切嚴酷手段伺候！凡是宣誓放棄信仰的領洗基督徒都該死，多瑪斯於《神學大全》中寫道。猶太人在世界上的位置是永恆的屈從，即一輩子沒有財產並被當作奴隸。唯有策略性的考量——他在《論猶太政策》中解釋道——才應該讓基督教攝政者採取寬容措施。

強硬程度不遑多讓的，還有當時同樣呼風喚雨的**波拿文都拉**（1221-1274，聖文德）。舉凡多瑪斯為道明會作出的貢獻，波拿文都拉樣樣都替方濟會辦到；在驚人的短時間內，他便把簡樸的缽修會變成被嚴格控管的教會統治工具、繁榮的商會，並在巴黎大學謀得權力基礎。與多瑪斯同一時間，波拿文都拉在一二五〇年代任教於巴黎，然而在巴黎剛爭取到教職的方濟會修士卻處於暴動騷亂之中。修會總長**帕爾馬的約翰**（Johannes von Parma）與教宗槓上：他堅持該為他的修會預定遊戲規則的不是教廷，而是聖方濟。而修會既不需要錢、也不需要修士集會。

是要方濟會的身份，抑或是屬靈和世俗的權力要求呢？這是個大問題。在這個情況下，波拿文都拉成了教宗的自己人，他在一二五七年成為約翰的繼任者；波拿文都拉隨即就對昔任修會總長採取行動，
[514] 他的同事被教宗的委員會判刑入獄，約翰遭到冰封。波拿文都拉緊接著撰寫聖方濟的傳記，扭曲詮釋其

生平。以後誰要是把這位修會創辦人的話當真，就會面臨嚴刑峻法。正如保羅屢次把耶穌的訓義明顯顛倒過來，可憐的聖方濟也被波拿文都拉惡整了。他不再以道德人格者的身份在社會裡流傳，而是個不關心政治的傳說中的庸俗人物。

作為哲學家，波拿文都拉試圖阻擋亞里斯多德的自然哲學的影響，他心目中的英雄是奧古斯丁、波修武以及亞略巴古的狄奧尼修斯；不同於多瑪斯，這名方濟會總會長認為，基督教和亞里斯多德的自然觀水火不容。亞里斯多德沒有不屬於這個世界的救贖史，這種救贖史在柏拉圖的理型論以及新柏拉圖主義裡或許還看得到。和奧古斯丁一樣，波拿文都拉敦促大家不要在世界事物之中尋求真理，而是要在自身裡；他也認為「光啟」是關鍵，與其在自然領域進行研究，人類倒是應該更專注於自我的內心和上帝。

雖然說波拿文都拉和多瑪斯一樣保守，不過他卻推論出大相逕庭的政治結論。藉由奧古斯丁，他推崇人類意志的力量，並強調每個有神性邏各斯之光啟的人的個體性。身為輔靈者和教師，方濟會修士擁有城市的生活作為基地，他們還和工匠、商人及地區性政治人物聯手爭取市民的自我管理權。與多瑪斯的看法有所出入的是，對波拿文都拉來說，不是選出來的國王和君主都不是正當的統治者；而相較於教宗的權威不容質疑，波拿文都拉卻要求世俗當權者拿出正當性的證明……

事物的靜止狀態

上帝對公義統治的理解為何？整個十三世紀，神學家和哲學家都接連在嘗試一項技藝，那就是把統治者和帝國興衰詮釋作上帝的決定而且是可以窺伺的。世界必須不斷重新評斷和解釋，而且這些解釋都必須符合神聖的自然法。每次有政治變革，就意味著要再次大費心思全部重新解說一遍。

這也難怪像多瑪斯這樣崇拜著永恆法則的思想家不再怎麼重視變化了。但變化卻來了，而且並不僅僅因為改朝換代和戰爭，而主要是來自城市的興起。貿易和變遷造成它們至今密不可分的統一性，並且為世界舊有的、以靜止狀態為基礎的教會封建秩序體系打上問號。

蓬勃發展的貿易、城市的經濟力量以及大托缽修會的經濟實力，這迫使經院哲學的神學家面臨難以回答的經濟學問題：你們對私有財產有什麼看法？在基督教初期，他們傾向於「共產主義」，私人財產應該限縮到最低程度，人們掙得的財物大部分都屬於團體；用這樣的方式，教會掌握了越來越多的世俗權柄，並同時取得土地房舍。當教堂和主教座堂如雨後春筍般地大量興建，第二次拉特朗公會議於一一三九年卻規定所有教會高層獨身的義務，那是為了防止教會財產透過民法加以繼承。

只不過，一個有富裕教會高層的繁榮教會，卻和最初要求的使徒生活方式相去甚遠。即使教會自五世紀以來就迫害及消滅所有看似「共產主義」生活方式，情況仍然沒有什麼改變，其中打擊特別嚴重的是天主教所稱的**潔淨派**（Katharer）。在十二世紀的歐洲，這個教派信徒到處可見。潔淨派擁有自己的禮儀以及自己的教義，和摩尼教徒及靈知派信徒一樣，他們也把世界壁壘分明地劃分為潔淨的死後世界和墮落的今生。他們努力清除今生世界的淫汙穢臭、奉行清心寡欲與素食的生活、信仰靈魂輪迴，並且把自己的團體看得比什麼都重要。由於潔淨派除在經濟上也極為成功，因此在歐洲各地都慘遭迫害、被大規模屠殺，並且當眾被活活燒死。最終，他們最後的堡壘接連淪陷，像是一二四四年在普羅旺斯的蒙特塞居，還有一二七六年在加爾達湖的錫爾米歐尼。

正當教會權力的黑暗面無情鎮壓所有異議者、只容許諸如方濟會之類忠於教宗而且為德不卒的「共產主義者」作為工具時，基督教神學家正想辦法把私有財產合法化。舉例來說，奧古斯丁就附和「『共產主義』僅適合完人」這個意見，但由於完人在墮落後便不復存在，所以就連共產主義的生活方式也從世界上排除。自此之後，再也沒有任何神聖的法律適用私人財產，只剩下人類的法律還有效力，由此看來，聖多瑪斯便可以依據為人類紛爭而制訂的羅馬法的萬民法以及市民法，什麼人擁有什麼財物以及擁有多少，並不在上帝的決定範圍。董思高在這個問題上更極端：對他來說，人的墮落不僅使「共產主義的」財產分配不可行，神也以新的自然法取代了它：私有財產。

緊接在財產之後，經院哲學家聚精會神研究的問題：事物有多少價值？對十三世紀的基督教思想家而言，就連這點也無疑在神聖的自然法中預定好了，對該問題的第一種答案是《創世紀》。上帝最先創造出來的事物最沒有價值：空氣、水、土地等等。從那時起，價值便逐日提高，直到最高善：人類。藉著這個方式，《聖經》為經院哲學家提供他們尋找的東西：自然的位階劃分和自然的價值體系。

然而，像多瑪斯這麼聰明的人很快就注意到，這套系統對於許多重要的人類事務都幫不上忙，比方說珍珠比老鼠更有價值，儘管上帝首先創造了海洋生物，然後才是陸生動物。所以說跟法律一樣，涉及價值時，也必須精確區分：什麼是世界的真實神聖秩序？人類世界中什麼東西又有什麼價值？在人類的日常生活中，算數的可不只有上帝的價值等級表，而且有一種實用而人性的價值尺度，而商品世界最重要的價值就是它們的有用性。

多瑪斯解釋道，人類會將自己需要的東西看得比他們不需要的東西更有價值。只不過，不管這項革新意見有多老練，卻同樣幫不了多少忙，因為從人類需求的角度來看，昂貴的珍珠和寶石都遠不及便宜的麵包有用。因此，「上帝為何賦予珍珠高於麵包的價值」這個問題不是三言兩語就可以打發的，確定的只有事物的價值必然和上帝的價值等級表有關，否則人類為何會渴望得到珍珠和寶石之類這麼沒有用的垃圾呢？

依據多瑪斯的觀點，上帝唯一沒有賦予任何內在價值的東西就是金錢，金錢對他而言是人造物，它

[517]

會發明出來是因為有用，如同亞里斯多德所寫的。就此而言，多瑪斯也同意諸侯任意鑄造和改鑄自己硬幣的作法。就這樣，世俗的當權者一再地在沒有改變面值的情況下降低他們錢幣的金和銀含量，而教會[518]的當權者也是一丘之貉，貴重金屬沒有用於貨幣生產，而是成為珠寶飾品，並且妝點修道院與教堂。

對中世紀的日常生活來說，貨幣只是扮演次要的角色，以貨易貨的交易比貨幣經濟更重要。人們常常會將商品總數記下來，並於以後以其他方式清償，用來當輔助工具的大多都是符木。債權人和債務人會在木頭上記下債務，並接著把它縱向劈開，所以說欠債的人就是「有帳記在符木上[158]❷」，若債務清償的話，那兩塊木頭便會拼在一起，並檢查任何一方是否動手腳修改。相較之下，貨幣經濟不被信任，它主要是商販及大商人的領域，和阿拉伯世界不同的是，商賈在基督教中世紀裡長時間都是聲名狼藉。中世紀的英雄不是像航海家辛巴達這樣的航海商人，而是現實裡罕見的風度翩翩、有教養又有英雄氣概的高貴騎士。

不管商品是不是用金錢支付，中世紀學者們都必須為了「怎麼樣才是商品的公平價格」而傷腦筋。對董思高而言，一件東西的售價應該要大抵相當於生產成本，不過他也不覺得必要時把商品賣得貴了或便宜有什麼問題，因為和多瑪斯為經濟學確立的中世紀秩序結構剛好相反；對多瑪斯來說，彈性價格令人憎惡，就連工匠的同業公會也是這麼看的，他們堅持所有的價格為固定價格。如果是上帝和實用性在決定事物的價值，那麼就不允許價格變動，因為上帝不會更改自己的評價，而有用的東西始終都會有[519]用。

任何偏離這條理想正軌的人都有「牟取暴利」的嫌疑——它是重罪。不會有商品在市場出售之前就

❷ 原文為「etwas auf dem Kerbholz haben」，現今已變成一個德文慣用語，用來形容一個人因背負著某種義務或必須對某事負責而不清白、需要被算帳。

被收購，也並不會為了賺取利潤而溢價賣出，而是僅會以購入價出售，而且沒有人會壟斷貿易。在奧古斯丁的主張裡，它們都違反了大眾福祉，理想中的中世紀經濟是和**美善之邦**和**馬格尼西亞**兩座柏拉圖幻想城市中的經濟一樣靜態，從城裡的工匠數量到學徒的培訓，無一不受到規範，人類的需求會以這種方式得到最大的**滿足**，可是除此之外，卻**不會有任何激勵**。

相對地，現實與理想牴觸的情況則不少見；整個中世紀的放貸取息都在蓬勃發展，儘管基督教會嚴正譴責，就跟阿拉伯人的作法沒有兩樣。正如我們看到的，用錢來賺錢的作法，在柏拉圖和亞里斯多德眼裡既不道德又違反自然；但實際上義大利北部的城市，尤其是熱那亞和威尼斯，卻在十二世紀時就已經大規模利用金錢謀利。諸侯都到義大利或者是禁止從事手工業、卻可以賺取利息的猶太人那裡借錢來征戰，在面對猶太人的時候，中世紀經濟學的雙重標準展露無遺：作為放債人的他們，對諸侯特別有用，但他們卻為此受到蔑視，對猶太人的集體迫害和搜捕行動，在中世紀皆屬黑暗的日常，尤其是可以讓身為君王的債務人擺脫壓得喘不過氣的債務。

從事物的固有價值，到它們的公平價格、應得的工資以及對「牟取暴利」的禁止，這套經濟秩序的成敗完全取決於「上帝預定了這些規則」這個想法，但是如果這種預設遭到質疑的話，那要怎麼辦呢？

被統治者的權利

當切塞納的米歇爾和奧坎的威廉必須到亞維儂的教宗面前為自己辯護的時候，聖多瑪斯已經去世五十多年了。在這期間，中世紀世界裡發生了很多改變：竊盜統治的亞維儂教宗沒辦法和在羅馬以及維泰博那些同樣違反基督教精神的前輩同日而語，神聖羅馬帝國這個中世紀思考的「共相」也崩潰了，「世界是不可動搖地按照神的律法而設計和塑造的」這個多瑪斯向十三世紀解釋的說法，幾乎經不起考驗，因為一切都在不斷變化。

如同所說明過的，就連在哲學裡也發展出自此以後勢不可擋的三個新流派：因為弗萊貝格的狄特里希，「先驗哲學」（Transzendentalphilosophie）這種「所有存有者都只存在於意識之中」的想法誕生了，要不是有人在自己的意識裡經驗到的話，甚至神也不會存在，教會作為人神之間的調解者的權力主張，幾乎沒剩下多少空間。在這個基礎上，十八世紀晚期和十九世紀早期的德國觀念論會建立自己的哲學。因為拉蒙．柳利，概念之間的關係可以數學化的想法也粉墨登場，神職人員以往必須根據教會的喜好詮釋世界，現在則由唯一獨立而精確的邏輯支配，這個思想啟發了後來的萊布尼茲。隨著威廉、尼古拉斯和布里丹等思想家，一套排除任何臆測於哲學之外的邏輯經驗論也啟動了。該計劃化身為牛津哲學（Oxford Philosophy），會在二十世紀初顛覆哲學。

這一切的思維變化同樣改變了思想家和政治的關係。教廷的自明性不再那麼理所當然了，對米歇爾和威廉來說，那舊有的、空洞的秩序亟需校正一番；然而，他們卻沒辦法和教宗對談，米歇爾落得鋃鐺入獄的下場，威廉熱情力挺自己的修會總長及其社會和政治觀點。他們只好逃亡以擺脫風暴：一三二八年五月二十六日，米歇爾、威廉和另外兩位同伴，一路從亞維儂逃到海邊，乘船前往比薩；在那個地方等候著要迎接他們的不是別人，正是巴伐利亞的路易四世（Ludwig IV. der Bayer），一個禮拜前，他剛剛在羅馬被加冕為神聖羅馬帝國皇帝，由他自己挑選並任命的教宗為他祝聖。

對路易四世而言，若望二十二世幾年前和這名國王作對，並判處他絕罰，使得兩人水火不容。這位新皇帝意識到，教會內的清貧運動是一種絕佳手段，用來讓教宗的統治權受到質疑並暴露其非基督教的真面目。在這種情況下，米歇爾和威廉這樣的批判性人物對他來說可是來得正好，方濟會對他而言乃一個對抗教會高層世俗統治權的鋒利矛尖。

[521]

米歇爾及威廉前往路易在慕尼黑的宮廷，他們在那裡碰到**帕多瓦的馬西利烏斯**（Marsilius von Padua, ca.1280-1342/43），他也是三年前從亞維儂的劊子手的手裡脫逃來投靠路易的人，他的思想比米歇爾或威廉還要極端。馬西利烏斯來自帕多瓦這座獨立自主的義大利大學城兼商業城市，他在一三一二年成為巴黎人文學院的校長並在那裡大量研究亞里斯多德，特別是《政治學》；馬西利烏斯得出的結論比聖多瑪斯深遠得多了。

在他的著作《和平捍衛者》（*Defensor pacis*）中，馬西利烏斯激進地反對教廷，這也就難怪一三二四年發表的書引起了教宗若望二十二世的不滿，他宣告該書是最卑劣的異端邪說。馬西利烏斯不僅把作品獻給路易這個死對頭，竟然還膽敢要求法律凌駕於統治者之上！對馬西利烏斯來說，統治的唯一的正當理由是通過公正的法律以保護人民，否則都是非法不義的；為了取得權力、爭奪土地或捍衛信仰而引發戰爭，則是最大的不義。

馬西利烏斯對路易影響甚大，據說他以顧問的身份協助皇帝的祝聖典禮，而且就連宣告教宗是異端而罷黜他的政變，馬西利烏斯也是影武者，然而當米歇爾和威廉來到慕尼黑的時候，他的份量卻似乎在減少當中。國王現在對宮廷裡這兩位清客更感興趣。同樣情況也適用於對威廉判處絕罰的教宗：米歇爾催促著要召開大公會議以澄清爭議問題，也就是教宗的權力以及貧富問題；可是教宗卻不打算召開，他想要新的盟友，那就是接任米歇爾的新任修會總會長。在接下來的時間裡，米歇爾和教宗相互判處對方絕罰，並相互指控為異端；同一時間，威廉盡心盡力為國家和教會闡述一套新的倫理。這套倫理尤其謹記著一件事：將人民從不義的統治者的奴役中解救出來，並且促進公眾福祉。

在波拿文都拉逝世超過半個世紀後，威廉懷疑諸侯統治的正當性，這是方濟會的優良傳統；然而，他質疑教宗的正當性，便偏離自波拿文都拉以來一直有效的方濟會理想正軌。但是對威廉來說，教宗權力不再是永恆的常數，而是只剩下函數值。如前所述，威廉認為人類思考的遊戲規則並不是和世界的遊[523]戲規則一對一的對應關係，我們透過抽象概念推斷出來的結論，並不是神聖的世界建築結構，而是我們的心智形成的純粹語言概念，僅此而已。我們可以這麼認定，上帝所指的世界絕對不是字面上的意思。

如果說這是真的，那人類理性的力量便會被大幅削弱，邏輯學家再也不是仰賴上帝幫助自己的心智推論出現實，他們反而是被困在自我當中。被多瑪斯等人灌成了水泥的法律、國家或經濟理論，再次變成流動的液態，現在也可以用來製作別的東西。**唯一的**法律、**唯一的**國家以及**唯一的**經濟，都不復存在，它們都不如中世紀的人們所相信（現在許多人重新相信它）的那樣無可替代。根據威廉的說法，每個政體都應該以個人及其需求為出發點，而不是著眼於共相。威廉的問題和柏拉圖、亞里斯多德或芝諾的問題一樣：國家、法律和經濟，對人民來說是不是有用又有益的呢？對公眾福祉有利的事物才是正當的，如果沒有助益，那就是不正當的而必須改變。

出於他的慕尼黑流亡經歷，威廉想要讓所有統治者都有責任推動以公眾福祉為導向的政策，誰要是違反規定，就會喪失統治權。統治者是為了人民而存在，而不是人民為了統治者而活，沒有任何人有服從專制君主的義務。

在最後一點上，甚至聖多瑪斯都會同意威廉，然而下一個結論卻會讓他驚嚇得退避三舍。因為適用於世俗當權者的，同樣也應該適用於教會的當權者，就連教宗也必須對信徒有用，並且必須滿足他們的要求，否則，威廉寫道，所有基督徒都會是他的奴隸。教宗的絕對權柄變成有條件的權柄：如果被濫[524]用，就要被撤銷職位！由於威廉事實上把當時住在亞維儂的教宗全都視為異端，這些句子就變得充滿爆炸性的爭議。不同於切塞納的米歇爾，他認為教廷幾乎無法由內而外改革；相反地，他指望的教會力量是群眾運動。應該評斷教宗的不是官員和專家，而是數以百萬計的基督教平信徒。

威廉的革命性建議完全沒有實現的機會，該由誰來做呢？米歇爾死於一三四二年，威廉五年後也步上後塵，他們對於教會的改革嘗試都失敗了。然而，「世上不存在任何規定人類的思考和行動的預定秩序」這個強而有力的思想，卻流傳人間，而該思想不僅能在威廉這裡找到，更可見於在一名不管是思考或性格都和這個懷疑論的方濟會修士天差地遠的人，他就是**艾克哈特大師**。

人心裡的神性

這個人原本可以成為達官顯要，他所屬修會的最高職務和地位（甚或是整個教會的）對他而言是囊中之物。然而相較於他的事業，霍赫海姆的艾克哈特卻決定要忠於自己的思想。這為他招致一齣悲劇，但也在哲學史上流芳百世。

這個來自哥達的年輕人是個天賦異稟的少年，一二七五年時，他便以十五歲之齡成為道明會修士。他到大亞伯特在科隆創設的大學就讀，並於一二九三年前往巴黎，年屆三十三的他剛好達到了在該大學任教的年齡限制；一年後他回到圖林根，並且成為艾爾福特的道明會修道院副院長。修會在圖林根的省級會長正是弗萊貝格的狄特里希，他慧眼識英雄，看出年輕艾克哈特不是池中物，決定讓他當自己的代理人；活躍的思想交流（或許是一段友誼）決定了兩個男人之間的關係。

但是艾克哈特卻被召回巴黎。他在一三〇二年取得神學碩士學位，從此以後他就是「艾克哈特大師」；一年後，他成為道明會在德國中部及北部的省級會長，從這個時候開始，他接任了修會在德語文化圈內的領導職位。一三一一年，他獲得道明會學者的最高榮譽：他獲准再次於巴黎大學講課。隨後，他主要住在史特拉斯堡，然後於一三二三或二四年再度前往科隆。

當艾克哈特以六十出頭之齡和科隆的修會弟兄在一起，他身為神學家和教會政治家的聲望如日中天，然而這個回到求學之地的決定卻證實是個致命的錯誤：兩個聲名狼藉的修士在大主教面前說他的壞話，並指控他是異端，大主教是極為保守的教會高層，他把心思細膩的艾克哈特召到宗教裁判所，超過一百條指控被加諸在他頭上。雖然中、北德修會的副會長臨時頂替他的空缺，並宣佈大主教對於艾克哈特的指控不具任何效力，但該事件還是沒有就此從世上消失。艾克哈特請人宣讀聲明，概括宣告自己沒有任何異端的念頭。走頭無路的情況下，他最終在一三二七年求助於教宗——第二個嚴重錯誤！這位基督的代理人就是那位把奧坎的威廉召到教庭的陰險若望二十二世。艾克哈特和他的副會長以及另外兩名支持者一起從科隆到九百公里外的亞維儂。在那裡他會遭到什麼控訴呢？像他這麼博學的聰明頭腦，為什麼在敵人眼中顯得如此危險？

乍看之下，艾克哈特的思想似乎並沒有特別危險。他的文獻大多數都是在研究知識論問題和聖經註釋，他計劃的《三部集》（*Opus tripartitum*）也仍未完成。艾克哈特打算精確探究人類靈魂和神聖領域有什麼關聯，有別於當時許多批判者，他並不想把哲學和神學分開。艾克哈特不是像奧坎的威廉那樣冷靜的理性主義者，他沒打算叫神學乖乖待在自己的邏輯性界限內，而把它化約為「直觀」。艾克哈特使用的方法傳統得多，而由此在教會看來也比較不具革命性。

不過對於所有天真的神學命題，艾克哈特倒是和當時心思敏銳者一樣如坐針氈。關於從無中創造世界與人類、然後把亞當的墮落當成原罪儲存起來、而現在憑著己意要救贖人類的造物主的古老東方故事，就像對董思高或奧坎的威廉一樣，艾克哈特也難以接受。而且就跟那麼多其他人一樣，艾克哈特認為新柏拉圖主義是解決宇宙、地球和人類問題的明智辦法，因此他努力想擺脫聖經裡被當成「人」的上帝。那創造、充遍且光照萬物的，不可能是個生物，甚至不是什麼存有者。

如同普羅丁和他的學生，艾克哈特認為「太一」是天界的，是「神性的」。而且和亞略巴古的狄奧

[526]

尼修斯一樣，他也不承認這個神性存有者有任何性質，因為太一總是多於智慧、良善、公正……等等，在定義上無限超越人類心智的事物，沒辦法用人類的言語來描述：「那永恆神性不可見的光的隱藏黑暗是無法認知的，而且也永遠不會被認識。」

這並不怎麼符合基督教，於是艾克哈特盡力要會通這種新柏拉圖主義的上帝概念和教會的上帝。比方說，他讓基督教的三位一體造物神在世界舞臺上的位置低於「神聖者」，造物神就像是比較小的存在形式，一種神性的個人授權版。造物神固然是基督教信仰的實際基準點，不過凡是信仰堅定的人，卻都會越過祂並且接近神聖者。

對艾克哈特而言，神因此並不如坎特伯雷的安瑟倫所言，是「那無法被想像得更偉大的東西」，在談到上帝時，艾克哈特始終會把更偉大的神聖者一併考慮進去。除此之外，艾克哈特的神聖世界秩序也全然摒棄《創世紀》中的創世，該秩序其實是依據《約翰福音》的說法，並向中世紀的讀者呈現真正的新柏拉圖主義。「太初有道」，對艾克哈特來說，意即作為「原型」的理型自神聖者流出，並以神聖的智慧灌注萬物。藉著它們的幫助，神在世界裡頭開顯，祂不斷地流出和開顯，而不是像《創世紀》裡只有一次。和新柏拉圖主義者一樣，艾克哈特眼裡的世界完完全全是精神性的，物質性的事物只不過是次要和劣等的。

這正是艾克哈特的導師弗萊貝格的狄特里希發揮作用的地方。他的思想對艾克哈特影響有多大，我們並不清楚；可是我們知道，當艾克哈特認為神聖的理性凌駕於一切，包括「存有」本身，他的想法便和狄特里希如出一轍。神是純粹理性，除此之外什麼都不是，神的存在不同於石頭或行星的存在，祂並不是**在世界裡**，世界是什麼，反而完全取決於祂；同樣的情況也適用於人類的理性，它也不是世上萬物之一，而是它在自身的思考中為自己撐開世界。

如同亞維森納、多瑪斯和狄特里希的看法，人類的理性對艾克哈特而言乃出自於神，但是沒有任何 [528] 中世紀思想家，包括狄特里希，像艾克哈特那樣讓人那麼接近神。這對後來的年輕黑格爾產生強烈的影響。艾克哈特在每個人的靈魂裡都為神保留一個固定的居住地，即「靈魂深淵」，這個靈魂深淵是人類最原始的東西，它並不是由神創造出來的，而是永恆神聖的。在我們靈魂的深層，寂靜得像是在深海底部，神的火花在我們心中閃爍；然而這個最深的底部同時是最高點，那裡存在著我們內心的天堂，在那裡，我們完全和自己同在，擺脫一切欲望、意願和擔憂的束縛。如果我們想要接近神，那麼我們就必須走到自我內心深處，我們必須讓自己沉浸其中。

在「所有存有者都在我們的意識裡」這個想法上，艾克哈特本來是跟隨老師狄特里希，可是現在卻走上另一條路。對狄特里希這位披著形上學家外衣的物理學家來說，把人類導向自己的是精確的觀察和敏銳的邏輯思維；相較之下，對艾克哈特而言，究竟的知識和自我認知，必須是親知親證，而不是無傳授的。就這樣，他和柏拉圖都相信，我們的感官根本不會認識新事物，而是我們的靈魂在認識事物時回想起以前見過的；我們的內在感官整理這個回憶，而我們的理解力則對它進行判斷。回到自己的最終途徑，卻是理性的運用以及沉浸於靈魂深淵兩種密不可分的相互作用，透過這種徹底轉向自己的作法，就如艾克哈特所寫的，我們便「生出」神。探測自己的靈魂深淵有多深並完全和它合而為一，這是全體人類的神聖自然目標。基督做得盡善盡美的，就是這件事情，這就是為什麼我們稱他為「神子」。

大概在這個地方，教會就會沒興致了，因為對艾克哈特來說，耶穌竟然不比我們任何一個人都更神聖；我們掌握自己的靈魂深淵，並據此而生活，就此而言，我們都是神聖的。對基督教這個認為耶穌是 [529] 神的獨生子的宗教而言，這實在是大膽妄為。艾克哈特把「神子」一詞民主化了，出身平民的每個人都可以像基督一樣成聖，在艾克哈特的主張裡的，這些平民的意思至少是和神職人員同等的。他是極少數同時用拉丁文和德文寫作的人，並且為德語增補了大量華麗詞藻及專業術語。

任何人都可以像基督那樣成聖？艾克哈特對此深信不疑。而且並不需要什麼高深研究，也不需要幻象或幻聽。只要學習成為「生活大師」就行了，而不是「閱讀大師」。跟斯多噶主義者一樣，一個人必須控制自己的渴望，並克服自己的虛假欲望，必須生活在自己靈魂深淵的「與世隔絕」之中，而不是沉醉迷失在生活的表面；一個生出神的人，同樣也不會盼望上天堂，更不會渴望在天堂裡得到任何賞報。如果說和上帝的親密關係裡早就在他心裡支配著且閃耀著，他還要期望什麼天堂嗎？對這樣的人來說，死後世界並非目標；相反地，他要的正是自己的性命、愛人如已、樂於助人並且「任運自然」（gelassen），艾克哈特創造這個語詞，豐富了整個德語。

在這個環節上，他其實就很清楚自己要遇上大麻煩了，他大概不會沒來由地在《三部集》序言中寫說，自己的很多想法乍看下想必令人髮指。而它們真的如此。艾克哈特寫道：「頭腦簡單的人誤以為，他們應該把神看作佇立在那頭，而他們在這頭。才不是這樣。神和我和我們是一體的。」這些「頭腦簡單的人」如果不是指把神說成一個施加賞罰的人或暴君的那些主教和神職人員，還會是誰呢？艾克哈特的思想使得自己遠離教會。沒有原罪！天堂沒有給予信徒的賞報！相反的，理性和默觀才是自我賞報。數以百萬計「任運自然」並相信自己沒有教會也可以成神的信徒，這不就是終結教會權柄和影響力的開頭嗎？

新的座標

我們不知道艾克哈特認為以他的思想鼓舞所有階層的人民的這個想法有多麼務實。不管怎麼樣，沒有任何著作可以告訴農民、工匠或主教如何讓自己的職業生活符合「任運自然」這個要求。對奧坎的威廉這個務實的政治人物而言，艾克哈特為大眾擬定的屬靈計劃實在是異想天開；同時，我們也不知道艾克哈特是否真的想過自己的思想會有什麼政治後果。他肯定不想吵架，可是爭端卻找上了他。就算他在科隆成為卑鄙無恥弟兄的陰謀詭計的受害者，亞維儂的教廷也知道他的思想對教會有什麼危害。

教宗的人馬找到了二十八條他們不打算放著不罰的命題。艾克哈特再度辯解說他沒有在策劃什麼邪惡勾當，而不具有邪惡念頭的人，也就不會幹出什麼壞事來。這是他深信不疑的，然而教宗的委員會卻對這類存心倫理學不感興趣。當艾克哈特於亞維儂的道明會修士集會裡等得胃部翻騰，控告他的人倒是打算好整以暇地慢慢來。畢竟，他們還要指控奧坎的威廉，相較於一個道明會修士的異端想要引誘人過個屬靈生活，為了切塞納的米歇爾而和方濟會鬧翻的事，在政治上的衝擊要嚴重得多了。艾克哈特快要七十歲了，而且他的健康狀況也不好，他一如往常地駁斥每項指控，卻嚇得承認自己可能被誤解了；他在等待起訴的期間過世，一三二九年三月出爐的判決，他再也沒有機會活著聽到。教宗宣佈：艾克哈特受到魔鬼的誘惑，不過已撤銷自己的種種學術觀點；那二十八個命題被判定為異端或是有異端的嫌疑。

在中歐和北歐，教會到處宣告艾克哈特的論述被判定的罪，任何一部包含這些命題的作品都要銷毀，他的德語著作特別遭到譴責，教宗擔心失去控制平民百姓的權力。艾克哈特的信徒眾多，他們保存了他的遺產並匿名傳播他的著作。這位死去的學者是一名殉道者和民族英雄，直到透過艾克哈特的起訴案，平信徒和教會高層一視同仁的這個想法才成為真正的政治運動。教會高層的驕奢淫逸，仗勢凌人，都飽受批評，而宗教裁判所更被眾人撻伐。人們也追隨艾克哈特，以母語創作作品來教育同胞。

教士們發覺可以自行使用母語，無疑是和教會絕對權力的決裂，柳利早就用加泰隆尼亞語撰寫多部著作。在義大利，哲學家和詩人**但丁**（Dante Alighieri, ca. 1265-1321）以哲學和文學寫作刻畫當時風俗民情的《喜劇》，使他的仰慕者薄伽丘（Giovanni Boccaccio）覺得驚為天人，把它稱為《神曲》。但丁以詩歌體的義大利文寫作，講述關於歷經地獄、天堂及煉獄的冒險故事，這部作品造成文學風潮，使得作者舉世聞名。就連他的哲學思考也相當遒勁。他因為自己家鄉佛羅倫斯的命運而大感震驚，但丁介[532]入政治：富裕的商人城市是教宗和皇帝之間的一顆引發糾紛的金蘋果[159]，但丁在這件事情上反對向該城伸出魔爪的教宗。他撰寫了三卷《論世界帝國》（*De Monarchia*），對他來說，只有那遙遠的神聖羅馬帝國皇帝才是上帝任命統治世界的，而非鄰近的教宗。

但丁是富商兼放債人的兒子。在義大利北部的蓬勃發展的城市中，都市貴族和信貸企業並不相互排斥，反而是唇齒相依。這些在城市裡以貿易崛起的人們，被證實為危險的教廷反對者，在炸毀中世紀權力結構的眾多起因當中，這是最重要的原因之一。在金錢的無情理性中，逐漸發展出挑戰同樣無情的教宗權力的勁敵。由此看來，義大利北部和中部在我們的眼裡似乎是中世紀裂痕最深的地方。針對在商人城市的生活，波隆那的法學家變得比神學家更加重要。

詩人**佩脫拉克**（1304-1374）就是其中之一。他出生於阿雷佐，根據他的來歷，他應該和但丁對立，因為他的父親是支持教宗的佛羅倫斯人。面對商人的新興時代思潮，他心存懷疑，他也不屬於在英格蘭、巴黎和義大利剖析和反駁教會學術觀點的理性主義者。然而這些思想如摧枯拉朽一般襲來，佩脫拉克和奧坎的威廉以及奧特雷庫爾的尼古拉斯等人同時代，他並不欣賞他們頭腦清晰的洞察力，反而是感嘆新興的冷靜哲學造成的心靈教育之淪喪。「為什麼，」他埋怨道，「你們要在只有字詞便足矣之情況下衰老，並忘卻事物呢？」

[533] 佩脫拉克並沒有打算廢除邏輯，不過他不把它看作是知識的不二法門。他的意思類似是說：一個對邏輯沒有研究的二十歲之人不具備理解力，但是任何在四十歲時鑽研邏輯的人也一樣沒有。對佩脫拉克來說，真正的知識不在於概念和關係；真正的知識是對自我及世界的經驗，人們唯有透過生活才能夠增

長智慧，而不是經由概念的特技。他相信自己在奧古斯丁的《懺悔錄》裡看到相似的態度，但這名法學家和詩人卻不是教會學術觀點的捍衛者，他把西塞羅、西尼加、柏拉圖都和奧古斯丁等量齊觀，甚至在理智的亞里斯多德的倫理學中，他都找得到生命智慧；也就因為這樣，佩脫拉克被宣佈成為了**人文主義**（Humanismus）之父，尤其強調人格的自由發展。就理想來看，「人文主義」是一種沒有成見、教條也不灌輸意識形態的態度，它在生活裡以及謹慎保存的古典著作裡尋求自己的智慧。

就在當時，佩脫拉克的友人，喬瓦尼・德・東迪（Giovanni de Dondi）等義大利設計工程師，正在建造第一批機械鐘、並於不久後掛到教堂塔樓上，這難道只是個巧合而已嗎？就在對外部世界的丈量如日中天的時候，對內心世界的新探索也正要起步。來自諾曼第的**奧雷斯姆的尼古拉斯**（Nikolaus von Oresme, ca. 1330-1382）是世界丈量方面的佼佼者，他擔任許多教會高級職位，並成為利雪的主教，此外他還向法國國王提供建言。他把亞里斯多德翻譯成法文，並鑽研數學與自然科學。尼古拉斯在中世紀破天荒地用機械論的方式解釋宇宙，認為太陽中心說和地球中心說一樣合情合理；他在數學上的最大成是座標系，從現在起，數量的每個性質變化都可以被定量描繪。他以同樣的理性撰寫了一部作品，以反對諸侯重新鑄造貨幣而任意增值或貶值的陋習。他對宮廷的影響使他成為有史以來最具政治影響力的哲學家之一。

可是，人文主義肯定不只是一種對這個測量與丈量的美麗新世界的反應，就連為數眾多的人道災難也都有某種影響：十四世紀中葉，西方歷史上最具毀滅性的鼠疫在整個歐洲肆虐，「黑死病」無所不在，並且讓每個人一生的悲慘不幸都戲劇般地映入眼簾。經院哲學家們的概念華廈，說有多遙遠就有多遙遠！鼠疫讓人們心生懷疑：對教會高層來說，它是上帝對於懷疑信仰的人類的懲罰；對批判者來說，它是顯示教會的神聖世界秩序可能出了什麼錯的信號。

而這套世界秩序事實上正在瓦解，中世紀的世界觀在破滅。從經濟學的角度來看，那些越來越追求獨立和自由的成功商埠，都發展出自己的破壞力，一個永久停滯不前的經濟，搖身一變成為經貿和變遷的活躍世界，公營事業經濟日漸變成沒有任何自然限度的貨幣經濟。和這個發展同步，物理學的世界觀也在轉變：就連自然和萬物也都進入運動，它們離開自己熟悉的軌道，並且不再如同亞里斯多德物理學裡的那樣按照理想計劃地「達成目標」。神聖的世界定律的僵硬邏輯和自由貿易融合在一起。「意志」忽然又出現了，並推動著人類及其命運，而個人並不只是全「人類」的單一樣本，而是有人格的和個體性的。在弗萊貝格的狄特里希和艾克哈特大師的思想中，甚至「物自身」（Dinge an sich）的客觀性都被拋到遠處——世界突然不再是中心，取而代之的是人對於世界的意識。

這一切的發展，並不像大地毯一樣交織在一起，可是它們至少有些部分是犬牙交錯的。它們意味著教會在西方世界的全面統治的終結，而不論聽起來有多麼不可思議，敲鐘宣告了這個終結的正是教堂樓頂的新潮時鐘。哲學在這陣隆隆鐘聲裡成為和神學並列的獨立學科，它再次被接受為某種自成一格的東西，它失之東隅，收之桑榆，因為它固然獲得了自由和獨立，卻也在政治影響力上退位。像聖多瑪斯、奧坎的威廉、帕多瓦的馬西利烏斯或奧雷斯姆的尼古拉斯那樣在統治者眼中地位重要的，就只有少數哲學家，但至少他們（站在這些人的肩膀上）在奠基所謂「近代」的世界時代方面，都有所貢獻……

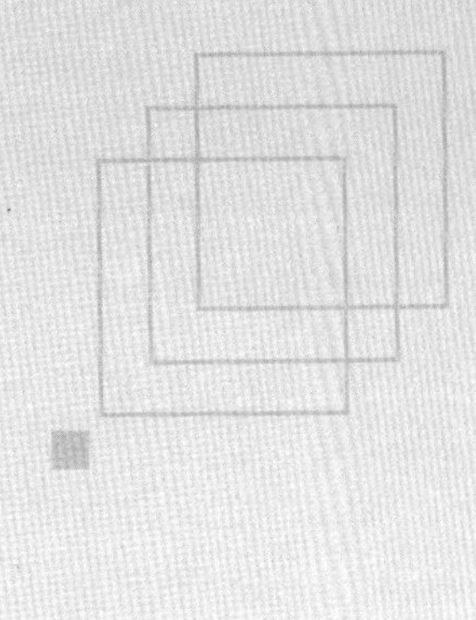

附錄

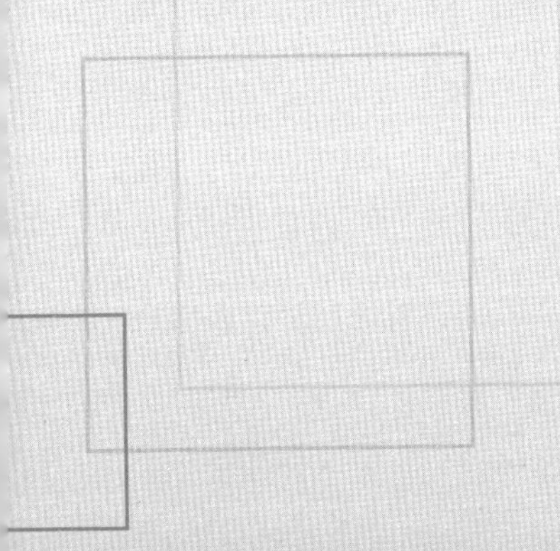

引用文獻

1. Platon, *Protagoras*. 314d – 315b.
2. Herodot, *Historien*. I, 74.
3. Diogenes Laertios, *Doxa*. I, 23 – 24.
4. Aristoteles, *Politik*.1259a.
5. Hans Wollschläger: *In diesen geistfernen Zeiten*, Diogenes 1988, S. 21.
6. Platon, *Theaitētos*. 174a.
7. Aristoteles, *Metaphysik*. 983b20 f.
8. Aristoteles, *Über die Seele*. 411a8 f.
9. Aristoteles, *Über die Seele*. 405a19 f.
10. Simplicius zu Aristoteles, *Physik*. 24, 13 ff.
11. Plutarch, *Moralische Schriften*. 947 f.
12. Aëtios, I 3, 4.
13. Aristoteles, *Metaphysik*. 981b.
14. Philolaos, 9 fr. 4.
15. 同上 12 fr. 11.
16. Heraklit, Fragment 121.
17. 同上 fr. 89.
18. 同上 fr. 32.
19. 同上 fr. 114.
20. 同上 fr 114.
21. 同上 80.
22. 同上 fr. 53.
23. 同上 fr. 126.
24. 同上 fr. 8.

25. 同上 fr. 88.
26. 同上 fr. 63 – 66 = Hippolytos IX 10.
27. 同上 fr. 114.
28. 同上 fr. 94.
29. 同上 fr. 90.
30. Parmenides, 1 fr. 1.
31. Heraklit, 86 fr. 115.
32. 同上。 84 fr. 45.
33. 同上。 80 fr. 27.
34. Anaximander, 12 A 29.
35. Anaximenes, 13 B 2.
36. 同上
37. Empedokles, 59 fr. 78
38. Empedokles, 197 fr. 130.
39. Empedokles, 196 fr. 128.
40. Empedokles, 194 fr. 138 und 196 fr. 128.
41. Empedokles, 192 fr. 136.
42. Empedokles, 193 fr. 137.
43. Empedokles, 19 fr. 8.
44. Empedokles, 35 fr. 22.
45. Empedokles, 44 fr 35.
46. Empedokles, 50 fr 27.
47. Empedokles, 31 A 72.
48. Empedokles, 95 fr. 60 und 94 fr. 57.
49. Empedokles, 181 fr. 117.
50. Empedokles, 152 fr. 107.

51. Empedokles, 148 fr. 105.
52. Empedokles, 167 fr. 110.
53. Empedokles, 165 fr. 102.
54. Empedokles, 172 fr. 115.
55. Empedokles, 183 fr. 127.
56. Empedokles, 184 fr. 146.
57. Platon, Timaios.89 b.
58. Theophrast, *Von den Sinneswahrnehmungen*. 25.
59. Aëtios IV 2.
60. Anaxagoras, 101/102 fr. 21.
61. Anaxagoras, 24 fr. 17.
62. Anaxagoras, 55 fr. 12.
63. Anaxagoras, 66 Aus. fr. 12.
64. Aristoteles, *Von den Teilen der Tiere*. IV 10. 687a 7 ff.
65. Xenophon, *Erinnerungen an Sokrates*. I. 1,10.
66. Platon, *Theaitëtos*. 151e – f.
67. Xenophanes, 43 fr.
68. 同上 22 fr. 11 – 25 fr 15.
69. Aristoteles, *Politik*. 1266a.
70. Protagoras, 18 fr. 4.
71. Platon, *Siebenter Brief*. 325d – e.
72. Platon, *Phaedon*. 78a.
73. Platon, *Politeia*. 473e – d.
74. Platon, *Siebenter Brief*. 326a – b.
75. Platon, *Nomoi*. IV 705a.
76. Platon, *Nomoi*. 587e.

77. Platon, *Siebenter Brief.* 326b.
78. Cees Nooteboom: *Ex nihilo. Eine Geschichte von zwei Städten*, Lars Müller Verlag 2012, S. 22.
79. Platon, *Politeia*. 556a.
80. Platon, *Politeia*. 556b.
81. Platon, *Nomoi*. 741e – 742a.
82. Platon, *Nomoi*. 896a.
83. Galen, *Von den Elementen nach Hippokrates*. I 2.
84. Demokrit, 116 fr. 10.
85. Demokrit, 117 fr. 11.
86. Platon, *Timaios*. 90a.
87. Aristoteles, *Nikomachische Ethik*. 1096a 11 – 17.
88. Aristoteles, *Nikomachische Ethik*. 1145b 2 – 7.
89. Aristoteles, *Metaphysik*. Erste Abt., Einleitung, II. A.
90. Heraklit, 102 fr. 82 und 103 fr. 83.
91. Aristoteles, *Historia animalium*. 690a 27.
92. Aristoteles, *Von den Teilen der Tiere*. 687a 8 – 10.
93. Aristoteles, *Nikomachische Ethik*. 1094b.
94. Aristoteles, *Politik*. 1252b 30.
95. Aristoteles, *Nikomachische Ethik*. 1099b.
96. 同上
97. Aristoteles, *Politik*. 1292a.
98. Aristoteles, *Politik*. 1260a.
99. Aristoteles, *Politik*. 1262b 22 – 23.
100. Aristoteles, *Nikomachische Ethik*. 1123a 6 – 10.
101. Aristoteles, *Politik*. 1280b 33.

102. Aristoteles, *Politik*. 1267a 39 – 41.

103. Aristoteles, *Politik*. 1258b 2 – 3.

104. Aristoteles, *Politik*. 1258b 34 – 35.

105. Aristoteles, *Politik*. 1327b.

106. Cicero, *Academica priora*. II, 72.

107. Sextus Empiricus, *Adv. Math*. 11.19 – 20.

108. Plutarch, *Adv. Colotem*. 1120C, 1121E – 1122A.

109. Cicero, *De finibus*. 2.2.

110. Sextus Empiricus, *Adv. Math*. 7.1 58.

111. Plutarch, *Adv. Colotem*. 1120C, 1121E – 1122A.

112. Lukrez, I. 958 – 997.

113. Epikur, *Brief an Herodot*. 63 – 67.

114. Cicero, *De natura deorum*. I. 43 – 49.

115. Epikur, *De natura*. 34. 21 – 22.

116. Epikur, *Sent*. Vat. 40.

117. Cicero, *De finibus*. I. 29 – 32.

118. Epikur, *Brief an Menoikeus*. 127 – 132.

119. 同上 124 – 127.

120. 同上 127 – 132.

121. Aëtios, 4.21.i – 4.

122. Lactantius, *Divinae institutiones*. 7.23.

123. Simplikios, *In Arist. Phys*. 886, 12 – 16.

124. Origenes, *Contra Celsum*. 4.68, 5.20.

125. Cicero, *Tusculanae disputationes*. 4.29, 34 – 35.

126. Galen, *De plac. Hippocr. et Plat*. 5.2.3 – 7.

127. Vgl. Stobaeus, 2.90, 19 – 91,9.

128. Diogenes Laertios, 7.32 – 33.

129. 同上

130. Plutarch, *De Alexandri magni fortuna*. 6, 329A – B.

131. Epiktet, *Dissert*. 2.10.1 – 12.

132. Cicero, *De natura deorum*. 2, 160.

133. Aeneis VI, 853 ff.

134. PG 276f (*Stoicorum Veterum Fragmenta* III, 371).

135. Lukrez, *Über die Natur der Dinge*. V 834 – 836.

136. Seneca, *Briefe*. 90,8.

137. Mark Aurel: *Selbstbetrachtungen*. VII. 17.

138. 同上 VIII. 50.

139. 同上 IV. 3.

140. 同上 V. 16.

141. 同上 IX, 29.

142. Platon, *Theaitētos*. 176 B; *Nomoi*. 500 C.

143. Plutarch, *Vom Fleischessen*, zit. nach: Heike Baranzke, Franz-Theo Gottwald und Hans Werner Ingensiep: *Leben - Töten - Essen. Anthropologische Dimensionen*, Hirzel 2000, S. 138.

144. Plotin, IV.3. 27.143 – 144.

145. *Codex Theodosianus* XVI, 1,2.

146. *Testimonium Flavianum*, Buch 18, 63 – 64.

147. Der Klassiker dazu ist: Leon Festinger, Henry W. Riecken und Stanley Schachter: *When Prophecy Fails*. University of Minnesota Press 1956.

148. Augustinus: *Bekenntnisse*. Reclam 1977, S. 217.

149. 同上 S. 227 f.

150. 同上 S. 331.

151. 同上 S. 340.
152. Augustinus: *De civitate dei*. XI, 26.
153. 同上 IV, 4.
154. Zit. nach Josef Lappe, S. 9.
155. Nicolaus von Autrecourt: *Exigit ordo* (nt 29), in: *Briefe* (nt 13), S. 88.
156. Umberto Eco: *Der Name der Rose*, Bertelsmann 1982, S. 40.
157. Meister Eckhart, Predigt 51, *Die deutschen Werke*, Bd. 2, S. 476 f.
158. Meister Eckhart, Predigt 6, Bd. 1, S. 111.
159. Petrarca, *Secretum*. I 78.

參考書目

此份參考書目包含了針對這部哲學史各章節的精選權威文本。通常在討論柏拉圖、亞里斯多德、奧古斯丁及聖多瑪斯等偉大哲學家的時候，書目通常只要援引幾部著名的或平易近人的概論與文獻便綽綽有餘了；不過，希望進一步延伸的參考書目能吸引讀者更詳細地研究並深入各個方面。

哲學史

在眾多哲學史中得以列舉出以下的經典傑作：Bertrand Russell: *Philosophie des Abendlandes* (1945), Anaconda 2012; François Châtelet u. a.: *Geschichte der Philosophie*, 8 Bände, Ullstein 1975; Rüdiger Bubner (Hrsg.): *Geschichte der Philosophie in Text und Darstellung*, 9 Bände, Reclam 2004, 2. Auf.; Franz Schupp: *Geschichte der Philosophie im Überblick*, 3 Bände, Meiner 2005; Anthony Kenny: *Geschichte der abendländischen Philosophie: Antike – Mittelalter – Neuzeit – Moderne*, 4 Bände, Wissenschaftliche Buchgesellschaft 2014, 2.

以下這本內容豐富又詳盡的作品由多位作者共同撰寫：von Wolfgang Röd herausgegebene *Geschichte der Philosophie*, Bd. 1 – 14, Beck 1976 – 2015 f.；第一冊至第五冊涉及本書所討論的時期。

另一部內容更加包羅萬象的浩大工程，由不同主編編輯、並經由施瓦巴出版社（Schwabe-Verlag）而問世的 *Grundriss der Geschichte der Philosophie*, Schwabe 1983 – 2015 f. 計劃出版三十冊迄今出版了十四冊；第一到五冊涉及本書所討論的時期。

雅典學院

有關拉斐爾的生平，在和他出自同時代的喬爾喬・瓦薩里（Giorgio Vasari, 1511-1574）於一五五〇年首度問世的著作裡有所著墨：*Lebensbeschreibungen der berühmtesten Maler, Bildhauer und Architekten*；關於拉斐爾的文本被出版為 Giorgio Vasari: *Das Leben des Raffael*, Wagenbach 2004.；此外，想了解拉斐爾還可以參閱 Jürg Meyer zur Capellen: *Raffael*, Beck 2010.。

想特別了解畫作《雅典學院》，請參見 Giovanni Reale: *La Stanza della Segnatura*, Bomiani 2010; Konrad Oberhuber: *Polarität und Synthese in Raphaeles »Schule von Athen«*, Urachhaus 1983; Glenn W. Most: *Raffael und die Schule von Athen. Über das Lesen der Bilder*, Fischer 1999.

有關文藝復興時期的柏拉圖印象，請見 Enno Rudolph: *Die Krise des Platonismus in der RenaissancePhilosophie*, in: 同一作者：*Polis und Kosmos. Naturphilosophie und politische Philosophie bei Platon*, Wissenschaftliche Buchgesellschaft 1996, S. 108 – 122.

古典時期

從前從前，在愛奧尼亞……

有關泰利斯的日蝕「計算」，詳見 Willy Hartner: *Eclipse Periods and Thales' Prediction of the Solar Eclipse. Historic Truth and Modern Myth*, in: Centaurus, Bd. 14, 1969, S. 60 – 71, 以及Otto Neugebauer: *The Exact Sciences in Antiquity*, Dover Publications 1969, 2. Auf.

關於希臘哲學之起始，請參照以下「經典之作」：Bruno Snell: *Die Entdeckung des Geistes. Studien zur Entstehung des europäischen Denkens bei den Griechen* (1946), Vandenhoeck & Ruprecht 2011, 9. Auf.; Eric Robertson Dodds: *The Greeks and the*

Irrational (1951), University of California Press 1997.

柏拉圖筆下的泰利斯軼聞激發了以下思考：Hans Blumenberg: *Das Lachen der Thrakerin. Eine Urgeschichte der Theorie*, Suhrkamp 1987.

與早期希臘人的信仰相關的部分請參閱 Walter Burkert: *Griechische Religion der archaischen und klassischen Epoche*, Kohlhammer 2010, 2. Auf.

有關早期希臘世界的文學範圍，請參見 Hermann Fränkel: *Dichtung und Philosophie des frühen Griechentums. Eine Geschichte der griechischen Epik, Lyrik und Prosa bis zur Mitte des fünften Jahrhunderts*, Beck 1962, 2. Auf.

在這一章與接下來的章節當中，前蘇格拉底哲學家的殘篇引用自 Wilhelm Capelle (Hrsg.): *Die Vorsokratiker*, Kröner 2008, 9. Auf.；另外請參閱 M. L. Gemelli: *Die Vorsokratiker*, 3 Bände, Artemis & Winkler 2000, 2009, 2010; Jaap Mansfeld und Oliver Primavesi: *Die Vorsokratiker*, Griechisch/Deutsch, Reclam 2011; Carl-Friedrich Geyer: *Die Vorsokratiker zur Einführung*, Junius 1995; Christof Rapp: *Vorsokratiker*, Beck 2007, 2. Auf.; William K. C. Guthrie: *A History of Greek Philosophy*, Bd. 1. *The Early Presocratics and the Pythagoreans*, Cambridge University Press 1962.

和阿那克西曼德相關的資料請見 Dirk L. Couprie, Robert Hahn und Gerard Naddaf: *Anaximander in Context. New Studies in the Origins of Greek Philosophy*, State University of New York Press 2003.。

關於神話的意義與詮釋，請看 Christoph Jamme: *»Gott an hat ein Gewand«. Grenzen und Perspektiven philosophischer MythosTheorien der Gegenwart*, Suhrkamp 1999; Helmut Heit: *Der Ursprungsmythos der Vernunft. Zur philosophiehistorischen Genealogie des griechischen Wunders*, Königshausen & Neumann 2007.

萬物的尺度

下列文獻提供了關於希臘債務經濟背景的資訊：Fritz *Gschnitzer: Griechische Sozialgeschichte*, Franz Steiner Verlag 2013, 2. Auf.; Karl-Wilhelm Welwei: *Ursachen und Ausmaß der Verschuldung attischer Bauern um 600 v.Chr.*, in: Hermes 133, 2006, S. 29 – 43; John Lewis: *Slavery and Lawlessness in Solonian Athens*, in: Dike, 2004, S. 19 – 40; David Graeber: *Schulden. Die ersten 5000 Jahre*, Klett-Cotta 2012, S. 195 – 208.

有關於金錢的理論，以下這部為無可超越的經典：Georg Simmel: *Philosophie des Geldes* (1900), Anaconda 2009. Neueren Datums sind Karl-Heinz Brodbeck: *Die Herrschaft des Geldes. Geschichte und Systematik*, Wissenschaftliche Buchgesellschaft 2011, 2. Auf.; Christoph Türcke: *Mehr! Philosophie des Geldes*, Beck 2015.

畢達哥拉斯的資料詳見 Walter Burkert: *Weisheit und Wissenschaft. Studien zu Pythagoras, Philolaos und Platon*, Hans Carl Verlag 1962; James A. Philipp: *Pythagoras and Early Pythagoreanism*, University of Toronto Press 1966; Christoph Riedweg: *Pythagoras. Leben, Lehre, Nachwirkung. Eine Einführung*, Beck 2002; Leonid Zhmud: *Pythagoras and the Early Pythagoreans*, Oxford University Press 2012.

有關數學與數字的開端，請參閱 Helmuth Gericke: *Geschichte des Zahlbegriffs*, Bibliographisches Institut 1970; 同一作者：*Mathematik in Antike und Orient*, Springer 1984.

關於理性與數字的關係，請查閱 Silvio Vietta: *Rationalität. Eine Weltgeschichte*, Fink 2012, hier S. 69 – 124.

赫拉克利特的資料請參見 Hans-Georg Gadamer: *Der Anfang des Wissens*, Reclam 1999.

關於法律對邏各斯發展的意義，詳見 Tobias Reichardt: *Recht und Rationalität im frühen Griechenland*, Königshausen & Neumann 2003.

關於巴門尼德，請參閱 Uvo Hölscher (Hrsg.): *Parmenides. Vom Wesen des Seienden. Die Fragmente griechisch und deutsch*, Suhrkamp 1986, 2. Auf.; Ernst Heitsch: *Parmenides. Die Anfänge der Logik, Ontologie und Naturwissenschaft*; die Fragmente, Heimeran 1974.；另外還有經典作品 Karl Reinhardt (1916): *Parmenides und die Geschichte der griechischen Philosophie*, Klostermann 2011, 5. Auf.

人類的天性

有關南義大利的希臘哲學，請參見 Günther Zuntz: Persephone. *Three Essays on Religion and Thought in Magna Graecia*, Clarendon Press 1971; James Luchte: *Early Greek Thought: Before the Dawn*, Bloomsbury Publishing 2011

關於希臘文化之靈魂概念，詳見經典作品 Franz Rüsche: *Blut, Leben und Seele. Ihr Verhältnis nach Auffassung der griechischen und hellenistischen Antike, der Bibel und der alexandrinischen Theologen. Eine Vorarbeit zur Religionsgeschichte des Opfers* (1930), Johnson Reprint 1968.；此外，針對希臘早期的靈魂概念請看 Jan Nicolaas Bremmer: *The Early Greek Conception of the Soul*, Princeton University Press 1987, 2. Auf.; Claudia Frenzel: *Tier, Mensch und Seele bei den Vorsokratikern*, in: Friedrich Niewöhner und Jean-Loup Seban: *Die Seele der Tiere*, Harrassowitz 2001, S. 59 – 9

與希臘靈魂概念相關，特別是植物的靈魂有關，請參閱 Hans Werner Ingensiep: *Geschichte der Pflanzenseele*, Kröner 2001.

針對奧菲斯祕教與畢達哥拉斯主義者的靈魂輪迴，請見 Helmut Zander: *Geschichte der Seelenwanderung in Europa. Alternative religiöse Traditionen von der Antike bis heute*, Wissenschaftliche Buchgesellschaft 1999; Radcliffe G. Edmonds III: *Redefining Ancient Orphism. A Study in Greek Religion*, Cambridge University Press 2013.

關於恩培多克勒，請參閱 Walther Kranz: Empedokles. *Antike Gestalt und romantische Neuschöpfung*, Artemis 1949; M. Rosemary Wright (Hrsg.): *Empedocles. The Extant Fragments*, Yale University Press 1981; Peter Kingsley: *Ancient Philosophy, Mystery, and Magic. Empedocles and Pythagorean Tradition*, Clarandon Press 1995.

有關阿那克薩哥拉的部分請見 Felix M. Cleve: *The Philosophy of Anaxagoras. An Attempt at Reconstruction*, King's Crown Press 1949; Malcolm Schofield: *An Essay on Anaxagoras*, Cambridge University Press 1980.

流浪者、他的學生與雅典的公共秩序

關於蘇格拉底的資訊請參考 Andreas Patzer (Hrsg.): *Der historische Sokrates*, Wissenschaftliche Buchgesellschaft 1987；同一作者：*Studia Socratica. Zwölf Abhandlungen über den historischen Sokrates*, Narr 2012; Gregory Vlastos: *Socrates. Ironist and Moral Philosopher*, Cambridge University Press 1991; Gernot Böhme: *Der Typ Sokrates*, Suhrkamp 1992; Wolfgang H. Pleger: *Sokrates. Der Beginn des philosophischen Dialogs*, Rowohlt 1998; Ekkehard Martens: *Sokrates. Eine Einführung*, Reclam 2004; Günter Figal: *Sokrates*, Beck 2006, 3. Auf.; Robin Waterfield: *Why Socrates Died. Dispelling the Myths*, Norton 2009.

有關阿提卡民主制度的發展與結構，請參閱 Thomas Schirren und Thomas Zinsmaier (Hrsg.): *Die Sophisten. Ausgewählte Texte*. Griechisch/ Deutsch, Reclam 2003；另外請參考 Carl Joachim Classen: *Sophistik*, Wissenschaftliche Buchgesellschaft 1976; George B. Kerferd: *The Sophistic Movement*, Cambridge University Press 1981; Helga Scholten: *Die Sophistik. Eine Bedrohung für die Religion und Politik der Polis?* Akademie Verlag 2003.

與普羅塔哥拉相關的內容請見 Karl-Martin Dietz: *Protagoras von Abdera. Untersuchungen zu seinem Denken*, Habelt 1976; Johannes M. Ophuijsen: *Protagoras of Abdera*, Brill Academic Publishers 2013.

經由權威翻譯的柏拉圖著作可見於以下出版作品中：*Platon. Sämtliche Werke*. 3 Bände, Wissenschaftliche Buchgesellschaft 2014；針對柏拉圖與他的思想之最佳德語文概論大概就屬 Michael Erler: *Platon*, Beck 2006；此外請見 Michael Bordt: *Platon*, Herder 1999; Uwe Neumann: *Platon*, Rowohlt 2001; Barbara Zehnpfennig: *Platon zur Einführung*, Junius 2011, 4. Auf.

虛與實

關於柏拉圖的對話錄與對話性哲學思辨，請參閱 Walter Bröcker: *Platos*

Gespräche (1964), Klostermann 1999, 5. Auf.; Hermann Gundert: *Dialog und Dialektik. Zur Struktur des platonischen Dialogs*, Grüner 1971; Thomas Szlezák: *Pla ton und die Schriftlichkeit der Philosophie. Interpretationen zu den frühen und mittleren Dialogen*, De Gruyter 1985; 同一作者：*Das Bild des Dialektikers in Platons späten Dialogen. Platon und die Schriftlichkeit der Philosophie.* Teil II, De Gruyter 2004; Diskin Clay: *Platonic Questions. Dialogues with the Silent Philosopher*, Pennsylvania State University Press 2000; Ernst Heitsch: *Platon und die Anfänge seines dialektischen Philosophierens*, Vandenhoeck & Ruprecht 2004.

有關德謨克利特詳見 Gred Ibscher: *Demo krit. Fragmente zur Ethik: Griechisch/ Deutsch*, Reclam 1995; Rudolf Löbl (Hrsg.): *Demokrit. Texte zu seiner Philosophie*, Rodopi 1989；同一作者：*Demokrits Atomphysik*, Wissenschaftliche Buchgesellschaft 1987; Georg Rechenauer: *Demokrits Seelenmo dell und die Prinzipien der atomistischen Physik*, in: Dorothea Frede und Burkhard Reis (Hrsg.): *Body and Soul in Ancient Philosophy*, De Gruyter 2009, S. 111–142.

和柏拉圖《泰阿泰德篇》相關的資料請看 John McDowell: *Plato's Theaetetos*, Clarendon Press 1973; Ernst Heitsch: *Überlegungen Platons im Theaetet*, Steiner 1988; Jörg Hardy: *Platons Theorie des Wissens im »Theaitet«*, Vandenhoeck & Ruprecht 2001.

針對柏拉圖如何使用神話，請查閱 Markus Janka und Christian Schäfer (Hrsg.): *Platon als Mythologe. Neue Interpretationen zu den Mythen in Platons Dialogen*, Wissenschaftliche Buchgesellschaft 2002; Dirk Cürsgen: *Die Rationalität des Mythischen. Der philosophische My thos bei Platon und seine Exegese im Neuplatonismus*, De Gruyter 2002; Catherine Collobert, Pierre Destrée und Francisco J. Gonzalez: *Plato and Myth. Studies on the Use and Status of Platonic Myths*, Brill Academic Publishers 2012.

有關柏拉圖哲學中善的理型，詳見 Marcel van Ackeren: *Das Wis sen vom Guten. Bedeutung und Kontinuität des Tugendwissens in den Dialogen Platons*, Grüner 2003.

關於柏拉圖式哲學的整體關聯，請查閱 Franz von Kutschera: *Platons Philosophie*, 3 Bände, Mentis 2002.

針對「理型論」這個主題，請參見 Gottfried Martin: *Platons Ideenlehre*, De Gruyter 1973; Andreas Graeser: *Platons Ideenlehre. Sprache, Logik und Metaphysik. Eine Einführung*, Haupt 1975; Knut Eming: *Die Flucht ins Denken. Die Anfänge der platonischen Ideenphilosophie*, Meiner 1993.

金錢或名譽？柏拉圖的理想國

對於柏拉圖的「政治性」靈魂概念，請參考 Andreas Graeser: *Probleme der platonischen Seelenteilungslehre. Überlegungen zur Frage der Kontinuität im Denken Platons*, Beck 1969; Thomas M. Robinson: *Plato's Psychology*, University of Toronto Press 1970. Zu Platons politischer Philosophie siehe Reinhart Maurer: *Platons »Staat« und die Demokratie. Historischsystematische Überlegungen zur politischen Ethik*, De Gruyter 1970; George Klosko: *The Development of Plato's Political Theory*, Oxford University Press 2006, 2. Auf.

和《理想國》相關的文獻請見 Olof Gigon: *Gegenwärtigkeit und Utopie. Eine Interpretation von Platons »Staat«*, Artemis 1976; Jacob F. M. Arends: *Die Einheit der Polis. Eine Studie über Platons Staat*, Brill Academic Press 1988; Otfried Höffe (Hrsg.): *Platon. Politeia*, Akademie Verlag 1997.

若是要比較《理想國》與《法律篇》，詳細請見 Andreas Markus: *Philosophen oder Gesetzesherrschaft? Untersuchungen zu Platons Politeia und den Nomoi*, Tectum 2006.

涉及柏拉圖政治哲學從中期至晚期作品的轉變，請參閱 *Plato's Utopia Recast. His Later Ethics and Politics*, Oxford University Press 2004.

關於《法律篇》的內容請看 Herwig Görgemanns: *Beiträge zur Interpretation von Platons Nomoi*, Beck 1960; Ernst Sandvoss: *Soteria. Philosophische Grundlagen der platonischen Gesetzgebung*, Musterschmidt 1971; Richard F. Stalley: *An Introduction to Plato's Laws*, Basil Blackwell 1983; Seth Benardete: *Plato's »Laws«. The Discovery of Being*, University of Chicago Press 2000; Barbara Zehnpfennig (Hrsg.): Die *Herr schaft der Gesetze und die Herrschaft des Menschen – Platons »Nomoi«*, Dunker & Humblot 2008; Christoph Horn (Hrsg.): *Platon. Gesetze/Nomoi*, Akademie Verlag 2013.

事物的秩序

有關柏拉圖在《蒂邁歐篇》內的自然哲學，請參見 Dana R. Miller: *The Third Kind in Plato's Timaeos*, Vandenhoeck & Ruprecht 2003; Mischa von Perger: *Die Allseele in Platons Timaios*, Teubner 1997; Filip Karfík: *Die Beseelung des Kosmos. Untersuchun gen zur Kosmologie, Seelenlehre und Theologie in Platons Phai don und Timaios*, Saur 2004; Lothar Schäfer: *Das Paradigma am Himmel. Platon über Natur und Staat*, Alber 2005; Ernst A. Schmidt: *Platons Zeittheorie. Kosmos, Seele, Zahl und Ewigkeit im Timaios*, Klostermann 2012.

亞里斯多德的完整著作可以在以下出版物中讀到：Ernst Grumach, Hellmut Flashar (Hrsg.): *Aristoteles. Werke in deutscher Übersetzung*. 20 Bände, Akademie Verlag 1956 f. Einzelbände gibt es von zahlreichen Verlagen. Zur Einführung empfohlen: Otfried Höffe: *Aristoteles*, Beck 2006, 3. Auf.；另外請見 David Ross: *Aristotle*, Routledge 1995, 6. Auf.; Wolfgang Detel: *Aristoteles*, Reclam 2005; Christof Rapp: *Aristoteles zur Einführung*, Junius 2012, 4. Auf.; Christopher Shields: *Aristotle*, Routledge 2007; Hellmut Flashar: *Aristoteles. Lehrer des Abendlandes*, Beck 2013.

一種與本性相稱的的道德

關於《尼各馬可倫理學》，請參閱 William F. R. Hardie: *Aristotle's Ethical Theory*, Oxford University Press (1968), 2. Auf. 1981; Fritz-Peter Hager (Hrsg.): *Ethik und Politik des Aristoteles*, Wissenschaftliche Buchgesellschaft 1972; Douglas

Hutchinson: *The Virtues of Aristotle*, Routledge (1986), 2. Auf. 2015; Richard Kraut: *Aristotle on the Human Good*, Princeton University Press 1989; Sarah Broadie: *Ethics with Aristotle,* Oxford University Press 1991; Anthony Kenny: *Aristotle on the Perfect Life*, Clarendon Press 1992; Otfried Höffe (Hrsg.): Nikomachische Ethik, Akademie Verlag 1995; David Bostock: *Aristotle's Ethics*, Oxford University Press 2000; Ursula Wolf: *Nikomachische Ethik*, Wissenschaftliche Buchgesellschaft 2002.

與《政治學》相關的內容請見 Günther Bien: *Die Grundlegung der politischen Philosophie bei Aristoteles*, Alber 1985, 2. Auf.; Otfried Höffe (Hrsg.): *Aristoteles.* Politik, Akademie Verlag 2001.

涉及《政治學》與經濟學的內容，請查閱 Peter Koslowski: *Politik und Ökonomie bei Aristoteles*, Mohr Siebeck 1993, 3. Auf.

避世者與懷疑論者

有關古希臘哲學，請參見 Malte Hossenfelder: *Antike Glückslehren. Kynismus und Kyrenaismus, Stoa, Epikureismus und Skepsis. Quellen in deutscher Übersetzung und Einführungen*, Kröner 1996；附有評註的權威古希臘哲學文本全集為 Arthur Long und David Sedley: *Die hellenistischen Philosophen. Texte und Kommentare* (1987), Metzler 2006, 2. Auf.

關於犬儒學派，請參考 Georg Luck: Die *Weisheit der Hunde. Texte der antiken Kyniker in deutscher Übersetzung und Erläuterungen*, Kröner 1996; Margarethe Billerbeck (Hrsg.): *Die Kyniker in der modernen Forschung*, Grüner 1991; Michel Onfray: *Der Philosoph als Hund: vom Ursprung des subversiven Denkens bei den Kynikern*, Campus 1991; Klaus Döring: *Die Kyniker*, C. C. Buchner 2006.

有關古典懷疑主義，請參見 Friedo Ricken: *Antike Skeptiker*, Beck 1994; Robert J. Fogelin: *Pyrrhonian Reflections on Knowledge and Justification*, Oxford University Press 1994; R. J. Hankinson: *The Sceptics. The Arguments of the Philosophers*, Routledge

1995; Robert W. Sharples: *Stoics, Epicureans and Sceptics*, Routledge 1996; Julia Annas, Jonathan Barnes: *The Modes of Scepticism. Ancient Texts and Modern Interpretations*, Cambridge University Press 2008, 2. Auf.; Markus Gabriel: *Antike und moderne Skepsis zur Einführung*, Junius 2008.

錯誤人生中的正確生活

關於阿瑞斯提普斯，請見 Klaus Döring: *Der Sokratesschüler Aristipp und die Kyrenaiker*, Franz Steiner Verlag 1988.

有關伊比鳩魯請看 Heinz-Michael Bartling: *Epikur: Theorie der Lebenskunst*, Junghans 1994; Michael Erler: *Epikur*, in: Friedo Ricken (Hrsg.): *Philosophen der Antike*, Bd. 2, Kohlhammer 1996; Carl-Friedrich Geyer: *Epikur zur Einführung*, Junius 2015, 3. Auf.; Katharina Held: *Hedone und Ataraxia bei Epikur*, Mentis 2007; Malte Hossenfelder: *Epikur*, Beck 2006.

與斯多噶主義相關的經典之作為 Max Pohlenz: *Die Stoa. Geschichte einer geistigen Bewegung* (1949), 2 Bände, Vandenhoeck & Ruprecht 1992, 7. Auf.；此外請參閱 Samuel Sambursky: *The Physics of the Stoics*, Routledge 1959; John Michael Rist: *Stoic Philosophy*, Cambridge University Press 1969; Francis Henry Sandbach: *The Stoics*, Duckworth 1994, 2. Auf.; Maximilian Forschner: *Die stoische Ethik*, Wissenschaftliche Buchgesellschaft 1995, 2. Auf.; Susanne Bobzien: *Determinism and Freedom in Stoic Philosophy*, Oxford University Press 1998; Brad Inwood (Hrsg.): *The Cambridge Companion to the Stoics*, Cambridge University Press 1999; Robert Bees: *Die Oikeiosislehre der Stoa*, Bd. 1. *Rekonstruktion ihres Inhalts*, Königshausen & Neumann 2004; Barbara Guckes (Hrsg.): *Zur Ethik der älteren Stoa*, Vandenhoeck & Ruprecht 2004; Tad Brennan: *The Stoic Life. Emotions, Duties, and Fate*, Clarendon Press 2007, 2. Auf.

合法化與蠱惑人心

關於厄拉托西尼以及他所屬時代的亞歷山大學派哲學，請參見 Klaus Geus: *Eratosthenes von Kyrene. Studien zur hellenistischen Kultur und Wissenschaftsgeschichte*, Beck 2002.；厄拉托西尼與地理學相關的殘篇出現於：Duane Roller (Hrsg.): *Eratosthenes' Geography: Fragments collected and translated, with commentary and additional material*, Princeton Universitiy Press 2010.

波利比烏斯的羅馬史以如下標題出版：Polybios: *Der Aufstieg Roms*, Marix 2010.；針對波利比烏斯的內容，請看 Frank W. Walbank: *Polybius, Rome, and the Hellenistic World. Essays and Reflections*, Cambridge University Press 2006, 2. Auf.; Boris Dreyer: *Polybios. Leben und Werk im Banne Roms*, Olms 2011.

波希多尼的殘篇於 Willy Theiler (Hrsg.): *Poseidonios. Die Fragmente*, 2 Bände, De Gruyter 1982.；另外請參閱 Jürgen Malitz: *Die Historien des Poseidonios*, Beck 1983.

有關巴納底烏斯與波希多尼的文化理論，詳見 Reimar Müller: *Die Entdeckung der Kultur. Antike Theorien von Homer bis Seneca*, Artemis & Winkler 2003, S. 336–364.

西塞羅的著作被發行為：Manfred Fuhrmann (Hrsg.): *Cicero. Ausgewählte Werke*, 5 Bände, Akademie Verlag 2011.；針對西塞羅另外請看同一作者：*Cicero und die römische Republik. Eine Biographie*, Artemis & Winkler 2011, 5. Auf.; Klaus Bringmann: *Cicero, Wissenschaftliche Buchgesellschaft* 2014, 2. Auf.; Wilfried Stroh: *Cicero. Redner, Staatsmann, Philosoph*, Beck 2010, 2. Auf.

和伊比鳩魯學派在羅馬後續留存的相關資訊，詳見 Howard Jones: *The Epicurean Tradition*, Routledge 1992.

西尼加的著作被出版為：Manfred Rosenbach (Hrsg.): *Seneca. Philosophische Schriften*, 5 Bände, Wissenschaftliche Buchgesellschaft 2010, 2. Auf.；針對西尼加請另外參閱 Gregor Maurach: *Seneca. Leben und Werk*, Wissenschaftliche Buchgesellschaft 2013, 6. Auf.

愛比克泰德之著作的 Kindle 電子書版本發行為 Berthold Schwamm: *Epiktet. Das Gesamtwerk. Völlig neu überarbeitete Fassung.*；關於愛比克泰德請看 Anthony Arthur Long: *Epictetus. A Stoic and Socratic Guide to Life*, Clarendon Press 2002.

馬可・奧理略的生活準則與反思被出版為：Mark Aurel: *Selbstbetrachtungen*, marix Verlag 2011.

針對阿什凱隆的安條克請參見 John Glucker: *Antiochus and the Late Academy*, Vandenhoeck & Ruprecht 1978; David Sedley (Hrsg.): *The Philosophy of Antiochus*, Cambridge University Press 2012

有關歐多路斯請看 John Dillon: *Eudoros und die Anfänge des Mittelplatonismus*, in: Clemens Zintzen (Hrsg.): *Der Mittelplatonismus*, Wissenschaftliche Buchgesellschaft 1981, S. 3 – 32.

關於斐洛請見 Peder Borgen: *Philo of Alexandria. An Exegete for His Time*, Brill Publishers 1997; Otto Kaiser: *Philo von Alexandrien. Denkender Glaube. Eine Einführung*, Vandenhoeck & Ruprecht 2014.

與普魯塔克相關的資訊請參考 Timothy E. Duff: *Plutarch's Lives. Exploring Virtue and Vice*, Oxford University Press 1999.

普羅丁的著作出現在 Richard Harder u. a. (Hrsg.): *Plotins Schriften*, 12 Bände, Meiner 2004.；此外請見 Jens Halfwassen: *Plotin und der Neuplatonismus*, Beck 2004; Karin Alt: Plotin, Buchner 2005.

波菲利反對基督教的辯論被出版為 Detlef Weigt (Hrsg.): *Gegen die Christen*, Superbia 2004.；他支持素食主義的文獻：Detlef Weigt (Hrsg.): *Über die Enthaltsamkeit von fleischlicher Nahrung*, Superbia 2004.

奧古斯丁或上帝的恩典

有關歷史上的耶穌，詳見 Gerd Theißen und Annette Merz: *Der historische Jesus. Ein Lehrbuch*, Vandenhoeck und Ruprecht 2011, 4. Auf.; John Dominic Crossan: *Der historische Jesus*, Beck 1994.；至於歷史背景，Werner Dahlheim: *Die Welt zur Zeit Jesu*, Beck 2015, 4. Auf.；關於耶穌早期的門徒，請看 Gerd Theißen: *Die Jesusbewegung. Sozialgeschichte einer Revolution der Werte*, Gütersloher Verlagshaus 2004.；同一作者：*Die Religion der ersten Christen. Eine Theorie des Urchristentums*, Gütersloher Verlagshaus 2000.。

和保羅相關的資料請見 E. P. Sanders: *Paulus. Eine Einführung*, Reclam 2009; Udo Schnelle: *Paulus. Leben und Werk*, De Gruyter 2014, 2. Auf.; Eduard Lohse: *Paulus*, Beck 2009, 2. Auf.

有關前幾個基督教世紀的歷史，請參閱 Jaroslav Pelikan: *The Emergence of the Catholic Tradition* (100 – 600), University of Chicago Press 1971; Robin Lane Fox: *Pagans and Christians in the Mediterranean World from the Second Century to the Conversion of Constantine*, Penguin 2006, 2. Auf.; Peter Brown: *Die Entstehung des christlichen Europa*, Beck 1996; Jörg Lauster: *Die Verzauberung der Welt. Eine Kulturgeschichte des Christentums*, Beck 2015, 2. Auf.

奧古斯丁著作的德文版本為 Wilhelm Geerlings (Hrsg.): *Augustinus. Opera – Werke*, Schöningh 2002 ff. 目前已發行了十二冊；關於奧古斯丁請見 Peter Brown: *Der heilige Augustinus. Lehrer der Kirche und Erneuerer der Geistesgeschichte*, Heyne 1973; Christoph Horn: Augustinus, Beck 2012, 2. Auf.; Kurt Flasch: *Augustin. Einführung in sein Denken*, Reclam 1994; Wilhelm Geerlings: *Augustinus. Leben und Werk. Eine bibliographische Einführung*, Schöningh 2002.；和奧古斯丁與摩尼教相關的內容請看 Volker Henning Drecoll und Mirjam Kudella: *Augustin und der Manichäismus*, Mohr Siebeck 2011.；奧古斯丁所屬時代與其後的歷史背景，參考 Hartwin Brandt: *Das Ende der Antike. Geschichte des spätrömischen Reiches*, Beck 2010, 4. Auf.; Peter Dinzelbacher und Werner Heinz: *Europa in der Spätantike*, 300 – 600. *Eine Kultur und Mentalitätsgeschichte*, Primus 2007.

波修武的《哲學的慰藉》可見於 Kurt Flasch: *Boethius. Trost der Philosophie*,

DTV 2005.；關於波修武詳見 Henry Chadwick: *Boethius. The Consolations of Music, Logic, Theology and Philosophy*, Oxford University Press 1990, 2. Auf.; Margaret Gibson (Hrsg.): *Boethius. His Life, Thought and Influence*, Blackwell Publishers 1982. Manfred Fuhrmann und Joachim Gruber: (Hrsg.): *Boethius, Wissenschaftliche Buchgesellschaft* 1984; Joachim Gruber: *Boethius. Eine Einführung*, Hiersemann 2011.

有關亞略巴古的狄奧尼修斯，請參閱 Paul Rorem: *PseudoDionysius. A Commentary on the Texts and Introduction to their Influence*, Oxford University Press 1993; Beate Regina Suchla: *Dionysius Areopagita. Leben – Werk – Wirkung*, Herder 2008.

中世紀

在教會的陰影之下

若想獲得有關中世紀哲學的資料，請務必查閱 Kurt Flasch: *Das philosophische Denken im Mittelalter. Von Augustin bis Machiavelli*, Reclam 2013, 3. Auf.

關於拜占庭帝國的資訊，詳見 Ralph-Johannes Lilie: *Byzanz. Geschichte des oströmischen Reiches* 326–1453, Beck 2014, 6. Auf.

關於額我略大帝，請參閱 Carole Straw: *Gregory the Great. Perfection in Imperfection*, University of California Press 1991, 2. Auf.

想要了解伊斯蘭擴張時期內基督教與伊斯蘭教之間的關係，請查看 Michael Gervers und Ramzi Jibran Bikhazi (Hrsg.): *Conversion and Continuity. Indigenous Christian Communities in Islamic Lands*, Pontifical Institute of Mediaeval 1990.

關於卡洛林王朝的文化革命，請看 Rosamond McKitterick (Hrsg.): *Carolingian Culture. Emulation and Innovation*, Cambridge University Press 1993.

和中世紀哲學之社會史背景相關的文獻，請務必參考 Arno Borst: *Lebensformen im Mittelalter* (1973), Nikol 2013; Aaron J. Gurjewitsch: *Das Weltbild des mittelalterlichen Menschen*, Beck 1997, 5. Auf.; Hans-Werner Goetz: *Leben im Mittelalter*, Beck 2002, 7. Auf.

俄利根之主要作品受發行為：*Johannes Scottus Eriugena. Über die Einteilung der Natur*, Meiner 1994.；關於俄利根，請另外查閱 Dermot Moran: *The Philosophy of John Scottus Eriugena. A Study of Idealism in the Middle Ages*, Cambridge University Press 2008, 2. Auf.

安瑟倫的《論證》被出版為 Robert Theis (Hrsg.): *Anselm von Canterbury. Proslogion/Anrede*, Reclam 2005.；除此之外，針對安瑟倫的內容請看 Rolf Schönberger: *Anselm von Canterbury*, Beck 2004; Hansjürgen Verweyen: *Anselm von Canterbury. 1033–1109. Denker, Beter, Erzbischof*, Pustet 2009.

有關亞伯拉詳見 Michael T. Clanchy: *Abaelard. Ein mittelalterliches Leben*, Primus 1999; Stephan Ernst: *Petrus Abaelardus*, Aschendorff 2003; Ursula Niggli (Hrsg.): *Peter Abaelard. Leben – Werk – Wirkung*, Herder 2004.

創世的意義與目的

針對中世紀對亞里斯多德的見解，請參見 Ludger Honne- felder (Hrsg.): *Albertus Magnus und die Anfänge der AristotelesRezeption im lateinischen Mittelalter*, Aschendorff 2005.

關於非洲人康士坦丁，請參閱 Charles Burnett und Danielle Jacquart (Hrsg.): *Konstantin der Afrikaner und Ali ibn alAbbas Al Magūsī. Die Pantegni und verwandte Texte*, Brill Publishers 1995.

關於亞維森納的部分，請看 Gotthard Strohmaier: *Avicenna*, Beck 2006, 2. Auf.

亞味羅有兩篇文獻容易在以下出版物中取得：Patric O. Schaerer (Hrsg.): *Averroes. Die entscheidende Abhandlung. Die Untersuchung über die Methoden der Beweise*, Reclam 2010.；另外關於亞味羅的資料請見 Oliver Leaman: *Averroes and his Philosophy*, Clarendon Press 1988; Anke von Kügelgen: *Averroes & die arabische Moderne*, Brill Publishers 1994.

大亞伯特最為重要的文本被收錄於 Albertus-Magnus-Institut (Hrsg.): *Albertus*

Magnus und sein System der Wissenschaften. Schlüsseltexte in Übersetzung Lateinisch/ Deutsch, Aschendorff 2011.；此外請參閱 Albert Zimmermann: *Albert der Große. Seine Zeit, sein Werk, seine Wirkung*, De Gruyter 1981; Ingrid Craemer-Ruegenberg: *Albertus Magnus*, St. Benno 2005, 2. Auf.; Ludger Honnefelder: *Albertus Magnus und die kulturelle Wende im 13. Jahrhundert. Perspektiven auf die epochale Bedeutung des großen Philosophen und Theologen*, Aschendorff 2012; Hannes Möhle: *Albertus Magnus*, Aschendorff 2015.

聖多瑪斯的主要著作被發行為：Joseph Bernhart (Hrsg.): *Summe der Theologie*. 3 Bände, Kröner 1985.；針對聖多瑪斯，請見 Leo Elders: *Die Metaphysik des Thomas von Aquin*, Pustet 1987, 2. Auf.；同一作者：*Die Naturphilosophie des Thomas von Aquin*, Gustav-Siewerth-Akademie 2004; Maximilian Forschner: *Thomas von Aquin*, Beck 2006; Rolf Schönberger: *Thomas von Aquin zur Einführung*, Junius 2012, 4. Auf.; Volker Leppin: *Thomas von Aquin*, Aschendorff 2009; Josef Pieper: *Thomas von Aquin. Leben und Werk*, Topos 2014.

世界的除魅

羅傑・培根《大著作》（Opus maius）之節錄出現在：Pia A. Antolic-Piper (Hrsg): *Roger Bacon. Opus maius. Eine moralphilosophische Auswahl. Lateinisch/ Deutsch*, Herder 2008.；另外，有關培根的資訊請參見 Jeremiah Hackett: *Roger Bacon and the Sciences. Commemorative Essays*, Brill Publishers 1997.

關於弗萊貝格的狄特里希，請參閱 Kurt Flasch (Hrsg.): *Von Meister Dietrich zu Meis ter Eckhart,* Meiner 1984; 同一作者: *Dietrich von Freiberg. Philosophie, Theologie, Naturforschung um 1300*, Klostermann 2007.

董思高的中心文本被收藏於 *Johannes Duns Scotus. Über die Erkennbarkeit Gottes. Texte zur Philosophie und Theologie. Lateinisch/Deutsch*, Meiner 2002.；針對董思高請看 Ludger Honnefelder: *Johannes Duns Scotus*, Beck 2005.；同一作者及其他

（主編）：*Duns Scotus. 1308–2008. Die philosophischen Perspektiven seines Werkes*, Aschendorff 2011.

奧坎之重要文本可以在以下出版物中找到：Ruedi Imbach (Hrsg.): *Wilhelm von Ockham. Texte zur Theorie der Erkenntnis und der Wissenschaft. Lateinisch/Deutsch*, Reclam 1984.；有關奧坎的資料請看 Wilhelm Vossenkuhl und Rolf Schönberger (Hrsg.): *Die Gegenwart Ockhams*, VCH 1990; Volker Leppin: *Wilhelm von Ockham. Gelehrter. Streiter. Bettelmönch*, Primus 2003; Jan P. Beckmann: *Wilhelm von Ockham*, Beck 2010, 2. Auf.

奧特雷庫爾的尼古拉斯的書信被編輯為 Ruedi Imbach (Hrsg.): *Nicolaus von Autrecourt. Briefe. Lateinisch/Deutsch*, Meiner 2013.；針對尼古拉斯請務必參閱：Joseph Lappe: *Nicolaus von Autrecourt. Sein Leben, seine Philosophie, seine Schriften* (1921), Reprint Nabu Press 2010.

關於布里丹請務必參考 Jack Zupko: *John Buridan. Portrait of a Fourteenth-Century Arts Master,* University of Notre Dames Press 2003, 2. Auf.; Gyula Klima: *John Buridan*, Oxford University Press 2008.

諸神的黃昏

亞維儂教廷的相關資訊可於以下出版作品找到：Martin Greschat: *Das Papsttum. Teil 1. Von den Anfängen bis zu den Päpsten in Avignon*, Kohlhammer 1986.

針對奧坎與天主教會的衝突，詳見 Takashi Shogimen: *Ockham and Political Discourse in the Late Middle Ages*, Cambridge University Press 2010.

有關十三至十四世紀之交教會統治地位及世俗統治地位的合法性問題，請參閱 Jürgen Miethke: *Politiktheorie im Mittelalter. Von Thomas von Aquin bis Wilhelm von Ockham*, UTB 2008.

關於托缽修會所扮演的角色，請見 Dieter Berg: *Armut und Geschichte. Studien zur Geschichte der Bettelorden im Hohen und Späten Mittelalter*, Butzon & Bercker 2001.

有關波拿文都拉的資訊請看 Christopher M. Cullen: *Bonaventure*, Oxford University Press 2006.

中世紀經濟以及其理論的相關內容，請參閱 Alfred Bürgin: *Zur Soziogenese der politischen Ökonomie. Wirtschaftshistorische und dogmengeschichtliche Betrachtungen*, Metropolis 1996, 2. Auf.; Jacques le Goff: *Wucherzins und Höllenqualen. Ökonomie und Religion im Mittelalter*, Klett-Cotta 2008, 2. Auf；同一作者：*Geld im Mittelalter*, Klett-Cotta 2011.

帕多瓦的馬西利烏斯反對教宗並支持公民自決的論戰之作被出版為：Marsilius von Padua: *Der Verteidiger des Friedens*, Reclam 1997；針對馬西利烏斯請看 Frank Godthardt: *Marsilius von Padua und der Romzug Ludwigs des Bayern. Politische Theorie und politisches Handeln*, Vandenhoeck & Ruprecht 2011.

艾克哈特大師的著作出現在 Niklaus Largier (Hrsg.): *Meister Eckhart. Werke in zwei Bänden*, Deutscher Klassiker Verlag 2014.；關於艾克哈特請見 Kurt Ruh: *Meister Eckhart. Theologe, Prediger, Mystiker*, Beck 1989, 2. Auf.; Kurt Flasch: *Meister Eckhart. Philosoph des Christentums*, Beck 2011, 3. Auf.; Dietmar Mieth: *Meister Eckhart*, Beck 2014.

於以下著作可找到尼古拉斯・奧雷斯姆對諸侯貨幣貶值作法的批判：*Nicolas von Oresme. Traktat über Geldabwertungen. De mutatione monetarum*, Kadmos 2001.

關於佩脫拉克，請參閱 Gerhart Hoffmeister, *Petrarca*, Metzler 1997; Florian Neumann: *Petrarca*, Rowohlt 1998, 2. Auf.

感謝

在此我誠摯地感謝對本書的成功有所貢獻的每一個人，尤其是我的第一批讀者漢斯-尤爾根、格奧爾格・約納丹・普列希特、提姆・艾希和迪特・榮格。我尤其感謝克里斯多夫・亞莫，因為他親切的建議和聰明理智的評論對我而言總是扮演了非常可靠的角色。

人名索引

國家圖書館出版品預行編目資料

認識世界：西洋哲學史卷一：從古代到中世紀 / 理察．大衛．普列希特（Richard David Precht）著；劉恙冷 譯. -- 初版. -- 臺北市：商周出版：英屬蓋曼群島商家庭傳媒股份有限公司城邦分公司發行, 2021.03
面； 公分. --
譯自：Erkenne die Welt: Eine Geschichte der Philosophie 1
ISBN 978-986-5482-15-2（精裝）

1.西洋哲學史

140.9　　110002648

認識世界：西洋哲學史卷一

從古代到中世紀

原著書名 / Erkenne die Welt: Eine Geschichte der Philosophie 1
作　　者 / 理察．大衛．普列希特（Richard David Precht）
譯　　者 / 劉恙冷
企劃選書 / 林宏濤
責任編輯 / 張詠翔

版　　權 / 黃淑敏、劉鎔慈
行銷業務 / 周丹蘋、黃崇華、周佑潔
總 編 輯 / 楊如玉
總 經 理 / 彭之琬
事業群總經理 / 黃淑貞
發 行 人 / 何飛鵬
法律顧問 / 元禾法律事務所　王子文律師
出　　版 / 商周出版
城邦文化事業股份有限公司
臺北市中山區民生東路二段141號9樓
電話：(02) 2500-7008 傳真：(02) 2500-7759
E-mail：bwp.service@cite.com.tw
Blog：http://bwp25007008.pixnet.net/blog
發　　行 / 英屬蓋曼群島商家庭傳媒股份有限公司城邦分公司
臺北市中山區民生東路二段141號2樓
書虫客服服務專線：(02) 2500-7718．(02) 2500-7719
24小時傳真服務：(02) 2500-1990．(02) 2500-1991
服務時間：週一至週五09:30-12:00．13:30-17:00
郵撥帳號：19863813　戶名：書虫股份有限公司
讀者服務信箱E-mail：service@readingclub.com.tw
歡迎光臨城邦讀書花園 網址：www.cite.com.tw
香港發行所 / 城邦（香港）出版集團有限公司
香港灣仔駱克道193號東超商業中心1樓
電話：(852) 2508-6231　傳真：(852) 2578-9337
E-mail：hkcite@biznetvigator.com
馬新發行所 / 城邦(馬新)出版集團 Cité (M) Sdn. Bhd.
41, Jalan Radin Anum, Bandar Baru Sri Petaling,
57000 Kuala Lumpur, Malaysia
電話：(603) 9057-8822　傳真：(603) 9057-6622
Email：cite@cite.com.my

封面設計 / 倪旻鋒
排　　版 / 新鑫電腦排版工作室
印　　刷 / 韋懋印刷有限公司
經 銷 商 / 聯合發行股份有限公司
電話：(02) 2917-8022　傳真：(02) 2911-0053
地址：新北市231新店區寶橋路235巷6弄6號2樓

■2021年03月初版
■2022年12月初版2刷
定價 800 元

Printed in Taiwan

城邦讀書花園
www.cite.com.tw

ISBN 978-986-5482-15-2

廣　告　回　函
北區郵政管理登記證
台北廣字第000791號
郵資已付，免貼郵票

104台北市民生東路二段141號2樓

英屬蓋曼群島商家庭傳媒股份有限公司　城邦分公司

請沿虛線對摺，謝謝！

書號：BP6033C　**書名：**認識世界：西洋哲學史卷一　**編碼：**

請於此處用膠水黏貼

讀者回函卡

感謝您購買我們出版的書籍！請費心填寫此回函卡，我們將不定期寄上城邦集團最新的出版訊息。

不定期好禮相贈！
立即加入：商周出版
Facebook 粉絲團

姓名：＿＿＿＿＿＿＿＿＿＿ 性別：☐男 ☐女

生日：西元＿＿＿＿年＿＿＿＿月＿＿＿＿日

地址：＿＿＿＿＿＿＿＿＿＿

聯絡電話：＿＿＿＿＿＿＿＿ 傳真：＿＿＿＿＿＿＿＿

E-mail ：

學歷：☐ 1. 小學 ☐ 2. 國中 ☐ 3. 高中 ☐ 4. 大學 ☐ 5. 研究所以上

職業：☐ 1. 學生 ☐ 2. 軍公教 ☐ 3. 服務 ☐ 4. 金融 ☐ 5. 製造 ☐ 6. 資訊
☐ 7. 傳播 ☐ 8. 自由業 ☐ 9. 農漁牧 ☐ 10. 家管 ☐ 11. 退休
☐ 12. 其他＿＿＿＿＿＿＿＿

您從何種方式得知本書消息？

☐ 1. 書店 ☐ 2. 網路 ☐ 3. 報紙 ☐ 4. 雜誌 ☐ 5. 廣播 ☐ 6. 電視
☐ 7. 親友推薦 ☐ 8. 其他＿＿＿＿＿＿＿＿

您通常以何種方式購書？

☐ 1. 書店 ☐ 2. 網路 ☐ 3. 傳真訂購 ☐ 4. 郵局劃撥 ☐ 5. 其他＿＿＿＿

您喜歡閱讀那些類別的書籍？

☐ 1. 財經商業 ☐ 2. 自然科學 ☐ 3. 歷史 ☐ 4. 法律 ☐ 5. 文學
☐ 6. 休閒旅遊 ☐ 7. 小說 ☐ 8. 人物傳記 ☐ 9. 生活、勵志 ☐ 10. 其他

對我們的建議：＿＿＿＿＿＿＿＿＿＿

＿＿＿＿＿＿＿＿＿＿

＿＿＿＿＿＿＿＿＿＿

請於此處用膠水黏貼